문학관 3대문화시설

문학관 3대문화시설

김윤숭 수필집

| 발간사 |

이 책은 수필 4부와 부록 시조와 한시를 엮어 편성하였다. 문학관의 단상을 토출한 문학관수필, 지리산문학관의 활동상을 담은 지문관수필, 만세의 사표, 한문학의 종장, 천령군태수 고운 최치원에 얽힌 이야기 고운수필, 지리산함양에서 살며 느낀 소감을 펼친 지리산수필을 4부에 2018년 페이스북에 연재했던 1지자체 1문학관 건립운동 오늘의 문학관 일일시조를 부록 1부로 하였다.

당초 2008년 지리산문학관을 건립하기 위하여 전국 문학관을 견학다니며 느낀 소감을 한시로 창작하여 출간했었다. 그 『지리산문학관33』(2009)과 『지리산문학관88』(2010)에 창작한 시집의 한시를 같이 묶어 문학관 기행한시를 부록 2부로 구성하려고 하였다가 양이 많아 제외하고 읊은 문학관 목록과 한시 몇 수만 소개한다.

문학관은 문학진흥법에 의한, 박물관과 미술관은 박물관 및 미술관진흥법에 의한, 도서관은 도서관법에 의한 문화기반시설, 문화시설이다. 문학관은 박물관, 미술관과 함께 3대문화시설이다. 문학관은 문학진흥법이 제정되기 전에는 박물관이나 도서관으로 등록하여 활동하였다. 문학진흥법에

김윤숭 지리산문학관장

의하여 등록할 수 있게 되었으니 문학관으로 회귀, 환원하여 본연의 목적-문학인을 기념하는-대로 활동함이 적절하다.

　지리산문학관은 2009년 죽염 발명가, 한방암의학 창시자, 한시시인 인산 김일훈 선생 탄신 100주년의 기념사업 일환으로 건립하였다. 인산선생의 한시사랑, 지리산사랑 정신을 계승하여 지리산지역의 한문학, 고전문학, 현대문학을 아우르는 삼위일체 종합문학관으로 건립하였다. 국립공원 제1호 지리산의 명성에 맞게 국립공원 명칭의 문학관으론 제1호이다. 삼위일체 종합문학관으로도 제1호이다.

　2009년에 설립하여 한국문학관협회에 가입하고 감사, 이사를 역임하고 올해의 최우수문학관으로 선정되기도 하였고, 경남메세나대상 문화공헌상을 수상하기도 하였다. 기타 활동 상황은 본문 속에 서술되어 있다. 문학관의 정체성과 정책 방향 등도 소략하나마 언급하여 문학관의 나아갈 길을 제시하였다. 이 책을 통하여 문학관의 필요성과 활약상을 다소나마 이해한다면 보람이겠다.

2025년 1월 31일 지리산문학관 덕필헌에서
체함산인體啣山人 **김윤숭** 씀

| CONTENTS |

발간사 · 004

Part1 | 문학관 수필

[촉석루1] 서원과 문학관 · 010
1지자체 1문학관 건립운동 · 012
문학관은 3대 문화시설의 백미 · 016
한국문학관과 천년 우정의 서원 · 028
함양 및 경남과 전북의 문학관 소고 · 036
남쪽 바다 노산문학관을 그리워하며 · 047
성인의 땅 강릉과 율곡문학관 · 052
나주 정렬사와 백호문학관 · 056
좌안동우함양과 천령삼걸문학관 · 059
최치원계원필경기념관과 백연서원 · 089
추야우중 번안시조와 최치원계원필경기념관 및 최치원문학상 · 107

Part2 | 지문관 수필

지리산 자락에서 둥굴레차를 마시며 · 116
지리산문학관 금필상金筆賞 · 119
지리산문학관 덕필헌 · 125

문학상권에 대하여 문단실록 남기고 싶은 이야기 · 130
지리산문학관과 낙동강문학관 · 138
나의 문학의 스승 · 170
남계서원 세계유산축전(2020) 전국한시백일장 축시 및 집행 소감 · 177

Part3 | 고운 수필

[특별기고] 백일몽유 · 182
고운과 일두 · 187
오성현과 일두선비문화제 · 190
산삼의 성인 최치원과 함양 백연서원 · 194
최치원의 글짓기와 문학기행 · 211
고운수필론 · 216
함양의 문화 속에 남아있는 최치원 · 220
함양군수 김종직의 자취 · 252
실학자 박지원과 함양 안의에서의 활동 양상 · 303
천령삼걸의 선비정신 · 326
옥계시조공원과 구천서원 · 340
남계서원은 세계문화유산 · 344

| CONTENTS |

Part4 | 지리산 수필

[촉석루2] 국보 제1호 독도 · 348
[촉석루3] 선비정신과 메세나 · 350
[촉석루4] 산삼아리랑 · 352
[촉석루5] 조선총독부 대통령 · 356
갑오년과 조병갑선정비 · 358
지리산과 선도산 · 365
남명 조식의 지리산과 신어산 · 372
사근산성과 언양김씨 · 379
선한 얼굴 · 397
한글날과 나랏말씀날 · 401

부록1. 문학관 일일시조 · 408
부록2. 문학관 기행한시 · 444

Part1

문학관 수필

[촉석루1]
서원과 문학관

조선왕조는 성리학의 시대이다. 성리학 시대에 새롭게 생긴 문화유산이 바로 서원이다. 서원은 사립 교육기관 겸 종교시설이다. 일본의 신사처럼 신앙만 가미되었다면 완벽한 종교시설이 되었을 것인데 그 점이 아쉽다. 조선조 최초의 사액서원인 소수서원은 관립이고 이어 두 번째 사액서원인 함양의 남계서원은 최초의 민립 서원이다. 남계서원을 비롯한 9개 서원은 세계문화유산으로 지정될 날이 멀지 않다.

조선왕조가 성리학의 시대라면 대한민국은 무슨 시대일까. 문학의 시대라고 하겠다. 조선조의 공인 서원은 사액서원이라고 하듯이 문학시대의 공인 문학관은 아무래도 한국문학관협회의 회원문학관일 것이다. 함양에 있는 지리산문학관은 협회 가입 51번째이고 현재는 모두 57개의 회원문학관이 있다. 문학관의 주인공을 살펴보면 청마 유치환 등 시인이 많고 나림 이병주 등 소설가가 그다음이고 간혹 시조시인과 아동문학가가 있다.

영인문학관은 이어령과 강인숙이란 문학평론가의 부부 문학관으로 특색이 있다. 지리산문학관이 현금의 3대 원로시조시인 사봉 장순하 선생의 장서를 기증받아 부설한 사봉시조기념관을 포함하면 시조시인의 문학관은 월하 이태극, 백수 정완영이 있다. 시인은 박재삼문학관 등 모두 현대시인인데 김삿갓문학관은 한시 시인을 기념하는, 남해유배문학관과 함께 한문학 문학관인, 한국가사문학관은 유일하게 고전문학 문학관인 특징이 있다.

지리산문학관은 한국한문학과 산삼문학의 비조인 고운 최치원 선생을 위주한 한문학, 육십령의 향가 우적가의 영재스님을 위주한 고전문학, 허영자 시인을 위주한 현대문학을 아우르는 삼위일체의 종합문학관으로는 유일하다.

지금은 문학의 시대이다. 거창의 신달자, 함양의 허영자, 산청의 강희근, 진주의 이형기, 하동의 정공채 시인 등 서부경남의 저명시인과 소설가, 수필가를 기리는 전문문학관을 많이 건립하여 시대의 트렌드를 따르고, 지역브랜드, 문화콘텐츠, 관광자원으로 개발, 활용하는 지자체의 적극적인 의지가 실현되기를 기대한다.

1지자체 1문학관 건립운동

어머니 눈물 도는
한국인의 정서 문학

문인은 문학 창작
효자는 문학관 열고

온양에 따스한 이름
명작 되어 서 있네

– 김윤숭의 「한올어머니문학관」

    온양 한올고등학교는 충남에 있고 학교 내에 박우승 이사장의 염원인 한올어머니문학관이 개관되었다. 이는 사립문학관이라고 하겠다. 충남에는 사립문학관협회가 있을 정도로 사립문학관이 발달하였다. 사립문학관은 설립자의 의지나 취향에 따라 기념 문학인을 선정하기에 공식적인 것과는 차이가 있다. 공립문학관은 공론을 거쳐야 하기 때문에 다소 객관적이고 공정한 문학인 선정이 될 수 있다.

문학관이란 기본적으로 문학인을 기념하는 시설이다. 문학인이 살던 집이나 활동하던 곳에 건립한다. 그가 태어난 고장에 건립하기도 한다. 아무런 관계가 없는 곳이라도 건립하고 기념하면 관계 있는 곳이 되기도 한다.

충남에는 사립문학관은 많이 있으나 공식적으로 문학인을 기념하는 문학관은 부여의 신동엽문학관 하나가 있을 뿐이니 빈약한 편이라 하겠다. 의문이 들지 않겠나. 충남에는 기념할 만한 문학인이 부여 신동엽 시인 한 사람뿐인가. 공주에는 공주풀꽃문학관이 있다. 공립으로 나태주 시인을 기념하는 문학관이다. 나태주문학관이 더 어울리는 이름이다. 하지만 살아있는 사람 문학관은 문제가 있다 하여 명칭을 못 붙이고 있다. 수원시에서 고운문학관을 추진하다가 미투로 무산된 것처럼. 그러나 대구 수성구청은 과감하게 정호승문학관을 건립하였다. 정호승 시인은 신사의 시인이니 탈이 없을 걸 확신한다.

그러나 세워놓고 문제 생기면 바꾸면 되고 문제 없으면 유지하면 된다. 김천의 백수문학관처럼. 시조인 백수 정완영 선생 생전에 건립하고 백수는 호인데도 명칭 변경을 요구하다가 내가 죽으면 그대로 쓰면 된다며 우겨서 고치지 못했다고 한다. 구더기 무서워 장 못 담그겠나. 논산의 김홍신문학관은 잘 지어놓고 활발히 운영되는데 생존문인 불가원칙에 따라 문학관협회에는 가입 못한다.

사막을 가본 적 있는가. 얼마나 삭막한가. 어느 시군을 지나며 이 고을에 어떤 문인이 있지? 궁금해 하며 지나간다. 어느 문학인의 기념 문학관이 있다면 들어가 보고 싶어 한다. 시간 없으면 지나가고 나중에 시간 내어 찾아간다. 충북의 보은 오장환문학관, 옥천 정지용문학관, 진천의 포석조명희문학관,

증평의 독서왕 김득신문학관 등이다. 모두 공립으로 잘 지어 잘 운영된다.

윤심덕의 애인 극작가 김우진, 우리나라 여성 소설가로 최초로 장편소설을 집필한 소설가 박화성, 사실주의 연극을 완성한 극작가 차범석, 우리나라 평론 문학의 독보적 존재 문학평론가 김현을 기념하는 목포문학관이나 정채봉 아동문학가와 김승옥 소설가를 기념하는 순천문학관 같은 복합문학관은 그래도 관심이 가나 지역 종합문학관은 잘 안 가게 된다. 그 지역의 문학인에 대한 포괄적 관심이 낮아서일 것이다. 대전문학관, 충주문학관 등이다. 전국에 공립 지역문학관은 제주문학관, 전라북도문학관, 건립중으로 올해 하반기 개관 예정인 광주문학관 및 종합문학관으로 추진중인 정읍문학관 등이다.

수원문학관은 계획하긴 했으나 추진이 불발된 경우다. 문화사학자 신정일은 익산 출신 양곡 소세양의 애인 황진이를 기념하여 익산에 황진이소세양문학관을 건립하자고 제안하였다. 전남 광양에서도 윤동주 시집 초고의 보관장소인 술도가에 보관자인 고전문학자 백영 정병욱 교수를 같이 기념하여 윤동주정병욱문학관을 세우자고 추진중이나 역시 불발이다. 경남 진주에선 이형기문학관을 세우자고 주장중이나 이형기만 잘났냐 아무개도 잘났다 하며 의견이 일치되지 않아 성사가 안된다. 훌륭한 문학인을 먼저 기념하고 여력이 있으면 다른 문인도 차차로 기념하면 되지 않나. 파투낼 건 무언가.

전남북에는 생존작가 조정래 소설가의 김제시 조정래아리랑문학관, 보성의 태백산맥문학관에 이어 고흥에 조종현조정래김초혜가족문학관이 건립되었다. 그리하여 그 고을 출신의 뛰어난 시인을 기념하는 송수권문학관 건립은 뒤로 밀려났다.

어느 고을을 지나며 그 고을에 뛰어난 문학인이 살았고 문학관이 있다고 하면 사막이 아니라 울창한 숲을 보듯 느꺼운 기분이 든다. 문학관이 없는 고을은 문학의 사막지대이다. 삭막한 고을이란 느낌이 든다. 문화의 황무지 도시란 느낌을 떨칠 수 없다.

전국 226개 시군구 지자체에 적어도 한 개씩은 그 지역 연고의 문학인을 기념하는 문학관을 건립하자. 1지자체 1문학관 건립운동에 동참하여 공립으로 1지자체 1문학관이 건립되어 문학인을 기념하고 문학관이 살아 움직이도록 하면 금상첨화겠다.

그런데 필자가 1지자체 1문학관 건립운동의 일환으로 2018년 페북에 1지자체 1문학관 기념 시조를 지어 연재하니 여기저기서 반대한다. 시기상조다, 너무 많다, 인물이 아니다 등등. 그러나 고려말에 사찰의 토지겸병으로 사찰폐지운동이 일어났고, 조선말에 서원의 재정누수로 문묘종사 성현의 1인 1원 제외 서원훼철령이 내려졌다.

그런 현상은 수천 개 건립되어 폐해가 극심할 때 이야기이지 이제 겨우 기십개 공립문학관이 건립된 정도에 불과한데 문학관의 폐해 운운은 그야말로 시기상조다. 지금은 문학관을 건립할 때이지 방해할 때가 아니다. 문학관이 수천 개 되어 폐해가 극심해져 노벨문학상 수상작가의 문학관 외에는 다 철폐하라는 문학관 훼철령 내리는 날이 오기를 오히려 염원한다.

문학관은 3대 문화시설의 백미

문학관은 박물관 및 미술관과 함께 3대 문화시설이다. 문학은 인간이란 특징을 표징하는 언어 문자로 표현한 예술의 정수이다. 박물관은 유물이고 미술관은 그 유물 중 미술 유물이다. 문학관은 문학 유물과 문학작품의 전시, 문학인의 기념 장소이다.

2024년 세밑 12월 26일에 온양민속박물관을 갔다. 2018년에 로타리대회 참석하고 찾아갔던 시점에서 6년 만이었다. 충청남도와 충남문학관협회가 개최한 공사립박물관.미술관.문학관 관계자 합동직무연찬회에 (사)한국문학관협회 이사로서 옵서버로 참석하여 경청하였다. 그중 문현미 시인, 산사현대시100년관장의 〈문학의 꽃은 시〉란 강연이 흥미를 끌었다.

　　시가 있어서 따뜻한 세상을!
　　그림이 있어서 아름다운 세상을!
　　유물이 있어서 서로 함께하는 세상을!

　　　　　　　　　　　　　　　　　　- 문현미의 「문학의 꽃은 시」

제3구의 뜻은 잘 이해되지는 않았지만 제1구 문학관, 제2구 미술관, 제3구 박물관 3대 문화시설의 가치를 잘 요약, 제시해준 것이다. 필자는 앞으로 이 3구를 문학관이나 3대 문화시설의 표어로 삼고자 한다. 다음과 같이 보충하였다.

    시가 있어서 따뜻한 세상을! - 문학관으로
    그림이 있어서 아름다운 세상을! - 미술관으로
    유물이 있어서 서로 함께하는 세상을! - 박물관으로
                        - 김윤숭의 「문현미-문학의 꽃은 시」

지리산문학관으로 돌아와서 입간판을 보고 지은 디카시도 소개한다.

문학관은!
                김윤숭

3대문화시설의 백미
문학관이 없는 도시
문화가 황폐한 도시

KBS 2TV에서 1980년 12월 18일부터 1987년 10월 3일까지 TV 문학관이 방영되었다. 전 292화로 가장 많은 문학극을 선보였다. 그때 가끔 보면서 문학관이란 문학극을 가리키는 것으로 막연히 생각했다. 문학인은 아니고 문학작품을 선보인 TV 문학관을 통해서지만 사람들의 뇌리 속에 문학관이란 문학이 있는 곳이란 의미가 형성되었을 것이다.

목포문학관은 전남 목포시 대의동 2가 노적봉 아래에 있던 박화성문학기념관(1991년 개관, 우리나라에서 개인 문예관으로는 최초)을 현재의 장소인 목포시 용해동 11-28번지(남농로 95)로 옮기면서 김우진, 차범석 등을 추가해 3인 복합문학관으로 확대 개관한 것이다.

1992년 부산광역시 해운대구 중동 달맞이고개에 개관한 국내 유일무이의 추리미스테리 문학관인 김성종 추리소설가의 '추리문학관(도서관등록)'이 있다. 1997년에는 한국 문학 유산의 보존을 목적으로 한국 최초의 현대문학 자료관인 전숙희 수필가의 '동서문학관(현 한국현대문학관,박물관등록)'을 개관했다.

1992.3.28 개관을 한 추리문학관은 2022년은 개관한 지 30년째 되는 해였다. 추리문학관이 문학관 명칭의 최초 문학관이니 개인 문학관이긴 하지만 문학관 역사에서 매우 중요하다. 이를 기념하여 3월 28일을 문학관의 날로 제정하여 기념하며 한국문학관대상과 한국문학관인대상 등도 시상하면 좋지 않을까 생각해본다.

박물관이나 도서관으로 편입되던 문학관을 마침내 독자적 문화시설인 문학관으로 독립시킨 것이 2016년 2월에 제정된 문학진흥법이다.

문학진흥법에서 문학을 정의하며 "문학"이란 사상이나 감정 등을 언어로 표현한 예술작품으로서 시, 시조, 소설, 희곡, 수필, 아동문학, 평론 등을 말한다."라고 하고 7대 장르를 예시하였다.

　문학관은 문학진흥법에 따라 일정 요건을 갖춰 지자체에 등록하게 되어 있다. 등록하지 않아도 문학관 활동에는 지장이 없지만 법이 시행된 뒤에는 한국문학관협회(2004년설립)에 가입할 수 없고 법적인 지원도 받을 수 없다.
　문학관은 기본적으로 문학인을 기념하는 문화시설이다. 박물관, 미술관과 함께 3대 문화시설이다. 그 기능과 역할은 박물관과 도서관의 일정 부분을 겸하는 것이다. 문학관은 문학진흥법에 의한, 박물관과 미술관은 박물관및미술관진흥법에 의한, 도서관은 도서관법에 의한 문화시설이다.
　영역을 존중하는 의미에서 같은 시설로 중복 등록은 금지해야 한다. 아울러 문학관이면서 박물관 활동만 하겠다는 것도 다른 영역 침범이니 금지해야 할 것이다. 법에 어울리는 명칭을 사용함이 일관성 측면에서 타당하다.
　뛰어난 문학인을 기념하는 문학관은 점점 지역문학관으로 바뀌고 있다. 남이 잘나면 시기 질투 훼방 놓는 민족성에 기인하는 것도 있다. 도대체 왜 자기 고을에서 탄생한 뛰어난 문학인을 자랑스러워하고 추앙하고 기념할 생각이 결여되는지 모르겠다.
　광주의 박용철문학관이 광주문학관으로, 마산의 노산문학관이 마산문학관으로, 진주의 이형기문학관이 진주문학관으로, 안양의 김대규문학관이 안양문학관으로 건립추진 방향이 바뀐 것이 대표적이다. 김대규 부친이 친일이라서 안된다니 가장 반대하던 연좌제를 끄집어낼 정도로 남 잘되는 꼴은 못 보는 것이다.
　문학인의 문학관에서 지역문학관, 주제별 문학관으로 확장되고 있다. 문학인의 문학관은 작가와 작품으로 명칭이 나뉜다. 작가는 본명과 호와 별칭으로 나뉜다. 작품명 문학관은 생존 작가가 많다. 수원시에서 추진하던 고은문학관이 미투사건으로 무산된 것에서 보듯 생존 작가의 문학관은 문제가 있다는 인식하에 작품명으로 대체한 것이다.

백수문학관이 설립된 뒤 생존 작가의 명칭은 문제가 있다는 문제 제기가 있었으나 백수 정완영 선생은 곧 늙어 죽을 텐데 뭐가 급하냐 자연스레 해결될 것이라며 개명을 반대하셨고 얼마간의 시간이 흐른 뒤 그 말씀대로 간판 고치지 않아도 되었다.

현재 한국문학관협회는 김홍신문학관, 정호승문학관 등 생존 작가명의 문학관은 입회를 불허한다. 생존작가의 미술관이 많은 현실을 감안하면 굳이 생존작가의 문학관만 반대한다는 건 재고할 여지가 있다. 구더기 무서워 장 못 담그냐 라고 반문하고 싶다. 고은문학관이 아닌 만인보문학관을 건립했다손 치더라도 미투사건이 나면 만인보문학관은 개명하고 다른 용도로 변경할 것은 명약관화하다. 작품명 문학관이 어찌 해결책이겠나.

또 하나 2천년 전부터 통용되던 문인상경文人相輕 의식이 작동하는 것이다. 문인은 서로 공경하는 게 아니라 서로 경시하는 것이다. 내가 글 잘 쓰고 남은 못 쓴다고 자부하며 남을 무시하여 지까짓게 뭔데 문학관을 세우냐, 돈 있다고 개나소나 문학관 세워 자기 이름 붙이면 그게 무슨 문학관이냐, 하는 것이다. 자기 돈으로 박물관, 미술관, 도서관, 기념관은 다 세우는데 왜 문학관은 세우면 안 되는가.

2018년 1월 1일(월) 설날 진안의 구름재 박병순 생가를 방문하고 〈구름재문학관〉을 시조로 읊어 페이스북에 등재하고부터 5월 23일(수) 〈박경리문학공원〉까지 밤낮 가리지 않고 지어 1지자체 1문학관 건립운동을 제창하며 오늘의 문학관 일일시조로 페북에 연재하였다. 오로지 전국에 365개 이상의 문학관이 세워지길 염원하면서 백팔배의 심정으로 1년 동안 계속할 생각이었다. 그런데 뜻밖에도 비방이 쏟아져 의욕상실, 중단하였다.

문학관이 너무 많다, 시기상조다, 쓸데없는 글 왜 쓰냐 등등. 도대체 뭐가 많다는 것인가. 박물관은 수천 개도 다 되고 문학관은 백 개도 많다는 것인가. 위대한 문학인을 기리는 문학관이 많으면 많을수록 좋은 거지 왜 많으면 안 된다는 것인가. 희소가치가 떨어지나. 남만 잘되면 꼴 보기 싫은가. 격려나 방조는 못할망정 비방과 훼방은 무슨 짓인가.

화천 이외수문학관도 생존작가 관례에 따라 협회에 가입되지 않았고 창녕 우포늪에 있는 이우걸시조문학관도 협회 가입 불허되었었다. 우포를 이우걸 시조인의 호로 삼고 우포늪을 상징하여 우포시조문학관으로 등록하였다. 우포는 소 우자, 개 포자인데 비 우자, 남새밭 포자로 하면 남새밭에 비 내린다 우포雨圃, 얼마나 운치 있는 호인가.

창녕 우포늪은 현재 유네스코 세계자연유산 후보(세계유산 잠정목록)에 포함되어 있다. 한국에서 이토록 큰 내륙습지와 다양한 생물이 분포한 곳은 찾아보기 어렵다. 창녕에는 가야시대 교동과 송현동 고분군이 2023년 세계문화유산에 등재됐다. 그리고, 창녕 영산줄다리기는 이미 유네스코 인류무형문화유산에 등재되어 있다. (정확히는 줄다리기 자체가 등재)

창녕 우포늪이 세계자연유산에 등재될 경우, 창녕은 일개 군에 세계유산을 무려 3개나 그것도 종류별로 다(세계기록유산까지 있는 고창군에는 비교불가지만, 거기다 미당시문학관까지 있음) 보유한 관광지가 될 수 있다. 그럼에도 문학관 하나 없는 게 말이 되는가. 창녕군립 이우걸문학관을 건립함이 바람직하다.

아울러 협회 회원도 정화원과 준회원으로 이원화하여 문학관 등록 요건은 미비하지만 문학관 명칭을 쓰는, 간판을 게시한 모든 문학관은 준회원으로 가입시켜 활동하게 해야 여기저기 문학관 간판이 보이고 문학관이 존재하는구나 느끼는 사람들이 많아져 외연확장이 가능할 것이다.

그래도 병폐는 방지해야 하니 술집이나 학원을 차려놓고 문학관 간판을 게시하면 법의 취지에 어긋나는 것이다. 위법으로 처벌 조항은 두지 않더라도 간판철거, 사용금지 등 행정명령은 내릴 수 있도록 하여 법의 보호조치는 있어야 한다.

어느 대학 부설 문학관은 출입구가 도서관에 있어 외부인 출입금지하니 무슨 문학관의 기능이 살겠나. 일반인이 출입할 수 있게 출입구를 따로 설치해야 한다. 대학박물관이 독립건물로 차려지듯 대학 문학관도 독립건물로 세워지길 바란다. 기존 거 편입(부경대학교 이주홍문학관 편입논의취소)한 동국대학교 만해문학박물관 외에는 현재는 하나도 없다.

지자체가 필요에 의해 문학관을 세우긴 했으나 운영비를 아끼느라 담당자도 두지 않고 청원경찰만 배치한 곳도 있다. 제대로 된 문학관 기능을 펼칠 수 있겠나. 관장을 두지 않은 문학관은 설립을 불허하고 나아가 공립도서관장은 사서직으로 임명한다는 도서관법처럼 공립문학관장은 문학인으로 임명한다고 법을 개정해야 한다. 그리하여 (사)국제펜한국본부, (사)한국문인협회, (사)한국작가회의에 이어 (사)한국문학관협회가 4대문학단체에 포함되어야 한다.

▶ 작품명 문학관
- 시: 풀꽃(나태주)문학관(협회미가입)
- 시조: 들풀(민병도)문학관(미가입)
- 소설: 태백산맥(조정래)문학관, 조정래아리랑문학관, 객주(김주영)문학관(미가입), 혼불(최명희)문학관, 소금(박범신)문학관(미가입), 토지문화관(박경리뮤지엄), 어린왕자문학관, 어린왕자선문학관

▶ 작가명 문학관

▷시인

- 서울: 윤동주문학관, 김수영문학관(미가입)
- 경기: 노작홍사용문학관, 기형도문학관, 조병화문학관, 박두진문학관, 만해(한용운)기념관, 김영진문학관(미가입), 수주(변영로)문학관(미가입)
- 강원: 동국대학교 만해문학박물관, 박인환문학관, 김동명문학관, 박경리문학공원
- 충청: 심훈기념관(미가입), 신동엽문학관, 오장환문학관, 정지용문학관, 원서(오탁번)문학관, 정곡(이양우)문학관(미가입)
- 전북: 미당(서정주)시문학관, 석정문학관, 김용택문학관(미가입)
- 전남: 조태일시문학기념관, 원곡(오남식)문학관(미가입)
- 제주: 석파강문신문학관(미가입)
- 대구: 정호승문학관(미가입), 이육사기념관(미가입)
- 경북: 구상문학관, 이육사문학관, 지훈문학관
- 경남: 박재삼문학관, 김달진문학관, 청마(유치환)문학관, 청마기념관(미가입), 창신대학교 문덕수문학관, 한빛(차영한)문학관, 김춘수유품전시관(미가입, 꽃은유명한데시인은문학관이름조차못달다)

▷시조인

- 백수(정완영)문학관, 월하이태극문학관 고하(최승범)문학관(미가입), 가람(이병기)문학관(미가입), 우포(이우걸)시조문학관, 경동대학교 원용우문학관(미가입)

▷ 소설가
- 한무숙문학관, 잔아(소설가 김용만)문학박물관, 황순원문학촌, 박경리문학공원(미가입), 박경리뮤지엄, 이효석문학관, 김유정문학촌, 전상국문학의뜰(미가입), 이외수문학관(미가입), 조명희문학관, 김홍신문학관(미가입), 채만식문학관, 최명희문학관, 이병주문학관, 박경리문학관, 박경리기념관(미가입), 이태원문학관(대구,미가입), 오영수문학관, 요산(김정환)문학관

▷ 희곡작가
- 윤대성극문학관(미가입,밀양연극촌)

▷ 수필가
- 피천득기념관(미가입), 조경희문학관(미가입)

▷ 아동문학가
- 이원수문학관, 이주홍문학관, 이주홍어린이문학관(미가입), 권정생어린이문학관(미가입), 이오덕작은문학관(미가입)

▷ 평론가
- 김환태문학관

▶ 장르별 문학관
- 한국시조문학관(진주), 한국수필문학관(대구,미가입), 문경아리랑시조문학관(미가입)

▶ 시대별 문학관

- 한국근대문학관, 한국현대문학관, 백석대학교 산사(山史,김재홍)현대시 100년관, 한국근대詩문학관(미가입)

▶ 주제별 문학관

- 편지문학관(미가입), 추리문학관, 보훈문학관, 농민문학기념관, 노동문학관(미가입), 창의문학관, 온양한올중·고등학교 한올어머니문학관(미가입), 숙명여자대학교 세계여성문학관, 청류재수목문학관, 통일문학관(미가입), 육필문학관-강화(미가입) / 제주(미가입)

▶ 고전문학, 한문학 문학관

- 백호문학관, 한국가사문학관, 보길윤선도문학관(미가입), 남원고전소설문학관(미가입), 설공찬전테마관(순창,미가입), 매월당기념관(미가입), 허균허난설헌기념관(미가입), 김삿갓문학관, 독서왕 김득신문학관, 최치원문학관, 노계문학관(미가입), 남해유배문학관, 김만중문학관(미가입),

▶ 복합문학관

- 영인문학관(이어령강인숙), 셋이서(천상병,이외수,중광)문학관(미가입 2024.11.24폐관), 동리(소설가 김동리)목월(시인 박목월)문학관, 조종현조정래김초혜가족문학관, 강진시문학파기념관(김영랑, 박용철, 정지용, 이하윤, 정인보, 변영로, 김현구, 신석정, 허보), 순천문학관(소설가 김승옥관, 동화작가 정채봉관), 목포문학관(극작가 차범석관, 소설가 박화성관, 극작가 김우진, 문학평론가 김현관), 소월(시인 김소월)경암(수필가 이철호)문학관(미가입)

▶ **종합문학관**
- 지리산문학관, 낙동강문학관

▶ **그룹문학관**
- 광주고등학교 광고문학관(미가입), 샛별문학관(미가입), 짚신문학관(미가입)

▶ **지역문학관**
- 성북근현대문학관(미가입), 강화문학관(미가입), 보령문학관(미가입), 설화문학관, 당진문학관, 홍성문학관, 홍주천년문학관, 충주문학관, 영동문학관(미가입), 진천문학관(미가입), 천관문학관, 땅끝순례문학관, 문경문학관, 마산문학관

▶ **광역문학관**
- 광주광역시 광주문학관은 2023년 9월 22일에 개관하였다. 광주문학관은 문학진흥법에 따른 업무도 집행한다. 바람직한 일로서 다른 광역지자체도 본받을 일이다. 사립이면서 공립 같은 애매한 경남문학관을 해체하고 경상남도립 경남문학관을 설립하여 광주문학관 같이 문학진흥법에 따른 업무를 집행하게 해야 편리할 것이다. 브랜드만 있는 충남문학관을 사들여 충청남도는 충남문학의 역사를 개괄하는 충남문학관을 건립함이 바람직하다. 문학의집서울도 서울특별시 문학관으로 확장할 때도 되었다. 전국에 하나뿐인 특별시에 특별문학을 총정리하여 전시할 문학관이 하나도 없는 게 말이 되는가. 제주특별자치도의 제주문학관, 전북특별자치도 문학관, 광주문학관, 대구문학관, 대전문학관 외에 다른

광역지자체에는 문학관이 없으니 삭막하다. 어찌 광역의 힘으로 문학관 하나 못 세우나. 광역시에 기념할 만학 문학인이 모자라서 못 세우는가.

끝으로 바라는 게 있다면 각 고을에는 자랑스러운 문학인을 기리는 자기 고을의 대표 문학인의 문학관을 적어도 1지자체 1문학관이라도 건립하도록 힘쓸 것을 건의한다. 문학관 활성화는 중앙부처부터 시작하여 1부처 1문학관 건립운동을 전개하길 소망한다.

산림청은 국립산림문학관, 농촌진흥천은 국립농촌문학관, 문화유산청은 국립문화유산문학관, 해양수산부는 국립해양문학관, 국가보훈부는 국립보훈문학관, 통일부는 국립통일문학관, 여성가족부는 국립여성문학관, 고용노동부는 국립노동문학관, 외교부는 국립외교문학관 등 모든 부처, 국가기관은 의무적으로 문학관 하나씩 건립하길 고대하며 마친다.

[특별기고]
한국문학관과 천년 우정의 서원

지난 5월 24일부터 27일까지 2024년 (사)한국문인협회 수필분과 국립 대만문학관 심포지엄이 대만 대남시에 있는 국립대만문학관에서 개최되었다. 주최는 권남희 수필분과 회장, 좌장은 최원현 한국수필가협회 명예이사장이었다. 필자는 전 한국시인협회장 김광림 시인의 아들 대만 수평과기대학 김상호金尚浩 교수, 대만 산문가 린원이林文義, (사)한국문인협회 부이사장 장호병 수필가와 함께 발표하였다.

필자는 〈임어당(林語堂:린위탕)과 이어령(李御寧:리위닝)〉를 발표했는데 전통문화의 전도사에서 기독교의 선교사로 변신한 공통점이 있음을 밝혔다. 다 아는 이야기이지만 새삼 한중 최고의 수필가를 쌍벽으로 손꼽아본 것이다. 발표하고 대북으로 가서 임어당고택박물관을 탐방한 것은 보람찬 일이다. 아산시의 이어령문학관은 어찌 되고 있는가.

국립대만문학관은 2003년 옛 시청사를 개편한 것이다. 대만문학은 국가문학인가, 지방문학인가, 전시물을 보니 대만성의 지방문학 같다. 그렇다면 국립중화문학관國立中華文學館은 없는가. 찾아보니 없었다. 대륙 중공은 어떤가.

중국현대문학관이 1985년에 개관하였다. 대만은 왜 중국문학관이 없는가. 대만은 이제 지방의식을 못 벗어나 중국의 일개 성에 머무는 존재가 된 것 같다. 중화민국의 존심이 아직도 존재하는가, 대만공화국으로 독립하지도 못하는 존재이다.

심포지엄에 앞서 5월 20일에 2026년 개관을 목표로 국립한국문학관이 착공식을 거행하였다. 한국문학관은 이제 시작되었다. 그런데 그 비전에 한국문학의 과거, 현재, 미래를 보여준다고 하고 문학분류나 문학장르 이야기는 없다. 한국문학은 현대문학, 고전문학, 한문학의 3대분야를 종합해야 하고 문학진흥법에 의한 갈래 곧 시, 시조, 소설, 희곡, 수필, 아동문학, 평론의 7대장르를 망라해야 한다. 의견 수렴 설문지에도 장르 항목은 없고 문학단체장 초청 간담회도 (사)한국수필가협회는 빠졌으니, 공산당처럼 수필은 유한계급의 부르주아 반동문학이라고 배척하는 것은 아닌지 우려된다.

의성군 한국 최초의 문묘배향 최치원문학관, 강릉 생육신의 으뜸 매월당기념관, 오누이 천재문인 허균허난설헌기념관, 증평 독서왕 김득신문학관, 영월 불우한 천재시인 김삿갓문학관, 나주 임종에 곡하지 말라고 한 천하제일호걸 백호문학관은 한문학의 문학관이니 고전문학과 근현대문학만 언급한 국립한국문학관의 계획은 재고되어야 한다.

문학관은 문인을 기념하는 것이다. 조선시대 서원은 유교인을 기념하는 것이다. 서원은 강당과 사당이 있어 교육과 제향을 병행한다. 문학관은 전시와 연구를 하는 것이다. 제향 곧 신앙이 빠진 기념 시설이다.

조선시대는 우정이 돈독한 친구지간의 성리학자 쌍벽의 유교인이 많았다. 일두와 한훤당이 그렇고 율곡과 우계, 서애와 학봉, 한강과 동강, 오성과 한음,

우암과 동춘이 그러하다. 일두와 한훤당, 율곡과 우계, 우암과 동춘은 친구지간에 문묘에 나란히 배향되었고 다수의 서원에도 병향되었다. 일두와 한훤당은 서원에도 나란히 병향되어 살아서나 죽어서나 천년우정이 돈독하다.

일두는 안음현감을 지냈고 한훤당은 현풍의 본가와 합천 가야산의 처향에 살았다. 안음에서 현풍 가는 사이에 일두와 한훤당의 강학과 유람처 거창 수포대, 합천 지동암, 소학당, 영귀정, 주학정, 고령 벽송정, 현풍 이노정이 동선에 있다. 거창 수포대에 도산서원道山書院이, 합천 주학정에 이연서원伊淵書院이 건립되어 일두와 한훤당이 나란히 병향되었다. 지금은 두 서원 다 훼철되어 존재하지 않는다.

경주의 동리목월문학관은 소설가 김동리와 시인 박목월을 기념하는데 친구지간의 우정이 빛나는 쌍벽 문인의 문학관이다. 일두와 한훤당이 병향된 서원처럼 천년우정이 빛나는 친구지간의 문학관이 많이 건립되길 기원한다.

거창 도산서원은 한강 정구의 제자인 모계 문위가 오도산 북쪽 산제동(수포대)에 한훤당과 일두를 위하여 서원을 건립하자고 주창하여 논의가 무르익다가 중지되었다. 후학이 이어 완성하였다. 수포대에 서원을 건립하는 것은 너무 외지다는 이론도 제기되었으나 동계 정온은 그대로 추진하였고, 동계 정온의 제자인 팔송 정필달이 거창군수 이태영(李泰英,1612~?,甲午1654, 효종5來丙申1656,효종7去)에게 협조 요청하고〈與李侯 泰英○丙申〉송천이 경상감사에게 역부와 경비 등을 보조 요청하는〈道山書院營建時呈巡營文〉등 팔송과 팔송의 제자인 송천 김천일이 노력하여 1657년(정유년,효종8) 가을에 착공하고 중단했다가 재개하여 완성하였다. 한훤당과 일두를 병향하고, 그 스승 동계를 배향하며 제향을 올렸다. 병향과 배향이 동시에 이루어진 것이다.

1659년(효종10년5월승하,현종즉위년)에 서원이 완공되고 팔송이 사액 신청 상소를 올리고 1660년(현종1)에 사액 윤허가 내리고 1662년(현종3)에 사액이 봉행되었다. 사당에 한훤당과 일두를 봉안할 때 봉안문은 남명학파의 종장 겸재 하홍도가 짓고〈도산서원봉안문〉춘추향 축문은 송천이 지었다. 누가 지은 축문이 맘에 안 들었는지 모르나 송천이 지은 것은 개정 축문이다. 〈도산서원개정문헌공상향문〉인데 〈일두집〉에는 〈도산서원춘추향축문 김천일〉이라고 하였다. 보통은 한훤당을 주자에, 일두를 장남헌에 비유했는데 이 글에선 일두를 여동래에 비유하였다.

　〈문헌공실기〉중간본(1743,영조19) 제현찬술에는 〈도산서원춘추축문〉김지평천일제라고 실려있는데 〈일두선생집〉초간본에선 누락되었다. 동리 이은상의 〈도산서원 현묘임인 사액제문〉은 실렸다. 거창 선비들의 도산서원 자료누락에 대한 항의가 있자 〈일두선생집〉중간본에서 정필달의 〈도산서원 청액소〉와 함께 수록하였다.

　조선 말기에는 회재 이언적을 병향하여 4현 서원이 되었는데 연고가 없는 회재가 병향된 이유는 미상이다.

　도산서원이 있던 곳은 모현정이 세워져 있다. 한훤당의 동서인 흥해최씨 평촌 최숙량이 한훤당과 일두와 함께 강학하였다고 하여 삼현을 기념하여 평촌 후손 삼어 최경한(1875~?)이 1898년(광무2)년에 건립한 것이다. 그렇지만 도산서원 역사에는 평촌이 등장한 적이 없다.

　합천 이연서원은 한사 강대수(1591~1658)가 처향이 합천인 한훤당을 위하여 주도하여 세운 서원이다. 한훤당의 절친이며 왕래한 일두를 병향하는 서원으로 건립하였다. 〈한사선생연보〉에 의하면 병술년 한사 56세 때 이연서원을 창건했다고 하였다. 이 병술년을 근거로 일두 정여창의 〈일두집〉에서 1586년(병술,선조16)에 창건했다고 하였다. 이 병술년은 한사가 태어나기 5년 전이니 한사가 창건했다는 건 어불성설이다. 연대를 잘못 소급한 것이다.

〈한사선생연보〉는 〈한사집〉과 한 질인데 그것만 떼어 따로 유통하면 문집만 보게 되는 사람들은 한사의 행적을 제대로 알 수 없다. 한국고전번역원에서 단행본 연보를 사부 전기류로 분리시키는 작업은 잘못이다. 편리하고 합리적인 연구를 방해하는 행위이다. 문집을 연구하는 것은 시문과 인물을 동시에 탐구하는 것이다. 한국문집총간에 수록할 때 단행본 연보를 부록이나 전집으로 합편시키는 정책 전환이 중요하다.

한사가 56세 때인 병술년(1646,인조24)에 이연서원을 창건한 것이다. 창건 때 〈이연서원상량문〉을 지었다. 창건하고 〈이연서원한훤당김선생봉안제문〉, 〈이연서원일두정선생봉안제문〉, 〈한훤당선생춘추향사축문〉, 〈일두선생춘추향사축문〉을 지었다. 창건시 강당은 남계서원과 같은 명성당, 동재는 존양재, 서재는 진수재, 대문은 조도문造道門이라고 하였다. 사당은 명칭이 없었다.

〈문헌공실기〉중간본(1743,영조19) 제현찬술에는 〈이연서원춘추축문〉은 작자미상으로 표기하였고 〈일두집〉에서 강대수라고 표기했으나 그의 생몰연대를 파악하지 못해 60주년을 뛰어넘어 계산하여 오류가 발생한 것이다. 그 오류는 〈남계서원지〉 제서원액호에서도 시정되지 않고 선조 정해년(1587,선조20) 건립, 현종 경자년(1660,현종1) 사액이라고 기재되었다.

서원의 역사로 널리 참고하는 기록으론 〈연려실기술〉과 〈대동지지〉의 서원조가 유명한데 둘다 합천 이연서원에 대해 선조병술, 만력병술이라고 〈일두집〉의 오류와 같으니 〈일두집〉이 이런 기록을 참고하고 고증하지 않은 채 오류를 답습한 것이라고 생각된다.

조선왕조 국가기록에도 오류가 기재되어 전승되었다. 〈증보문헌비고〉 학교고 경상도 서원조에는 합천 이연서원이 있는데 연혁은 〈남계서원지〉의 오류와 같다. 〈춘관통고〉 길례 경상도 원사조에는 이연서원이 선조병술 창건이라고 〈일두집〉과 오류가 같다. 사람의 생몰을 파악하지 않고 역사를 기술하니 오류가 발생하는 것이다.

한사는 〈이연서원상량문〉을 지었는데 한사의 친구인 기옹 박공구(朴孔衢, 1587~1658)도 〈이연서원상량문〉을 지었다. 내용상 한사는 강당의 상량문이고 기옹은 사당의 상량문인 듯하다. 한사 친구 학포 정훤(鄭暄, 1588~1647)은 59세 때인 병술년(1646, 인조24)에 이연서원 창건 일로 해인사로 들어가며 정인홍 유적을 지나면서 오언율시〈過仁弘故居 伊淵書院創建會議事入海印寺時過此〉를 지어 풍자하였다. 이 율시〈過郰鄭破宅 幷序〉는 같은 글로 그대로 〈한사집〉에도 실려 있으니, 한 사람은 작자가 아니다. 남의 글을 원고만 보고 잘못 편입한 것인데 누가 원작자가 아닌지, 누구 잘못인지 미상이다. 학포는 〈이연서원이안축문〉도 지었는데 사당을 고쳐 세우며 신주를 이안할 때 지은 것인데 그 내막은 알 수 없다.

이연서원을 낙성하고 기옹은 원생들과 역양 문경호의 서재인 우곡재를 방문하고 칠언절구 시〈伊淵書院落成後 與諸生 往尋尤谷齋〉를 읊었다. 굳이 낙성 기념 우곡재 탐방을 왜 했을까. 경치 때문이었을까. 이연서원에 대한 역양의 무언가를 추념하기 위한 것이었을까. 기옹은 또 이연서원을 세우기 위해 터를 닦을 때 고유한 글인 〈이연서원개기고유문〉을 지었다. 우곡재는 정인홍과 정구의 제자인 역양이 33세 때(1588, 선조21) 세워 강학한 곳인데 경치도 좋다고 이름났다. 이 글들을 통해서 보면 이연서원 건립에 한사 강대수, 기옹 박공구, 학포 정훤이 공헌한 것이다.

우암 송시열의 제자인 손암 조근(趙根, 1631~1680)은 가야산을 유람했는데 고령에서 출발하여 우곡서재를 탐방하고 이연서원을 참배하고 서원 옆의 주학정(住鶴亭,고운이학을타고왔다가머물렀던곳)에 오르고 정인홍의 고택 터를 지나고 해인사 승려가 메는 가마를 타고 절을 관람하였다.

소론학파의 종장 해은 강필효(姜必孝,1764~1848)의 족형인 안동 선비 백록 강시환(姜始煥, 1761~?)은 함양 출신 일두 10대종손 전 청하현감 종암 정덕제의 호인 쇠북바위 종암에 대한 기문을 지어주기도 하였는데, 합천의 이연서원 유생을 대신하여 서원에 우암선생을 병향시켜달라는 상소를 짓기도 하였다. 우암 송시열은 합천 함벽루(함벽루 친필 석각, 함벽루기 현판)와 홍류동을 탐방하고 고운 최치원의 〈제가야산독서당〉 시를 써서 새겨놓게 하였고, 일두의 안의 광풍루에 기문을 써주기도 하였다. 우암의 유적에 있는 이연서원에 같은 문묘성현으로 병향하게 하자는 뜻을 담은 것이다.

대원군의 서원훼철령 때 이연서원도 철거되었는데 선비들이 강당을 보존하여 학업을 할 수 있게 해달라고 군수에게 요청하여 받아들여져 강당은 보존되고 육영당이라고 명명하였다. 성재 허전이 그 기문을 지었다.

현재 일두와 한훤당을 병향하는, 친구지간의 자취가 남아 있는 곳에 건립한 서원으론 거창 도산서원과 합천 이연서원이 저명한데 둘다 헐리고 복원하지 못하였다. 나머지 일두와 한훤당이 병향된 서원으로 상주 도남서원-영남오현 병향, 나주 경현서원-동방오현 병향, 화순 해망서원-점필재사제 오현 병향, 하동 악양정덕은사-한중오현 주자 주향 일두한훤당탁영돈재 배향, 아산 인산서원-동방오현 병향 미복원, 연안 오현서원-동방오현 병향 미상 등이 있다.

거창 도산서원과 합천 이연서원은 복원 기미가 없는데 그래도 합천은 소학당에 숭현사가 건립되어 일두와 한훤당이 병향되고 있다. 이것도 하동 악양정과 덕은사처럼 사당과 강당 구비의 시설이니 하동을 영계서원으로 복원하여 서원 기능을 활성화시킴이 좋을 듯이 소학당과 숭현사를 사당과 강당 구비 이연서원으로 복원하고 서원으로 활성화시킴이 좋을 듯하다. 그리하여 천년우정의 서원을 계속 존속시켜 주자와 장남헌, 주자와 여동래 같은 한훤당과 일두의 아름다운 성리학자의 천년우정을 기리며 기념하는 것이다.

함양 및 경남과 전북의 문학관 소고

I. 서론

문학관은 문학인에 대한 기념관, 문학자료에 대한 박물관, 도서관의 기능을 종합적으로 갖춘 문화시설이다. 전국에 다수 세워지긴 했지만 그리 많은 것은 아니다. 벌써부터 문학관의 남설을 우려하는 목소리가 있지만 아직은 시기상조이다.

차고 넘치는, 이름만 붙이면 되기도 하는 문학상이나 문학제에 비겨 문학관의 과다를 비판하기도 하는데 큰돈이 들어가고 정선된 문학인의 문학관을 수도 많지 않은데 지나치게 많다고 비판하는 것은 지금 단계에선 어불성설이다.

조선시대 개인을 숭배하는 서원이 남설되어 그 폐해에 대한 우려의 극치가 헌의대원왕(흥선대원군)의 서원철폐로 귀결되었으나 문학관은 그렇게 지나치게 너무 많이 세워지진 않았다. 수백 개가 넘칠 때 그때 비판해도 늦지 않다. 유교시대 서원이나 문학시대 문학관이나 뛰어난 인물을 존숭하는 행위는 고상한 것이다.

문학인에 대한 예우 존숭이 무엇이 나쁘다는 것인가. 시기나 질투 또는 우려나 기우를 넘어 문학인에 대한 존숭관념을 더 키울 필요가 있다. 아직은 고을마다 하나 정도는 문학관을 세워야 문화고을이란 이미지가 들 것이다. 문학관이 하나도 없다는 것은 얼마다 척박하고 황폐한 고을이란 느낌을 갖게 하는가.

II. 전북 지역의 문학관

함양과 가까운 전북 지역의 경우 문학관의 분포가 어떤지 살펴본다.
전북지역의 14개 시군의 문학관 현황을 살펴본다.

1. 전주시: 전라북도문학관.최명희문학관.고하문학관
2. 익산시: 가람문학관
3. 군산시: 채만식문학관
4. 김제시: 조정래아리랑문학관
5. 정읍시: 없음.정읍사.상춘곡.파랑새.의 고장에 어찌 문학관이 둘도 아닌 하나도 없는가
6. 남원시: 혼불문학관.남원고전소설문학관
7. 완주군: 완주책박물관
8. 무주군: 김환태문학관
9. 진안군: 구름재박병순문학관.계획
10. 장수군: 없음.정인승기념관.명은김수민문학관.제안
11. 임실군: 없음.허세욱문학비
12. 순창군: 없음.권일송시비

13. 고창군: 미당시문학관
14. 부안군: 석정문학관

문학관이 없는 시군이 4개이다. 문학관이 없는 고을이 궁벽한 고을이란 느낌이 안 드나? 군부야 그렇다 쳐도 시부에 없다는 것은 이해하기 힘들다.

무주의 김환태문학관은 전시실만 있는 미흡한 문학관인데 문학관 등록을 하였으나 그 깃든 큰 건물에 연구실, 수장고 등을 갖추어 활동하면 문학관 역할에 손색이 없을 것이다.

진안군은 구름재 박병순의 생가와 시비를 건립하고 차차 문학관까지 건립할 계획인데 하루빨리 문학관이 건립되어 시조시인 박병순의 문학 기념 활동 기지가 되기를 기대한다.

장수는 문학의 불모지 같은 느낌이 드니 문학관이 없어 더 그렇다. 한글학자 정인승 선생의 기념관은 문화의 전당으로서 손색이 없으나 문학인이 없는 것도 아니고 문학관에 소홀한 느낌이 있다.

명은 김수민 선생은 장수군 산서면 하월리 출생의 훌륭한 한문학자로 〈내성지〉 같은 몽유록소설과 〈기동악부〉 같은 영사시를 남긴 문학인이다. 나주의 백호문학관이나 영월의 김삿갓문학관, 의성의 최치원문학관 같은 한문학 문학관으로 명은김수민문학관을 세워도 문학적 가치가 충분할 것이다.

순창은 권일송 시인같은 뛰어난 문인을 배출하고도 문학관을 세워 기념하지 않는 것은 부족한 점이다. 순창고추장만 내세우지 말고 순창문학의 권일송 시인도 좀 내세우길 소망한다.

익산시: 가람문학관.

가람 이병기 시조시인이 존재한 가람문학의 총본산
이하 4개의 문학관은 가람의 제자 및 사위이다.

전주시: 고하문학관
정읍시: 사봉장순하문학관?
진안군: 구름재박병순문학관?
부안군: 석정문학관

고하 최승범과 구름재 박병순은 가람의 전북대 시절 제자이다.
사봉 장순하는 가람의 국어교사양성소 제자이다. 신석정은 가람의 사위이다.

전북지역의 14개 시군에서 문학관이 없는 도시는 정읍시가 유일하다. 정읍은 정읍사, 상춘곡, 파랑새 등의 고전문학이 발달했으니 한국고전문학관을 세우면 적당할 것이라는 생각이 드나 무엇보다도 원로시조시인으로 유명한, 가람의 제자이기도 한 사봉 정순하 시조시인의 고향이니 사봉장순하문학관을 건립한다면 가람문학권에 포함될 것이다.

최승범, 박병순, 장순하는 시조의 제자이고 신석정은 자유시의 사위이나 가람과 함께 펴낸 〈명시조감상〉(1958) 등이 있으니 시조문학권으로 묶어도 손색이 없다.

익산시.전주시.정읍시.진안군.부안군이 가람 이병기 문학벨트를 결성하고 가람문학연합축제를 공동 개최한다면 문화와 관광 발전에 있어 큰 의미가 있을 것이다.

전라북도여. 문학관이 없는 4개 시군에 위대한 문인을 기념하는 문학관을 세우게 하여 문학의 고장 전북을 가꿈이 어떠한가.

III. 경남 지역의 문학관

경남지역의 18개 시군의 문학관 현황을 살펴본다.

1. 창원시: 경남문학관.김달진문학관.마산문학관.이원수문학관.문덕수문학관
2. 김해시: 없음
3. 양산시: 없음
4. 밀양시: 없음
5. 진주시: 한국시조문학관
6. 사천시: 박재삼문학관
7. 통영시: 청마문학관.박경리기념관.김춘수유품전시관.한빛문학관
8. 거제시: 청마기념관
9. 고성군: 없음.한국디카시문학관.제안
10. 함안군: 없음
11. 창녕군: 우포시조문학관
12. 의령군: 없음
13. 거창군: 없음
14. 합천군: 이주홍어린이문학관
15. 함양군: 지리산문학관.최치원한시문학관.제안
16. 산청군: 남명기념관
17. 하동군: 이병주문학관.박경리문학관
18. 남해군: 남해유배문학관.노도문학의섬 김만중문학관

전북지역은 미당시문학관만 빼고 10개 시군의 문학관은 모두 공립이다. 경남지역의 18개 시군에서 문학관이 없는 고을이 무려 7개나 된다. 진주의

한국시조문학관, 창녕의 우포시조문학관, 함양의 지리산문학관, 통영의 한빛문학관은 사립인데 사립문학관만 있는 세 고을과 산청의 남명기념관은 문학관이라기보다 종합 기념관이니 이 넷을 빼면 물경 11개 시군에 문학관이 없는 셈이다.

경남 18개 시군 중에 4개 도시, 3개 군부, 도합 7개 시군만 공립 문학관이 있는 고을이 되니 전북지역에 비겨 문학의 불모지라 해도 과언이 아니다. 경남의 문학인과 지자체는 반성하고 분발해야 할 일이 아닌가.

진주시가 〈낙화〉로 유명한 이형기 시인 같은 걸출한 문인을 배출하고도 문학관 하나 세우지 못했다는 건 문학인의 수치가 아닐 수 없다. 김해시.양산시.밀양시 같은 도시에 문학관이 없는 것도 문학의 황무지란 느낌이 강하게 든다.

특히 경남에서 시, 소설, 아동문학의 문학관이 공립으로 세워졌는데 시조에 있어 사립을 빼곤 문학관이 한 군데도 없다는 것은 장르문학에 있어 불균형이 심하다. 전북의 가람 이병기 선생과 필적하는 시조단의 쌍벽 노산 이은상 선생에 대한 마산지역의 고향명사 박대는 몰상식의 극치다.

노산문학관을 강탈하여 마산문학관으로 개칭한 것도 상식 밖이다. 이제 정상화할 때도 되지 않았는가. 본래대로 노산문학관으로 환원하고 마산문학관은 따로 크게 잘 지으면 될 것이다. 통영의 초정시조문학관, 고성의 서벌시조문학관이 공립으로 건립되면 문학장르도 균형을 이룰 것이다.

IV. 함양의 문학관 후보

함양에는 2009년에 필자가 인산 김일훈(1909~1992) 선생 탄신 100주년을 기념하기 위하여 지리산문학관을 사립으로 건립하였다. 지리산문학사의 편찬을 목표로 한문학, 고전문학, 현대문학을 아우르는 전국 유일의 삼위일체 종합문학관이다. 지리산문학관은 2018년에 협회 제정 '올해의 최우수 문학관'에 선정되는 영예를 안았다. 필자는 사단법인 한국문학관협회 이사로서 문학관의 확산에 심혈을 경주하고 있다. 적어도 전국 360여 개 지자체에 하나씩은 문학관이 세워져야 한다고 주장한다.

1. 최치원계원필경문학관 – 함양읍

> 시황제 갈구하던 불로초는 산삼이라
> 지리산 캐간 산삼 나당외교 공헌하다
> 고운은 산삼의 성인 함양 살길 열어주다
> – 김윤숭의 「2021함양산삼항노화엑스포」

함양에는 현재 최치원기념관이 완공되어 우람한 자태를 과시한다. 고운 최치원 선생은 함양의 고호 천령군태수를 지내고 상림을 조성한 애민정치가이나 〈계원필경〉과 〈고운집〉 등을 남긴 문학인이고 〈계원필경〉에 한국인 최초의 산삼시문을 저술하여 남기고 천령군태수로서 지리산 산삼을 채삼하여 신라 조정에 바치어 대당외교의 선물로 애용하게 하는 등 산삼문화 진흥에 공헌한 산삼의 성인이다. 기념관에서 본관은 고운기념관으로 유교활동의 백연서원 복원기능을 겸하고 상림관은 최치원한시문학관으로 개편하여 문학정신을 선양하고 문학자료를 종합하여 연구에 이바지한다면 문학기행과 문학연구발표회 등 최치원문학활동의 전진기지가 될 수 있을 것이다. 의성군의 최치원문학관과는 다른 명칭의 간판을 달아야 할 것이다.

〈계원필경〉은 세계최초의 국제교류 개인문집이니 세계기록유산에 등재될 충분한 가치가 있다. 함양군이 〈계원필경〉을 구해 소장하고 세계기록유산으로 신청하여 성사된다면 〈동의보감〉의 산청과 〈계원필경〉의 함양은 쌍벽의 세계기록유산의 도시가 될 것이다. 산청의 동의보감촌과 같은 함양의 계원필경촌을 건설하여 한문학과 외교문학, 산삼문학의 메카로 자리잡게 해야 할 것이다. 함양은 또 세계문화유산으로서 남계서원과 함께 세계기록유산으로서의 〈계원필경〉을 가진 찬란한 쌍벽의 세계유산의 도시가 될 것이다. 합천의 대장경세계문화축전처럼 함양도 계원필경세계문화축전을 창설할 만하다.

2. 허영자문학관 - 휴천면

함양에는 사단법인 한국시인협회 회장을 지낸 대시인 허영자 시인이 태어난 휴천초등학교가 남아있다. 이런 행운이 어디 있는가. 폐교를 리모델링하여 문학관으로 꾸미면 큰돈 안 들이고도 문학관 건립이 수월할 것이다. 허영자 시인을 기념하고 문학활동의 전진기지로서 큰 역할을 할 수 있을 것이다.

3. 이외수문학관 - 수동면

트위터대왕으로 불리는 소설가 이외수 작가의 이외수문학관이 고향에 건립될 것이다. 감성마을 이외수문학관이 있는 강원도 화천군에서 외지인 배척기세가 드세니 이 참에 고향으로 돌아오는 것도 괜찮을 것이다. 서울 은평구의 셋이서문학관은 이외수, 천상병, 중광 세 문인을 기념하는 문학관이나 함양은 진정한 이외수문학관이 될 것이다.

4. 논개문학관 - 서상면

나라를 위하는 일에 남녀가 따로 있나요

나라의 보훈에는 여자 공신 하나 없지요
논개여 여류 충신 칭호 사사로이 바쳐요

— 김윤숭의 「논개총」

논개는 여류충신이다. 기생출신이란 설도 있고 장수현감 최경회의 소실이란 설도 있다. 갈수록 문헌이 정비되고 설도 완비되었다. 어떠한 경우도 논개의 충신이란 이미지는 변함없다. 소실설에 입각하여 보면 진주는 그녀의 순국지이고 장수는 탄생지이고 함양은 안식처이다.

함양 서상의 논개묘는 경남기념물로 지정되지 않았으나 정신적 가치를 고려하여 국가 사적 문화재로 지정되어야 마땅하다. 장수군에는 논개생가가 넓게 자리잡고 장수읍에 논개사당이 크게 자리잡고 있다. 진주는 의기사가 있으니 아직도 기생설을 묵수하고 있다.

함양의 논개묘는 작은 사당이 있고 황량하니 논개문학관을 세워 논개 표현의 문학작품을 시화로 전시하고 시비로 건립한다면 문학의 주인공으로서 세워진, 의미있는, 최초의 문학관이 될 것이다. 논개묘소를 찾는 관람객들에게 좋은 볼거리, 읽을거리, 감동거리를 제공하여 널리 찾게 하는 요소도 될 것이다.

5. 연암실학문학관 – 안의면

연암 박지원 하면 실학자 한문소설가로 모르는 사람이 없을 것이다. 함양의 안의현감을 지내며 그 유명한 〈열녀함양박씨전〉을 썼고 청나라에서 보고 배워온 적벽돌로 백척오동각, 공작관, 하풍죽로당, 연상각 등 휘황찬란한 건물을 지어 그걸 보러 명사들이 안의를 찾아오게 했다. 이들을 복원하여 연암실학촌을 건설하면 산청의 동의보감촌보다 더 가치있고 유명한 관광지가 될 수 있을 것이다. 실학촌 안에 연암박지원문학관도 세워 연암의 실학문학을 선양할 필요가 있다.

   6. 변강쇠타령문학관 – 마천면
   7. 목은이색문학관 – 유림면
   8. 동춘당문학관 – 서하면
   9. 천령삼걸문학관 – 지곡면
   10. 추범문학관 – 병곡면

V. 결론

문학관은 문학인을 기념하고 존숭하는 문화시설이다. 다다익선이다. 존숭받는 문학인이 많을수록 좋은 현상인데 문학관 건립을 왜 반대하거나 비판하는지 이해가 되지 않는다. 전국 360여 개 지자체에 문학관이 골고루 들어설 때까지 문학관 건립사업은 격려되고 권장되어야 한다.

전북에는 고전문학의 도시 정읍시가 문학관이 하나 없다는 것은 이해되지 않는 일이다. 가람 이병기 선생의 제자 사봉 장순하 시조시인의 문학관을 세우기를 소망한다.

경남에는 문학관을 하나도 안 세운 시군이 너무 많다. 전북에 비겨도 안 세운 시군이 4배나 많다. 특히 진주시가 〈낙화〉로 유명한 이형기 시인같은 뛰어난 문인의 문학관 하나 세우지 못한 것은 수치스러운 일이라고 하겠다. 전북 익산의 가람 이병기 시조시인과 쌍벽인 경남 마산의 노산 이은상 시조시인은 고향에서 억울하게 배척당하고 있으니 통탄할 일이다. 조속히 마산문학관이 노산문학관으로 복원이 이루어지길 소망한다.

함양에는 사립으로 지리산문학관이 있으나 공립으로 다음의 문학관이 건립되길 소망한다. 한문학으로 최치원한시문학관, 연암박지원문학관, 현대문학으로 허영자문학관, 이외수문학관, 종합문학관으로 문학의 주인공으론 최초로 논개문학관을 건립한다면 함양이 문학의 고을이란 명성을 떨칠 것이다. 함양의 문화발전과 관광진흥에도 크게 기여할 것이다.

남쪽 바다 노산문학관을 그리워하며

그리워 그리워 찾아와도
그리운 옛님은 아니 뵈네
들국화 애처롭고
갈꽃만 바람에 날리고
마음은 어디로 붙일 곳 없어
먼 하늘만 바라본다네
눈물도 웃음도 흘러간 세월
부질없이 헤아리지 말자
그대 가슴엔 내가
내 가슴에는 그대 있어
그것만 지니고 가자꾸나
그리워 그리워 찾아와서
진종일 언덕길을 헤매다 가네

이은상의 「그리워」

수정을 바라본다. 은은한 빛, 영롱한 빛깔, 아련한 동심, 그윽한 추억을 불러일으키는 수정 빛 바다, 내 고향 남쪽 바다. 내 고향 남쪽 바다를 국민의 고향 남쪽 바다로 만드신 국민의 시인 노산 이은상(1903~1982).

사람이 일평생 짝사랑 한번 해보지 않거나 가슴 시린 그리움 하나 간직하지 않은 경우가 있을까. 그 그리움을 대신 읊어준 노래 이은상, 채동선의 〈그리워〉. 절절이 묻어나는 그리움의 애련, 이렇게 간절한 애련의 시가 또 있을까. 사랑하는 사람과 헤어져본 경험이 없는 사람은 이 시를 논할 자격이 없다.

노래를 못하는 나는 대신 노래를 불러준 성악가의 노래를 테이프와 씨디에 담아 운전중 상용 듣는다. 이렇게 그리움을 국민의 가슴에 알알이 맺혀준 시인이 또 있을까 싶다.

그런데 현실에선 나처럼 절절이 그리움을 느끼는 사람도 있지만 그 그리움을 극도의 미움으로 반전하여 반격하는 사람도 있어 안타깝다.

마산이 낳은 국민의 시인 노산을 기념하여 노산문학관을 건립했는데 노산이 친일파니 독재추종자니 하는 악의적 비판으로 극렬히 반대하여 노산문학관을 마산문학관으로 개편하게 하였다. 하동에 이병주문학관, 통영에 청마문학관, 진해에 김달진문학관이 있는데 마산에 어찌 노산문학관 하나 못 두는가. 마산은 어이 그리 국민의 시인을 대접할 줄 모르나. 마산문학관을 거닐며 느낀 착잡한 소회를 한시로 읊었다.

鷺山文學館

1.
鷺飛山上鷺山官 로비산상로산관
名實不符千古嘆 명실불부천고탄
登陟故丘歌友思 등척고구가우사
詩魂安在那時安 시혼안재나시안

노산문학관

1.
노비산 위에 있는 노산을 위한 문학관
명실이 부합하지 않아 천고에 탄식하네
옛 동산에 올라 동무 생각을 노래하니
시혼은 어디에 있는가 언제나 평안하리

* 마산 출신의 시조시인 노산 이은상의 유적이 있는 노비산 산상에 노산을 기념하여 노산문학관을 건립했다가 점잖은 99%의 찬성은 무시되고 1%의 극렬한 반대에 밀려 마산문학관으로 개명하여 개관하였다. 점잖은 99% 측에서 노산문학관으로 개명해야 한다고 주장해도 통하지 않는다. 명실을 부합시키기가 쉽지 않은 현상이다. 전라도의 미당시문학관을 본받으라. 공은 공이고 과는 과이다. 얼마나 합리적인 처사인가. 더구나 과도 없는데 과를 긁어내어 만들어 흠잡는 경우랴.

2.
參席鷺山月講時 참석노산월강시
靑年每奉讀書規 청년매봉독서규
慕歌意邃詩情富 모가의수시정부
反對派能模作誰 반대파능모작수

2.
노산이 달마다 문화강연 열 때 참석했고
청년으로 매양 독서 지도를 받았지
그리워 노래는 뜻깊고 시정이 풍부하니
반대파에 본떠 지을 수 있는 이 누구냐

왜 그리 노산을 미워하는가, 노산이 민족의 불국대천지수라도 되는가, 노산이 모든 악인의 대표라도 되는가, 노산을 반대하는 사람들만 민족정기의 수호자가 되는가, 노산을 좋아하는 모든 사람들은 악을 비호하는 파렴치범들인가.

국민의 시인을 어찌 민족의 대반역자 이완용이나 매국노 송병준(일진회장)처럼 사갈시하는가.

공자는 人之不仁을 疾之已甚이 亂也라고, 남의 어질지 못함을 너무 미워하는 것이 어지러움이라고 하였다. 이완용이나 송병준도 너무 미워할 일이 아닌데 하물며 국민의 시인 노산을 미워함이랴, 대한민국건국포장을 받은 애국지사 노산을 너무 미워함이랴.

대한민국이 싫다고 자진월북한 사람은 대한민국 입장에선 반역자이다. 그런 사람도 국민의 세금으로 수십억 들여 문학관 세우고 기념하는데 적어도 노산은 반역자는 아니다. 대한민국의 공로자를 대한민국이 기념하는 것을 대체 누가 왜 방해하는가. 방해하는 대로 따르는 것이 더욱 한심하다.

우이효지尤而效之라고 탓하면서 닮아간다는 뜻이다. 노산을 너무 미워하는 사람들이 괜히 너무 미워진다. 미움이 극에 달하면 서로 총칼 교차할 일밖에 없다. 〈그리워〉나 다시 들으며 미움의 마음을 정화시키고 국민의 시인, 국민의 고향 남쪽 바다를 그리워해야겠다. 필자가 노산문학관의 바른 명칭을 회복시키길 염원하면서 지은 시조를 첨부하며 지사들의 성원을 기원한다.

* * *

노산문학관

시인이 놀던 동산 노비산 기슭에
문학관 날아갈듯 해오라기 날아가고

말 바꿔 마산문학관 바른 이름 어디 갔나

인격을 모독하고 문학을 유린하고
고향에서 푸대접 이름마저 앗아갔네
백로는 고고히 나는데 까마귀떼 까악대네

내 고향 남쪽 바다 국민의 고향 바다
성불사의 풍경소리 남북한에 울려퍼져
노산의 시 힘은 크다 강아지만 모른다

성인의 땅 강릉과 율곡문학관

유난히 비가 잦은 올해 여름은 이례적으로 두 번이나 강릉을 찾게 되었다. 첫 번째는 7월에 강릉시청과 대관령자연휴양림에서 열린 수필의 날 행사이고 두 번째는 8월에 옥계면의 한국여성수련원에서 열리는 우리시진흥회의 해변시인학교 참석이다.

산림청과 강릉시의 후원으로 열린 수필의 날 행사에선 한국수필가협회 운영이사로 참석하여 강릉시청에서 정목일 한국수필가협회 이사장의 나무 수필을 낭독하였고 대관령자연휴양림에서 숲속의 고적한 밤을 보내고 다음날 아침을 쏘았다. 해변시인학교에선 우리시진흥회 이사 겸 발전위원장 그리고 지리산문학관장으로서 연례적으로 여는 바다를 주제로 한 백일장과는 별도로 올해 처음 특별히 지리산문학관을 두음으로 하는 육행시 짓기를 신설하여 상금을 쏘게 되었다.

돈도 없는 주제에 왜 그리 돈을 쓰느냐고 힐난할지 모르지만 강릉에서 돈 쓰는 것은 하나도 아깝지 않다. 강릉은 성인의 땅이기 때문이다. 나의 선친인 인산 김일훈 선생도 나도 가장 존경하는 인물이 율곡 이이 선생이다. 국난을 예견하고 대비책으로 주장한 십만양병론이 그저 반대를 일삼는, 타성에 젖은 반대파의 논리에 실현되지 못했지만 서애 유성룡 선생으로부터 그 선견지명에 감복하여 성인이라는 감탄을 자아낸 율곡은 진정 한국의 성인이다.

  그의 피끓는 애국지심과 충정, 천재적인 명철함과 백성을 사랑하는 지극한 마음은 성인의 지위에 들기에 손색이 없다. 그의 애끓는 개혁 상소를 보고 눈물이 나지 않는다면 충심이 없는 사람일 것이다. 비록 처음에는 알아보지 못했지만 겪어보고 성인이라고 알아준 서애도 대단한 인물이다.

  율곡은 철학자로서만 아니라 문학자로서도 유감없이 천재성을 발휘하였다. 8세에 유명한 한시 〈화석정〉 오언율시를 지어 세상을 놀라게 하였다. 23세 별시에서 장원한 답안지 〈천도책〉은 중국에서도 저명하였다. 퇴계의 〈도산십이곡〉과 쌍벽인 도학시조의 연시조 〈고산구곡가〉 외 300여 수의 시가와 산문, 저술 등 율곡의 명작을 전시하여 천재적 문인이요 성리학자, 애국애민의 개혁사상 정치가인 율곡의 문학적 진면모를 보여줄 율곡문학관이 필요하다.

    花石亭 八歲作

      林亭秋已晩° 숲 정자에 가을이 저무니
      騷客意無窮° 시인의 마음 끝이 없어라
      遠水連天碧° 먼 강물은 하늘을 잇닿아 푸르고
      霜楓向日紅° 서리 맞은 단풍은 햇살을 향해 붉어라
      山吐孤輪月° 산은 외로운 달을 토하고
      江含萬里風° 강은 만리의 바람을 머금고 있네
      塞鴻何處去° 변방 기러기는 어디로 가는가
      聲斷暮雲中° 저문 구름 속으로 울면서 사라지네

                〈栗谷先生全書卷之一 / 詩 上〉 ⓒ 한국고전번역원 | 박완식 (역) | 2000

율곡의 성인다운 천재성에는 비교할 수 없지만 강릉에는 〈홍길동전〉을 지은 교산자 허균이라는 또 하나의 천재가 있다. 사임당이라는 현모, 아니 성모에는 비교할 수 없지만 허균의 누이동생 허난설헌이라는 천재 여류시인도 있으니 모자지간 남매지간 모두 천재다. 강릉은 천재들의 고장인 모양이다.

천재들의 고장에서 성인을 잉태하고 탄생시킨 위대한 강릉을 위해 돈 얼마 쓰는 것이 뭔 대수인가. 고마워하며 펑펑 써도 모자란다. 성인의 땅 강릉을 위해 감사하며 더 통 크게 쓸 수 없는 능력의 한계가 안타까울 따름이다.

온 국민의 간절한 염원 속에 삼수 끝에 2018 평창동계올림픽이 유치 확정되었다. 평창동계올림픽이라고 하나 실상은 설상경기는 평창에서 빙상경기는 강릉에서 열리니 강릉원주대학교라는 명칭과 마찬가지로 평창강릉동계올림픽이라고 해야 할 판이다. 동계올림픽에선 평창이 주인공이나 500년전 성인의 탄생비화에 있어선 평창이 조연에 불과했다.

그 전설의 현장이 평창의 판관대이다. 수필의 날 행사에서 신봉승 극작가가 강연하며 언급한 고사가 그것이다. 필자는 일찍이 이효석문학관을 찾아가는 길에 판관대를 들러 율곡의 부친 당시 수운판관 이원수 공과 평창 주모와의 이루지 못한 로맨스를 곱씹어 본 적이 있었다.

밤길 주막에 들른 판관공의 얼굴에서 상서로운 기운을 감지하여 성인의 탄생 기미를 알아보고 성인의 씨를 배고 싶어 한 어느 평창 주모도 민간에 묻혀 사는 철인이고, 성인을 낳은 신사임당도 철인 성모이니 주모와 성모의 보이지 않는 샅바 싸움에선 사임당의 한판승으로 끝난 것이다. 주모의 평창이나 성모의 강릉이나 율곡 성인으로 인해 축복받아 설상가상이 아닌 설상, 빙상 동계올림픽의 영광스런 개최지가 된 것이 아니겠는가.

만약에 율곡의 부친이 평창 주모의 색기에 홀려 율곡을 잉태시켰다면 허균 홍길동전의 모델이 되고 말아 의협 괴걸 정도가 되어 성인이 되기에는 모자

랐을 것인데 지혜롭게 처신하여 그 위기를 잘 참아 넘긴 율곡의 부친 판관공이야말로의 사임당에 가려 명성이 드러나지 않았으나 위대한 아버지의 표상이라고 할 수 있다.

여성 입장에선 더욱 그러하지 않겠는가. 여기저기 흘리고 다녀 가정불화의 원인이나 조성하는 주말드라마의 단골 모델이 되는 여느 남편들과는 확연히 다른 판관공이야말로 오히려 위대한 남편의 표상이라고 해야 할 것이다.

석가모니가 도솔천에서 룸비니로 탄강하였듯이 성인의 탄생 기미를 나툰 곳이 평창의 판관대이고 성인이 직접 탄강한 곳이 강릉의 오죽헌이다. 강릉의 오죽헌과 평창의 판관대는 성인의 탄생에 있어 서로 조응하여 역할을 다한 둘 다 한국인의 성지요, 평창동계올림픽의 양대 성역임에 틀림없다.

공자 성인의 탄생지 곡부를 유교인이라면 성지순례하는 것이 당연하듯 나의 강릉행은 율곡 성인의 탄강지를 참배하는 성지순례의 일환이다. 한국의 성인 율곡을 참배하러 한국인의 성지 강릉을 찾는 것은 당연지사니 한국인이라면 오히려 정기적으로 성지순례하는 것이 마땅하지 않을까.

나주 정렬사와 백호문학관

해마다 나주에 간다. 나주 정렬사에 간다. 정렬사 제향에 참석하는 것이 연례행사이다. 정렬사는 동신대학교 옆에 있어 찾아가기 쉽다. 나주에 올 때마다 운전면허시험이 생각난다. 1996년에 면허증을 나주에서 땄다.

시험에 합격하여 여유가 생겨 방계 조상 임진왜란의 최초 의병장 충신 건재 김천일 장군의 사당 정렬사를 물어 찾아가 사당문 밖에서 숙배하고 돌아오며 일본을 다시 생각하였다. 임진왜란, 일본인은 당시 조선인보다 모가지가 하나 작았으니 왜라고 칭한 것이다. 그런 왜놈에게 신라 고려 조선 한국까지 2천년 동안 침략 학살당하고 무시당하고 사니 불가사의 아닌가.

삼국통일의 주역 신라 문무대왕의 수중릉 비원悲願은 상식 아닌가. 동해용이 되어 왜적을 방비하겠다는. 용이 잘나도 축생이라 축생의 업도 감수하겠다며 왜침을 막겠다는 비장한 결심, 그 얼마나 처참한 왜적에 대한 공포였나. 그런 공포를 해결할 길은 없었다.

고려의 왜구침략은 국가적 문제였다. 이때 이성계의 황산대첩이 있었고 이것이 조선건국의 기초가 되었다. 왜구방어에 공을 세워 새 나라를 세운 조선은 오히려 왜구에게 대대적으로 침략당해 초토화되고 그 뼈아픈 교훈을 잊은 나라가 되어 다시 망국의 치욕과 고난까지 백성에게 안겨주었다. 왜적 일본은 불구대천의 원수란 게 증명된 것이다.

일본 땅이 태풍의 바람막이 구실한다고 좋아할 일이 아니다. 태풍피해는 회복되지만 망국의 역사는 지울 수 없다. 그냥 남북한이 힘을 합쳐 일본을 도모하여 일본 땅을 완벽히 태평양에 수몰시켜야 후환이 영원히 없을 것이다. 민족의 철천지원수 공동의 적 앞에선 같이 싸우고 적을 섬멸한 뒤에 서로 싸우는 것이 순리 아닌가. 발본색원, 문자만 알고 실천하지 않으면 무슨 소용이랴.

건재선생은 나주 출신으로 임진왜란 시 최초로 과감히 의병을 일으켜 왜적을 공격했다. 선조왕이 감동하여 창의사란 직책을 부여하였다. 의병을 창도했다는 뜻이니 국가 공인 최초 의병장이란 의미이다. 왜적의 호남 침략의 최전선인 진주성을 사수하다가 부자가 장렬하게 순국했으니 국가에서 문열공이란 시호와 영의정을 추증하고 진주 창렬사, 나주 정렬사를 세워 향사하며 추모한다.

창렬사 정렬사 문열공 렬자가 셋 다 들어있다. 렬자의 뜻을 생각해본다. 매울 렬 열렬하다. 매운맛의 뜻은 전혀 없고 세차다란 의미다. 렬자는 주로 열녀 열사의 칭호에 사용된다. 중종실록에 명유열신名儒烈臣으로 한번 사용하였을 뿐이다. 단종실록에는 세조대왕이 충신열사忠臣烈士란 용어를 사용, 독려하며 계유정난을 일으켰다.

헤이그특사인 이준 선생이 분사하자 이준 열사라고 하고 유관순 선생도 기미만세운동에 옥사하자 유관순 열사라고 칭하는데 나라 위해 죽은 이에 주로 쓰인다. 보훈용어로 순국열사는 1945년 광복전 서거 공로자, 애국지사는 광복후 서거 공로자를 가리킨다. 문열공 창렬사 정렬사의 렬자 의미는 충성 충자와 다르지 않다고 하겠다.

그러나 여자의 녀와 합쳐 쓰일 때는 의미가 한정되니 여자가 정절을 지키는 행실을 가리킨다. 유부녀든 처녀든 같이 쓰였다. 열녀는 다 정절을 더럽히지 않고 죽거나 더럽힘을 당하면 죽음으로 씻은 것을 가리킨다. 때로는 오랜 기간 수절한 여자를 열녀라고 하지만 죽어야 확실히 열녀로 판정되는 것이다.

열녀니 효자니 충신이니 하는 칭호는 왕명으로 정려를 하사받아야 쓸 수 있는 것이다. 정문이 건립되어야 국가 공인 충신 효자 열녀가 되는 것이다. 그런데 렬신이란 정려 항목은 없지만 렬신은 충신보다 상위개념으로 장렬히 전사하여 순국한 개념에 적합하다. 임진왜란의 칠백의총 순국 의병장 중봉 조헌 선생도 시호가 문열공이니 건재선생과 같은 경우이다.

그러나 고려 시대 문열공 김천일 선생의 조상인 고려 문하시중 위열공 김취려 장군이나 고려 시조시인(다정가 작가) 문열공 이조년 선생이나 여말선초의 문신 문열공 한상질의 시호는 다 순국의 의미는 없고 세차다란 의미이다.

2015년 7월 1일에 나주시가 주관하는 정렬사 제향에 참석하였다. 이 제향일은 음력인데 특이한 면이 있다. 음력 5월 16일 의병을 일으킨 날을 기념하여 지내는 것이다. 제향이 끝나고 언양김씨대종회의 한 종친이 점심을 내는데 동석하였다. 50여 명에게 광주 삼계탕을 쏜 것이다. 혼자 짬을 내어 나주 백호문학관을 찾아 관람하였다.

천고 만장의 기개를 가진 호걸지사 백호는 사이팔만이 다 중원에 쳐들어가 천자 노릇하는데 우리만 그러하지 못했으니 내 죽은 뒤 곡하지도 말라고 하였다. 이른바 물곡사勿哭辭이다. 제국의식이 있는 지사이다. 그런 포부를 조선시대 누가 가졌는가. 이징옥 장군이나 있을까. 그의 찬비 시조나 황진이 묘제 시조나 유려한 한시나 원생몽유록같은 한문소설 이야기는 부차적인 것이다. 그의 꿈은 아직도 이루지 못한 채로 이 나라는 그럭저럭 굴러가고 있구나.

좌안동우함양과 천령삼걸문학관[1]

1. 좌안동우함양과 동방사현

함양은 민족의 영산 지리산 1번지이다. 지리산 1번지 함양은 예로부터 좌안동우함양이란 자부심 강한 문자를 즐겨 써왔다. 출처는 미상이나 조선 시대 용어는 아니고 근대 이후 창조한 용어 같다. 함양 학사루를 함양초교에서 군청 앞으로 이건하고 여주환 군수가 〈학사루이건기〉(1979.2.28)를 지었는데 거기에서

"이조 때는 팔대선생이 이 고장에 나고 좌안동 우함양으로 이름 떨쳤도다"

한 것이 필자가 본 최초의 기록이다. 안동의 퇴계 이황 선생, 함양의 일두 정여창 선생 배출을 자랑스러워하여 만든 문자일 것이다. 좌안동 우함양의 고장, 한국 한문학의 쌍벽 고을 함양의 숫자 성어 대표인물이 천령삼걸이다.

---

[1] 이 글은 2014년 8월 9일(토) 지리산문학관에서 한국한문고전학회와 지리산문학관이 공동 개최한 지리산문학천령삼걸학술대회에서 기조강연으로 발표한 원고를 수정 증보한 것이다.

지리산 1번지 함양은 예로부터 좌안동 우함양이란 자긍심 강한 문자를 즐겨 써왔는데, 안동의 퇴계 이황 선생과 쌍벽으로, 함양의 일두 정여창 선생 배출을 긍지로 여겨 만들어 쓰는 문자일 것이다. 일두선생이 함양 출신이 아니라면 우함양이란 자부심은 존재하지 않을 것이다.

경북 성주의 유림들은 좌안동우성주라고 자부한다. 한강 정구와 동강 김우옹을 자랑스러워하는 것이다. 그러나 한강과 동강 양강은 다 퇴계와 남명의 제자로 퇴계의 안동과 필적하여 병칭하기는 그렇지 않은가. 마찬가지로 좌안동우함양, 이 문자는 타당하지 않다고 여긴다.

일두선생은 동방사현이다. 한훤당 김굉필 선생과 일두선생은 점필재 김종직 선생의 문하생으로 동문이고 현풍과 함양의 중간지대인 거창과 합천에서 자주 만나 강학하고 죽음도 함께 한 막역한 지우요 학문적 동반자였다. 그래서 사후 문묘에 나란히 배향된 것이다.

동방사현은 모두 유교의 순교자들이다. 한훤당과 일두는 조선 최초의 선비수난사인 무오사화의 순교자이고 한훤당의 제자인 정암 조광조 선생은 기묘사화, 회재 이언적 선생은 정미사화의 순교자이다. 유교에선 성인의 위상을 극존하여 요순, 우탕, 문무, 주공, 공맹 이후론 성인이란 칭호를 쓰지 않지만 천주교의 시복, 시성의 관점에서 해석하면 동방사현은 순교자로 모두 성인인 것이다.

동방오현으로 칭해지는 퇴계 선생은 순교자가 아니고 학덕의 우월성에서 문묘에 종사된 것이라서 시복, 시성의 관점에서 본다면 복자, 현인이고 성인은 아니다. 성균관장이 교황을 알현하듯 유교도 천주교의 순교자 성인 극존의식을 수용하여 동방사현을 동방사성으로 추앙하는 것이 맞다고 본다. 그래서 성인인 일두선생과 나란히 현인인 퇴계선생을 강조하여 자부하는 좌안동 우함양의 개념은 맞지 않다고 하는 것이다.

차라리 한훤당과 나란히 칭하는 좌현풍 우함양이란 것이 맞을 것이다. 좌안동이라면 강좌(江左: 낙동강 동쪽)의 퇴계선생과 영남학맥을 반분하는 강우의 남명선생을 병칭하여 좌안동 우산청, 좌안동 우합천, 또는 좌퇴계 우남명이라 하는 것이 맞을 것이다. 안동이 유명하니까 안동에 필적하는 동네라는 뜻으로 좌안동 우함양이란 성어가 형성된 것일 것이나 일두선생의 성인 위상을 생각한다면 좌안동에 비견해선 안되는 것이다.

동방사현은 선조대왕의 어명이나 마찬가지다. 1570년(선조 3) 12월에 선조대왕은 성리의 학문에 뜻을 두고 불세출의 현인인 김굉필, 정여창, 조광조, 이언적의 저술을 편집하라고 유희춘에게 명하였다. 책이 완성되자 『국조유선록國朝儒先錄』이라고 명명하였고, 천령삼걸인 승정원 도승지 겸 예문관 직제학인 청련 이후백에게 서문을 쓰게 하였다.

『국조유선록國朝儒先錄』은 편찬 이후 1572년에 화담 서경덕의 문인인 박순이 서경덕을 끼워넣고자 하였지만 실패했고 이황도 별세(1570, 선조 3, 12월 8일 졸) 후 1572년에는 조정기가 삽입시키고자 하였지만 선조와 정유일은 반대하였다. 선조 때까지는 동방사현이 대세였다.

동방오현은 1610년(광해군 2) 9월 5일에 일괄 문묘종사의 명이 내린 김굉필, 정여창, 조광조, 이언적, 이황의 오현신五賢臣을 지칭한다. 동방사현은 『국조유선록國朝儒先錄』의 편찬 명이 내린 선조 3년 초부터 줄기차게 문묘종사 요청이 있었지만 사체가 중하다고 윤허하지 않다가 광해군 때 퇴계를 더하여 성사된 것이다.

내암 정인홍은 자기 스승 남명 조식이 배제된 데 대하여 분노하고 이언적과 이황의 종사 문제를 극력 배척하였다. 그리하여 자신이 성균관 청금록(유생 명부)에서 삭제당하는 수모를 겪었다.

2. 함양의 한문학맥

지리산 1번지 함양은 한국한문학의 본향이다. 한국한문학의 비조인 고운 최치원 선생이 신라시대 천령군태수를 지내시며 문학의 향기를 남기셨는데 후진 양성은 알려진 사실이 없으니 학맥은 이어지지 않았지만 한문학풍은 온전히 전해진다.

영남인재의 태반을 양성한 영남학파의 종장 점필재 김종직 선생이 함양군수로 많은 제자들을 양성하였는데 불행하게도 무오사화와 갑자사화에 모두 상실하였다. 세종대왕이 기르신 인재는 계유정난에 일망타진되고 성종대왕이 기르신 인재는 무오사화와 갑자사화에 일거 소진되었으니 선비의 나라에서 선비들의 통한의 숙명이었다.

점필재의 처남이자 문인인 김천 출신 매계 조위도 함양군수를 지내며 스승의 업적을 선양하였다. 점필재의 함양제자로는 일두 정여창 선생을 포함하여 시서화 삼절인 뇌계 유호인, 남계 표연말, 점필재와 천왕봉을 등정한 진사 한인효, 일두와 탁영과 함께 지리산을 유람한 회헌 임대동 등이 있다. 점필재의 함양 학맥은 제자와 재전제자(노우명은 정여창의 제자) 정도에서 그치고 이어지지 못했다.

함양의 학맥은 점필재 김종직과 남명 조식이 시간적 쌍벽으로 많은 제자를 양성하였다. 남명에게 직접 직지하지는 않았으나 옥계 노진은 남명의 사상을 계승하였다고 해도 무방하다. 옥계의 함양 제자로는 송정 강문필이 있다. 매암梅庵 조식曺湜, 죽헌竹軒 정지鄭摯, 송정松亭 강문필姜文弼이 막역한 친교를 맺어 매죽송삼우梅竹松三友라고 일컬어졌다.

조선후기에 실학의 종장 연암 박지원 선생이 안의현감을 지내시며 후진을 양성했는데 뚜렷한 제자로 알려진 인물은 없다. 연암실학단의 일원인 아정 이덕무 선생도 함양의 사근도 찰방을 지냈지만 후학 양성은 여가가 없었다.

2009년 사단법인 인산학연구원 지리산문학관에서는 인산 김일훈 선생 탄신 100주년 기념 함양학학술대회를 개최했는데 〈함양근현대 9인의 학문세계〉란 주제로 여기서 발표된 8인은 함양 근현대 팔현이라고 할 거유들이었다. 1. 녹차綠此 황오(黃五, 1816~?), 2. 부계扶溪 전병순(田秉淳, 1816~1890), 3. 화헌華軒 서인순(徐璘淳, 1827~1898), 4. 삼원당三元堂 허원식(許元栻, 1828~1891), 5. 진암眞菴 이병헌(李炳憲, 1870~1940), 6. 추범秋帆 권도용(權道溶, 1877~1963), 7. 춘계春溪 하기현(河琪鉉, 1880~1967), 8. 여암厲菴 정도현(鄭道鉉, 1895~1977) 등인데 함양이 배출한 근현대 한문학의 종장들이다.

여암 정도현은 노론 간재艮齋 전우田愚, 1841~1922)의 문인이고, 추범 권도용과 진암 이병헌은 남인 면우俛宇 곽종석(郭鍾錫, 1846~1919)의 문인이고, 삼원당 허원식은 기호 남인 성재性齋 허전(許傳, 1797~1886)의 문인이고, 부계 전병순은 노론 매산梅山 홍직필(洪直弼, 1776~1852)의 문인으로 소휘면蘇輝冕·조병덕趙秉悳·한운성韓運聖·임헌회任憲晦와 함께 매문오현梅門五賢으로 일컬어졌다. 임헌회는 간재 전우의 스승이다. 춘계 하기현과 화헌 서인순 및 녹차 황오는 특정학맥은 없으나 노론 학자이다.

3. 함양의 남명학파

조선중기에 함양은 남명학파의 고장이 되었다. 남명 조식은 퇴계 이황과 함께 동갑으로 쌍벽의 대학자이다. 2현은 낙동강을 중심으로 강좌와 강우의 학파를 주도하며 많은 제자들을 양성하였다. 불행하게도 남명은 퇴계와 달리 꾸준히 계승되지 못하고 퇴계학파에 흡수되었다. 그 원인은 남명의 수제자 내암 정인홍에게 있다고 하겠다.

정인홍이 남명을 제외한 퇴계의 문묘종사에 대하여 격렬히 반대하고 각을 세움으로써 학계의 이단아가 되고 인조반정에 역적으로 참수됨으로써 그 불똥이 남명에게 튀어 그 스승에 그 제자란 오명과 악명이 씌어 인조반정 이후 시대엔 남명의 후학이라고 표방하지 못하게 된 것이다.

함양에서 남명의 제자로는 일두를 모시는 남계서원을 건립한 개암 강익, 남명이 삼가 포연대에서 목욕할 때 수행한 남계 임희무와 박승원, 남명의 수제자 내암 정인홍의 처남인 서계 양홍주 등이 있다. 매촌 정복현과 매암 조식도 문인으로 분류된다.

박승원朴承元은 남명선생 49세(1549, 명종 4) 때 8월에 남명이 거창 포연대에서 목욕하자 임희무와 함께 달려가 같이 목욕한 선비로 풍기군수 신재 주세붕이 1544년(중종 39) 4월에 청량산을 유람할 때 군청에서 전송한 서생일 것이다. 그의 아내가 연안이씨로 청련 이후백의 누이동생이다. 부군의 사후 4일 동안 물 한 모금 안 마시고 3년 동안 미음만 먹고 16년 동안 고기를 먹지 않았다. 3년상 동안 어육을 갖추어 상식하였다.〈朴君死°一勺水不入口者四日°啜米飮者三年°不食肉者十五六年°三年上食°必具魚肉°感樹齋先生文集 雜著 天嶺孝烈錄〉

내암來庵 정인홍(鄭仁弘, 1536~1623)은 함양에서 처가살이도 하였고 많은 제자들을 길렀다. 내암이 처형된 뒤에 스승을 위하여 심상心喪 3년을 치르고 소식을 한 백천白川 강응황(姜應璜, 1559~1636)은 조정에서 처벌 논의가 있었지만 방치되었다. 강응황은 함양읍 백천리 본백마을에 살았고 유림면 옥매리 차의마을 위천 가 솔숲에 취한정翠寒亭을 짓고 시와 술로 소일하였다. 내암이 일찍이 시를 지어 주었다.

來庵先生文集卷之一 詩

〈翠寒亭贈姜渭瑞〉

渭畔林松舊° 松間一屋新° 平生夢想地° 今日得幽人°

그런데 내암의 제자로 합천 사람인 역양嶧陽 문경호(文景虎, 1556~1619)의 문집에도 3글자만 틀리고 똑같은 시가 실려 있다. 어느 한 사람의 문집에 잘못 실린 것이다.

嶧陽先生文集卷之一 [詩○]五言絶句

〈翠寒亭姜應璜溪亭〉

澗畔林松舊° 搆亭一屋新° 平生夢想地° 今日得幽人°

역양은 취한정의 원운에 차운한 시도 있다. 원운은 將, 常, 香, 霜, 觴이다. 역양 외에도 많은 이가 이 원운에 차운한 시를 남겼다.

嶧陽先生文集卷之一 [詩○]七言四韻

〈次翠寒亭韻〉

蒼松綠水冷交將° 斗覺幽居趣異常° 氷泮春潭新月色° 露凝秋葉晩風香° 庭前最有梅撐雪° 窓外兼看菊傲霜° 想得主人寒計活° 一亭相對侑淸觴°

모정慕亭 배대유(裵大維, 1563~1632)가 취한정에 차운한 시를 보면 운자만 같고 나머지 문자는 다 다르니 내암과 역양의 시는 같은 시라는 것을 짐작할 수 있다. 이 시는 『모정집』 목록에는 있고 본문에는 없는데 다시 습유에 실렸다.

慕亭集拾遺

〈次翠寒亭韻 在咸陽〉

見說林亭勝˚靑寒活畵新˚分明武陵路˚魚鳥引遊人˚

고대孤臺 정경운(鄭慶雲, 1556~?)은 당곡 정희보의 손자로 함양의 내암 수제자에 해당한다. 정경운의 사촌 자부인 감수재感樹齋 박여량(朴汝樑, 1554~1611)도 광해군 3년(1611) 사헌부 지평일 때 내암이 성균관 청금록에서 삭제당하자 적극 변호하였다.

선조 36년(1603)에 함양咸陽의 생원生員 강인(姜繗, 1568~1619) 등 수십 인이 상소하여 정인홍을 비난한 서계 양홍주를 공박하였다. 남음灆陰 강인 姜繗은 내암과는 반목한 한강 정구의 장녀서이기도 한데 내암을 위하여 극력 변호한 문인이었다.

그밖에 풍고風皐 노주(盧冑, 1557~1617), 우계迂溪 노사상(盧士尙, 1559~1598), 경재景齋 박선, ?~1597), , 송탄松灘 정홍서(鄭阝L緖, 1571~1648) 등의 문인이 있다.

4. 개암 강익과 남계서원

남명의 함양 제자 개암 강익(1523(중종 18)~1567(명종 22))은 1552년 (명종 7)에 남계서원을 세웠다. 남계서원은 한국에서 풍기군수 주세붕이

1542년(중종 37)에 세운 한국 최초의 서원인 백운동서원(1550년 명종 5년 사액 소수서원)에 뒤이어 황해도 관찰사 재임시 1550년(명종 5)에 해주에 세운 수양서원(首陽書院, 1555년 명종 10년 사액. 문헌서원文憲書院으로도 불림)에 이어 한국에서 세 번째로 세워진 서원이다.

그러나 남계서원을 세운 개암이나 당시 사대부는 소수서원 이후 처음 서원을 세웠다고 인식하였다. 아마도 해주의 수양서원 건립 사실을 몰랐던 듯하다. 그래서 남계서원이 한국에서 두 번째로 세워진 서원으로 알려진 것이다. 주세붕에 이어 강익이 서원을 세웠으니 사람으로 치면 두 번째가 맞기도 하다. 〈噫書院之設於吾東者周茂陵竹溪之後始興於斯° 嘉靖丙寅仲秋丁亥° 晉山姜翼記° 介庵先生文集 灆溪書院記〉, 〈公遂倡議° 請于朝° 立書院以祠之° 我國建院° 自竹溪以後° 此爲第一° 感樹齋先生文集 天嶺孝烈錄〉

북한에 있는 문헌서원을 제하면 남한에서는 소수서원에 이어 두 번째로 세워진 서원이 되는 셈이다. 1566년(명종 21)에 사액되었으니, 1553년(명종 8)에 영천에 세워진 포은 정몽주를 모시는 임고서원(1554년 명종 9년 사액)보다 늦다. 사액서원으로는 네 번째 서원이 된다.

남계서원의 건립은 민간 주도라서 우여곡절이 많았고 공력도 시간도 더 들었다. 1552년(명종 7)에 남계서원 창건을 발의하여 강당을 건립하였으나 공사비를 대주던 함양군수 서구연이 이임하자 공사가 중지되어 강당에 기와도 얹지 못했다. 그렇게 세월이 지체되다가 1559(명종 14)에 군수 윤확의 도움으로 강당과 부속시설(창고, 주방, 목욕간, 담장)을 완공하고 사당을 건립하였다. 1561년(명종 16)에 일두선생 시호 문헌공의 위패를 봉안하였다.

서원 건립에는 당시 군수들의 지원이 있었지만 선비들도 절 지을 때 시주하듯이 곡식을 출연하여 부조하였다. 갈천 임훈도 성금 모집에 적극 동참하여 남계서원 건립에 일조하였다. 〈今郡守又能趾甚美而繼其役° 然其墻庭

之設°藏修之備°官力之所不逮者猶多也°天嶺之儒° 各出斗斛之穀° 以備其需° 而猶不足充其用.....吾鄕之儒° 盍亦毋慳斗筲之費° 用扶崇建之功.....今夫浮屠 人° 營佛刹勸其資° 雖頑惑之人° 猶不惜若干之費° 況於爲吾道立幟° 誘吾儒向 善° 而尙不用心力者乎° 葛川先生文集 天嶺書院收穀通文〉

　1564년(명종 19)에 군수 김우홍(동강 김우옹의 형)이 부임하여 부조하여 동재와 서재를 건립하였다. 비로소 남계서원이 전학후묘(앞에 강당, 뒤에 사당)와 기숙사 등의 규모를 완비하여 완공된 것이다. 뒤이어 2년 뒤 1566년(명종21)에 사액을 신청하여 남계서원으로 사액되어 국가 공인 서원이 된 것이다. 소수서원, 임고서원, 수양서원에 이어 네 번째 사액서원이면서 완공시점을 논하면 또한 소수서원, 수양서원, 임고서원에 이어 네 번째 서원이 된다.

　그러나 벼슬아치인 주세붕이 세운 관립 서원인 소수서원, 문헌서원과는 달리 벼슬하지 않은 사대부가 세운 민립 서원으로는 남계서원이 첫 번째 서원이다. 남계서원은 한국 최초의 민립 서원이다. 남계서원은 다른 최초 기록도 있다. 소수서원과 문헌서원은 안향과 최충 고려 유학자를 모신 서원이나 남계서원은 조선조 최초의 조선 유학자를 모신 서원이다. 동방사현 및 문묘 배향 18현중 조선조 유학자를 모신 서원으로는 한국 최초의 서원이다.

　일두 정여창을 모시는 남계서원은 1552년(명종 7)에 건립되고, 일두의 친구인 한훤당 김굉필을 모시는 도동서원은 1568년(선조 1)에, 한훤당의 제자 정암 조광조를 모시는 죽수서원은 1570년(선조 3)에, 회재 이언적을 모시는 옥산서원은 1572년(선조 5)에, 퇴계 이황을 모시는 도산서원은 1574년(선조 7)에, 남명 조식을 모시는 덕천서원은 1576년(선조 9)에 건립되었으니 개암은 조선조 유현 서원 건립운동의 선구자이다.

　남계서원은 한국 최초의 〈벼슬아치가 아닌〉 선비가 세운 서원이다. 한국 최초의 조선조 유현을 모신 서원이다. 세계문화유산 잠정목록에 등재된 한국의

9대 서원(소수서원 도산서원 병산서원 옥산서원 도동서원 남계서원 필암서원 무성서원 돈암서원)의 하나이다.

5. 당곡 정희보와 함양문도

남명의 제자인 개암 강익과 남계 임희무 및 매촌 정복현과 매암 조식은 당곡 정희보의 문인들이다. 양성헌 도희령도 당곡의 문인이다. 당곡은 본디 남해 출신으로 함양에 이주 하여 많은 제자들을 길러냈다. 천령삼걸이란 불리는 구졸암 양희(1515(중종 10)~1581(선조 14)), 옥계 노진(1518(중종 13)~1578(선조 11)), 청련 이후백(1520(중종 15)~1578(선조 11))도 모두 당곡의 문인이라 한다. 왜 자신 없게 언급하느냐 하면 청련은 의문점이 있기 때문이다.

옥계 노진의 당곡 묘지명의 말을 빌리면 호남과 영남의 인재 절반은 모두 당곡의 문인이라고 할 만큼 당곡은 지역 인재 양성에 공이 지대하였다. 다만 당곡은 중앙무대에 알려지지 않은 향선생으로서 초학 지도에 탁월한 성과를 낸 것이다. 옥계 연보에 의하면 옥계는 15세 때 문장으로 유명한 당곡 문하에서 과거문체와 『한문韓文』 등을 수학하였다.

구졸암의 신도비명에는 옥계와 청련과 서로 절차탁마하며 학문한 기록은 있어도 몇 살 때 누구에게 배웠는지는 서술하지 않았다. 〈幼聰慧異凡兒,及長,與盧玉溪禛李靑蓮後白,相切磋爲學,時稱天嶺三傑〉 구졸암은 당곡 갈명에서 부자夫子 운운하였으니 당곡의 문인이다.

옥계의 연보에는 15세(1532, 중종 27) 때에 당곡에게 과거시험문장을 배웠다고 하였고, 〈嘉靖十一年 我中宗恭僖大王二十七年 壬辰°先生十五歲°嘗讀大學章句輯釋°悉皆硏精熟複°則頗有疑晦處鄕有鄭君希輔°以詞學名於南

中°晩不利於場屋°以訓後生爲事°先生首以大學就問°則鄭君從先生唯唯°先生是時°已見大義於聖門之學°而顧無名師可從以問°遂有悵然之志°從衆學科文於其門°仍受韓文等書°玉溪集 年譜〉

청련은 우암 송시열이 쓴 행장에서 나이 겨우 10세 때(1529, 중종 24) 옥계와 구졸암과 같이 표인表寅에게 배웠다고 하였는데〈年甫十歲°與盧玉溪禛, 梁牧使喜°學于表公寅之門°一時學徒十五人°以次受學°公年最少°常居末席°聽諸人所受書°一皆背念°其中有性理大全書矣°表公聞其然°招使試之°公遍誦十四人書如熟讀者然°表公大加驚異曰°未知古有如此兒否°青蓮集 行狀〉

표인은 미상의 인물이다. 10세라는 것이 정확한 나이는 아닐 것이니 옥계 15세(1532, 중종 27) 때로 보면 청련의 나이 13세 때에 옥계와 구졸암과 같이 당곡에게 배운 것이다. 그러면 구졸암은 18세에 배운 것이니 만학이 된다. 자라서〈及長〉같이 배웠다는 기록과 일치한다.

천령삼걸은 아니지만 같은 동향 친구로 개암 강익(1523(중종 18)~1567(명종 22))이 있는데 개암은 15세(1537, 명종 32) 때에 당곡 정희보에게 수학하였다. 그때 동문이 옥계, 청련, 구졸암이었다.〈嘉靖十六年丁酉°先生年十五歲°疾漸有效°承仕公乃曰°人而不學°無異禽獸°奈何甘與蠢蠢者同歸°先生瞿然執書°就學於同閈唐谷鄭斯文希輔之門°其門人如盧玉溪 禛 李青蓮 後白 梁九拙 喜°唐谷試敎以史°句讀分明°音韻淸朗°有若宿業者然°介庵年譜〉

표인이란 존재는 어디에도 등장하지 않는다. 옥계나 구졸암의 사적에도 등장하지 않는다. 일찍이 거창에서 표인의 후손을 만나 그 행장을 본 적 있는데 영의정 운운하였으니 실존 인물이긴 한데 사적이 부족하다. 거창에 표인이 있고 함양에 당곡 정희보가 있어 초학들을 가르친 것은 사실인데 같은 제자들을 같은 시기에 가르쳤을 리는 없으니 한쪽이 제자 배출을 과장한 것이다.

구졸암 양희는 이후백의 만사에서 동향동리우동사同鄕同里又同師라고 하였는데 이때의 스승은 정희보인가 표인가, 구졸암과 옥계의 행적에 표인이 등장하지 않으므로 당곡일 것이다. 청련은 구졸암과 함께 또한 옥계나 개암도 같이 당곡에게 수학한 것이니 당곡의 문인이라고 하는 것이 틀리지 않는다. 당곡 정희보는 판서급 제자인 천령삼걸을 길러 낸 위대한 교육자이었다.

6. 천령삼걸 총론

구졸암이 이후백과 동향동리우동사同鄕同里又同師라고 하였는데 구졸암은 함양군 수동면 우명리에서 태어났고 청련은 함양군 지곡면 개평리에서 태어났으니 마을이 같지는 않다. 이후백은 호조판서로서 선조 11년(1578)에 휴가를 받아 함양에 성묘왔다가 10월 7일에 병사하였다. 파주 선영으로 반장하였다. 〈戊寅以戶曹判書°乞暇省墓于咸陽°十月初七日病卒°…歸葬于坡州廣灘上先塋之側子坐午向之原° 靑蓮集 行狀〉

이후백은 옥계 노진보다 뒤에 별세하여 옥계에 대한 만사를 지었는데 동치정친불가언童稚情親不暇言이라고 죽마고우로서의 애도의 정을 표하였다. 같은해 8월 23일에 별세한 노진보다 한 달 남짓 뒤에 이후백이 별세하여 함양 출신의 정승 후보 판서 둘이 세상을 떠났고 이후 함양에서는 정승이 배출되지 못하였다.

서당 이덕수가 찬술한 구졸암의 신도비명에 옥계 노진과 청련 이후백과 함께 서로 절차탁마하여 학문을 하니 당시 천령삼걸이라고 칭하였다고 하였다. 삼걸은 차례로 소과인 사마시(생원, 진사) 합교학고 대과인 문과에 급제하여 나란히 벼슬길에 나아갔다.

▶ 사마시합격

구졸암 1540년(중종 35)

옥계 1537년(중종 32)에

청련 1546년(명종 1)

▶ 문과급제

구졸암 1546년(명종 2)

옥계 1546년(명종 1)

청련 1555년(명종 10)

구졸암은 이조참판(차관)을 지내고 후에 이조판서에 추증되었으니 증직이라도 판서(장관)이 된 것이다. 옥계와 청련은 판서를 지냈으니 삼걸이 다 장관급 인물인 것이다. 함양에는 이후 판서 이상 총리급 정승이 배출되지 않았으니 천령삼걸이 함양 인재의 전성시대였다.

이덕수의 신도비명에 의하면 숙종 27년(1701)에 함양의 선비들이 구졸암의 조부인 일로당의 유지에 구천서원을 세워 구졸암과 금재 강한, 남계 표연말, 청련 이후백을 향사한다고 하였다. 옥계 노진은 이미 당주서원에 향사하므로 병향하지 않은 것이다.

구천서원에는 현재 춘당 박맹지朴孟智·일로당 양관梁灌·남계 표연말表沿沫·금재 강한姜漢·구졸암 양희梁喜·우계 하맹보河孟寶에 1983년 서계 양홍주를 추가 배향하였으니, 청련 이후백이 빠진 것이다. 청련은 외조모의 고향인 전남 강진으로 이사가서 자손이 강진 사람이 되었고 강진 선비들이 서원을 세워 향사하므로 함양에서 잊혀진 존재가 된 것이다. 옥계 노진도 처가인 남원에서 살다가 후손이 남원 사람이 되어 종손은 남원시 주천면에 살고 있다.

청련을 모시는 서원은 박산서원博山書院이다. 소재지는 강진군 작천면 현산리 박산마을이다. 1590년 서기산瑞氣山 아래 월곡리(현 강진읍 서산리 월곡마을)에 '서봉서원'이라는 이름으로 창건하였다. 1712년 청련 선생의 제자인 옥봉 백광훈, 고죽 최경창, 죽곡 임회, 남계 김순 4선생을 추배하였다. 1868년(고종5) 대원군의 서원 철폐령에 의하여 훼철되었다. 1924년 본향 사림의 발의로 현재의 작천면 박산으로 옮겨 복설復設하고 액호도 '박산서원'이라 개칭하였다.

함양에서 태어나고 죽고 고향의식을 가진 천령삼걸 청련 이후백이 함양의 서원에 모셔지지 않은 것은 유감스러운 일로 조선시대부터 그런 인식이 있었다. 정조 때 사근도 찰방을 지낸 아정 이덕무의 함양 서원 소개 글을 전문 인용하여 논한다.

7. 청장관전서 제68권, 한죽당섭필 상寒竹堂涉筆上, 함양咸陽의 명현名賢들

"함양에는 명현들이 한 세대 동안 성대했었는데 지금은 명현들의 유풍遺風이 없어졌다. 그곳에는 서원書院이 다섯 곳이나 있는데 남계서원藍溪書院과 당주서원溏洲書院은 바로 임금이 편액을 내린 서원이다.

남계서원은 문헌공文獻公 정일두鄭一蠹를 주향으로, 동계桐溪 정온鄭蘊·개암介菴 강익姜翼을 배향하였고, 뇌계㵢溪 유호인俞好仁은 서원 안에 별사別祠를 지어 향사한다.

당주서원에는 옥계玉溪 노진盧禛을 향사하고, 백연서원栢淵書院에는 고운孤雲 최치원崔致遠·점필재佔畢齋 김종직金宗直을 명환名宦으로 향사한다.

도곡서원道谷書院에는 덕곡德谷 조효동趙孝仝·죽당竹堂 정육을鄭六乙·송재松齋 노숙동盧叔仝을 향사하는데, 죽당은 일두一蠹의 아버지이며 송재는 옥계

玉溪의 증조부이다.

　귀천서원龜川書院에는 남계藍溪 표연말表沿沫·춘당春塘 박맹지朴孟智·구졸九拙 양희梁喜·일로逸老 양관梁灌·우계愚溪 하맹보河孟寶·금재琴齋 강한姜漢을 향사한다.

　그런데 동계桐溪는 안음安陰 땅에서 낳았는데 인근隣近이라는 연유로 배향되었고, 청련靑蓮 이후백李後白도 함양 땅에서 태어났는데 홀로 배향되지 못했으므로 사람들이 다 그것을 한스럽게 여기고 있다."

　위의 도곡서원 기사에서 덕곡德谷 조효동趙孝仝과 죽당竹堂 정육을鄭六乙은 오류이다. 조효동은 덕곡德谷 조승숙趙承肅의 증손으로 호는 남계南溪요 일두선생을 효행으로 천거한 인물이고 배향되지 않았다. 정육을은 죽당竹堂 정복주鄭復周의 아들이요 일두선생의 부친으로 또한 배향되지 않았다.

　2014년 9월 26일에 함양문화원 주최 함양명현학술회의가 열렸는데 송재 노숙동과 일로당 양관에 대한 발표가 있었다. 일로당은 함양 사람인 건 다 아는 듯한데 노숙동은 함양하고 무슨 관계가 있냐고 묻는 사람이 많았다.

　송재 노숙동은 풍천노씨 함양 입향조이다. 본디 창원 사람으로 문과급제하고 호조참판과 경상도 관찰사 등 벼슬을 지내고 청백리에 녹선되었다. 경주김씨 진사 김점에게 장가들어 함양 개평에 와서 살았고 묘소도 지곡면 부야마을 신의재 위에 있다. 아들이 노분이고 손자가 신고당 노우명, 증손이 옥계 노진이다.

　김점은 본관은 경주로 진사이다. 하동정씨 죽당 정복주의 사위로 개평에 와서 살았다. 노우명은 고아가 되어 할머니 경주김씨가 길렀는데 매우 어여삐하여 토지와 노비를 후하게 물려주고자 하였으나 다 사양하였다. 그런 부친의 재물 초연 정신이 옥계를 청백리가 되게 한 바탕인 것이다.

8. 구졸암 양희와 남명

구졸암의 신도비는 함양군 수동면 대고대란 명승지에 있고 경상남도 유형문화재로 지정되었다. 옥계의 신도비도 경상남도 유형문화재로 지정되어 지곡면 보산리 묘소 옆에 세워져 있다. 청련의 자취는 남아 있지 않다. 강진에서 박산서원을 세워 청련을 향사하고 있다. 연안이씨종중문적박물관에 2013년 8월 13일 청련공 이후백 시호 교지 등 고문서 120점이 기탁되었다.

옥계 노진은 남명 조식보다 17세 연하인데 집지하지 않았으니 사제지간은 아니지만 가까이 종유하였으니 제자같은 후학이라고 하겠다. 구졸암은 남명선생과는 생전에 친한 것으로 짐작되나 사후의 특수한 관계로 기록이 없어 확증하지는 못한다. 청련은 남명과 19세 연하고 조정에 벼슬하였으므로 남명이 서울에 입조했을 당시 조정의 대소신료들이 다 환대하였으니 그때 접촉이 있었지 않나 짐작이 되나 이 역시 기록이 없다.

남명의 수제자 내암 정인홍은 구졸암 양희의 사위이다. 구졸암의 장자 서계 양홍주는 내암과 처남 자부지간이 된다. 내암은 장가들어 처가향인 함양에 와서 살다가기도 했으니 처남 자부지간에 잘 지냈을 것이다. 그런데 남명이 얽힌 하종악음부사건으로 인해 두 사람은 원수지간이 되었다.

하종악음부사건이란 진주에 사는 진사 하종악의 후처가 음행이 있다는 소문이 퍼져 이로 인해 여러 사람이 연루된 사건이다. 1568년(선조 1)에 남명과 절친한 구암 이정이란 사천 출신 문신이 있었는데 박계현이 경상감사로서 구암을 방문하자 구암이 박계현에게 남명 친구 초계 출신 황강 이희안의 재취부인 과부가 음행이 있으니 끝까지 추구하여 죄를 물으라고 하였다.

〈박계현朴啓賢 호 관원灌園 1524(중종 19)~1580(선조 13): 1567년 경상도관찰사로 나가 권벌權橃·이언적李彦迪 등의 신원을 계청했고, 이듬해 호조참판 등을 지냈다.〉

감사는 초계 근처 수령중에는 감당할 만한 사람이 없다고 여겨 김해부사 구졸암에게 위촉하였다. 구졸암은 용이하지 않은 일이고 사위 정인홍이 이 사이 일을 잘 아니 같이 의논해 하겠다고 하니 감사가 허락하였다.

함양 집에 와서 정인홍을 부르니 정인홍이 달려와서 이 일은 바깥사람이 알 수 없는 일이고 남명이 막역한 친구이니 여쭤본 뒤에야 후회할 일이 없다고 하였다. 구졸암이 허락하여 정인홍이 함양에서 덕천에 사는 남명에게 달려와 고하니 남명이 화를 내며, 구암이 자기 집안의 추문을 덮으려고 엉뚱하게 남의 애매한 일을 까밝혀 황강의 집안에 재앙을 씌우려는 것이라고 하였다. 그러면서 하종악 후처 과부의 음행 사건을 말하였다. 하종악의 서얼 누이동생이 구암의 첩이라서 하종악 집안을 비호하려고 남의 집안일을 끄집어낸 것이니 황강 집안일은 가벼이 조처할 수 없다고 하였다.

정인홍이 돌아와 장인인 구졸암에게 고하니 구졸암이 경상감사 소재지로 달려가 정인홍의 말을 그대로 고하였다. 감사가 과연 하종악 일가의 여종과 종을 체포하였다. 하종악의 후처의 종형제가 요로에 있고 권세도 있어 구암이 결탁하여 그 일을 무마시켰다. 끝내 그 죄를 묻지 않았을 뿐만 아니라 남명이 주동자라고 남명을 치죄하려고까지 하였다.

〈南冥集 與子·强子精書 鄭仁弘 附誌〉

선조 2년(1569) 5월에는 경상 감사가 하종악후처의 집을 헐어버린 진주 유생에 대해 죄줄 것을 아뢰자 조정에서 처벌이 논의되기도 하였다.

"경상 감사慶尙監司가 남의 집을 헐어버린 진주晉州 유생儒生에 대하여 죄줄 것을 아뢰었다. 이보다 앞서 진주의 고 진사進士 하종악河宗岳의 후처가 홀로 살았는데, 음행淫行이 있다는 소문이 마을에 자자하였다. 처사處士 조식曺植이 우연히 그 일을 자기 문인門人 정인홍鄭仁弘·하항河沆 등과 말하게 되었는데, 인홍 등이 감사監司에게 통보하여 옥獄을 일으켜 다스리는 과정에서 몇 명이 죽었고, 조식은 또 자기 친구인 이정李楨이 하河의 후처와 인척으로 그 일을 몰래 비호했다 하여 서신을 보내 절교絶交를 하면서 그의 죄상을 낱낱이 거론하였다. 그리고 하항 등은 그 옥사獄事가 성립되지 않은 것을 분하게 여긴 친구들을 데리고 하의 집을 헐어버렸는데 감사는 하항河沆 등을 잡아 가두었다. 그러자 홍문관이 차자를 올려 그들을 신구伸救했고 또 옥사를 성립시키지 못했다는 이유로 추관推官들이 대관臺官의 탄핵을 받아 파직당한 자가 많았는데, 이 일로 인하여 조정의 논의가 분분하였다. 상이 경연에 나아가 입시한 신하들에게 그 일에 대하여 물으니, 대사헌大司憲 박응남朴應男 등이 아뢰기를,

"집을 헐어버린 유생들은 바로 무뢰배들이지 유생이 아닙니다. 만약 그 죄를 다스리지 않으면 후일에 또 다시 그러할까 염려됩니다."

하였고, 대신 홍섬洪暹도 그 논의를 옳게 여겼으나 그 일이 끝내 실행되지 않았다. 영남嶺南 선비들이 집을 부수고 고을에서 몰아내는 풍습이 이때부터 생긴 것이다.【이황李滉이, 이정李楨이 서신으로 물은 사연에 답하기를, '친구 사이에 사소한 일로 서로 외면하여 화해하지 못하는 것에 대해서 나로서는 모를 일이다.' 하였다. 그런데 나중에 이 서신이 세상에 전해지자, 정인홍은 이황을 추급하여 비난 공박하는가 하면 공척하는 글을 써서 죽을 때까지 계속하였다. 영남 선비들의 분당의 화근도 사실은 이 일로 하여 시작된 것이다.】"〈선수 3권, 2년(1569 기사 / 명 융경隆慶 3년) 5월 1일(갑진) 1번째기사〉

그 사건으로 남명이 최초 발설자로 낙인찍히고 이 일에 연루되어 붙잡혔다가 풀려난 자들에게 살해위협을 받는 등 집안이 크게 난리 났다. 남명은 구암이 자기 집안과 죽은 친구를 재앙에 빠뜨리고 음부의 뇌물을 받고 사건을 무마시키고 온갖 변명과 태도 번복을 자행한 잘못이 있다고 하며 절교를

선언하였다. 그래서 지역사회와 후대에 남명파와 구암파로 갈리어 다투는 사이가 되었다. 구암파의 대표적 인물이 남명의 애제자 한강 정구의 문인이면서도 남명을 폄훼한, 구암의 후손 인척인 미수 허목을 들 수 있다.

이 사건으로 여러 집안이 재앙을 당했는데 남명 집안뿐 아니라 구졸암 집안도 연루되어 내암 정인홍과 서계 양홍주는 처남 자부지간이 원수지간이 되어 양홍주와 그 동지 이귀는 상소하여 정인홍을 공격하는데 전력하였다. 함양의 내암 제자들이 서계를 반격하고 배척하여 서계는 서인으로 돌아서고 함양 지역사회도 서인과 북인으로 갈리어 상쟁하는 시대를 연 것이다.

9. 옥계 노진과 옥계시조공원

함양에는 왕의 시조비가 두 개나 세워져 있다. 상림 끝 뇌계공원에 성종시조비가, 지곡면사무소 앞에 있는 연지공원에 선조시조비가 세워져 있다. 성종이 총애한 뇌계를 만류한 시조비와 함께 뇌계의 충군효친 정을 담은 한시도 같이 시조로 번역해 비석을 세워 뇌계시조공원으로 확장했으면 한다.

이 시렴 브듸 갈다 아니 가든 못할쏜야
무단無端이 슬튼야 남의 말을 드럿느야
그려도 하 애도래라 가는 뜻을 닐너라.

北望君臣隔 南來母子同
북쪽을 바라보니 임금과 신하는 떨어지고
남쪽으로 오니 어머니와 아들이 같이하네

〈灒谿集卷 五言律詩 登鳥岾

凌晨登雪嶺°春意政濛濛°北望君臣隔°南來母子同°蒼茫迷宿霧°迢遞倚層空°更欲裁書札°愁邊有北鴻°〉

千里每窮南斗望 五雲遙隔北辰誠
천리 길에 매양 부모님 고향을 바라보고
오색구름 멀리 북극성 향한 정성 막혔네

〈潘谿集 七言律詩 登六十峴

幾回逾嶺訪松楡°三十年來只此軀°地軸萬重騰汗漫°乾端四壁挿虛無°長雲老雁吟中料°落日孤煙醉後圖°九月南荒秋色淨°一鞭遊興滿江湖°
隱隱曉鍾靈覺寺°鬖鬖霜葉壁鷄城°馬知舊路行迢遞°木喜淸秋下杳冥°千里每窮南斗望°五雲遙隔北辰誠°西風淡日催佳句°猶自孤吟滯客程°〉

선조대왕과 옥계 노진 선생의 시조비가 있는 연지공원을 확장하여, 옥계와 대소헌 등 『옥계집』에 있는 시조를 마저 비석으로 세워 옥계시조공원으로 조성하기를 기원한다. 여기에 옥계 효자정려비도 이건하면 금상첨화이다.

〈御製歌 先生上章歸養°方渡漢江時°宣廟特製此歌°寫于銀錚°追遣中使以贈之°玉溪先生續集卷之一 歌〉

오면 가랴 ᄒ고 가면 아니 오닉°
오노라 가노라니 볼 날히 젼혀 업닉°
오늘도 가노라ᄒ니 그를 슬허 ᄒ노라°

進豊宴°獻萬壽山歌°
萬壽山 萬壽洞의 萬壽泉이 잇더이다°
이물의 슐을 비져 萬壽酒라 ᄒ더이다°
이 잔을 잡으시면 萬壽無疆 ᄒ시리다°

母夫人壽宴歌
日中金 가마고 가지 말고 늬 말 드러°
너는 反哺鳥라 鳥中之 曾參이니°
오늘은 날 위ᄒᆞ야 長在中天 ᄒᆞ얏고댜°

母夫人答歌
國家 太平ᄒᆞ고 萱堂에 날이 긴제°
머리흰 判書아기 萬壽杯 드리는고°
每日이 오늘 ᄀᆞᆺᄐᆞ면 셩이 무슴 가싀리°
아마도 一髮秋毫 聖恩잇가 ᄒᆞ노라°

附次 門人趙宗道號大笑軒
가마고 톡기 즘ᄉᆡᆼ 그 무어시 빗앗바셔°
九萬里 長天을 허위허위 가ᄉᆞ는고°
이제는 십니의 ᄒᆞᆫ번식 수염수염 가렴으나°

　개암 강익 선생이 당시 선비 신분으로 처음으로 남계서원을 창건하니 전대미문의 초창사업이라서 개척자에 대한 소인배들의 시기와 질시와 비방이 난무하여 이를 피해 31세(1553, 명종 8) 때 마천면 등구에 피신하여 양진재를 짓고 은거하며 산중 생활을 시조로 읊었다. 그 유적에 있는 양진재유허비 근처를 확장하여 개암의 시조 3수 단가삼결을 비석으로 세워 개암시조공원으로 조성하여 문학기행의 코스로 이바지했으면 한다. 개암은 자신이 지은 시조 〈단가삼결〉을 44세(1566, 명종 21) 여름에 함양읍 서계에서 여러 문사와 유람할 때 직접 노래(시조창)로 불러 앵콜을 받은 듯하다. 개암은 별호를 송암이라 하였다. 〈松庵歌所製數関° 思致平遠° 尤可玩賞° 令人一唱三歎° 歌罷° 遂騎馬帶雨而歸° 介庵先生文集上 西溪唱酬 附金東岡唱酬錄序〉

1. 물아 어듸 가느냐 갈 ㅅ길 미러셔라°
뉘 누리 다 치와 지내노라 여흘여흘°
滄海예 몬 밋츤 전의야 근칠 쥴이 이시랴°
2. 芝蘭을 갓고랴 ᄒ야 호믜를 두러메고°
田園을 도라보니 반이나마 荊棘이다°
아히야 이 기음 몯다 믜여 희겨믈까 ᄒ노라°
3. 柴扉예 개 즛는다 이 山村의 긔 뉘 오리°
댓닙 푸른듸 봄ㅅ새 울소릐로다°
아히야 날 推尋오나든 採薇가다 ᄒ여라°

  천령삼걸인 구졸암은 시조가 없지만 청련은 옥계와 마찬가지로 시조를 남겼다. 그의 나이 16세(1535, 중종 30) 때 시조〈소상팔경가〉8수를 지었다. 〈嘗作瀟湘八景歌詞° 傳播京中° 或騰諸樂府° 自是聲名益振° 京師文士° 皆遲其至° 時年十六矣° 靑蓮集 行狀〉 이를 기념하여 청련이 어려서 독서 공부한 승안사지에 아래의 소나무 시와 〈소상팔경가〉 시조비를 세워 청련시조공원을 조성해도 좋을 것이다. 〈소상팔경가〉 제1수만 소개한다.

蒼梧山 聖帝魂이 구름 죠차 瀟湘에 ᄂᆞ려
夜半 흘너드러 竹間雨 되온 뜻은
이 妃의 千年淚痕을 시셔 볼가 ᄒ노라

  이들과는 상관없지만 함양군 유림면 국계리에는 고려말 목은 이색이 은거한 별장 터가 있는데 거기에 "제계서재蹄溪書齋"란 길쭉한 표지석이 있고 그 제목 아래에 "이목은소축李牧隱所築 강사숙재중수지姜私淑齋重修址"란 글이 있고 끝에 "을묘乙卯사월일四月日"이라고 새겨져 있다. 강희맹의 후손 송암松菴 강필주姜弼周가 함양군수로 부임하여 칠언율시를 지어 회고, 추모하였다.

〈蹄溪村謹尋 先祖文良公寓居遺址〉

古里荒凉春草生°居民彷彿說遺名°枯塘土塞麻初藝°斷麓沙崩樹半傾°桑梓今爲誰氏物°石淙猶有舊時聲°依然杖屨經行處°小洞無人雲自橫°

강필주는 사숙재 강희맹의 후손으로 전남 영광 출신이다. 생원시와 문과에 급제하고 벼슬에 나아가 1675년(숙종 1)에 보령현감을 지내고 61세(1681, 숙 7) 때 1월에 함양군수에 임명되고 이듬해 1682년(숙종 8) 3월에 병으로 사퇴하여 돌아가다가 제한역에서 향년 62세로 별세하였다.〈松菴集 年譜〉

목은의 별장은 태종의 공신 이숙번이 함양에 귀양와 살면서 빼앗아 차지하지 않았나 추측되나 미상이다. 이숙번의 맏사위 강순덕이 물려받아 우여곡절이 많았지만 결국 그 양자 사숙재 강희맹에게 전해지고 다시 그의 사위 제계 김성동에게 전해졌는데 그 이후는 어찌 되었나 미상이다.

김성동의 무덤이 여기에 있었을 것이니 그의 신도비가 수동면 까막섬에 있었다. 신도비는 근세에 선영으로 옮겨갔으니 무덤도 천장하지 않았나 생각된다. 강희맹의 산소는 시흥시에 있고 연성재란 재실도 있다. 그뒤에 경기도 기념물 제87호 '강희맹선생묘 및 신도비'가 있다.

목은이 고려말에 을씨년한 분위기를 읊은 시조를 여기에 비석으로 세우고 그의 한시비도 세워 목은시조공원을 조성하면 좋을 것이다.

백설이 조자진 골에 구루미 머흐레라
반가온 梅花는 어니 곳에 픠엿는고
夕陽에 홀로 셔 이셔 갈 곳 몰라 ᄒ노라

〈꾸마이, 책에 빠지다 http://kkumai.tistory.com/70〉

2014년 5월 16일에 한국시조사랑시인협회의 함양시조문학기행 및 시조학세미나가 지리산문학관 초청으로 함양에서 실시되었다. 동회 부회장인 김윤숭 관장의 안내로 위 세 곳(뇌계, 옥계, 개암)을 답사했는데 각기 시조공원으로 확장, 조성되면 이후 시조문학기행의 성지가 될 것이다.

10. 청련 이후백과 승안사 독서시 소나무 읊은 시

이후백의 『청련집』 보유에 〈탑송〉이란 시가 있다.

〈塔松〉 幼時作˚

一尺靑松塔畔栽˚ 塔高松短不相齊˚ 傍人莫恠靑松短˚ 他日松高塔反低˚

한 자 되는 푸른 솔 탑 곁에 서있는데
탑은 높고 솔은 작아 가지런하지 않네
옆 사람아 푸른 솔이 작다고 괴이쩍어 말아라
다른 날에는 솔이 높고 탑이 도리어 낮으리니

그런데 이 시가 이후백보다 16세 아래인 내암 정인홍(鄭仁弘, 1535~1623)의 『내암집』 시편에 〈영송〉이란 제목으로 문구가 약간 틀리게 실려 있다. 한 사람은 표절한 것이 틀림없다.

〈詠松〉

一尺孤松在塔西˚ 塔高松短不相齊˚ 莫言此日松低塔˚ 松長他時塔反低˚

한 자 되는 외론 솔 탑 서쪽에 있는데

> 탑은 높고 솔은 작아 가지런하지 않네
> 오늘날 솔이 탑보다 작다고 말하지 말아라
> 솔이 크는 뒷날에는 탑이 도리어 낮으리니

『내암집』의 해제에 "이 중 〈詠松〉은 11세 때 海印寺에서 독서하던 중 梁喜가 불러주는 韻에 따라 지은 것으로, 이 시로 인해 그의 사위가 되었다 한다." 하였다. 양희가 해인사에 행차할 때 정인홍이 독서에 매진하며 행차에 관심을 보이지 않으므로 양희가 기특하게 여겨 시를 지어보라 하고 맘에 들어 사위로 삼았다는 고사가 생긴 것이다.

"11살 때, 해인사에서 공부를 하고 있는데 마침 벼슬아치가 고을을 순시하느라 절에 들렸는바 선생의 공부하는 모습을 보고 기특하게 여겨 운자韻字를 내어 글을 짓게 하니

(詠 松 詩)

한자 남짓한 한그루 소나무가 탑 서쪽에 있네/ 一尺孤松 在塔西
탑은 높고 소나무는 낮아 서로 가지런하지 않구나/ 塔高松短 不相齋
지금 소나무가 탑보다 낮음을 말하지 마소/ 莫言今日 松爲短
소나무가 자라난 다음 날엔 탑이 되레 낮아지리니. 長松他日 塔反低 하였다.

이 글을 본 벼슬아치는 선생의 영특함에 반하여 사위를 삼기에 이르렀으니 판결사 양희梁喜이다."〈우영의 블로그〉http://blog.daum.net/jsh6627/7068986

남이장군의 시를 가지고 유자광이 역적혐의로 모함한 일과 같은 사건이 일제 시대 합천에도 있었다. 정인홍의 시를 가지고 해인사 주지 변설호가 덕망 높은 이고경을 일제에게 독립운동혐의로 모함한 것이다. 傍人莫道松低塔(사람들아 소나무가 탑 밑에 있다고 이르지 마라) 松長他日塔遷低(훗날

소나무가 자라면 탑이 밑으로 가노라)라는 구절에 대해 일본 경찰이 송은 조선이요 탑은 일본을 지칭한 것 아니냐고 취조하며 고문하고 자백을 강요하였다. 그 고문 후유증으로 옥사하고 2011년 건국훈장 애족장을 추서하였다. 〈합천 땅 그리고 쪽빛하늘〉 http://cafe.naver.com/hapcheonlife/1960

『성호사설星湖僿說』 제28권 시문문詩文門 정인홍 시鄭仁弘詩

"정인홍은 어릴 때 산사山寺에서 글을 읽었다. 그때 마침 그 도의 감사監司가 당도하여, 밤에 글 외는 소리를 듣고 찾아갔더니, 바로 과부집 어린아이였다.
그래서 기이히 여기고 데려다가 묻기를, "네 시를 잘 짓느냐?" 하니, 인홍은 잘 짓지 못한다고 사양했다.
감사는 탑塔가의 왜송矮松으로 글제를 내고 운韻자를 불러 주며 짓게 하였더니, 인홍은 즉석에서,

  짧고 짧은 외로운 솔이 탑 서쪽에 서 있으니 / 短短孤松在塔西
  탑은 높고 솔은 낮아서 서로 가지런하지 않네 / 塔高松下不相齊
  오늘날 외로운 솔이 짧다고 말하지 마오 / 莫言今日孤松短
  솔이 자란 다른 날에 탑이 도리어 짧으리 / 松長他時塔反低

라고 지었다. 감사는 깨닫고 감탄해 마지않으며 말하기를, "후일에 반드시 현달[貴顯]하리라. 그러나 뜻이 참람하니, 부디 경계하라." 하였다.
그 후에 인홍은 남명南冥의 문하에서 수학하여 세상에서 존대하는 바가 되었다. 그가 패륙敗戮됨에 미쳐서는 그의 문도門徒들이 매우 많았는데, 그들은 오히려 비분강개[悲歌慷慨]하여 한결같이 나아가 벼슬하는 것을 수치로 여겼다.

이 때문에 합천陜川 등지 여러 고을에는 관면冠冕이 대대로 끊어지고 사풍士風이 떨치지 못했으니, 이는 인홍으로부터 비롯된 것이다."

성호 이익의 『성호사설星湖僿說』에는 양희의 이름이 없다. 감사라고 했으니 양희는 아니다. 양희는 경상감사를 지낸 적이 없다. 성호는 어릴 때라고 하고 다른 글은 모두 정인홍 11세 때의 일이라고 했다. 정인홍이 11세 때는 1546년(명종 1)으로 그 장인 구졸암 양희는 문과에 급제한 해이다. 판결사 양희라고도 했는데 양희는 1580년(선조 13)에 장례원掌隷院 판결사判決事가 되었고 그때는 정인홍 45세이니 어불성설이다. 양희는 함양 사람이니 문과급제 영친연 행사를 벌였다고 해도 함양에서일 것이지 합천과는 상관없을 것이다.

구졸암이 경상감사나 합천군수나 영친연의 계제가 아니면 떠들썩한 행차를 벌여 장관을 외면하고 독서에만 전념하는 어린 내암을 만날 수 없을 것이다. 『성호사설星湖僿說』에 이름없는 감사라고 했으니 해인사의 감사행차라면 다 해결될 문제인데 구졸암과 연관 지으려고 하니 문제가 발생한다.

청련의 경우에는 소시적 절에서 공부하는데 관찰사의 떠들썩한 행차에도 관심을 기울이지 않고 독서에 매진하므로 관찰사가 신기하게 여겨 불러 시를 지어보라 하고 소나무를 깜찍하게 읊은 것을 듣고 기특하게 여겼다는 것이다. 사위가 된 이야기만 없다.

그러므로 청련 이후백이 어린 시절 절에서 독서할 때 감사 행차를 만났다는 고사로 풀이하면 문제가 없다. 그 절은 일두 정여창 선생묘 밑에 있는 승안사일 것이다. 승안사 뒷산은 일두 선영으로 조성됨으로써 결국 폐사가 되었다. 지금 보물 제294호 승안사지 삼층석탑과 경상남도 유형문화재 제33호 승안사지 석조여래좌상만 남아 있다. 일두정여창묘역 (一두 鄭汝昌 墓域)은 경상남도 기념물 제268호이다.

일두묘소는 명현의 묘소라서 경상감사가 함양에 오면 반드시 참배하는 성역이다. 그런 감사 행차를 볼 수 있는 환경에 있는 승안사에서 독서한다면 소나무를 읊은 기찬 아이의 고사가 발생할 수 있다. 청련은 1520년(중종 15) 생이고 내암은 1536년(중종 31) 생이니 16년 차이이다. 승안사란 절에서 소나무 읊은 기찬 아이는 청련일 것이다.

11. 천령삼걸의 특징과 천령삼걸문학관

구졸암 양희(1515(중종 10)~1581(선조 14)), 옥계 노진(1518(중종 13)~1578(선조 11)), 청련 이후백(1520(중종 15)~1578(선조 11)) 등 천령삼걸로 일컬어지는 3현은 당곡 정희보에게 동문수학한 죽마고우로 다 함양군 지곡면(옥계, 청련)과 수동면(구졸암) 출생이다. 구졸암과 옥계는 함양 지곡에 묻히고 청련은 파주 선영에 묻히었다. 모두 사마시에 합격하고 문과에 급제하여 벼슬길에 나아갔다.

다들 효자이고 성리학자이다. 옥계는 효자 정려를 받았고 시호조차 문효공 文孝公이다. 옥계는 함양의 당주서원과 남원의 창주서원에 향사되었고 청련은 강진의 서봉서원에 향사되었다. 청련도 함양의 서원에 향사할 필요가 있다. 구졸암은 함양의 구천서원에 표연말, 박맹지, 양관, 하맹보, 강한과 함께 6군자로 같이 향사되었다.

구천서원을 2사당 체제로 개편하면 구졸암, 옥계, 청련을 모시는 삼걸사를 따로 세우고 기존 6군자는 오현사로 개편하여 향사하면 구졸암의 위상이 천령삼걸로 바로설 것이고 삼걸이 사후 400여 년 만에 고향에서 자리를 함께하는 명복을 누릴 것이다. 나아가 천령삼걸문학관을 건립하여 문학적 위상을 현창할 필요가 있다.

옥계와 청련은 시조를 남긴 시조시인이고 청백리이고 판서를 지낸 고관이다. 청련은 청백리의 위상에 맞게 문청공文淸公의 시호가 내렸으나 구졸암만 시호가 없다. 문집도 옥계와 청련은 단행본을 남겼으나 구졸암은 『용성세고』에 한 부분을 차지하여 소략하다. 『구졸암집』의 단행본 간행이 필요하다. 구졸암은 벼슬이 참판에 그쳤으나 증직으로 판서를 받아 사후 위상은 삼걸이 같아졌다.

천령삼걸인 구졸암 양희와 옥계 노진과 청련 이후백은 판서급 인물로 학덕을 겸비하여 지역에서 중앙으로 큰 영향을 끼쳤으니 천령삼걸은 함양을 빛낸 인물로서 함양의 자랑스러운 인재배출, 덕성함양, 한문학, 선비문화의 모범, 전형이라고 하겠다.

최치원계원필경기념관과 백연서원

I. 최치원계원필경기념관의 개칭

외로운 조각구름 고운이 아니더라
온 겨레 우러르는 겨레의 스승이라
이 땅에 우러러 찾는 필경당이 장엄하다
　　　　　　　　　　- 김윤숭의 「최치원계원필경기념관」

　현재의 최치원역사공원은 고운기념관, 역사관, 상림관, 고운루가 세워져 있다. 역사관과 상림관은 동서에 배치되어 서원의 동서 기숙사인 재사 곧 동재, 서재와 유사하다. 고운루도 남계서원의 풍영루처럼 유식공간으로서의 기능을 함직하다. 한가지 빠진 것 같으니 바로 서원의 강당이다.

　고운기념관은 사당 역할을 하니 강당 역할을 하는 건물을 따로 건립하지 못한 것이 결점이다. 강당이 건립되어 있다면 완벽한 서원 체제를 갖추었을 것이다. 지금이라도 세워 갖출 필요가 있다.

최치원의 특징은 역사에 있지 않다. 한중외교의 문헌, 산삼문학의 시조, 동방한문학의 비조, 개인문집의 효시 〈계원필경〉에 있다. 이러한 특징이 있으니 〈계원필경〉은 세계기록유산의 가치가 있다. 세계기록유산 등재 작업을 함양군이 선도하여 차지해야 한다. 이웃 산청군이 동의보감의 고장이 되어 세계기록유산 동의보감의 고장이 된 것처럼 함양군은 세계기록유산 계원필경의 고장이 되어야 한다.

〈계원필경〉의 세계기록유산적 가치를 인식하고 함양군의 미래먹거리로 미래산업으로 육성해야 할 것이다. 그런 의미에서 최치원역사공원을 최치원과 그의 〈계원필경〉을 기념하는 최치원계원필경기념관으로 개칭할 것을 제안한다. 통칭은 최치원계원필경기념관이다.

최치원계원필경기념관의 사업은 〈계원필경〉의 세계기록유산 등재사업과 〈계원필경〉 목판사업(함양에는 책판장 안준영의 이산책판박물관이 있으니 유리함) 및 〈계원필경〉 전질(원문과번역문새김) 전시동판사업, 〈계원필경〉 교육사업을 주사업으로 한다.

〈계원필경〉 목판사업은 세계기록유산 〈계원필경〉을 유네스코 등재하고 그 목판을 새겨 미래의 세계기록유산으로 남겨주는 사업이 될 것이다. 옛날 것을 세계유산으로 다 지정하면 더 이상 세계유산은 존재하지 않을 것이나 지금 잘 조성해 놓으면 미래의 세계유산이 될 것이다. 미래 후손을 위하여 세계유산 자료를 조성, 축적, 보존시켜 나가야 할 것이다. 지금 〈계원필경〉 목판 전질을 판각해 보존하면 미래에 세계기록유산으로 지정되어 다시 한 번 더 세계기록유산이 탄생할 것이다.

교육사업을 위해서는 서원의 강당이 필요하다. 고운기념관을 서원의 사당으로 하고 함양목민관 천령군태수 고운 최치원과 함양군수 점필재 김종직을 향사하는 백연서원을 이중 복원한다. 고운기념관 편액 밑에 사당 명칭을 따로 게시하는 것이다.

사당명칭은 전해지지 않을 만큼 기록이 부실하다. 지금은 함양군 목민관인 안의현감 연암 박지원을 추가로 향사하여 삼대목민관의 사당이란 의미로 사당명칭을 삼목사三牧祠로 하면 알맞다. 정면의 고운 영정 옆에 동쪽에 점필재 영정, 서쪽에 연암 영정을 봉안하면 더욱 다양한 의미가 깊다.

천령군 태수 고운 최치원은 함양읍 한들을 흐르는 물길을 돌리고 둑을 쌓고 나무를 심어 홍수로부터 방지하는 숲을 조성하였으니 한국 최초의 인공림 함양 상림이다. 지리산에서 산삼을 캐어 신라 조정에 진상하여 대당외교예물로 제공하고 산삼시문도 남겼다. 천령문화제의 고유제만 고운기념관에서 지낼 일이 아니다. 산삼의 성인으로 추앙하고 함양산삼축제의 상징 대표 인물로 형상화하고 고운기념관에서 고유제를 지내야 할 것이다.

고려시대 처음으로 문묘종사된 선현 문창후 고운 최치원. 문묘종사 제1호이다. 2020년이 문묘종사 1,000주년이었다. 1020년(고려 현종11)에 한국인 최초로 문묘에 종사하고 1023년(고려 현종14)에 중국 문묘 종사자와 동격의 작위 칭호로 문창후에 추봉하였다. 유교의 총본산 성균관에선 기념행사도 했으나 여기 최치원역사공원에선 적막하였다.

벼슬에서 물러나 가야산에 은거하며 워낙 청일하게 사시다 가셨기에 유교의 신선, 유선儒仙으로 추앙되었다. 유교에선 유선이라 추앙하고 도교에선 청학동신선으로 흠모하였다. 살아 있는 신선에게 문묘에서 제사상을 받으라고는 아니 했을 것이다. 문묘종사는 인간 최치원, 선비 최치원을 선언한 것이다.

탁영 선생은 일두 선생과 지리산을 유람하고 천왕봉에 올라 한국 선비의 기상을 떨쳤다. 「속두류록」을 쓰며 고운 생존 시에 태어났다면 집편지사 곧 마부라도 달게 했을 것이라고 하였다. 인산 선생은 고운 선생이 단군의 환생 후신이라고 하였다. 그만큼 한국인의 성인으로 추앙된다.

함양군수 점필재 김종직은 한훤당 김굉필과 일두 정여창, 뇌계 유호인, 남계 표연말, 회헌 임대동, 진사 한백원 등의 뛰어난 제자를 기르고, 호차원虎茶園을 조성하여 백성들의 세금 부담을 덜어주었다.

김종직은 최치원이 고을 수령 곧 무성군태수를 지낸 태인에 가서 최치원을 회고하며 '일만 송이 연꽃 속에 일만 개의 고운'이라고 했을 정도로 고운을 흠모하였다. 같은 고을 함양군수와 천령군태수를 같이 지내고 같은 서원에서 흠향하였는데 다시 복원시켜 지속시킬 필요가 있다.

> 태인의 연지 가에서 최치원을 생각하다 泰仁蓮池上懷崔致遠
>
> 할계하던 당일에 맑은 덕행 전파했기에 / 割雞當日播淸芬
> 사람들이 가시나무에 난새가 앉았다고 하였네 / 枳棘棲鸞衆所云
> 천재에 시 읊던 그 마음을 어디에서 찾을꼬 / 千載吟魂何處覓
> 일만 자루 연 줄기에 일만의 고운이로다 / 芙葉萬柄萬孤雲
>
> 〈佔畢齋集卷之二十一 / 詩〉 ⓒ 한국고전번역원 | 임정기 (역) | 1996

안의현감 연암 박지원은 하풍죽로당과 백척오동각 같은 적벽돌 건축을 지어 실학정신을 구현하고 산삼원山蔘園을 조성하여 양생하고〈燕巖集卷之三 潘南朴趾源美齋著 / 孔雀舘文稿○書 / 與人：今吾出錢數百兩°探之於山°養之於後圃° 未幾而忽病亡陽° 採食幾盡° 味殊淸苦° 香有遠韻° 而其實不如常食之當歸竹筍焉° 然而服此三兩而後° 能塞數朔如沐之虛汗° 未必能令人不死° 而亦豈非惑人之妖草乎°〉산삼을 불사약이라고 예찬하였고〈秦之方士所言三神山有不死藥° 此乃後世之人蔘也° 一莖三椏° 其實如火齊° 其形如童子° 古無人蔘之名° 故稱不死藥°〉, 함양군 학사루기와 홍학재기 등 문화유산 기문을 지어주었다.

강당명칭은 최치원의 〈계원필경〉을 기념하여 계원필경당桂苑筆耕堂으로 하면 특징이 있다. 고운기념관 옆에 좌묘우학으로 사당과 같은 규모의 2-3층 강당을 건립하고 가능하면 당장 시급하게 쓸 기숙사 시설까지 아울러 세워 한문학 교육 연수시설로 활용할 수 있게 하면 좋을 것이다.

최치원계원필경기념관을 백연서원으로 활용한다. 고운기념관 현판 아래에 삼목사 현판을 게시하고 역사관 옆에 동재의 편액은 최치원의 가르침인 인백기천재人百己千齋, 상림관 옆에 서재의 편액은 김종직의 가르침인 광풍제월재光風霽月齋라 잠정한다. 궁극적으로 역사관은 최치원역사관으로, 상림관은 함양목민관역사관으로 개편하는 것이 타당하다. 반대가 없다면 역사관은 그대로 최치원역사관, 상림관은 산삼문학관으로 개편하면 함양산삼축제, 산삼산업에도 시너지 효과가 있을 것이다.

백연서원은 성균관의 유림서원으로 인준받아 유교 활동 하고, 최치원계원필경기념관은 박물관으로 등록하여 박물관 문화 활동을 하는 것이다. 계원 필경 시문 석각 100여 개를 조성하면 박물관 등록자료로 충분하다.

사당과 재사 옆에는 최치원의 함양 창작 한시인 〈증희랑화상〉 10절(현존 6수) 시비와 산삼문학비를 비석으로 세워 볼거리, 학습거리로 이바지한다.

▷ 孤雲先生文集卷之一 / 詩

〈贈希朗和尙〉
步得金剛地上說˚扶薩鐵圍山間結˚苾蒭海印寺講經˚雜花從此成三絕˚
龍堂妙說入龍宮˚龍猛能傳龍種功˚龍國龍神定歡喜˚龍山益表義龍雄˚
磨羯提城光遍照˚遮拘盤國法增耀˚今朝慧日出扶桑˚認得文殊降東廟˚
天言秘敎從天授˚海印眞詮出海來˚好是海隅興海義˚只應天意委天才˚
道樹高談龍樹釋˚東林雅志南林譯˚斌公彼岸震金聲˚何似伽倻繼佛跡˚
三三廣會數堪疑˚十十圓宗義不虧˚若說流通推現驗˚經來未盡語偏奇˚

〈희랑 화상에게 증정하다 贈希朗和尙〉
보득이 금강지에서 설한 가르침을 / 步得金剛地上說
부살들이 철위산에서 결집하였네 / 扶薩鐵圍山間結
필추가 해인사에서 강경하였으니 / 苾蒭海印寺講經
잡화가 이로부터 삼절을 이루리라 / 雜花從此成三絕

용당의 묘설을 용궁에서 들여온 뒤 / 龍堂妙說入龍宮
용맹이 용종의 공을 제대로 전했네 / 龍猛能傳龍種功
용궁의 용왕이 정녕 환희함은 물론이요 / 龍國龍神定歡喜
용산은 의룡의 걸출함을 더욱 표하리라 / 龍山益表義龍雄
마갈제성의 광명이 두루 비치고 / 磨羯提城光遍照
차구반국의 불법이 더욱 빛나네 / 遮拘盤國法增耀

오늘 아침 부상에서 떠오른 지혜의 해 / 今朝慧日出扶桑
문수가 동묘에 강림한 것을 알겠도다 / 認得文殊降東廟

천언의 비교를 하늘에서 전수받고 / 天言祕敎從天授
해인의 진전을 바다에서 꺼내 왔네 / 海印眞詮出海來
멋지도다 해인의 뜻 해우에서 밝힘이여 / 好是海隅興海義
천의는 단지 천재에게 맡기려 할 뿐이라오 / 只應天意委天才

도수의 고담은 용수가 해석했고 / 道樹高談龍樹釋
동림의 아지는 남림이 번역했네 / 東林雅志南林譯
빈공이 피안에서 금성을 떨쳤다지만 / 斌公彼岸震金聲
가야에서 불적을 이은 것과 같으리오 / 何似伽倻繼佛跡

삼삼의 광회의 숫자는 의심할 수도 있겠지만 / 三三廣會數堪疑
십십의 원종의 뜻이야 잘못될 리가 있겠는가 / 十十圓宗義不虧
유통을 말한다면 현험을 밀고 나가야 하리니 / 若說流通推現驗
경의 미진한 해석은 문자가 이상한 탓이로다 / 經來未盡語偏奇

ⓒ 한국고전번역원 | 이상현 (역) | 2009

▷ 신증동국여지승람 제31권 / 경상도慶尙道 / 함양군咸陽郡

崔致遠°致遠寄海印僧希朗詩下, 題防虜太監´天嶺郡太守´遏粲崔致遠°

【명환】신라 영충슈忠 헌덕왕憲德王 14년 웅천 도독熊川都督 헌창憲昌이 반란을 일으켜서, 무진武珍·완산完山 등 주를 협박하여 제 편으로 만들었다. 완산 장사完山長史 최웅崔雄이 영충과 함께 서울에 도망쳐 와서 보고하였다. 임금이 곧 영충을 속함군 태수速含郡太守로 임명하였는데, 위계는 급찬級湌이었다. 최치원崔致遠 치원이 해인사 중 희랑希朗에게 보낸 시 끝에 방로태감 천령군태수防虜太監天嶺郡太守 알찬遏粲 최치원이라 적었다.

여기서 영충이라 한 것은 원문편찬자가 오독하여 잘못 서술한 것이고 최웅이 속함군태수에 임명된 것이 맞다.

현존하는 〈증희랑화상〉 6수에 서문과 인기를 포함하여 8폭 병풍을 만들어 강당에 비치해도 좋을 것이다.

《가야산해인사고적伽倻山海印寺古蹟》"희랑대덕 군이 하절기에 가야산 해인사에서 《화엄경》을 강하였는데, 나는 오랑캐를 막아 내느라고 청강할 수가 없었다. 이에 한 번 읊조리고 한 번 노래하되, 5측側 5평平을 써서 10절을 지어 장章을 이루어서 그 일을 기린다. 방로태감 천령군태수 알찬 최치원〔希朗大德君 夏日於伽倻山海印寺 講華嚴經 僕以捍虜所拘 莫能就聽 一吟一咏 五側五平 十絕成章 歌頌其事 防虜太監 天嶺郡太守 遏粲 崔致遠〕"

▷ 〈증희랑화상〉 팔폭병

1. 希朗大德君 夏日於伽倻山海印寺 講華嚴經 僕以捍虜所拘 莫能就聽 一吟一詠 五仄五平 十絕成章 歌頌其事 防虜大監 天嶺郡太守 遏粲 崔致遠

2. 步得金剛地上說˚ 扶薩鐵圍山間結˚ 芯蒻海印寺講經˚ 雜花從此成三絕˚

3. 龍堂妙說入龍宮˚ 龍猛能傳龍種功˚ 龍國龍神定歡喜˚ 龍山益表義龍雄˚

4. 磨羯提城光遍照˚ 遮拘盤國法增輝˚ 今朝慧日出扶桑˚ 認得文殊降東廟˚

5. 天言秘教從天授˚ 海印眞詮出海來˚ 好是海隅興海義˚ 只應天意委天才˚

6. 道樹高談龍樹釋˚ 東林雅志南林譯˚ 斌公彼岸震金聲˚ 何似伽倻繼佛跡˚

7. 三三廣會數堪疑˚ 十十圓宗義不虧˚ 若說流通推現驗˚ 經來未盡語偏奇˚

8. 希朗祖師諡號敎旨 贈海印尊師圓融無㝵不動常寂緣起相由照揚始祖大智尊者 己酉五月日˚ 高麗王印

▷ 산삼문학비

桂苑筆耕集卷之十八 / 書狀啓 二十五首 / 物狀

〈海東人形蔘一軀 銀裝龕子盛海東實心琴一張 紫綾袋盛〉
右伏以慶資五福˚ 瑞降三淸˚ 中春方盛於香風˚ 上德乃生於遲日˚ 凡荷奬延之賜˚ 合申獻賀之儀˚ 前件人蔘並琴等˚ 形稟天成˚ 韻含風雅˚ 具體而旣非假貌˚ 全材而免有虛聲˚ 況皆探近仙峯˚ 携來遠地˚ 儻許成功於藥曰˚ 必願捐軀˚ 如能入用於蓬壺˚ 可知實腹˚ 誠慙菲薄˚ 冀續延長˚ 塵黷尊嚴˚ 倍增戰灼˚ 伏惟俯賜容納˚ 下情幸甚˚

人蔘三斤´ 天麻一斤˚
右伏以昴宿垂芒, 尼丘降瑞, 始及中和之節, 爰當大慶之辰˚ 仰沐尊慈, 合申卑禮˚ 前件藥物探從日域, 來涉天池˚ 雖徵三椏五葉之名, 慙無異質;而過萬水千山之險, 貴有餘香, 不揆輕微, 輒將陳獻˚ 所冀海人之藥, 或同野老之芹˚
伏惟特恕嚴誅, 俯容情懇, 續靈壽則後天而老, 駐仙顔而與日長新˚ 下情無任禱祝欣躍兢惕之至˚ 謹狀˚

(해설) 계원필경집 제18권 / 서·장·계 25수 / 물장物狀

해동인형삼海東人形蔘 1구軀 - 은銀 장식 감자龕子에 담음.
해동실심금海東實心琴 1장張 - 자주색 비단 자루에 담음.
삼가 생각건대, 경사慶事는 오복五福이 근본으로서, 그 상서祥瑞는 삼청三淸에서 내리는 것입니다. 중춘中春이 되어야 향풍香風이 싱그러운데, 상덕上德께서 바로 이 지일遲日에 태어나셨습니다. 무릇 장려奬勵하는 은사恩賜를 받은 자들은 축하를 올리는 의식을 행하는 것이 합당합니다.

전건前件의 인삼과 거문고로 말하면, 천연天然의 형체를 품부받았고, 풍아風雅의 운치를 머금었습니다. 전체全體를 구비하였으니 이미 가짜의 몸이 아니요, 재목이 온전하니 헛소리가 나는 것을 면했습니다. 더군다나 이 모두를 삼신산三神山 가까이에서 캐어, 먼 곳까지 가져 왔으니 더 말할 나위가 있겠습니까.

만약 약 찧는 절구 속에서 공을 세우라고 허락하시면 반드시 한 몸을 버리기를 원할 것이요, 봉호蓬壺에 들여서 제대로 사용하면 배를 채울 것을 알 수 있습니다. 변변치 않은 물건이라 참으로 부끄럽습니다마는, 오직 장수하시기만을 바라면서 존엄을 모독하려니 갑절이나 더 송구스럽습니다. 삼가 바라건대 굽어살펴 받아 주시면 그런 다행이 없겠습니다.

인삼人蔘 3근斤 천마天麻 1근

삼가 생각건대, 묘수昴宿가 광망光芒을 드리워 이구尼丘에서 상서祥瑞를 내렸습니다. 이제 중화中和의 명절에 미쳐서, 대경大慶의 탄신일을 맞았습니다. 우러러 존자尊慈의 은덕에 목욕하였으니, 미천하나마 하례를 올리는 것이 합당합니다.

전건前件의 약물藥物은 일역日域에서 캐어 천지天池를 건너온 것입니다. 삼아오엽三椏五葉의 이름에는 들어맞지만, 특이한 재질이 없어서 부끄러운데, 만수천산萬水千山의 험한 길을 거치면서도, 남은 향기가 있는 것이 귀하게 느껴지기에, 경미輕微함을 헤아리지 않고 문득 받들어 올리게 되었습니다. 바라는 바는 해외海外의 사람이 바친 약물을 시골 노인이 올린 미나리처럼 여겨 주셨으면 하는 것입니다.

삼가 바라옵건대, 엄한 꾸지람을 특별히 용서하시고, 모쪼록 간절한 정성을 받아 주소서. 그리하여 신령스러운 수명을 이어 하늘보다 늦게 늙으시고, 신선의 얼굴을 유지하여 태양과 더불어 영원히 새로워지소서. 그지없이 축도하고 환희하며 송구한 심정을 금하지 못하겠습니다. 삼가 장문을 올립니다.

ⓒ 한국고전번역원 | 이상현 (역) | 2010

위 문장에서 "探近仙峯"의 선봉이 삼신산 지리산 봉우리라고 추정한다. 고운 선생이 천령군 태수로 부임한 것도 산삼을 채취하여 당나라 외교에 이바지하고자 한 신라조정의 인사조치라고 추정한다. 최치원은 조정의 명을 받들어 천령봉 관아에 앉아 지리산 채삼활동을 독려하였을 것이다.

II. 계원필경촌의 건설

지난 며칠 전에 산청군에서 개최된 한국한의원연구원 주관 동의보감 책판 보존 및 활용을 위한 전문가포럼이 책판이 보존된 전주시가 아닌 산청군이 제천시 등을 젖히고 중심지가 되어 동의보감촌에서 열린 것이다.

〈계원필경〉은 세계최초의 국제교류 개인문집이니 세계기록유산에 등재될 충분한 가치가 있다. 함양군이 〈계원필경〉을 구해 소장하고 세계기록유산으로 신청하여 성사된다면 〈동의보감〉의 산청과 〈계원필경〉의 함양은 쌍벽의 세계기록유산의 도시가 될 것이다.

산청의 동의보감촌과 같은 함양의 계원필경촌을 건설하여 한문학과 외교문학, 산삼문학의 메카로 자리잡게 해야 할 것이다. 박물관, 문학관, 교육원, 연수원, 예술촌 등을 배치하여 문화산업단지, 역사관광지로 삼을 필요가 있다.

함양은 또 세계문화유산으로서 남계서원과 함께 세계기록유산으로서의 〈계원필경〉을 가진 찬란한 쌍벽의 세계유산의 도시가 될 것이다. 합천의 대장경 세계문화축전처럼 함양도 계원필경세계문화축전을 창설할 만하다.

최치원계원필경기념관을 위요하여 필봉산 전역을 계원필경촌으로 조성하는 것이다. 계원필경촌은 백연서원과 성격을 달리하여 퇴계 이황과 성호 이익이 최치원을 강력 비판한 불교아첨문자 창작자 고운 최치원의 성격을 살려 유불선 삼교회통사상가 최치원의 진면목을 보여주는 삼교회통광장을 조성하는 것이다.

최치원의 〈난랑비서〉에서 강조한 삼교회통 신라고유종교 국선화랑사상의 각 영역을 비석과 동판으로 조성하여 전시하는 것이다. 〈계원필경〉의 도교 재사齋詞, 불교의 사산비명을 포괄한다. 최치원의 한국최초의 고소설, 한문소설 〈쌍녀분기〉 모형조성 등 볼거리, 학습거리를 다양하게 조성, 전시하여 시민에게 제공하는 것이다.

III. 함양의 서원

백연서원은 함양목민관인 천령군태수 고운 최치원과 함양군수 점필재 김종직을 향사하던 서원이다. 함양읍의 유일한 서원이었다. 함양에는 흥선대원군의 서원훼철령 이전에 13대서원이 있었다. 함양읍에 백연서원, 병곡면에 송호서원(복원), 위양서원, 수동면에 남계서원(사액서원, 존속서원, 세계문화유산), 구천서원(복원), 지곡면에 당주서원(사액서원, 미복원), 도곡서원(복원), 안의면에 용문서원, 황암서원(황암사복원), 녹봉서원, 서하면에 서산서원(복원)이 있었다. 잠깐 존재했던 서원으로 병곡면에 덕암서원, 안의면에 성천서원이 있었다.

일제 강점기 이후 건립된 서원으론 수동면에 청계서원, 화산서원, 지곡면에 정산서원, 안의면에 종담서원이 있었는데 종담서원은 현존하지 않는다.

현재 함양에 있는 서원은 일두 정여창을 향사하는 남계서원, 일두 친구 서원인 탁영 김일손의 청계서원, 남계 표연말의 구천서원, 회헌 임대동의 화산서원, 일두의 수제자인 신고당 노우명의 도곡서원, 일두 제자뻘인 송계 이지번의 송호서원, 한말의 학자 삼원당 허원식의 정산서원, 여말충신 채미헌 전오륜의 서산서원 등 8대서원이 있다.

여말충신 두문동72현 채미헌 전오륜의 서산서원 및 단종조의 충신 고은 이지활의 송호서원과 돈남 허방우의 정산서원은 충절의 고장 함양에 어울리는 충절서원으로 충효교육의 산실이 될 것이다.

신고당 아들 옥계 노진의 제자이며 남명 조식의 제자이고 문집을 남긴 유현 충신 대소헌 조종도의 황암사는 이왕 존재할 거면 강당을 건립하여 서원으로 승격시킴이 유교문화진흥을 위하여 가치있을 것이다. 지족당 박명부의 종담서당은 사당 건립, 옥계의 스승 당곡 정희보의 정곡사는 강당 건립하여 서원으로 승격시키면 선비의 고장 함양의 위상을 높여줄 것이다.

일두의 스승 점필재 김종직의 백연서원과 일두의 재전제자 당곡의 제자 옥계 노진의 당주서원은 복원이 절실하다. 남계서원에는 일두와 서원창건주 개암 강익, 서부경남 유학의 맹주 동계 정온을 향사하는 문헌공묘 옆에 일두의 친구 뇌계 유호인을 향사하던 별묘를 복원함이 절실하다. 이 별묘가 복원되면 수동면에만 일두와 그 친구 5인(회헌, 뇌계, 일두, 탁영, 남계)이 나란히 향사를 받는 선비와 서원의 고장이 될 것이다.

Ⅳ. 백연서원

조선후기 실학자 연려실 이긍익이 찬술한 〈연려실기술〉 서원조에 함양군에는 남계서원, 당주서원, 백연서원, 도곡향현사. 구천향현사의 5대서원을 소개하고 있다. 남계서원과 당주서원은 사액서원이고 백연서원은 문묘종사 유현 최치원이 있기에 서원이고 나머지는 국사급이 아닌 향현급이기에 향현사라 칭하였다.

여기에 "백연서원柏淵書院 기유년(1669,현종10)에 세웠으며 사액되었다. : 최치원崔致遠 자는 고운孤雲, 시호는 문창후文昌侯이다. · 김종직金宗直"이라고 하였는데 기유년은 현종 10년(1669)이다.

정조대에 편찬된 〈연려실기술〉보다 앞서 영조대 1760년(영조36)경에 편찬된 〈여지도서輿地圖書〉下(한국사료총서 제20집) 〉 경상도 〉 함양 〉 단묘조에는 "新增

灆溪書院在府東二十里嘉靖壬子姜翼爲鄭汝昌刱建丙寅 宣額 肅廟朝丁巳以鄭蘊配己巳以姜翼配有別祠享俞好仁 李浣詩 堂堂天嶺鄭公鄕百世風傳永慕廟院尊崇眞不忝豈無豪傑應文王 원주

溏洲書院在府北十五里文孝公盧禛之祠萬曆辛巳建 顯廟朝庚子 宣額 원주

栢淵書院在府西二里文昌侯崔致遠文簡公金宗直之祠 顯廟朝庚戌(1670,현종11)建 원주

道谷書院在府北二十里趙承肅鄭復周盧叔仝盧友明之祠 肅廟朝辛巳建 원주

龜川書院在府東二十里梁灌朴孟智姜漢表沿沫梁喜河孟寶之祠 肅廟朝辛巳建 원주" 등 함양5대서원을 소개하고 있다.

여기에선 백연서원 건립연대가 1년 뒤에 있다. 현종 11년(1670)에 건립되었다고 하였으니, 〈연려실기술〉의 기록과 1년 차이가 나는 것은 착공과 준공의 차이라고 생각한다.

같은 책 경상도 〉 함양 〉 명환조에는 최치원과 김종직이 "현묘조 경술년에 백연서원에 향사되었다."라고 하였다. 경술년(1670, 현종11)에 서원이 완공되어 향사된 것이다.

함양의 최초 읍지인 〈천령지〉를 편찬한 춘수당春睡堂 정수민鄭秀民(1577~1658)의 뒤에 건립되어 관련 기록이 수록되지 못한 아쉬움이 있다.

백연서원의 발상지는 이은당吏隱堂에서 비롯한다. 김종직이 함양군수일 때 공무의 여가에 이은대에서 낚시하며 소요, 음영하였고 이은당을 지어 휴식하였다. 김종직이 임기 마치고 귀경한 뒤에 백성들이 이은당을 생사당으로 개편하여 제향을 드렸다.〈新增東國輿地勝覽, 1530, 중종25刊〉 정유재란 때 소실되고 유지만 남았다. 이은당 유적 근처에 백연서원이 들어섰다.〈咸陽郡誌 古蹟〉

〈함양군지咸陽郡誌〉 단묘壇廟조에 "栢淵書院 在郡西二里(今席卜面栢淵里) 文昌侯崔致遠, 文簡公(舊誌作文忠)金宗直之祠, 四○○三年顯宗庚戌(1670, 현종11)建, 高宗戊辰(5년1868)毁撤"라고 하였을 뿐이고, 건립주체며 건립사연이며 연혁 기타 서원기, 상량문, 중건기, 봉안문, 제문, 축문, 유람기, 음영시가 등 관련 시문 기록이 남아 있지 않다. 함양인이 자율적으로 기록을 남기지 않았으니 문헌의 고장으로서 아쉽다.

저명 학자의 문집 〈강한집〉에 실린 황경원(黃景源,1709~1787)의 〈최고운묘기崔孤雲廟記〉의 고운묘는 백연서원의 사당명칭이다. 병향된 점필재 김종직의 존재는 말살된 것이다. 기문에서도 한마디도 김종직을 언급하지 않고 있다. 김종직이 배향되지 않았을 리 없는데 그 이유는 미상이다.

江漢集卷之九 / 記 / 崔孤雲廟記

翰林侍讀學士兵部侍郎,知瑞書監事文昌崔公孤雲廟°在咸陽栢淵之上°世傳公嘗守天嶺°有遺愛°天嶺於今爲咸陽°故府人立公之廟以祀之°公諱致遠°幼入唐°學乾符元年及第°爲侍御史內供奉°賜紫金魚袋°黃巢叛°都統高騈辟從事°光啓元年°充詔使°歸事金氏°爲翰林侍讀學士,兵部侍郎,知瑞書監事°乾寧元年°上十事°主不能用°乃棄官°入伽耶山°一朝脫其冠與屨°遺之林中°不知所終°案國史°公歸本國二十一年°左僕射裴樞等三十八人°坐淸流°死白馬驛°唐遂亡°又二十九年°金氏國滅°盖此時公旣隱矣°豈見天下之將亂°知宗國之必亡°超然遠去辟世而不反邪°豈其心不臣於梁°又不臣於王氏°遂逃於深山之中邪°方高騈之擊黃巢也°公慷慨爲騈草檄°徵諸道兵°名聞天下°巢旣滅°奉詔東歸°使公終身仕於唐°則惡能免淸流之禍乎°雖不免焉°必不能屈志辱身而朝梁庭矣°慶州南有上書庄°世稱公上書王氏°然王氏始興之際°公誠上書陰贊之°則何故避世獨行°終老於山澤之間°而不肯仕也°王氏中贈文昌侯°祀國學°世以爲榮°而不知公之高節不事王氏也°可勝歎哉°孔子曰°伯夷叔齊°餓於首陽之下°民到于今稱之°使殷不亡°則二子不餓而死矣°餓而死者°潔其身也°故天下稱之不衰°公自伽耶脫冠屨而去之°以時考之°則金氏盖已亡矣°此其志亦潔其身°與二子無以異也°今上二十一年°某侯出守咸陽府°拜公之廟°爲奉府人°因其遺址而改修之°屬余爲記°夫國學祀公久矣°於府治何必立廟°然旣有公之遺跡°亦可以百世不廢矣°於是乎記°

함양군수를 지낸 의재 남주헌(南周獻,1769~1821)의 문집 〈宜齋集〉卷七 〈代咸陽儒生請栢淵書院 賜額疏〉, 함양 유생을 대신하여 백연서원의 사액을 신청하는 상소에서도 김종직은 전혀 언급하지 않고 최치원만을 칭술하고 있다. 남주헌은 저명학자 영의정 출신 금릉 남공철(南公轍,1760~1840)의 종손이다.

함양군수를 지내며 1807년(순조7)에 경상도관찰사, 진주목사, 산청군수와 함께 지리산을 유람하고 〈지리산산행기〉란 유람기를 남기고, 천왕봉 바위에 그 이름들을 새기었다. 남주헌은 지방관으로서 역량을 발휘하여 선정을 베풀었다. 1808년(순조 8) 함양 군수 재직시 암행어사에 의하여 치적이 보고되어 승서陞敍되고 1810년(순조 10)에는 남원 현감으로 있으면서 굶주린 백성들의 진휼에 힘쓴 공으로 표창을 받았다.

선정을 베푼 목민관으로서 시대에 앞서 선정을 베푼 김종직의 존재를 몰랐을 리 없을 텐데 점필재의 유적 이은대, 호차원 등을 둘러보았거나 들었을 터인데 왜 존경의 염을 담아 아울러 서술하지 않았는지 의문이다.

묵옹 권집(權潗,1569~1633)의 서원배향운동이 서부경남 일원에서 전개되었다. 함양향교도 남계서원도 당주서원도 구천서원도 도곡서원도 동참했는데 백연서원도 동조하여 무인년(1818,순조18) 12월 15일에 원임 김인조金仁調가 연명하였다.〈黙翁集 聯芳輯錄 卷之六 霜喦先生○附錄 建院通文 道內各院通文 煩不盡錄 只節錄德谷濫溪道川通文〉

창원의 학자 용이와龍耳窩 권뢰(權㻩,1800~1873)는 1852년(철종3) 3월에 덕유산 일대를 유람하고 〈유덕유산록遊德裕山錄〉을 지었다. 함양읍성의 서문을 나가 백연서원을 지나갔는데 분명히 고운과 점필재를 제향하는 곳이라고 하였다.

龍耳窩集卷之三 / 雜著 / 遊德裕山錄

入渭城°登崔孤雲所刱學士樓°周觀題詠°有玉溪韻而詩意甚好°西北五里許°尋竹谷村°此亦咸之一名基云°而前有鳳凰臺°後有歸巢峯°必有形格之地°然水勢如反弓°直戛村前°以俗眼觀之°此其所欠者也°夕向校村權兵使舊廬留宿°主人兄弟懇懃迎接°大有族誼°雖苦意强挽°以曠日久客爲辭°則優資買路°二十九日°過栢淵書院°卽孤雲, 俛齋兩先生入享之所°十餘里蹄閒驛踰悟道峙°二十里登龜°十里堂伐過碧松亭°二十里百巫°此去知異上峰三十里也°

백연서원은 흥선대원군의 서원훼철령에 폐허가 되고 시간이 흘러 유허지도 알 수 없게 되었다. 다른 서원은 대부분 복원하여 서원 기능을 수행하는 것에 비하면 문헌부실에 열정부족이 애석하다. 복원은커녕 설단이나 유허비조차 건립하지 않았으니 후손이나 후학이 너무 무심하다. 이제라도 편법이라도 최치원계원필경기념관을 백연서원으로 이중으로 복원하여 각각의 편액을 게시하고 유교적으로는 백연서원, 문화적으로는 최치원계원필경기념관으로 겸사 활용하도록 후속 조치가 이루어지면 좋겠다.

추야우중 번안시조와
최치원계원필경기념관 및 최치원문학상

▶秋夜雨中(추야우중) / 고운孤雲 **최치원**崔致遠

秋風唯苦吟(추풍유고음) 世路少知音(세로소지음)

窓外三更雨(창외삼경우) 燈前萬里心(등전만리심)

▶번안시조1 / 장희구張喜久(문학박사·문학평론가·시조시인)

가을바람 괴로워서 시 한 수 읊조리니

내 마음 알아주는 이 어찌 이리 없다던가

깊은 밤 등잔불 켜놓으니 만리 고향 서성이네

▶번안시조2 / 김윤숭(명예자연치유학박사·고전번역사·시조시인)

가을 바람 고뇌에 차 시 한 수 읊조리네

세상 길 알아 줄 이 몇이나 있으려나

창밖에 내리는 밤비 등불 앞 고향 생각

번안시조는 시조시인이자 한문학자인 장희구 박사가 창안한 시조 유형으로, 한시를 시조로 번역한 것이다. 오언절구, 칠언절구, 오언율시, 칠언율시를 삼장, 육구, 십이소절, 45자 내외의 시조로 번역하기는 지난하다. 한시와 시조의 문학성을 동시에 구현해야 한다.

조선시대에 유행한 시조의 한시역인 〈소악부小樂府〉와 반대로 한시의 시조역이 번안시조이다. 번역은 자유롭게 번역한 것이고 번안은 틀에 맞게 번역한 것이다. 〈소악부〉는 시조를 한시, 특히 칠언절구의 틀에 맞게 번역한 것이고, 번안시조는 시조틀에 맞게 한시를 번역한 것이다.

필자는 최치원의 〈추야우중秋夜雨中〉이라는 오언절구 한시가 천령군태수(현 함양군수)일 때 고향 경주를 그리며 지은 시라고 추정한다. 천령군태수로서 진성여왕에게 올린 시무 10여조 상소도 무산되고 더 이상 속세에 미련이 사라진 상태로 지기지음에 대한 기대를 접은 것이라고 본다. 그때의 심경을 읊은 시가 〈추야우중〉일 것이다. 그래서 천령군태수를 끝으로 친형 현준법사와 지인 희랑대사가 있는 가야산으로 입산하여 유유자적하며 여생을 마친 것이 아닐까.

최치원이 별세했기에 고려시대에 문묘에 배향한 것이다. 신선이 되어 살아 있는 사람을 다른 신들과 함께 제향하지는 않았을 것이다. 최치원은 한국인 최초의 문묘배향이다. 2020년 최치원 문묘종사 1,000주년 기념행사가 성균관에서 조촐히 열렸다. 2022년에는 설총 문묘종사 1,000주년 기념행사가 성대히 열렸다.

최치원이 문묘종사될 때는 신라관등 제5등 아찬이었을 것이다. 문묘제향 성현의 격에 맞지 않기 때문에 2023년에 문창후에 추봉되었다. 왕의 등급인 공후백자남公侯佰子男의 5등작의 후작에 봉해진 것이다. '고운 최치원 선생 문창후 추봉 1,000주년 기념행사'를 성대히 개최할 필요가 있다.

고려시대 최치원을 문묘에 종사한 것은 고려인의 대중국 대등한 문화의식을 엿볼 수 있는 것이다. 한·당·송의 유현과 최치원, 설총이 대등하여 문묘에 종사될 자격이 충분하다고 여겨 종사한 것이다. 그런 선례를 남겼기에 조선조의 동방 5현이 문묘에 종사될 수 있었을 것이다.

만약에 최치원의 문묘종사가 선례가 안 되고 3현이 문묘종사되지 않은 채 조선조에 와서 처음 동방 5현의 문묘종사운동이 있었다면 골수 성리학자들이 어찌 감히 조선인을 중국 성현의 문묘에 외람되이 꼽사리 끼게 할 수 있겠냐, 신성모독이라며 결사반대하였을 것이다. 최치원의 문묘종사는 굉장한 문화사적 기적, 선구적 업적이다.

1. 최치원역사공원을 최치원계원필경기념관으로 개칭한다

최치원역사공원이라 하면 특정 건물, 기관을 지칭하지는 않는 것 같다. 최치원계원필경기념관으로 개칭하길 요청한다. 한중외교, 국제문화교류, 한국인의 최초문집, 산삼의 고전 〈계원필경〉 고운 최치원 저작-을 세계기록유산으로 등재 추진한다.

1) 계원필경세계기록유산추진본부를 최치원계원필경기념관에 둔다.

한국인의 최초문집, 한국한문학의 원조를 〈계원필경〉으로 비정, 최치원계원필경기념관을 한국한문학의 총본산으로 삼고, 계원필경한문학축제를 천령문화제와 함께 개최하며, 미래문화유산 〈계원필경〉 책판을 복원한다. 판각전문 이산책판박물관과 협력한다.

2) 최치원계원필경기념관을 백연서원으로 겸용한다.
본당 고운기념관 편액 위에 백연서원栢淵書院 편액 게시한다. 백연서원 복원, 함양명현 목민관 천령군태수 고운 최치원 선생과 함양군수 점필재 김종직 선생 제향, 개편하여 고운 중심, 동쪽 함양군수 점필재 김종직, 안음현감 일두 정여창, 서쪽 안의현감 연암 박지원, 사근도찰방 아정 이덕무 배향, 영정 봉안.

동재 역사관은 그대로 최치원역사관 겸 동재 인백기천재人百己千齋 편액 게시하고, 서재 상림관은 계원필경세계기록유산등재추진본부, 천령문화제위원회, 최치원계원필경기념관, 백연서원 사무소로 겸용한다. 문창후부文昌侯府 및 서재 심융정교재心融鼎敎齋 편액 게시.

백연서원 원장은 경주최씨문중 위탁하되 최완식 전 군수가 합당할 듯하고 춘향 추향.

궁극적으로 사당 뒤쪽에 강당 계원필경당 신축, 전묘후학형 서원, 심마니 시설지에 숙박연수시설 고운학사 신축하여 세미나, 교육, 연수를 시행하고, 연중무휴 〈계원필경〉 강독, 월례 고운학강연회 개최.

최치원계원필경기념관은 천령문화제위원회에 위탁, 운영한다. 낙동강문학관은 상주시가 전 한국문협 부이사장 박찬선 시인에게 위탁하여 운영하는데 운영비로 연간 기천만원을 지원하고 있다.

3) 최치원계원필경기념관으로 한국문학관협회 가입하고, 공립문학관으로 등록하여 활동한다.

〈계원필경〉은 한국인의 최초 문집이다. 한문학의 보고이다. 의성에 최치원문학관이 있지만 함양의 최치원계원필경기념관도 한문학의 총본산으로서 문학관 면모에 손색이 없다. 공립문학관으로 등록하면 함양에서 최초의 사립문학관 지리산문학관과 함께 최초의 공립문학관이 된다. 전국의 문학관과 연대하여 활동할 수 있다.

계원필경시문비, 〈추야우중〉, 〈난랑비〉, 〈증희랑십절〉 고운시비, 최치원문학상 수상시비 건립, 볼거리, 읽을거리를 제공하고, 새로운 문화유산을 창조한다.

4) 산삼의 성지, 천령문화의 발상지 최치원계원필경기념관.

최치원계원필경기념관은 산삼의 고전 〈계원필경〉, 산삼의 성인 고운 최치원 선생 기념장소이므로 함양산삼축제의 성지, 천령문화제의 발상지가 되어야 한다. 양 축제의 고유제 및 성화안치 장소로 삼아야 한다.

매년 양력 4월 15일 경주최씨중앙종친회 전국 순회 제향이 열리면 함양에 운집하니 천령문화제와 동시개최가 합당하다.

2. 최치원문학상 부활

2018년 9월 7일 산삼축제 및 물레방아골축제 개막식에서 서춘수 군수가 제1회 시상 후 폐지하였으나 당초 제2회 시상식부터는 매년 4월15일 최치원 선생 춘기 제향에 맞춰 최치원 역사공원에서 시상식을 진행키로 조례에 명시되었다.

문학의 고장으로 저명한 시·군은 반드시 문학상을 거대상금으로 운영하니 서부경남의 유일한 거대상금 문학상으로 만들어 문학의 고장을 선도적으로 정립한다.

최치원문학상운영위원회 부활, 심사위원위촉, 문학상금 3천만원, 운영비 1천만원, 전국문학상은 대개 시인 위주이니 최치원문학상도 제1회는 시인에게 시상하고, 이후로는 시인, 시조인, 수필가, 소설가, 아동문학가, 문학평론가 윤번제로 시상하면 특징적일 것이다.

   * 참고 전국의 문학상과 시상금 현황

   ▷서울시 은평구 이호철통일로문학상 본상 5,000만원, 특별상 2,000만원
   ▷서울시 영등포구 구상문학상 5,000만원, 젊은작가상 1,000만원

   ▷경기도 부천시 수주문학상 1,000만원
   ▷경기도 화성시 노작홍사용문학상 3,000만원

   ▷강원도 영월군 김삿갓문학상 3,000만원 및 문학관 진입로에 수상시비 줄
     지어 건립

▷충북도 옥천군 정지용문학상 2,000만원
▷충북도 보은군 오장환문학상 1,000만원

▷전북도 전주시 혼불문학상 7,000만원
▷전북도 익산시 가람시조문학상 2,000만원, 가람시조문학신인상 1,000만원
▷전북도 부안군 신석정문학상 3,000만원, 신석정 촛불 문학상

▷전남도 고흥군 송수권시문학상 3,000만원, 올해의 남도시인상(1) 1,000만원, 올해의 젊은시인상(1) 500만원
▷전남도 강진군 영랑시문학상 3,000만원
▷전남도 해남군 고산문학대상 시, 시조 각 1,000만원
▷전남도 나주시 백호임제문학상 '본상'(시, 소설 부문 격년제 공모) 2,000만원 '나주문학상' 500만원
▷전남도 담양군 송순문학상 대상 2,000만원, 우수상 1,000만원, 한국가사문학상 대상 1,000만원, 최우수상, 우수상
▷전남도 목포시 '목포문학상' 총 5,600만원
단편소설 : 본상 1,000만원, 남도작가상 500만원 - 1편
시(시조) : 본상 1,000만원, 남도작가상 500만원 - 3편
희곡 : 본상 1,000만원 - 1편
문학평론 : 본상 1,000만원 - 1편
수필 : 남도작가상 300만원 - 2편
아동문학 : 남도작가상 300만원 - 동시 3편, 동화 1편

▷경남도 창원시 김달진문학상 시, 평론 각 3,000만원
▷경남도 거제시 청마문학연구상 1,000만원
▷경남도 사천시 박재삼문학상 1,000만원
▷경남도 진주시 이형기문학상 2,000만원, 형평문학상 2,000만원, 형평지역문학상 500만원, '진주시 문학상 운영조례' 공포. 올해부터 이형기문학상과 형평문학상을 '진주시 문학상'으로 통합, 총 4,500만원
▷경남도 하동군 평사리문학대상(소설 1,000만원 · 시 · 수필 · 동화 각500만원) ▲평사리청소년문학상(소설 대상 100만원, 금상 70만원, 은상 50만원, 동상 30만원) ▲하동 소재 작품상(소설 300만원, 시 200만원) 총 3,250만원

▷경남도 하동군 이병주국제문학상 대상 2,000만원, 이병주문학연구상, 이병주경남문인상 각각 500만원 총 3,000만원
▷경남도 의령군 천강문학상 총 5,500만원
시, 시조, 소설, 아동문학(동시, 단편동화), 수필 등 5개 부문
각 분야별 대상 1명, 우수상 1명 등 모두 10명. 시상금은 소설은 대상 1,000만원과 우수상 500만원, 나머지 분야는 대상 각 700만원과 우수상 각 300만원
▷경남도 통영시 '통영시문학상' 총 5,000만원, 청마문학상·김춘수 시 문학상·김상옥 시조 문학상·김용익 소설 문학상 총 4개 부문, 청마문학상 2,000만원, 기타는 1,000만원씩 총 5천만 원

▷경북도 경주시 동리·목월문학상, 각 6,000만원,
▷경북도 김천시 백수문학상 1,000만원, 백수문학신인상 300만원,
▷경북도 청도군 이호우·이영도 시조문학상 3,000만원, 이호우시조문학상 신인상, 이영도 시조문학상 신인상 각 500만원, 오누이시조공모전 300만원, 총 4,300만원

기타
산림청 녹색문학상 3,000만원

3. 마무리

천강문학상은 천강홍의장군 곽재우 의병장을 기려 제정한 문학상이다. 배경을 들으면 알겠지만 듣지 않고 천강이라 하면 곽재우 장군을 바로 연상하지 못할 것이다. 차라리 천강홍의장군문학상이 낫지 않을까.

천강문학상과 같이 김삿갓문학상, 백호임제문학상, 면앙정송순문학상, 고산문학대상 등은 고전문학인의 문학상이다. 최치원문학상도 그러하나 가장 오래된 고전문학인의 문학상이 될 것이다.

Part2

지문관 수필

지리산 자락에서 둥굴레차를 마시며

　단풍이 아름답기로 손꼽히는 지리산이 이제 낙엽이 지고 쓸쓸한 겨울철로 접어들었다. 지리산문학관은 경남 함양군 휴천면 지리산 가는 길에 있는데 을씨년스러운 겨울 풍경에 둘러싸여 있다. 지리산 자락에서 태어나고 자라고 살고 있는 한 사람으로서 고향의 안온함과 훈훈함을 항상 몸으로 느끼며 살아가므로, 지리산 하면 어머니 같은 모친산이라 초겨울일망정 쌀쌀함보다도 가슴에 전해오는 훈기를 절로 느낀다.

　관장실에 앉아 한기를 떨기 위해 둥굴레차를 마시며 창밖을 바라본다. 창밖의 산과 호수는 은막의 스타가 될 차림으로 아련한 기운이 감돈다. 속세에서 벗어난 듯 청아한 곳에서 은은한 둥굴레차 향을 맡으며 차를 마신다. 뜨거운 둥굴레차가 담겨 있는, 우리 고장 출신 김석규 시인의 '잘 구운 돌'이 새겨진 찻잔을 보며 시를 음미한다.

　'문득 겨울 아침의 어머니 생각으로/잘 구운 돌은 바로 황금알이었지/빈주먹

쥐었다 폈다 하며 혼자 웃는다.' 시인의 어머니가 아침마다 손 시린 아들을 위해 돌을 구워 쥐어주며 따뜻함을 지닌 채 학교 가도록 해주었단다. 이 시를 읽으니 쌀쌀한 날씨에 쓸쓸히 혼자 누워 계신 어머니 생각이 난다. 지리산 가는 길로 가면 내가 태어난 살구징이 동네가 있고 거기서 어머니는 살다 떠나셨다.

고갯마루에 오르면 그곳이 오도재다. 고려의 고승 보조국사 지눌 스님이 도를 깨달은 고개라서 오도재라고 하는데, 정상에 지리산제일문이 웅장하게 서 있고 멀리 함양 시가지가 눈에 들어온다. 고개를 넘으면 천왕봉을 바라보기 좋은 지리산조망공원, 함양의 명현 정일두와 김탁영의 지리산 유람기 〈속두류록〉의 베이스캠프 등구사, 한국의 3대 계곡인 칠선계곡의 선경과 역사를 만날 수 있다.

지리산 구경의 제2경 벽송사 및 서암정사가 초겨울 정취 속에 고색창연하다. 벽송사는 조선 선불교의 발상지이고 서암정사는 경남의 석굴암으로 금니사경전시관도 있어 관광객이 많아졌다. 함양의 지리산에는 칠선계곡과 백무동계곡이 아름답다. 이 계곡을 통해 천왕봉까지 오를 수 있다.

천왕봉과 노고단이 있으니 천왕은 지리산 남편이고 노고는 지리산 아내가 아닐까 생각해 본다. 천왕은 불교의 수호신 사대천왕이고 노고는 도교의 여신이니 도불의 결합을 상징한다. 지리산은 불교 성지일 뿐만 아니라 도교 신선의 고장이기도 하다. 도교 삼신산의 하나인 방장산으로 불리기도 하고 서화담이 지리산에서 신선을 만난 설화도 전해진다. 신라시대 지리산에서 캐간 함양 산삼은 최고운이 당나라에 있을 때 조정 고관들에게 선물한 것으로 서복의 불로초로 불린다.

어슴푸레한 지리산의 초겨울 이내가 내려앉은 관장실에 앉아 찻잔을 들고 뜨거운 둥굴레차의 향미를 즐기며 '고전문학함양'을 뒤적인다. 지역 청소년들이 어릴 적부터 고장의 고전문학을 읽어 감성을 함양하도록 권장하는 시책으로 연 함양고전문학독서경시대회 자료집이다. 최고운 정일두 김탁영 서화담의 훈풍 같은 정신을 어디서 느낄까. 고전문학에서일 것이다. 시국이 을씨년스럽고 산천이 을씨년스러워도 가슴이 훈훈한 지리산의 문학행사를 반추하니 오늘 따라 둥굴레차가 더욱 구수하고 맛있다.

지리산문학관 금필상金筆賞

제정러시아 말기에 공산주의 혁명이 일어나 왕당파와 혁명파가 내전을 벌여 결국 왕당파가 지고 혁명파가 정권을 장악하여 소련이라는 공산주의 국가가 태어났다. 공산주의는 소수 독점의 부자 권력을 인민에게 강제로 분배하는 공산당의 봉사정신을 강조하는 사상이 기본이념이다. 마치 공자가 강조하는 어진 군자가 인민을 다 어질게 만들려는 교육 및 정책과 비슷하다.

그러나 소련 인민들이 다같이 가난해진 건 제정러시아와 다를 바 없고 황실 귀족의 부와 권력 독점도 공산당 세력으로 개편된 것일 뿐 달라진 게 없다. 그런데 왜 그때 전세계를 휩쓸어 중국, 월남, 동남아시아, 조선인민공화국, 동유럽, 중남미에 걸쳐 거의 백년을 풍미하고 아직도 남한에는 그 미련을 못 버리는 세력이 존재하는가? 의문이다.

왜 종북세력을 얘기하느냐하면 대한민국을 부정하는 세력이 두 가지가 있다는 뜻이다. 대한민국을 태어나지 말았어야 할 악의 나라로 부정하여 파괴하려는 종북세력과 나처럼 대한민국을 다시 대한제국으로 환원시켜야 한다고 주장하는 왕당파가 그것이다. 민주주의가 거의 완성된 나라에서 왕당파라니 좀 황당할 것이다.

　나의 개똥역사철학을 설파하면 국가의 역사도 인생의 성장단계와 같다고 본다. 약소국은 어린이 단계, 강대국은 청년단계, 대제국은 장년단계, 제국의 해체를 노년단계로 본다. 이런 과정을 거치지 않으면 언제나 제자리에서 나아가지 못한다. 피터팬증후군을 앓는 어린이와 같다. 과단성이 없으면 탈피하지 못한다. 우리 민족성에서 과단성을 길러야 한다.

　한국은 항상 약소국으로서 기를 펴지 못하고 살아온 세월이 천년에 이른다. 그래서 패배의식, 망국의식, 약소국의식, 사대주의 속국의식, 제후국의식을 벗어나지 못한다. 한번도 강대국을 건설하지 못하였다. 그러니 아직도 국가인생으로는 어린이 단계에 머물러있다. 그리하여 약소국의식, 사대주의 속국의식, 제후국의식이 팽배하고 만연한 것이다.

　한국이 어린이 단계에서 벗어나려면 강대국을 건설해보아야 한다. 장년이 되려면 대제국을 건설해야 한다. 21세기 국경선이 안정된 평화세계에서 무슨 황당하고 미친소리냐 할 것이지만 영원한 약자는 없다. 영원한 강자도 없다. 소련이 해체되고 새로운 국가가 생기고 국경선이 새로 나뉘고 하는 것을 보지 못했는가. 중국이 그 다음이 될 것이고 미국도 장담하기 힘들다. 사이팔만이 중국에 들어가 남북조 나라를 세우듯 미국도 다인종국가가 민족국가로 분열될 날도 머지않다.

　세상은 변화한다. 역사도 영원한 건 없다. 변하는 세상에 우리만 대제국을 건설하지 못할 건 없다. 지금의 강대국 언저리에 이른 것을 보면 저력이 없다고 할 수 없다. 그 저력을 우월한 영도자가 나와 잘 영도하면 대제국을 건설할 수 있다. 그 기초와 첫걸음이 의식의 제국화이다. 약소국의식, 사대주의 속국의식, 제후국의식을 청산하고 제국의식을 가지려면 대한제국을 복원하는 것이 우선이다.

천고 만장의 기개를 가진 호걸지사 백호 임제 선생은 사이팔만이 다 중원에 쳐들어가 천자 노릇하는데 우리만 그러하지 못했으니 내 죽은 뒤 곡하지도 말라고 하였다. 이른바 물곡사勿哭辭이다. 제국의식이 있는 지사이다. 그런 포부를 조선시대 누가 가졌는가.

묘청도 대위국을 세워 황제를 칭하고 이징옥도 대금국을 세워 황제를 칭하였지만 일장춘몽으로 끝나 황제의식이 더욱 쇠퇴하게 한 부작용만 남겼다. 성리학이 뿌리박은 조선후기에도 많은 반란이 일어났지만 아무도 황제를 칭하지 못하였다. 의식교육의 결과가 엄중한 것이다.

전주 이씨는 대한제국을 패망시킨 책임과 원죄가 있으니 싫다면 선거군주제를 하더라도 황제를 옹립해야 한다. 민주주의를 손상시키지 않으려면 입헌군주제가 적당하다. 입헌군주로 제국의식을 함양하고, 나폴레옹 같은 인물이 나오면 진정한 황제가 되어 대제국을 건설할 수 있다. 그런 다음에야 한국을 어린이단계에서 벗어나 청장년단계로 진입하여 국가의 성인단계의 자주, 독립의식이 확립될 것이다. 그렇지 않으면 앞으로도 약소국의식, 사대주의 속국의식, 제후국의식을 면치 못하여 여전히 강대국의 침략이나 구박이나 받으며 서러이 살 것이다.

우리나라 최초의 형식적 제국, 이러한 제국을 건설한 대한제국을 고맙고 보람있게 여기고 존중하며 대한제국의 제도와 의식을 살려야 한다. 대한제국 황제의 칙령과 법제도 복구하고 존중해야 한다. 물론 폐지할 것도 있으니 눈 밝은 이가 가려내면 된다. 가령 서원철폐령 같은 것을 준수하여 고종초기의 보존서원 외에 나중에 새로 복원한 서원들을 다시 철거할 수는 없는 것이다.

그러나 따라도 무방한 것이면 따라야 하지 않겠는가. 언제까지 약소국의식, 사대주의 속국의식, 제후국의식을 고수할 것인가. 가령 황제나 황태자를 왕과 왕세자로 격하시켜 표현하는 방식 등이다. 특히 조선 태조대왕,

정조대왕, 순조대왕이라고 함은 잘못이다. 태조대왕은 고종황제가 황제로 즉위한 뒤 황제로 추존하여 태조황제라 칭하였는데 왜 아직도 태조대왕이라고 하는가.

이명박 대통령이라고 칭하지 이명박 서울시장이라고 하지 않듯이 이미 달라진 위상을 존중하여 그에 맞는 호칭을 사용함이 예이다. 태조황제, 정조황제, 순조황제로 추존되었으니 대왕이라 하지 말고 황제라고 호칭하여 황제국 국민의식을 함양해야 한다. 그렇지만 황명도 무조건 따를 수는 없고 따르지 않을 것도 있다고 하겠다.

조선을 건국한 태조황제는 당시는 왕이었으니까 왕이라 한다. 왕이 된 뒤 음양오행사상을 근본하여 금극목의 원리를 두려워하였다. 오얏 리자는 나무 목자에 아들 자니 목성이고 신라, 가야 왕손들은 금씨니 쇠 금자, 금성이다. 오행으로 금극목, 쇠 금자 금씨들이 오얏나무 리자 리씨들을 꺾을 형세가 된다.

태조는 목자득국(木子得國, 李씨가 나라 차지한다)의 도참 덕을 보았지만 동시에 그로 인해 금극목의 오행원리로 금씨가 리씨를 제압할까 두려워하였다. 이것을 악용하여 중종조의 권신 김안로는 금극목의 원리로 동대문과 남대문에 큰 종을 매달아 금기로 목기를 약화시킬 계략을 부리기도 하였다.

고려 태조 왕건의 훈요십조처럼 밀지를 내려 김씨에게 권력을 주지 못하게 했는데 뜻대로는 되지 않는 게 현실이다. 그렇게 경계한 것이 김씨였건만 안동김씨가 집권하여 세도정치를 펼침으로써 왕권을 약화시키고 국력을 쇠퇴하게 하여 조선멸망의 단초를 열었으니 태조황제가 우려하던 사태가 현실이 된 것이다. 인력으로는 어찌할 수 없는 천지운행의 법칙이다.

금극목의 오행설을 두려워한 태조황제는 금씨를 없애버렸다. 한순간에 간단하게 없애버렸다. 고려왕손 왕씨들은 배에 태워 섬으로 유배보내는 도중에 난파시켜 몰사시킨 것처럼, 남해 금산을 비단으로 덮겠다는 약속 대신 비단 금자를 붙여 금산이라 명명하여 비단 산을 만든 전례처럼, 쇠 금자 금씨를 김씨라고 발음하라 명하여 오행의 금을 없앤 것이다. 그러면 리씨를 위협하는 존재가 안 될 것이라 여겨 실행하여 오백년을 써왔다.

 어릴 때 선친께서 경서나 역사서를 읽으면서 주공단周公旦을 주공조로 발음하는 것을 듣고 의아해 한 적이 있다. 조선 태조의 휘를 피휘한 것인데 그때는 지금이 조선시대가 아니라서 피휘할 필요가 없다는 생각을 미처 못했다. 왕의 휘라고 무조건 휘한다면 그러면 왜 왕건의 휘는 피휘하지 않는가.

 조선태조황제의 명령이 미치는 나라가 망해도, 지금 대한민국 시대에도 그 명령을 여전히 준수 봉행하고 있다. 여전히 금씨로 복원하지 않고 김씨라고 답습한다. 그러나 과감히 저 혼자 못하겠다고 홀로 원의를 회복하여 김씨를 금씨로 바꾸어 대를 이은 선구자가 있으니 그네를 작곡한 작곡가 금수현이 그이다. 지휘자 금난새는 그 아들로 부친의 뜻을 따른 것이다.

 우리말에서 성씨를 살려서 이름 짓기로는 김씨는 너무 연관 뜻이 부족하다. 김씨는 김이 난다, 김샌다 하여 의미가 안 좋은 말뿐이다. 금씨라고 하면 금빛나, 금강산 등 많다. 고씨는 아라를 붙이면 고아라가 되고 조씨도 아라를 붙이면 조아라가 되니 성명이 미화되지 않는가. 궁극적으로 성씨도 우리말로 바꾸는 게 좋겠지만 워낙 완강한 반대세력이 있을 터, 우선은 성명의 미화 의미를 살려 쓰는 것도 괜찮겠다. 그러러면 김씨는 원래대로 금씨로 복원해야 한다.

 음이 같으면 같은 뜻으로 보는 언어습관으로 볼 때 가령 서徐생원을 서鼠생원으로 하듯이(농이니까 노하지 마시기를) 수필은 오행의 금목수화토에서는 1등 금필이 되지 않고 2등 목필도 아니고 3등 수필이 되므로 수필이 문학계에서 삼등칸 취급을 당한다. 오색채필을 지닌 문장대가처럼 수필이 문장의 으뜸이 되려면 금빛 찬란한 붓, 황금붓의 글솜씨, 금필이 되어야 한다.

중국 남북조의 문사 강엄(江淹, 444~505)이 소시에 어떤 사람이 오색붓을 주는 꿈을 꾸고 문장이 크게 늘었다. 만년에 또 곽박이란 문사가 와서 자기 붓을 돌려달라고 해서 품에서 찾아 돌려준 꿈을 꾸고 나서 문장력이 팍 떨어졌다. 오색필五色筆이라든가 강랑재진(江郞才盡, 강엄의 재주가 다했다)의 고사가 생긴 것이다. 오색필에서 황금색의 붓이 가장 찬란할 것이다. 수필을 쓰는 모든 분들이 금필을 가지고 금필을 써서 금빛 찬란한 문예를 떨치시길 기원한다.

지리산문학관에서 여러 상을 제정해 시상하였다. 2009년에 만든 인산문학상, 2015년부터 수여한 한국시낭송문학상, 2024년에 제정한 지리산문학 천년사 대상 등. 2010년부터 (사)한국수필가협회와 공동으로 인산기행수필문학상을 제정하여 시상하고 있다.

재정적 여유가 있다면 금필상을 제정하여 황금으로 붓을 만들어 올림픽에서 금메달을 수여하듯 부상으로 주고 싶다. 수필계의 올림픽 금메달처럼 권위와 긍지로 여기는 금필을 받아 수필 지존, 아니 금필지존으로 등극하는 금필상이 되도록, 금필상을 한국 최고의 수필문학상으로 육성, 발전시키는 것이 내 후반생의 목표다.

지리산문학관 덕필헌

　지리산문학관 테라스에 앉아 파란 하늘을 올려다보고 푸른 나무 푸른 산을 바라다보면 눈도 마음도 푸르다. 솔솔 시원한 바람도 불고 아련히 뻐꾸기 소리도 들려온다. 사봉시조기념관 앞뜰에는 금송도 목련도 푸르고 울창하다. 너무도 생명의 윤기가 넘친다. 마당엔 하얀 꽃과 노란 꽃 야생화도 어여쁘다. 한가하고 조용하고 평화롭다. 찾아오는 사람 없어 적막해도 오히려 더 안온하고 여유롭다.

　2009년에 선친 인산 김일훈(1909~1992) 선생 탄신 100주년을 기념하여 인산선생의 지리산사랑, 문학사랑을 기리어 경남 함양 휴천 인산초당 밑에 폐교된 월평분교를 활용하여 지리산문학관을 개관하였다. 2010년에 사비 1억 원을 들여 전시관을 신축하고 2012년에 본건물은 사봉시조기념관으로 개편하였다.

　백수 정완영(1919~), 사봉 장순하(1928~), 고하 최승범(1931~). 한국 현존 3대 원로 시조시인인 사봉선생이 2만여 권의 장서를 지리산문학관에 기증하여 사봉시조기념관으로 꾸민 것이다. 사봉선생의 시조정신을 기리어 지리산문학관은 시조시인대상을 제정하여 사봉선생에게 헌정하였다.

사봉선생이 춘천에서의 우거생활을 정리하고 2014년 3월 4일 지리산 함양으로 이거하여 지리산시인이 되신 것을 기념하여 지리산문학관 명예관장으로 추대하여 예우를 갖추었다. 사봉시조를 선양하기 위하여 2014년 8월 8일에 사봉시조낭송대회를 개최하고 2015년 6월 8일에는 함양 출신 한국대표시인 허영자 시인 초청, 허영자시낭송대회와 장순하시조낭송대회를 겸행, 개최하였다.

　지리산문학관의 기본 정신은 지리산문학인을 선양하고 지리산문학자료를 수집하고 연구하고 집대성, 체계화하여 한국문학사에 지리산문학을 정립하고 지리산문학사를 정리, 편찬하는 것이다. 지리산문학인을 선양하고 연구와 교류를 위하여 인산문학상과 지리산문학연구대상을 제정하여 시상하고 시낭송대회도 개최하고 시낭송 문예지도 발행하는 것이다.

　지리산문학이란 내지리와 외지리의 문학권을 아우르는 총칭이다. 내지리는 지리산국립공원 영역인 함양, 산청, 하동, 구례, 남원이다. 외지리는 그 주위 거창, 장수, 곡성, 순천, 광양, 사천, 진주이다. 12개 시군이 지리산문학의 권역이다. 외연을 확대하면 지리산문학작품을 창작한 모든 문인은 지리산문학특별시에 속하는 것이다.

　함양 출신 시인으로는 이진언, 박노석, 허영자, 김석규, 김추인, 김수복, 김삼주, 시조시인으로는 오동춘, 소설가로는 이외수, 정영문, 수필가로는 정병조, 아동문학가로는 차보현, 평론가로는 윤재근 등이 있고 산청 출신 시인으로는 강희근, 강영환, 허혜정, 유홍준, 박우담, 시조시인으로는 임종찬, 강호인, 하순희, 아동문학가로는 조평규, 평론가로는 이유식 등이 있고 하동 출신 시인으로는 정공채, 정순영, 정호승, 김남호, 시조시인으로는 김연동, 소설가로는 이병주 등이 있고 구례 출신 시인으로는 이시영, 남원 출신 시인으로는 박종철, 김동수, 손해일, 복효근, 시조시인으로는 박항식, 최승범, 희곡

작가로는 노경식, 평론가로는 천이두 등이 있다. 목표는 이들 지리산문학인의 문학자료를 집대성, 체계화, 선양하는 것이다.

지리산문학관이 지리산문학인 선양을 위하여 제정한 인산문학상 수상자는 제1회 산청 출신 강희근 시인, 2회 순천대 교수 송수권 시인, 3회 함양 출신 김석규 시인, 4회 지리산문학작품창작 노향림 시인, 5회 지리산문학작품창작 문효치 시인, 6회 진주 출신 정목일 수필가이다. 2015년 7회는 양분하여 한국시낭송문학상 이근배 시인, 최충 천년시조문학상 한분순 시조시인이 수상하였다.

2010년부터 (사)한국수필가협회와 손잡고 인산기행수필문학상을 제정하여 시상하고 2012년부터 (사)한국시조시인협회와 손잡고 인산시조평론상을 제정하여 시상하고 있다. 2015년에 유성호 교수는 팔봉비평문학상과 인산시조평론상을 수상하여 2관왕이 되었는데 비평과 평론을 아울러 명실상부 시조평론의 왕자가 된 것이다.

지리산문학관에 사봉시조기념관을 개설하게 해준 사봉 장순하 시조시인을 기리어 사봉시조낭송대회를 개최하였으나 1회성 행사에 그쳐 그만 접고 영원히 남을 학술논저를 중심으로 하여 장순하시조학술상을 제정하여 시상하고자 한다.

허영자 시인은 부친이 함양군 휴천면 휴천초등학교 교사 시절 관사에서 출생하였으니 고향을 기념하기 좋다. 이 학교는 폐교 상태인데 이를 함양군에서 매입하여 허영자문학관으로 개편하면 큰돈을 들이지 않고도 큰 시인의 문학관을 건립할 수 있다. 경영이 부담스러우면 지리산문학관에 위탁경영해도 될 것이다.

지리산 5개 시군에서 문학관을 가진 문인은 하동의 소설가 이병주문학관이 유일하다. 시인이나 수필가의 문학관은 없다. 남원의 혼불문학관과 하동의

평사리문학관은 외지 소설가의 작품배경으로 지어진 문학관이다. 함양에 한문학의 종장 천령군태수 한시시인 최치원을 기념하여 최치원문학관이 건립될 계획이다.

최치원문학관이 건립되면 한문학을 주제로 한 전문 문학관이 탄생하는 것이다. 〈계원필경〉의 한시, 한문, 사산비명, 전기소설 〈쌍녀분기〉, 오언절구집 〈동국화개동〉, 산삼문학 등 자료는 풍부하다. 물론 지리산문학관은 한문학, 고전문학, 현대문학 삼위일체의 종합문학관이긴 하지만 한문학 전문 문학관은 아니다.

필자가 2000년대초에 중국 사천대학에 연구생으로 유학하고 있을 때 김영 교수가 방문하여 얘기 끝에 한국한문학회에 신진학자들을 격려하는 학술상이 없으니 하나 만듭시다 하여 의기투합하였다. 2011년 김영 교수가 한국한문학회 회장이 된 뒤 정식 출범하여 2012년 양승민 박사가 첫 회 수상자로 한국한문학회 학술논문상이 시상되고 해마다 200만원씩 후원하여 지금까지 이어지고 있다.

지리산 12개 시군에선 곡성에 시인 조태일시문학관과 사천에 시인 박재삼문학관이 있고 순천에 순천문학관이 있고 순천 출신 소설가 조정래의 작품배경으로 태백산맥문학관이 보성에, 벽골제아리랑문학관이 김제에 있다. 큰 도시 진주에 시인 이형기문학관이 없거나 함양에 큰 시인 허영자문학관이 없는 것은 지역문학계의 수치라고 하겠다.

지리산문학관에 장서를 기증하여 개인문고 명패를 설치한 것으로는 시인 김성진문고, 시인 송한범문고, 시조시인 오동춘문고, 시조시인 한분순문고, 수필가 김희선 문고 등이 있어 지리산문학관 장서를 풍성하게 해주었다.

지리산문학관의 1층 방은 사봉선생이 기거하며 시조작품을 창작한 공간으로 사봉집필실史峰執筆室이라 하여 기념하고 2층 관장실의 당호는 덕필헌

惠筆軒이라 하였다. 붓은 칼보다 강하지만 붓이 칼보다 더 사람을 다치게 하니 덕이 있는 붓이 되자는 의미의 당호이다. 덕이 있는 붓은 촌철살인의 논설보다는 인정이 깃든 수필이 알맞을 것이다.

필자는 논리적인 글은 써도 서정적인 글은 쓰기에 성격이 적합하지 않다. 그래도 덕필헌에 앉아 덕필의 의미를 음미하며 덕성을 함양하는 함양인의 선비정신으로 덕성스런 수필을 다수 창작하여 수필집을 간행하고자 한다. 이름하여 덕필집惠筆集이다.

문학상권에 대하여
문단실록 남기고 싶은 이야기

문학세계에서 아버지 자랑을 하라고 하면 뜬금없겠지만 할말도 많을 것이다. 선친은 온 국민의 건강식품으로 사랑받는 죽염을 처음 발명하고 한방암의학을 개발하여 구암 허준, 동무 이제마와 함께 한의학 삼대의성으로 칭송되는 인산 김일훈 선생이다. 화공약독, 공해독으로 괴질이 창궐하리니 자연친화적 인산의학으로 다스려야 할 것이라고 설파하셨다.

인산선생 탄신 100주년을 기념하여 기념사업의 하나로 지리산문학의 계승과 발전을 위하여 2009년 함양 지리산 자락에 지리산문학관을 설립하였다. 문학관의 삼대사업으로 매년 사비를 들여 지리산문학학술대회, 인산문학상, 지리산시낭송축제 시낭송문학제를 개최하였다. 올해는 전세계적인 중국역병의 유행으로 다 중지되었다.

학술대회의 자취는 다음과 같다.
- 제1회 지리산문학학술대회 2009 인산 김일훈 선생 탄신 100주년기념 함양학학술대회

- 제2회 지리산문학학술대회 2010 지리산문학관 개관기념 지리산유람록 학술대회
- 제3회 지리산문학학술대회 2011 지리산문학관 법인기념 지리산기행문학 학술대회
- 제4회 지리산문학학술대회 2012 사단법인 인산학연구원 지리산문학관 법인설립 10주년기념 지리산불교문학학술대회
- 제5회 2013 일두학학술대회 주관, 후원. 주최: 일두기념사업회, 한국유교학회
- 제6회 지리산문학학술대회 2014 천령삼걸학술대회 주관, 후원. 주최: 한국한문고전학회
- 제7회 2015 연암실학학술대회 주관, 후원. 주최: 함양연암문화제
- 제8회 2016 연암실학학술대회 주관, 후원. 주최: 함양연암문화제
- 제9회 지리산문학학술대회 2017 사봉장순하시조학술대회, 한국시조시학회 공동주최
- 제10회 2018 좌안동우함양의 유교개혁학자 세미나 계명한문학회 공동주최
  경상대학교 남명학연구소와 같이 한 지리산유람록학술대회와 지리산기행문학학술대회의 논문을 엮어서 『지리산과 유람문학』으로 2013년에 출판하였다.

문학상의 자취는 다음과 같다.

▶ **인산문학상** (지리산은거 인산선생 기념 지리산문학인 현창 문학상, 상금 500만원)
- 2009 제1회 강희근 시인
- 2010 제2회 송수권 시인
- 2011 제3회 김석규 시인

- 2011 제4회 이영춘 시인
- 2012 제5회 노향림 시인
- 2013 제6회 문효치 시인
- 2014 제7회 정목일 수필가
- 2016 제8회 허형만 시인

- 2014년에 계간《시낭송》을 창간하고 2019년에 반년간《시낭송》을 복간하다.
- 2015 제1회 최충천년시조문학상 한분순 시조시인
- 2015 제1회 석전이병주수필문학상 이길은 수필가

▶ **한국시낭송문학상**
- 2015 제1회 이근배 시인
- 2017 제2회 이우걸 시조시인
- 2018 제3회 노중석 시조시인
- 2019 제4회 권갑하 시조시인

해마다 각종 문학상을 시험, 제정하여 시상하였다. 2012년에는 지리산문학관 법인 창립 10주년이라서 크게 기념행사를 열고 시조시인대상을 제정하여 지리산문학관에 장서를 기증하고 명예관장으로 추대된 사봉 장순하 시조시인에게 시상하였다.

지리산문학학술상(소석 이종찬 명예교수), 지리산둘레문학상(공모작 정영희 시인), 지리산시낭송문학상(공모작 황명희 시인)도 제정하여 시상하였다.

2013년에는 함양사대목민관 천령군태수 고운 최치원, 함양군수 점필재 김종직, 안의현감 연암 박지원, 사근도찰방 청장관 이덕무 선생의 목민정신을 기리어 고운점필재문학상(시), 연암청장관문학상(시조)을 제정해 시상하였다.

지리산 직접권역 5개시군의 문인들을 창작고취, 사기진작, 격려하기 위하여 지리산함산하구남문학상을 제정하여 매년 순환으로 함양, 산청, 하동, 구례, 남원을 시상하고자 하였다. 다만 지리산함양문학상(박행달시인)을 시상하고 말았다.

2014년에는 지리산문학연구대상을 제정하여 『문학 작품의 배경 그 현장을 찾아서 경남지역을 중심으로 上』을 저술한 윤애경 평론가(창원대 국문과 교수)에게 시상하였다.

시낭송문학제의 자취는 다음과 같다.
- 2009 제1회 강희근시인수상기념시낭송회
- 2010 제2회 인산&죽염문학상 공모 자작시낭송 경연대회 대상 옥경운
- 2011 제3회 전국시낭송대회 대상 김영동 권정숙 합송
- 2012 제4회 지리산예술제 시낭송축전 대상 조정숙
- 2013 제5회 지리산예술제 시낭송축제 대상 노덕희
- 2014 제6회 지리산시낭송축제 대상 정승철
- 2015 제7회 허영자시낭송대회 대상 김태근, 장순하시조낭송대회 대상 김귀숙
- 2016 제8회 허형만시인수상기념시낭송회
- 2017 제9회 사봉장순하시조학술대회기념시조낭송회
- 2018 제10회 사봉시조낭송교류회
- 2019 지리산문학관 개관 10주년 기념 제11회 시낭송문학제 / 나래시조시인협회 초청시조낭송회
- 2020 제12회 고성문인협회초청시낭송회

지역청소년에게도 문학의식을 고취시키기 위하여 2011년에는 초등학생을 대상으로 유두류록(점필재 김종직), 용문몽유록(신착), 열녀함양박씨전(연암 박지원), 한죽당섭필(아정 이덕무) 등 함양고전문학 5종을 읽고 필기시험 형태로 문제를 푸는 함양고전문학 독서경시대회를 함양교육청과 공동 개최하였다.

2017년에는 함양중학생을 대상으로 탁영 김일손, 일두 정여창, 회헌 임대동 3선생의 지리산유람록인 '속두류록' 설명과 함께 속두류록 기행코스인 제한역, 오도재, 등구사, 용유담, 와룡대, 엄천사지 등을 들러 해설을 듣는 속두류록 문학기행을 실시했다.

이러한 공적이 인정되어 2012년에는 경남메세나협회가 제정한 경남메세나문화공헌상을 수상하기도 하였고, 한국문학관협회가 제정한 올해의 최우수문학관에 2018년도에 선정되는 영광을 입었고, (사)한국문학관협회 감사에 이어 이사에 선임되기도 하였다.

지역상권이란 개념은 들어봤어도 문학상권은 생소할 것이다. 지역상권의 상권은 권역의 권이고 문학상권의 상권은 권력의 권이다. 지자체마다 대형 문학상이 있다. 경주시의 동리목월문학상은 상금이 각 7천만원이다. 영등포구의 구상문학상도 상금이 5천만원이다. 고흥군의 송수권문학상은 상금이 3천만원이었다. 진해구의 김달진문학상은 2천만원, 영월군의 김삿갓문학상, 담양군의 송순문학상도 기천만원이다. 함양군의 최치원문학상도 3천만원이었는데 제1회 시상하고 중지된 상태라 아쉽다.

문학상의 꽃이요 팥소는 상금이다. 노벨문학상이 권위를 가진 것도 10억이 넘는 상금이 한몫했을 것이다. 한국은 억대 넘는 문학상은 없는 셈이다. 상금은 평생 문학을 한 문인에 대한 보상이요 위로요 격려이다. 상금이 없는 문학상은 권위있는 것은 차치하고 팥소없는 소금없는 맹탕과 같을 것이다.

각 지차제, 각 문학관마다 제정한 문학상에 지리산문학관도 합류하여 인산문학상과 한국시낭송문학상을 제정하고 매년 부단히 시상하여 왔다. 12년 동안 사립문학관이 사비를 털어 상금을 주는 곳이 얼마나 될까. 최소 300만원 이상의 상금을 부여했으니 자부해도 좋을 것이다. 아쉽지만 천만원의 상금이 넘는 번듯한 문학상을 제정하지 못한 것이 유감이다.

세계문화유산 남계서원의 주인공, 동방오현 일두 정여창 선생의 선비정신을 기리기 위하여 필자가 (사)일두기념사업회 이사장이 되고 제정한 제1회 일두시조문학상도 총상금 500만원, 대상은 200만원으로밖에 배정하지 못하였다. 작아도 단 팥소가 되면 다행이겠다.

팥소없는 것은 차치하고라도 상금이 없거나 조금 주는 문학상이라도 어느 분야에서 공인되는 권위를 가진 문학상은 그래도 존재가치가 있을 것이다. 그러나 일부 문학상文學商들이 돈받고 상을 주는 것은 철폐되어야 하는데 주는 사람도 이익, 받는 사람도 이익, 악순환이 단절되지 않는다. 허명뿐인 상이지만 객관적으로 어찌 알겠는가. 후손들도 자기 조상의 훌륭한 명성이 도용, 악용당해도 모르고 알아도 어쩌지 못하고 방치하는 사태가 지족되고 있어 상욕심의 미끼, 함정이 되고 있다. 이런 문학상권文學商圈을 과감히 타파할 수 없는 것인가.

필자는 한국문인협회 공로상, 한국수필가협회 공로상, 한국시조시인협회 공로상은 타봤어도 천만원 넘는 지자체나 문학관의 문학상은 타보지 못하였고 탈 생각도 하지 않았다. 타지 못하면 주는 사람이 되어라가 신념인데 번듯한 문학상을 만들지 못해 답답하다. 더 노력할밖에.

문학계에도 문학상권의 권력자가 있다. 천만원 넘는 주요 문학상을 골고루 받고 다 받은 다음에는 그 영향력하의 문인에게 골고루 타게 해주는 권력을 쥔 문인을 권력자라고 하지 않을 수 있겠는가.

올림픽에선 다관왕이 영광이요 영웅이다. 수영이나 육상, 빙상은 자기 능력만 있으면 3관왕, 5관왕도 가끔 있다. 그런데 의문인 건 축구나 야구 같은 구기종목은 왜 메달이 한 개뿐인가 하는 것이다. 다득점, 타율 등으로 개인기별 메달도 수여하면 다관왕이 가능하여 더욱 분발할 것이고 영광스럽지 않겠는가.

체육계처럼 문학계도 문학상은 다관왕이 부지기수이다. 싹쓸이라고 할 정도로 독식과 편식이 심하다. 실력이 뛰어나서 문학상을 싹쓸이하는데 누라 뭐라 할 수 있겠는가만 배고픈 문인들도 많은데 좀 나눠먹으면 안 되는 것인가.

종이만 주는 문학상이야 백 개를 타도 상관없지만 거액 상금을 주는 문학상은 수십 개 타면 좀 그렇지 않은가. 무료급식처럼 균등분배는 말이 안 되지만 굵직한 문학상을 몇 개 탔으면 사양하거나 배제하거나 다중수여금지(삼선금지처럼)의 원칙이나 관례를 정해 운영했으면 문학상의 품위나 문인들의 사기가 더욱 널리 고취되지 않을까.

▶ **한국시낭송문학상**
- 2015 제1회 이근배 시인
- 2017 제2회 이우걸 시조시인
- 2018 제3회 노중석 시조시인
- 2019 제4회 권갑하 시조시인
- 2020 제5회 원용우 시조시인
- 2021 제6회 코로나 취소
- 2022 제7회 김태근 시낭송가
- 2023 제8회 문진섭 시낭송가

- 2023 제1회 '지리산문학원로대상' 강희근 시인
- 2024 제1회 '지리산문학천년상' 민수호 시인
- 2024 제9회 조정숙 시낭송가

지리산문학관과 낙동강문학관

1. 들머리

　국립공원 제1호 지리산국립공원의 지리산은 전라북도와 전라남도 및 경상남도의 남원시, 함양군, 산청군, 하동군, 구례군의 5개 시군 및 가상의 지리산문학특별시(전국지리산문학작품창작자)로 형성되어 있다.

　지리산문학은 지리산을 둘러싼 고을의 문학인들이 창작한 문학을 통칭한다. 지리산문학을 종합, 정리하고 그 자료를 수집, 전시, 연구, 선양하는 문학 기관으로 지리산문학관이 있다. 지리산문학관은 지리산 북쪽 경남 함양에 있다. 사립이다.

　한민족의 젖줄 낙동강은 강원도 태백시에서 발원하여 경상도를 관통하는 큰 강으로 겨레의 모친강이다. 그 중심에 상주시가 있고 상주시에 낙동강문학관이 있다. 시립이다. 낙동강문학은 상류에서부터 낙동강하구까지 고을에서 사는 문학인과 전국에서 낙동강을 소재나 주제로 창작한 문학을 통칭한다.

　지리산문학관장으로서 낙동강문학관장(박찬선시인)의 초청으로 강연을 하였다. 그 초고를 바탕으로 지리산문학과 낙동강문학의 개요를 비교하여 그 특징을 소개함으로써 두 지역의 교류와 소통, 상호이해에 이바지하고자 한다.

2. 지리산의 대표인물 남명 조식

지리산의 대표인물은 남명 조식이고 낙동강의 대표인물은 퇴계 이황이다. 두 현인은 같은 도에서 같은 해에 태어나 같은 성리학자로 북인, 남인의 정신적 지주가 되고, 남북의 쌍벽이 되어 양대학파를 형성하였다. 같은 시조시인이기도 하다.

남명은 지금의 합천군 삼가면에서 태어났는데 그 앞을 흐르는 양천강은 진주남강에 합류하여 최종 낙동강의 본류에 합한다. 남명은 61세에 지리산 아래 산청군 시천면 산천재에 복거하였다.

퇴계가 청량산을 사랑하여 오가산(우리집 산)이라고 부르기까지 하였듯이 남명은 지리산을 사랑하여 가죽 등산화가 10번이나 구멍날 정도로 자주 오르내리고 다녔다. 단순히 등산의 재미만 추구한 것이 아니라 만년의 복거 장소로 살집 집터 보려고 찾아다닌 것이기도 하다.

최종적으로 61세 때 덕산에 터를 잡았다. 덕천강변에 산천재를 짓고 강학하였다. 산천재 앞에서 위로 조금 가면 두 갈래 물이 합류하는데 하나는 중산리에서 흐르는 시천천이고 하나는 대원사 계곡에서 흐르는 덕천강 상류이다. 합류 지점이 양단수이고 그 동네가 양당마을이었다. 남명이 터 잡을 때 읊은 시조가 〈두류산 양단수〉이다. 지리산을 가장 잘 읊은 시조로 고전문학의 백미 작품이다.

두류산頭流山 양단수兩端水를 녜 듯고 이계 보니,
도화桃花 뜬 맑은 물에 산영山影조차 잠겻세라.
아희야 무릉武陵이 어듸오 나는 옌가 하노라.

— 남명南冥 조식曺植의 「두류산 양단수를」

남명은 덕산 일대를 도연명의 〈도화원기〉에 나오는 선경 무릉도원으로 인식했다. 무릉도원을 찾았으니 거기서 살겠다는 것이다. 그러나 남명은 여기만 무릉도원으로 여긴 것이 아니다.

66세 덕산에 터잡고 살 때 안의 삼동 원학동에 살던 갈촌 임훈을 방문하여 같이 화림동계곡, 농월정 일대(당시는 옥산동이라 함)를 유람하며,

春風三月武陵還° 봄바람 부는 3월에 무릉에 돌아오니
霽色中流水面寬° 비 개인 냇물은 수면이 넓기도 하네
不是一遊非分事° 한번 노니는 것 분수밖의 일 아니니
一遊人世亦應難° 한번 노니는 것 인간 세상에 어렵지

— 조식曺植의 《南冥先生集卷之一「遊安陰玉山洞」》

봄바람 부는 3월에 무릉에 돌아왔네 라고 함양 안의 화림동을 무릉도원으로 여기며 시를 읊은 것이다. 화림동에 대하여 또,

白石雲千面° 흰 바위에 구름 얼굴 천개고
靑蘿織萬機° 푸른 덩굴 만 개의 베틀로 짠 듯
莫敎摸寫盡° 죄다 묘사하지는 말게나
來歲採薇歸° 내년엔 고사리 캐러 돌아오리라

— 조식曺植의 《南冥先生集卷之一「遊安陰玉山洞」》

미래에 여기 화림동으로 고사리 캐러 오리라고 하였으니, 남명에게 무릉도원이란 선경을 동경하여 가서 살고 싶은 경치만의 문제가 아니라 충신으로서 지조를 지켜 은거하고 싶은 의지를 나타내는 의미를 내포한 것이다. 고사리 캔다는 것은 아낙네의 일이 아니라 중국 주나라 무왕 때 은나라 신하로서 무왕의 역성혁명에 반대하며 수양산에 들어가 고사리 캐먹다가 굶어 죽은 충절의 상징 백이숙제의 고사를 원용한 것이다.

무릉도원은 무릉과 도원으로 구분되나 하나의 경치이다. 심지어 영월군은 무릉리와 도원리가 있다고 면이름을 무릉도원면으로 개칭하기도 하였으나 이름이 무릉도원이라고 진짜 무릉도원이 되는 건 아니다.

남명은 선경을 무릉이라 하기도 했고 도원이라 하기도 했다. 아마도 처향 김해를 찾아가는 노정에 있었을 의령에서 당시 의령 수령에게 시를 지어주었다. 도원에 비 내리니 온갖 꽃이 만발하고 꽃잎은 흘러 정호에 들어가네, 이 원님은 무슨 일로 몸이 말랐나 말을 먹지 않아서 살찔 수가 없어서겠지라고 약속을 잘 지키는 수령을 칭찬하였다. 말을 먹지 않는다는 것은 한번 뱉은 말은 실천한다는 것으로 약속을 잘 지키는 것을 가리킨다. 말을 잘 어기면 즉 말을 많이 먹으면 살질 것이라는 것이다. 깡 마른 수령을 도덕적으로 칭찬하는 유머가 깃든 한시이다.

雨過桃源百卉腓° 무릉도원에 비 내리니 온갖 꽃이 피고
泛花流與鼎湖歸° 복사꽃이 떠 흘러 정호로 내려가네
之君底事形長瘦° 이 원님은 무슨 일로 몸이 길이 말랐나
不食言來不得肥° 말을 먹지 않아 살이 찌지 못해서네

— 조식曹植의 《南冥先生集卷之一 七言絶句「贈宜春倅」》

남명은 또 무릉도원 지역에 있는 숲의 높은 서재에 누워 맑은 못물을 감상

하였다. 구름 나무 곧 운수는 벗을 상징하는 관용어이니 자신은 무릉도원에 누워 벗들과 떨어져 있는 고독감을 토로하며 푸른 옥보다도 더 맑은 물을 보고 있는데 그때 물 찬 제비가 파문을 일으키는 것을 보고 미움이 일었다. 희로애락애오욕의 칠정은 인간의 정으로 선악이 다 섞여 있지만 발하여 절도에 맞으면 도심이 되는 것이다.

臥疾高齋晝夢煩˚ 다락 서재에 누워 낮 꿈이 사나운데
幾重雲樹隔桃源˚ 몇 겹의 구름 나무가 무릉도원에 막혔나
新水淨於靑玉面˚ 새로운 물은 푸른 옥보다 깨끗하니
爲憎飛燕蹴生痕˚ 제비가 물차며 물결 일으키는 것 미워라
— 조식曺植의 《南冥先生集卷之一 七言絕句「江亭偶吟」》

맑고 잔잔한 못물을 흐리는 제비의 존재를 미워하는 인간야 어찌 남명뿐이랴, 퇴계도 마찬가지이다. 모래 한 알 없는 맑은 연못에 때때로 제비가 파문을 일으킬까 두렵다고 퇴계는 토로하였다. 진짜 공포는 아니겠지만 제비가 파문을 일으킬까 공포스럽다고 퇴계는 표현하였고 제비가 파문을 일으킴이 증오스럽다고 남명은 묘사하였다. 사물을 증오하는 것과 스스로 공포를 느끼는 것, 둘의 차이점이 남명과 퇴계의 성격 차이라고 하겠다.

露草夭夭繞碧坡˚ 이슬 맺힌 풀 야들야들 푸른 물결 두르고
小塘淸活淨無沙˚ 작은 연못이 맑고 맑아서 모래도 없네
雲飛鳥過无相管˚ 구름 날고 새가 날아감은 상관 안하나
只恐時時燕蹴波˚ 때때로 제비가 물결 일으킬까 저어하네
— 퇴계退溪의 《退溪先生文集外集卷之一 詩「野池」》

퇴계 제자 간재 이덕홍의 〈계산기선록 하溪山記善錄 下〉에 보면 위 시는 퇴계

가 18세 때 여름에 제비실鷰谷 —마을 이름으로, 온계溫溪 서쪽 5리에 있다.— 에 놀러 갔다가 작은 못小塘의 물이 맑고 깨끗한 것을 보고 심신心神이 상쾌하여 유연한 정취를 얻은 듯 절구 한 수를 지은 것이다.

퇴계학파의 적통 대유 갈암葛庵 이현일(李玄逸, 1627~1704)은 위 두 시를 비교하며 모두 천연히 자득自得한 멋이 있지만 퇴도退陶의 시는 고요할 때는 마음을 보존하고 움직일 때는 기미를 관찰하여 사물이 오면 그대로 순응하는 기상이 있고, 남명의 시는 공적空寂을 주장하여 마음으로 사물이 없는 곳을 비추려는 의사意思가 있다고 평하였다. 퇴계의 시는 물래순응의 성리학 시이고 남명의 시는 공적空寂의 선종 시라고 우열을 나누는 평을 한 것이다.

남명은 조정에 벼슬하지 않았으므로 임금의 죽음에도 군신간의 간절한 감정은 없는 것이다. 그래도 폭군이 아닌 임금이라면 애도를 표할 감정은 있는 것이다. 그 감정을 읊은 시조가 다음의 시조이다.

> 삼동에 베옷 입고 암혈에 눈비 맞아
> 구름 낀 볕뉘조차 쬐인 적이 없건마는
> 서산에 해진다 하니 그를 설워 하노라
>
> — 조식曺植의 「삼동에 베옷 입고」

남명의 시대에는 중종의 죽음, 인종의 죽음, 명종의 죽음 등 세 명의 왕의 죽음이 있었다. 중종 때 헌릉참봉에 임명되었으나 취임하지 않았다. 명종 대 상서원판관에 임명되어 궁궐에 나아가 사은숙배하고 취임하지 않고 귀향하였다. 구름 낀 볕뉘조차 쬐인 적이 없는 왕은 인종일 것이다. 인종은 인품도 훌륭한 왕이었는데 병약하여 일찍 세상을 떴다. 인종의 치세에 살았다는 것

말고는 연관성이 전혀 없는 신세였다. 그래도 어진 임금 인종의 죽음에 서러워하긴 했을 것이다.

남명보다 9세 연하의 호남대유 하서 김인후는 퇴계와 성균관동문으로 성리학의 대가이다. 그는 34세 때 인종의 세자 시절 사부(세자시강원설서)가 되어 가르쳤고 세자는 묵죽도를 그려 하사하였다. 인종이 김인후에게 하사한 묵죽도판 3판으로 선조 1년(1568년)과 영조 46년(1770)에 새긴 것으로 '장성 필암서원 하서유묵 목판 일괄長城 筆岩書院 河西遺墨 木板 一括'이 전라남도 유형문화유산으로 지정되어 지금 필암서원 유물관에 보존되어 있다.

하서는 인종(세자시절)의 지우를 받은 것을 감복하여 인종이 승하한 기일(7월1일)에는 아침 일찍 자택 앞 작은 산 난산에 올라가 하루종일 통곡하고 내려왔다. 동시에 출처의 대의를 지켜 인종 이후 벼슬에 나아가지 않고 학문과 풍류를 즐기며 살다 갔다.

동방오현 일두 정여창도 연산군의 세자 시절 스승 세자시강원 설서로 가르쳤으나 뜻이 맞지 않아 안음현감으로 은퇴했다. 그래도 죽임을 면치 못했다. 지우와 비지우의 차이점이고 어진 임금과 모진 임금의 만남 차이점이다.

북벌 설욕의 대의를 주장한 효종과 우암 송시열의 군신지의도 하서와 같아 우암도 효종의 승하 기일(5월4일)에는 화양동의 읍궁암에 올라가 하루종일 통곡하고 내려왔으니 군신지우의 애절한 감정이 오래가는 것이다.

    此日知何日° 이날이 무슨 날인지 아는가
    孤衷上帝臨° 외로운 충정 하느님이 보시네
    侵晨痛哭後° 새벽에 통곡한 뒤에
    抱膝更長吟° 쪼그려 앉아 다시 길게 읊조리네
                          - 송시열宋時烈의《宋子大全卷二 五言絶句「五月四日」》

남명은 61세에 삼가현에서 진주 덕산으로 이사하였는데 고향의 재산은 아우에게 물려주고 빈손으로 이사하여 개간하여 먹고 살았다. 빈손이어도 걱정없으니 덕천강 맑은 물은 먹고도 남음이 있다고 한것은, 자조적인 자위적인 표현이다. 그 상황을 한시로 읊은 것이 다음의 시이다. 향기로운 꽃 피는 땅도 많은데 하필 왜 여기에 터를 잡았을까? 하늘 나라 가까운 천왕봉이 잘 보이는 곳이기 때문이었다.

>春山底處無芳草 춘산저처무방초
>只愛天王近帝居 지애천왕근제거
>白手歸來何物食 백수귀래하물식
>銀河十里喫猶餘 은하십리끽유여
>
>— 남명南冥 조식曺植의 「덕산복거德山卜居」

덕산에 자리잡다

>봄 산 어딘들 꽃다운 풀이 없으랴만
>천왕봉이 하늘나라 가까움 사랑해서지
>맨손으로 와서 무엇을 먹고 살꼬
>십리 흐르는 맑은 물 먹고도 남지

성리학의 양대산맥을 이루는 퇴계 이황과 율곡 이이는 각각 〈도산십이곡〉과 〈고산구곡〉이라는 연시조를 지어 성리학 이념을 시조로 읊어 교화에 사용하였다. 퇴계와 쌍벽인 남명도 마찬가지이다.

남명이 66세 때 처가인 산해정에 잠시 가 있을 때 수제자 내암 정인홍이 찾아와 반달간 공부하다가 돌아가자 〈대학팔조가〉-격물가, 치지가, 성의가, 정심가, 수신가, 제가가, 치국가, 평천하가의 삼강령 팔조목 중에서 팔조목을 연시조로 읊어주고 한시 1수도 지어 써주었다. 다만 아쉽게도 제대로 전승시키지 못해 구한말까지 전해지다가 사라졌다. 다시 찾아내면 좋겠다.

3. 함양의 양진재와 상주의 개암정

스승 남명의 시조 창작 전통은 그 제자들에게도 이어졌다. 그 대표적인 인물이 남명의 함양 제자 개암 강익과 성주 제자 개암 김우굉이다. 개암은 동방오현 일두 정여창을 위해 남계서원을 건립했는데 2019년에 세계문화유산이 되었다.

풍기의 백운동서원(사액.소수서원)과 해주의 수양서원(사액.문헌서원)을 세운 주세붕에 이어 한국에서 두 번째로 함양 남계서원을 세운 개암 강익은 남계서원이 사액이 내린 명종 21년(1566) 7월의 두 달 전 5월에 당시 함양 군수 이계伊溪 김우홍(金宇弘,1522~1590)의 아우인

개암開巖 김우굉(金宇宏,1524~1590)
사계沙溪 김우용(金宇容,1538~1608)
동강東岡 김우옹(金宇顒,1540~1603)

수령 형제와 함양 선비

매촌梅村 정복현(鄭復顯,1521~1591)
사암徙庵 노관(盧祼,1522~1574)
송암松庵 개암介庵 강익(姜翼,1523~1567)

매암梅庵 조식(曺湜,1526~1572)

죽헌竹軒 정지鄭摯

등 8인이 함양 서계西溪를 유람하며 시를 짓고 술을 마시고 시조창을 하며 하루종일 즐기고 골짝 암자에서 일박하고 돌아왔다. 이를 서계팔현西溪八賢이라 하여 기념한다. 그 주고받은 시를 모아 엮은 것이 〈서계창수西溪唱酬〉이다. 여기에서 개암이 자신이 지은 노래 몇 수를 노래하니 운치가 원대하여 완상할 만하므로 모두 감탄하였다고 하였다. 개암의 노래 몇 수가 바로 개암이 창작한 시조 3수 〈단가삼결短歌三闋〉일 것이다.

> 물아어듸가는나갈길미러셔라°
> 뉘누리다쳐와지내노라여흘여흘°
> 滄海예몯밋츤젼의야근칠쭐이이시랴°
>
> 芝蘭을갓고랴ᄒᆞ야호믜를두러메고°
> 田園을도라보니반이나마荊棘이다°
> 아휘야이기음몯다믹여히져믈까ᄒᆞ노리°
>
> 柴扉예즛는다이山村의긔뉘오리°
> 댓닙푸른듸봄ㅅ새울소릐로다°
> 아희야날推尋오나든採薇가다ᄒᆞ여라°

— 개암開巖의 《介庵先生文集上 追錄「短歌三闋」》

개암은 함양 남계서원을 건립하는데 있어 온갖 비방과 중상모략과 심지어 살해 위협까지 받아가며 만난을 무릅쓰고 완성하였다. 무슨 일이든 도와주지는 못할망정 훼방놓는 인간들이 언제 어디서나 많고 많다. 서원 건립이 난항에 봉착하고 온갖 비방이 가해질 때 건립추진 다음해(31세,1553,명종8)

지리산 산골 마천면 창원리에 양진재를 짓고 은거 강학하였다. 수목을 제거하고 양진재를 짓고 매처학자 송나라 임화정과 국화은일 진나라 도연명의 정취가 깃든 은자풍의 매화와 국화를 심으면서 시 1수 읊다.

龜谷°初結養眞齋°手植梅菊有感° / 姜翼

誅茅龜谷及新春° 거북골에 나무 베고 터 파니 새봄이라
不是貪山爲養眞° 산 탐욕 아니라 참을 기르기 위함이네
梅菊已憐冥契宿° 매화와 국화는 전생의 숙연으로 좋아해
故穿溪雨種慇懃° 골짝 비 옴을 무릅쓰고 은근히 심노라

— 개암開巖의 《介庵先生文集上 / 詩 》

양진재에서 학문의 어려움과 서원 건립의 험난한 심정을 읊은 시조가 〈단가 삼결〉일 것이다. 학문하는 과정과 서원 건립의 험난한 노정에서 역경을 극복하고 완수해야 한다는 우려와 결심을 읊고 명리를 떠나 은거하는 심정을 3수에 골고루 담아 묘사하였다. 첫 수의 물은 공맹도 중시한 물의 철학을 읊은 것이고 둘째 수는 호사다마의 심정을 안타까이 설한 것이고 셋째 수는 은자의 절조를 읊은 것이다.

남명과 퇴계 양문의 제자 개암 김우굉은 남명의 함양 제자 개암 강익 일행과 함께 43세 때(1566,명종21) 함양 서계를 유람하고 시를 창화하였다. 그에 앞서 4년 전 39세 때(1562,명종17) 지금의 상주시 중동면 회상리 산 12-5 개암정이 있는 개구암 곁에 별장 개암정을 짓고 '개암開巖'으로 호를 삼았다.

개암정은 소실되었다가 1800년대 개암의 8세손 갈천葛川 김희주(金熙周, 1760~1830)가 중건하였다. 본인이 상량문을 짓고 당대의 거유 입재立齋 정종로(鄭宗魯,1738~1816)가 중건기를 지었다. 2016년 10월 15일에 의성김씨 개암공파 해저문중과 상주시가 주최하여 개암정開巖亭 준공식과 개암십이곡 시비(실제론 시조비) 제막식을 거행하였다.

함양의 세계문화유산 남계서원 창건주 개암 강익(1523~1567)의 탄신 500주년 기념식이 2023년 5월에 남계서원에서 성대하게 거행되었다. 억대 기금이 모였다. 그러나 남계서원 창건 당시의 개암의 고충이 서린 지리산 양진재는 복원이 이루어지고 있지 않다.

필자는 지리산문학관장으로서 2024년 9월 낙강인문학잔치의 일환으로 낙동강문학관에서 초청특강을 하고 관장 박찬선 시인의 안내로 여러 명과 함께 개암정을 탐방하여 정자에 올라 경천대와 매호마을 등 주변 풍경을 관망하고 뜰에 서 있는 〈개암십이곡〉 시조비도 감상하였다.

개암이 39세 때(1562,명종17) 11월에 상주 개암 곁에 별장을 짓고 '개암開巖'으로 호를 삼았고, 〈개암십곡開巖十曲〉이 있다고 〈개암집〉 연보에 기록하였으니, 12곡이 아닌 10곡으로 인식한 것이다. 개암정을 중건하고 상량문을 쓴 김희주도 '江上十曲歌相傳'이라고 하였으니 개암십곡으로 전승된 것을 본 것이다.

개암은 62세 때(1585,선조18) 벼슬에서 물러나 귀향하고 그 즈음에 개암 일대를 시조로 읊어 〈개암십곡開巖十曲〉을 짓고 한시도 남기었다. 개암십이곡開巖十二曲이라 하나 필자는 개암십곡으로 추정한다. 개암십이곡은 남명학파와 결별하고 퇴계학파에 경도된 가풍에서 퇴계의 도산십이곡 영향권 안에 들어가고자 붙인 것으로 추정한다. 육가 형식으로 경승을 읊은 십곡과는 성격이 다르다. 개암 일대의 십경을 읊어 개암십곡이라고 한 것으로 추정한다.

개암십경 중 현전하는 팔경은 개구암開口巖, 옥주봉玉柱峯, 구암(龜巖,오대,구등암), 조기釣磯, 허주虛舟, 귀래歸來, 방우訪友, 삼정암三亭巖이다. 5개의 경승과

3개의 풍경을 읊었다. 조기는 보통명사로 고유지명은 녹태기綠苔磯, 허주는 회진檜津, 귀래는 귀래정(歸來亭,개암정의본명추정), 방우는 환선대喚船臺가 원제이고, 조기 위에 있는 석대 능파대凌波臺를 읊은 것이 망실되었다고 보면 〈개암십곡〉은 개구암開口巖, 옥주봉玉柱峯, 삼오정三梧亭, 구암(龜巖,오대,구등암), 능파대凌波臺, 녹태기綠苔磯, 회진檜津, 귀래정歸來亭, 환선대喚船臺, 삼정암三로巖 등 10경을 읊은 〈개암십경〉이다.

조선 명종 때 문정왕후가 대리청정하여 승과를 부활시켜 서산대사, 사명대사 등 고승을 배출하여 조선 불교를 중흥시킨 데 크게 조력한 허응당 보우대사도 문정왕후가 서거하자 제주에 귀양가고 장살되었다. 문정왕후 서거 직후 보우를 처형하자고 전국 유생들의 상소가 빗발쳤는데 개암정에 정착한 3년 된 시점(1565,명종20)에 개암도 동참 동행하였다. 영남 유생들이 상소를 올리고 처리되는 과정을 기록한 것이 그의 개암집에 실린 잡저 〈서행일기西行日記〉이다.

영남 출신 상소단 개암 일행이 서울에 도착하자 영남 출신 벼슬아치들이 접대연을 베풀었는데 그 벼슬아치에 상주 출신 성균관 박사 불기당不欺堂 노기(盧麒,字公瑞)와 성균관 학정 초간草澗 권문해(權文海, 1534~1591) 및 함양 출신 성균관 학록 양성헌養性軒 도희령(都希齡, 1539-1566)도 있었다.

상소단이 여러 갈래가 있었는데 문경 일행의 상소는 안음 출신 선비 석곡石谷 성팽년(成彭年,1540~1594)이 필사하였고, 청송 일행의 상소도 안음 출신 선비 신계申溪 유세한柳世漢이 필사하였다. 석곡과 신계는 지금은 거창군 원학동 출신이다.

낙동강문학관 강 건너 도남서원은 동방오현을 합향하는 서원이다. 함양군 안의면에 사당비가 서있는 터에 있던 용문서원은 본디 동방오현 일두 정여창을 제향하는 문헌공사당이었다. 선조대왕시대 동계 장인 윤활과 함께 신계 유세한이 건립하자고 처음 주장하였다. 건립 직후 사당비(1583, 선조16建)를 세웠는데 글은 갈천 임훈이 짓고 글씨는 석곡 성팽년이 썼고 전자는 신계가 썼다. 필자가 1996년에 문화재 조사하여 경상남도 문화유산자료 〈함양 정여창 사당비〉로 지정되었다.

도산십이곡의 곡曲은 별곡의 곡이니 곡조의 뜻이다. 도산구곡이나 율곡의 고산구곡과 개암의 개암십곡은 물굽이의 곡이다. 나중엔 물굽이의 곡에서 경승으로 확대되었다. 구곡은 본디 배 타고 경승을 감상할 만한 큰 강을 배경으로 9개의 물굽이를 설정한 것이다. 큰 강이 부족한 조선에 와서 의미가 축소되었다. 개암십곡은 10개 경승을 읊은 의미로 변화된 곡일 것이다. 십경十景, 십영十詠, 십곡十曲이 같은 의미이다.

개암연보에서 개암십곡을 개암정과 같은 해에 표기했으나 동시에 이뤄진 것으로 보긴 어렵다. 한시의 '늦게 복거해 건축하다'고 읊은 것이 62세 무렵을 묘사한 것이니 한시와 시조를 같은 시기에 지은 것으로 추정하면 〈개암십곡開巖十曲〉 창작도 62세 무렵 지은 것으로 보아야 한다.

山本白頭出° 산은 백두산에서 근본하고
江分文壯來° 강은 문장대에서 나뉘었네
走流多屈曲° 구불구불 달리고 흘러와
凝峙幾縈迴° 높은 산 몇 번이나 돌아왔나
臺政鼇趺伏° 오대는 바로 자라가 엎드린 듯
巖眞龍口開° 개구암은 참으로 용 입이 벌린 듯
主人晩卜築° 주인이 늦게 터잡아 건축하니
恐被白鷗哈° 흰 갈매기가 비웃을까 저어하네
* 哈 : 비웃을 해

—개암開巖의 《開巖先生文集卷之一 / 詩 / 開口巖》

〈개암십곡開巖十曲〉의 시조는 8수만이 전하니 제1곡 개암, 제2곡 옥주봉, 제3곡 귀암, 제4곡 조기, 제5곡 허주, 제6곡 귀래, 제7곡 방우, 제8곡 삼정암이다. 제일경 개암을 읊은 첫 수만 소개한다. 개암 곧 개구암 –입 벌린 바위의 형상을 잘 묘사하였다. 바위야 만경창파수를 다 마시려고 크게 입 벌렸으나 사람은 반복무쌍한 인간군상의 행태가 우스워 크게 웃느라 입 벌린다고 유머스럽게 풍자하였다.

제1곡 : 개암
묻노라 벌린 바위야 어찌하여 벌렸느냐
만경창파수를 다 마시려 벌렸는냐
우리도 인간번복이 못내 우스워 벌렸노라

4. 낙동강의 대표인물 퇴계 이황

남명과 함께 영남학파의 쌍벽인 퇴계 이황은 낙동강 상류인 안동에서 나고 살고 죽고 묻힌 낙동강의 대표인물이라 할만하다. 성리학적 도학정신, 선비들의 풍류정신, 교화정신이 깃든 문학장르 시조 특히 연시조를 창작하여 남기었다. 1565년에 지은 〈도산십이곡陶山十二曲〉이 그것이다.

퇴계 60세 때 1560년에 도산서당을 건립하였다. 퇴계 졸후 도산서당을 확장하여 도산서원이 건립되었다. 도산서당에서 〈도산십이곡陶山十二曲〉 연시조를 지은 것이다. 이 시조의 핵심 정신은 만고 상청萬古常靑이다. 만고상청의 기상은 불의에 굽히지 않는 충절의 정신이다. 퇴계는 시조의 다짐대로 살아 만고상청의 우뚝한 존재가 되었다. 다짐이 중요한 것을 보여준다. 만고상청을 읊은 제11곡만 소개한다.

제11곡
청산靑山안 엇뎨하야 만고萬古애 프르르며
유수流水난 엇뎨하야 주야晝夜애 긋디 아니난고.
우리도 그치디 마라 만고 상청萬古常靑호리라.

퇴계는 낙동강 삼대루 관수루에 대해 33세 때(1533,중종28) 〈등상주관수루登尙州觀水樓〉란 오언율시 1수와 35세 때(1535,중종30) 〈낙동관수루洛東觀水樓〉란 오언율시 1수를 지었다. 〈낙동관수루〉에서 낙동강을 뭇 물의 임금이라고 극존하였다.

洛東觀水樓 乙未夏護送官時 / 李滉

洛水吾南國° 낙수는 우리 남쪽 나라에서
尊爲衆水君° 뭇 물의 임금으로 높이네
樓名知妙悟° 누정 이름 묘한 깨달음 알겠고
地勢見雄分° 지세는 웅장하게 나뉨을 보겠네
野闊烟凝樹° 들판 넓고 연기는 나무에 어리고
江淸雨捲雲° 강물 맑고 비는 구름을 몰아오네
匆匆催馹騎° 총총히 역말을 독촉해 가니
要爲趁公文° 요컨대 공문을 바삐 전함이라

— 퇴계退溪의 《退溪先生文集別集卷之一 / 詩》

퇴계는 도산서당을 중심으로 낙동강을 배 타고 오르내리며 경승을 감상하고 시를 읊어 회포를 토설하였다. 제자들과도 도산서당 아래 탁영담에서 배를 타거나 월천 조목의 동네 풍월담에서 배를 타고 달빛을 즐기었다. 지리산에 살며 뱃놀이를 즐길 만한 큰 강이 없는 남명과는 대조적인 삶이다. 남명과 남명학파는 지리산유람 곧 유산遊山 풍류를 즐겼고 퇴계와 퇴계학파는 낙동강 뱃놀이 곧 선유船遊 풍류를 즐겼으니 환경적 차이에 문화적 차이가 생긴 것이다.

　퇴계 61세 때(1561,명종16) 4월 16일에는 조카 이교(李𧦼, 1531~1595), 장손 이안도(李安道, 1541~1584), 제자 간재艮齋 이덕홍(李德弘,1541~1596, 당시 21세)과 함께 배 타고 달빛을 즐기었다.
　〈退溪先生文集卷之三 / 詩 / 四月旣望 濯纓泛月°令𧦼,安道,德弘°以明月淸風分韻°得明字°〉
　〈艮齋先生文集卷之一 / 詩 / 四月旣望°陪退溪先生°泛月濯纓潭 辛酉○退溪先生兄子𧦼,孫安道竝從°先生以淸風明月°分韻賦詩°〉

　그해 10월 16일에도 친우 벽오碧梧 이문량(李文樑,1498~1581,字大成), 제자 매암梅巖 이숙량(李叔樑,1519~1592,字大用), 제자 창균蒼筠 김기보(金箕報,1531~1588,字文卿)와 함께 탁영담에서 배 타고 달빛을 즐기었다.
　〈退溪先生文集卷之三 / 詩 / 濯纓潭泛月 十月十六日°同大成,大用, 文卿°〉

　퇴계 62세 때(1562,명종17) 7월 16일에 제자 월천月川 조목(趙穆,1524~1606,字士敬)의 월천서당 아래 풍월담에서 월천 및 후조당後凋堂 김부필(金富弼,1516~1577,字彦遇), 읍청정挹淸亭 김부의(金富儀,1525~1582,字愼仲), 설월당雪月堂 김부륜(金富倫,1531~1598,字惇敍)의 형제, 일휴당日休堂 금응협(琴應夾,1526~1589,字夾之), 성재惺齋 금난수(琴蘭秀,1530~1604,字聞遠) 등과 함께 배 타고 달빛을 즐기려고 약속을 잡았으나 전날 큰비가 내려 강물이 바다 같아 배를 띄우지 못해 무산되었다. 아쉬움을 칠언절구 2수로 달래었다. 제1수만 소개한다.

七月旣望˚期與趙士敬, 金彦遇, 愼仲, 惇敍, 琴夾之, 諸人˚泛舟風月潭˚前一日大雨水˚不果會˚戲吟二絕˚呈諸友一笑˚

戌七欣逢赤壁秋˚ 임술 7월에 적벽부의 좋은 시절 만나
相邀風月泛蘭舟˚ 풍월담에서 배 띄우기로 약속하였네
無端昨夜江成海˚ 어젯밤 무단히 강물이 바다를 이루어
千載風流一笑休˚ 천년의 풍류가 한번 웃음으로 파했네

- 퇴계退溪의 《退溪先生文集卷之三 / 詩》

소동파는 문인으로 도학자가 아니다. 고려말에는 동파붐이 일어 과거급제가 발표되면 또 33인의 소동파가 탄생했다고 할 정도로 동파의 전성시대였다. 간재의 기록에 따르면 퇴계는 소동파의 전후 적벽부를 암송하며 소동파가 병통이 없지 않지만 욕심이 적고 구차하지 않다고 평가하고 적벽부 운에 따라 차운 시를 지었다고 하였다. 소동파의 적벽부 고사에 따라 임술년 7월 16일에 뱃놀이하려고 시도했지만 홍수로 무산되어 아쉬움을 시를 지어 달래기도 하였다.

임술년 7월 16일 뱃놀이 풍류는 사가정 서거정부터 조선말기까지 꾸준히 선유 풍류로 선비들의 낙이었다. 상주 선비는 도남서원, 사천대 앞 낙동강 용연에서 뱃놀이하는 낙강범월의 전통 풍류가 수백년 지속되는 기록도 가지고 있다. 기네스 감이리라.

퇴계 63세 때(1563,명종18)는 남명과 퇴계의 고제자 덕계 오건이 성주향교 훈도를 그만두고 찾아와 이문량과 서당에서 술 한 잔 하고 서당 앞 탁영담에서 뱃놀이하며 시를 지어 읊었다. 저녁에 소나기를 만나 근처 강가 누정에 올라 비를 피하였는데 금방 개었고 물빛과 산빛이 그림 같았다.

〈退溪先生文集卷之三 / 詩 / 月夜˚大成來訪陶山˚與吳正字子强˚小酌觀瀾軒˚因泛舟前潭˚〉,〈退溪先生文集卷之三 / 詩 / 江上卽事˚示子强˚〉

퇴계 63세 때(1563,명종18)는 퇴계의 제자이면서 진보현감으로 부임한 문봉 정유일과 탁영담에서 뱃놀이하며 친히 노래 부르니 문봉이 격절탄상하였다.
〈退溪先生文集卷之三 / 詩 / 鄭子中同泛濯纓潭°用九曲詩韻°〉

퇴계 64세 때(1564,명종19)는 예안현감 탁청헌濯淸軒 곽황郭趪,1530~1569,字景靜,함양군수로 순직함) 일행이랑 월천정에서 피서하고 그 아래 풍월담에서 배타고 즐기었다.
〈退溪先生文集外集卷之一 / 詩 / 甲子六月望日°陪郭明府° 與諸人避暑月川亭°因泛風月潭°〉

퇴계는 무이구곡을 흠앙하였지만 직접 무이구곡과 같이 도산구곡陶山九曲을 설정하고 음영하지는 않았다. 구곡의 토착화 임하구곡臨河九曲은 언급하였지만 도산구곡이란 용어나 경승을 언급하지 않았다. 부분적으로 설정하고 음영하였을 뿐이다. 특히 퇴계가 지은 〈獨遊孤山°至月明潭°因竝水循山而下°晩抵退溪°每得勝境°卽賦一絶°凡九首°〉에서 읊조린 9처(孤山, 日洞, 月明潭, 寒粟潭, 景巖, 彌川長潭, 白雲洞, 丹砂壁, 川沙村)의 경승을 고산구곡이라고 하면 고산구곡이 원시적 도산구곡이라고 할 수 있다.

후인이 퇴계 시를 다 모아 주자의 무이구곡에 따라 도산구곡陶山九曲을 설정하였다. 옛 어름산, 지금의 운남산 서쪽 운암사에서부터 청량산까지 4~50리에 걸쳐 도산구곡이 설정되었다. 퇴계의 고산구곡과는 3곳이 같다.
퇴계의 9세손 후계後溪 이이순(李頤淳,1754~1832)은 운암雲巖, 비암鼻巖, 역동유허비), 월천月川, 분천汾川, 탁영濯纓, 천사川沙, 단사丹砂, 고산孤山, 청량淸凉을 도산구곡으로 설정하고 시를 지어 기념하였다.

같은 순자 항렬 광뢰廣瀨 이야순(李野淳,1755~1831)이 설정한 도산구곡은 다음과 같다. 운암사곡雲巖寺曲, 월천곡(月川曲,부용봉,풍월담), 오담곡(鼇潭曲, 관수대,역동서원터,계상고택), 분천곡(汾川曲,聾巖,애일당터), 탁영담곡(濯纓潭曲, 도산서당아래,반타석), 천사곡(川沙曲,원천리천사마을,내살미), 단사곡(丹砂曲, 단천리단사마을), 고산곡孤山曲, 청량곡淸凉曲. 광뢰는 후계의 비암이 없고 대신 광뢰는 후계에게 없는 오담곡이 있다.

순국선열 퇴계 11대손 향산 이만도의 조부인 하계霞溪 이가순(李家淳,1768~1844)도 도산구곡을 시로 읊었는데 구곡의 설정은 광뢰와 같다.

後溪 李頤淳	雲巖	鼻巖	月川	汾川	濯纓	川沙	丹砂	孤山	淸凉
廣瀨 李野淳	雲巖寺	月川	鼇潭	汾川	濯纓潭	川沙	丹砂	孤山	淸凉
霞溪 李家淳	雲巖	月川	鼇潭	汾川	濯纓潭	川沙	丹砂	孤山	淸凉

봉강鳳岡 이만여(李晩輿,1861~1904)가 편찬한 〈오가산지吾家山誌〉에는 1운암곡 2월천곡 3오담곡 4분천곡 5탁영곡 6천사곡 7단사곡 8고산곡 9청량곡이니, 이것은 광뢰 이야순의 도산구곡과 같다. 후손과 후학들의 낙동강 퇴계학 풍류였다.

후계後溪 이이순(李頤淳,1754~1832)은 퇴계 62세 때(1562,명종17) 7월 16일의 모임 약속은 실패가 아니라 제1회라고 정의하고 그 200여 년 뒤 25인이 역동서원에 모여 오담鼇潭에서 배타고 내려가 달빛을 즐기면서 풍월담에 이르렀다. 풍월담에서 배를 돌려 다시 오담으로 거슬러 올라가 역동서원 서재에서 밤새 달빛을 즐기고 새벽에 파하였다. 후계는 오담과 풍월담이 강산의 제일승이고 범월(泛月,달빛뱃놀이)의 제일경이라고 극찬하였다.

퇴계의 62세 모임을 잇는 후속 모임으로 정하고 기록을 남기자고 하여 후계에게 〈풍월담기망속유록風月潭旣望續遊錄〉의 서문을 짓게 하였다. 지리산과는 다른 낙동강 풍류의 진수를 보여준 것이다. 공자의 요산요수 인지仁智의 풍류락이 낙동강에서 완미해진 것이다.

5. 지리산문학관과 낙동강문학관의 허유 하기락

한국의 대표적 아나키스트 허유 하기락(1912~1997,경북대철학과교수) 박사는 경남 함양군 안의면 출신이다. 일본 와세다대학 철학과를 졸업하고 교사를 잠깐 지냈다. 고향에 있다가 1946년 안의 심진동계곡 용추사에서 한국최초로 전국아나키스트대회를 개최하였다. 1987년에도 전국아니키스트 대회(계명대학교 중앙도서관/기조강연 : 구상 시인) 개최하였고, 1988년에는 세계 아나키스트대회 서울 유치(세종문화회관) 및 "세계평화를 위한 국제 세미나"를 개최하였다. 1995년 여름에 대구·경북 아나키즘연구회, 부산·경남 아나키즘연구회 연합하계수련회를 1박 2일로 안의면 용추사 계곡에서 개최하였다. 그 2년 뒤 별세하였으니 평생을 한국 아나키즘을 위하여 살다 가신 것이다. 2002년 6월 안의공원에서 제자들이 세운 허유 하기락 박사 학덕비 제막식이 있었다.

허유는 시인과 친밀하였다. 그 친구가 아나키스트 시인 청마 유치환이다. 안의고등학교 이사장으로서 청마를 1952~1954년에 안의중학교 교장으로 초빙하였고 또 경북대 국문과 교수로 초빙하였다. 1960년에는 청마의 추천으로 김춘수 시인을 경북대 국문과 교수로 초빙하였고, 1987년에 계명대학교 중앙도서관에서 전국아니키스트 대회를 개최하고 구상 시인을 기조강연하게 하였다.

청마는 아나키스트 단주 유림이 세운 독립노동당 당원이었음이 최근 조동범의 연구에서 밝혀지기도 했다. 청마가 안의중학교에 재직할 때 안의지역에는 하기락, 이진언, 박노석, 유치환 4인의 아나키스트 시인 내지 철학자가 공존하고 있어 아나키즘의 전성시대를 열었다고 하겠다.

시인이자 아나키스트인 박노석(1913~?)은 하기락보다 1년 연하지만 경남 함양군 안의면에서 "동년배로 태어나서 서당도 동문학이요 보통학교도 동기동창으로 6학년 졸업반 때는 한 짝지였고 그(하기락)의 사랑채에 공부방을 차리고는 조석으로 같이 동기간처럼 붙어다녔다."고 한다. 본명은 영환이다. "청마(유치환)가 나(박노석)와 허유(하기락)의 간청을 받아 내 고장 안의 중학 교장으로 재직"하게 되었다고 박노석은 회상하였다. 〈김주완의블로그〉

1950년 7월, 문총구국대 경남지대의 지대장을 유치환이 맡고 박노석이 사무국장을 하였는데 보조금을 타러 박노석이 대구에 갔다. 거기서 서정주, 조지훈, 박노석은 국회의원 범부凡夫 선생을 찾아가 술자리를 벌이기도 했다. 1987년 8월 21일 하기락의 주도로 대구 계명대학교 대강당에서 제4차 아나키스트대회가 개최되었다. 이 대회에서 한국자주인연맹(FAK) 사무국 간사로 하기락, 박영환(박노석) 등이 선임되었으며 〈1988 세계평화를 위한 국제세미나〉 개최가 결정되었다. 〈김주완의블로그〉

지리산문학관에는 허유서가가 개설되어 있는데 〈조선철학사〉 등 시중 서점에서 구입 가능한 하기락 저역서가 수집되어 전시된 것이라 특성은 없다. 하지만 연고가 없는 경북 상주시 낙동강문학관에는 허유코너가 있어 허유의 6남 허영우 교수와 제자들이 기증한 허유 유품이 전시되고 있다.

1984년 구상 시인 추천으로 현대시학을 통해 등단한 시인이며 예술철학을 전공한 철학박사이며 대구한의대 교수와 경북문인협회 회장을 지낸 허유의 제자 김주완 시인의 주선으로 허유 유품이 낙동강문학관에 안착하게 된 것이다.

　낙동강문학관에서는 2023년 5월 21일 허유 유품 기증식을 갖고 낙강인 문학잔치에 〈아나키즘과 문학〉이란 주제로 한국아나키즘학회 전회장 김성국 교수 초청특강이 있었다.

　일제 강점기 아나키스트 단주 유림이 있다. 공산주의자들과의 사상적 대립 문제에 대하여 유림과 김좌진 사이에서 격론이 벌어졌다. 유림은 공산주의에 대항하려면 그 사상보다 한 걸음 더 나아간 무정부주의로만이 가능하다고 주장한 반면, 김좌진은 인간의 행복이 목적이고 우리 민족이 복되게 잘 살자는 것이 염원이므로 우리의 특수한 처지에 알맞은 이론을 세워야 한다고 주장했다.

　1946년 함양 안의에서 개최된 최초의 전국아나키스트대회에는 임정 국무위원인 단주 유림을 비롯하여 신재모·이을규·방한상·한하연·박석홍·김형윤·이정규(허유의은사)·하종현 등 1백여 명의 각 지방 대표들이 참가했다. 이 대회는 무정부주의자들의 결속을 다짐하는 대회였으나, 이 대회를 계기로 한국아나키스트는 두 파로 갈라지게 되었다.

　단주 유림을 중심한 그룹은 정치단체로의 전환을 주장하여 '독립노농당'을 창당, 정치활동에 들어갔다. 1952년 10월 3일 전쟁으로 피폐해진 독립노농당을 활성화하기 위하여 대구를 중심으로 경북지구특수위원회가 발족되는데 하기락이 위원장을 맡았다. 이을규 형제를 중심한 그룹은 사회운동으로 나갈 것을 주장하여 1947년 봄 '국민문화연구소'를 발기하여 문화·교육·농민운동에 전념하게 되었다. 허유는 1994년에 〈조선철학의 유맥〉을 국민문화연구소에서 출판하였다.

한국최초로 경상남도 출신 시인의 시집 〈행정의 우수〉를 1933년에 출간한 이진언은 아나키스트 시인이다. 함양 안의 출신인 이진언은 1946년 안의 심진동계곡 용추사에서 한국최초로 전국아나키스트대회를 개최할 때 주도적 역할을 하였다. 1946년 7월에는 독립노농당 창당에 주동하여 초대 문교부장을 역임하였다.

이진언은 1946년에 안의중학교를 설립하여 이사장이 되고 하기락을 초대 교장으로 초빙했으나 불발되었다. 이진언은 함양체육사에 큰 족적을 남긴 인물이기도 하니 1925년에 안의체육회를 설립하고 1935년에 제6회 남조선 정구대회를 개최하며 대회장으로서 정구대회를 성공리에 개최하였다.

참고로 소개한다. 영동 출신으로 1920년대 우리나라 최초 아나키스트 시인 권구현의 시집 〈흑방의 선물〉이 1927년 3월에 출판되었다. 필자가 개관식에 참석했던 영동문학관에서 2024년 12월 7일(토) 개관 1주년 기념식이 열려 권구현의 작품세계를 탐색한 문학평론가 서울대 방민호 교수의 특강이 있었다.

6. 나림 이병주의 대하소설 〈지리산〉

소설가 나림 이병주는 대표작 〈지리산〉에 맞게 지리산 남쪽 경남 하동 출신이다. 고향에 이병주문학관이 있다. 소설가 포석 조명희는 충북 진천 출신인데 대표작 〈낙동강〉을 남겼다. 고향에 조명희문학관이 있다. 필자는 현대문학의 소설 분야는 문외한이므로 백과사전의 이병주, 조명희에 관한 글과 영화 〈낙동강〉에 대한 기사를 간추려 소개한다.

"햇빛에 바래면 역사가 되고 달빛에 물들면 신화가 된다." 대하소설 〈산하〉의 서문

이런 멋진 문장을 남긴 소설가 이병주는 1955년부터 부산 국제신보 편집국장 및 주필로서 활발한 언론 활동을 전개하였다. 그러나 1961년 5·16으로 인한 필화사건으로 혁명재판소에서 10년 선고를 받고 복역하였다. 2년 7개월 만에 출감한 뒤 서울로 옮겨 한국외국어대학과 이화여자대학교 등에서 강의를 맡았다. 본격적인 작가 활동을 시작한 것은 1965년 중편소설 「알렉산드리아」를 『세대世代』에 발표하면서부터였다.

이 소설은 정치와 인간의 관계에 대한 다원적인 문제를 새롭게 접근하여, 처음 발표되자마자 대단한 반향을 불러일으켰다. 그는 죽을 때까지 한 해도 빠짐 없이 중·단편을 발표하거나 또는 신문·잡지 등에 장편소설을 연재하였는데, 그 안에 펴낸 소설집만도 60권 이상이 된다.

이승만 정권에 이어 박정희 정권 또한 반공反共을 국시로 택한 남한의 정치 맥락 속에서 볼 때 빨치산의 행적과 고뇌, 비극적 말로를 생생하게 되살려낸 대하 소설 「지리산智異山」은 충분히 눈길을 끌 만한 작품이다. 이병주의 「지리산」은 1938년부터 1956년까지 일제 강점기-해방-분단-6·25를 거치는 민족사의 굴곡을 배경으로 좌익 사상에 젖어 빨치산 활동을 한 지식인 청년들의 파란 만장한 운명을 추적하고 있다.

대하 소설 『지리산』은 1972년 9월 월간 『세대』에 연재되기 시작해 1977년까지 60회에 걸쳐 실리다가 일시 중단된 뒤, 1985년에야 마무리된다. 작가가 무려 13년에 걸쳐 완성한 이 대하 소설은 좌우 이데올로기의 대립과 갈등으로 격동하던 해방 공간에서 억울하게 산화한 젊은이들의 생생한 비극과 남한 내의 빨치산과 남로당 활동을 최초로 소설화한 작품으로 평가된다. 이병주의 『지리산』은 조정래의 『태백산맥』, 김원일의 『겨울 골짜기』, 이태의 『남부군』 같은 빨치산 문학의 물꼬를 튼 작품이기도 하다.

7. 포석 조명희의 이념소설 〈낙동강〉

조명희는 1925년 조선 프롤레타리아 예술가동맹(KAPF)에 가담하여 이기영·한설야 등과 마르크스주의 공부모임을 만들었다. 1928년 8월 일제의 탄압을 피해 소련으로 망명한 뒤로는 한인촌 교사로 일했다. 1934년 소련 작가동맹의 원동遠東 지부 간부를 지냈으나, 스탈린의 탄압정책의 와중에서 일본간첩이라는 누명을 쓰고 총살당했다. 1988년 중앙 아시아 한인 거주지역인 타슈켄트에 문학기념관이 세워졌다.

대표작 〈낙동강〉은 1927년 〈조선지광〉 7월호에 발표되었고, 1928년 백악사에서 같은 제목의 단행본을 펴냈다. 카프(KAPF)의 제1차 방향전환론 때 나온 작품으로 카프 진영 내에서 많은 논쟁을 불러일으켰다. 혁명운동가를 주인공으로 하여 일제의 수탈로 인해 황폐해진 우리 민족을 형상화했다.

이전까지 자연발생적인 수준에 머물던 신경향파 문학을 목적의식적인 프로 문학으로 발전시킨 작품으로 평가된다. 이 작품은 사회운동가 박성운의 파란만장한 생애와 비극적인 죽음을 통해 일제강점기의 민족해방과 계급운동의 전개를 잘 보여준다.

이 소설은 박성운이 검사국으로 넘어가서 두 달 있다가 병을 얻어, 보석으로 출옥하는 것을 마을 사람들이 환영하는 장면에서 시작된다. 그리고 그가 죽은 다음 애인인 로사가 북행열차를 타고 가는 것을 묘사하는 것으로 끝이 난다.

로사는 원래 형평사원의 딸인데, 박성운이 형평사원을 편들어 싸웠을 때 알게 된 후 박성운의 애인이 되었다가 나중에는 둘도 없는 동지가 된 여자다. 형평사는 진주에서 발생한 백정들의 신분해방운동의 단체이다. 백정들은 자녀들의 입학거부문제를 계기로 1923년 4월 25일 경남 진주에서 신분해방을 목표로 한 형평사를 창립했다.

끝으로 〈낙동강〉의 한 청년이 부른 뱃노래를 소개하니, 서북간도로 떠나는 무리의 낙동강에 대한 그리움과 서글픔이 느껴진다.

"봄마다 봄마다
불어 내리는 낙동강 물
구포벌에 이르러
넘쳐 넘쳐흐르네 -
흐르네 - 에 - 헤 - 야.

철렁철렁 넘친 물
들로 벌로 퍼지면
만 목숨 만만 목숨
젖이 된다네
젖이 된다네 - 에 - 헤 - 야.

이 벌이 열리고 -
이 강물이 흐를 제
그 시절부터
이 젖 먹고 자라 왔네
자라 왔네 - 에 - 헤 - 야.

천 년을 산, 만 년을 산
낙동강! 낙동강!
하늘가에 간들
꿈에나 잊을소냐 -
잊힐소냐 이- 히 - 야."

8. 천도 부산 영화 〈낙동강〉 주제가 이은상 작시, 윤이상 작곡

2023년 부산연구원에 따르면 6·25전쟁이 발발한 후 서울 충무로를 중심으로 활동하던 영화인 80% 이상은 부산으로 피란을 왔다. 당시 생계를 위협받던 피란 영화인들은 영화 제작은 엄두도 내지 못할 만큼 하루하루를 버텨야 하는 삶으로 내몰리기도 했다. 그러나 이런 어려운 여건에서도 1950년부터 1953년까지 한국 영화가 총 23편이 제작되며 명맥을 유지했다.

23편의 영화 중에서 당시 피란 수도인 부산에서 오롯이 촬영되고 제작된 영화도 있었다. 바로 1952년 2월 23일에 개봉한 영화 '낙동강'이다.

낙동강은 부산 출신 사진작가 김재문이 동구 수정동에 영화 연구소를 세운 뒤 만든 작품으로 알려졌다. 경상남도 공보과가 1천여만 원의 제작비를 지원해 전창근 감독을 섭외하고 연출을 맡겼다. 16㎜ 흑백 필름으로 촬영된 작품으로 실제 전쟁뉴스 장면과 을숙도 갈대밭에서 배우들을 찍은 장면을 혼합해 세미 다큐멘터리로 만들었다.

내용은 낙동강 변의 농촌 마을 출신인 이택균이 고향으로 돌아와 교사이자 애인인 지애와 협력해 무지한 마을 사람들을 일깨워 살기 좋은 고장을 만들기 위해 노력한다는 줄거리로 구성돼 있다.

이 영화에는 당시 부산을 중심으로 활동 중인 많은 예술가가 참가해서 힘을 보탰다. 원작 주제곡 가사는 시인 이은상, 작곡은 윤이상, 음악은 김동진, 기획과 재무는 독립운동가 한형석 선생이 각각 담당했다. 합창은 경남고, 부산고, 경남 상고, 경남여고, 부산여고 재학생들로 구성된 부산합창단이 맡았다.

제1부는 '전통의 낙동강', 제2부는 '승리의 낙동강', 제3부는 '희망의 낙동강'으로 구성이 이뤄졌다. 특히 윤이상이 작곡한 주제가는 영화에 생기를 불어넣었다는 호평을 받는다.

가사는 '굽이굽이 이 강 위에서 조국을 구하려는 정의의 칼로 반역의 무리를 무찔렀나니, 오! 낙동강, 낙동강' 등으로 의지를 다지는 내용이다.

김한근 부경근대사료연구소장은 "전쟁의 어려움도 영화인들의 움트는 창작 열망은 막지 못했다"면서 "절망의 시대에도 영화의 꽃을 피워낸 작품들이 대중들에게 잘 알려졌으면 좋겠다"고 밝혔다.

노산 이은상(1903~1982)이 한국전쟁중 가장 치열했던 경북 칠곡군 낙동강 전투를 "낙동강" 시에 담은 것이다. 노산은 시의 마지막 구절에 폐허를 딛고 다시 일어서는 희망의 낙동강을 기대했고 그 꿈을 대한민국은 이룩했다.

정작 그 희망을 힘차게 노래한 한국최고의 문인이자 문화대통령 노산 이은상은 예수 그리스도처럼 마산 고향에서 박대받고 있다. 향토에서 탄생한 최고의 시조인을 기리는 노산문학관을 탄강지 노비산 자락에 세웠다가 한 줌의 밀가루 세례를 받은 겁쟁이 시장에 의해 마산문학관으로 개편되었다.

생전 매달 한글회관에서 열린 민족문화협회 얼말글 강좌에서 자리 없을 때는 옆에서 같이 듣고 했지만 위대한 노산시인이라는 것은 인지하지 못했었다. 봉은사에서 은사 동초 이진영 교수에게 조수 노릇할 때 한 노신사가 찾아와 회식하는 저녁 술자리에 배석했는데 그 분이 월하 김달진 시인이었다.

지금의 창원특례시 5구(의창구, 성산구, 마산합포구, 마산회원구, 진해구)

에서 진해구에 김달진문학관과 경남문학관, 회원구에 창신대학교 문덕수문학관, 합포구에 마산문학관, 의창구에 이원수문학관이 있는데 위대한 시조인 애국지사 노산 이은상문학관은 없다. 전국에 노산의 글을 모시지 않은 곳이 어디 있는가. 유독 가고파 고향만 홀대한다. 노산의 가치가 한줌의 밀가루 가치만도 못한 것이 현실이다. 마산문학관은 노산문학관으로 환원되어야 한다.

서울현충원에 안장된 애국지사 시조인이 노산 이은상 말고 또 누가 있는가. 필자가 (사)한국시조문학진흥회 이사장이 되고 나서 홀로 현충원 애국지사묘역의 노산묘소를 참배하고 협회 임원진을 이끌고 연례 참배할 것을 기획했는데 코로사사태로 무산되었다. 각 시조단체는 현충원 애국지사 시조인 노산묘소 참배를 정례화하면 나라사랑 시조사랑 구호에 걸맞지 않겠는가.

1978년 개관한 칠곡군 석정읍 "왜관지구 전적기념관" 뜰에 "낙동강" 시비를 세웠고. 부산 강서구 대저동 등구마을 앞 강둑(부산 강서구 대저2동 1228-2)에 서있는 아래 "낙동강" 시비는 1992년에 세운 것이다. 시 전문을 소개한다.

     보아라 신라 가야 빛나는 역사
     흐른 듯 잠겨 있는 기나긴 강물
     잊지마라 예서 자란 사나이들아
     이 강물 네 혈관에 피가 된 줄을
     오! 낙동강 낙동강
     끊임없이 흐르는 전통의 낙동강

     산돌아 들을 누벼 일천 삼백리
     구비구비 여흘여흘 이 강 위에서

조국을 구하려는 정의의 칼로
반역의 무리들을 무찔렀나니
오! 낙동강 낙동강
소리치며 흐르는 승리의 낙동강

두 언덕 고을고을 정든 내 고장
불타고 다 깨어진 쓸쓸한 폐허
돌아오는 아침 햇빛 가슴에 안고
나가라 네 힘으로 다시 세우라
오! 낙동강 낙동강
늠실늠실 흐르는 희망의 낙동강

- 이은상 작시, 윤이상 작곡 「낙동강」 전문

9. 날머리

　지리산과 낙동강은 한민족의 기상이며 젖줄이다. 모친산이며 모친강이다. 지리산의 천왕봉의 천왕은 성모천왕으로 여성이다. 낙동강의 하신은 무엇으로 설정했는지 미상이다. 보통 강의 신 하백은 유화부인의 부친 하백에서 보듯 남성이다. 낙동강이 민족의 젖줄이라면 낙동강의 신은 여성이라야 맞다. 그러나 지리산 여성 신을 묘사한 글은 많으나 낙동강 여성 신을 묘사한 글은 없다. 이것이 두 문화의 차이이다.

　지리산문학과 낙동강문학은 서로 유사성과 관련성도 많다. 지리산에서 동남쪽으로 흐르는 물은 다 낙동강으로 합류하는 데서 그 이유를 찾을 수 있다. 이 글에서는 영남학파의 쌍벽 지리산의 대표인물 남명 조식과 낙동강의 대표인물 퇴계 이황을 교차 소개하고 남명의 양대제자 개암介庵과 개암開巖, 함양 지리산 양진재에 은거한 개암 강익과 낙동강 상류 개암정에 은거한 개암 김우굉을 교차 서술하였다.

지리산문학관과 낙동강문학관에 관련 도서와 유품이 비치되어 있는 함양 안의 출신 한국의 대표 아나키스트 허유 하기락 박사를 소개하고 하동에 이병주문학관과 진천에 조명희문학관을 갖고 있는 소설가 나림 이병주의 대하소설〈지리산〉과 포석 조명희의 이념소설〈낙동강〉및 부산 천도 시절의 영화〈낙동강〉의 이은상 작시, 윤이상 작곡의 주제가에 대한 평을 간추려 소개하였다.

낙동강 하류의 부산에 요산문학관, 이주홍문학관, 창원에 이원수문학관, 중류의 칠곡에 구상문학관, 상류의 상주에 낙동강문학관, 안동에 이육사문학관이 본류에 있고 지류에는 더 많은 문학관이 있으나 없는 지역이 많으니 대표 문학인 하나 없는 문학의 불모지 고을이 자랑스러운가.

강원도 태백시 경상북도 봉화군, 예천군, 구미시, 대구광역시 달성군, 경상북도 고령군, 경상남도 창녕군, 합천군, 의령군, 함안군, 밀양시(점필재문학관필요), 양산시, 김해시(구지가문학관필요), 이 많은 낙동강 젖줄의 혜택을 받으면서 기념할 만한 문학인 하나 없고 기념하는 문학관 하나 없다니 이 얼마나 황폐하고 삭막한 비문화적 도시인가.

끝으로 바라는 게 있다면 각 고을에는 자랑스러운 문학인을 기리는 고을의 대표 문학인의 문학관을 적어도 1지자체 1문학관이라도 건립하도록 힘쓸 것을 건의하며 마친다.

나의 문학의 스승
- 고전번역문학의 대가 우전 신호열 선생과 수필문학의 석학 석곡 이병주 교수

나는 1959년 함양군 휴천면에서 태어났다. 함양군 병곡면에서 90년전에 태어난 인물이 있었으니 유교개혁론자 진암 이병헌(1870,고종7~1940) 선생이다. 진암은 유교를 종교화하여 국교로 삼아야 한다고 하였다. 그는 중국의 공자교 창시자 강유위를 만나고 그의 제자가 되어 한국에 공자교회를 차리었다. 그 중심을 그 선조의 고향인 산청의 배산서원에 두고 공자 사당을 건립하였다가 보수 유림들의 반대에 부딪혀 철거하였다. 자기와 의견이 다른 것을 용납못하는 것은 예나 이제나 다르지 않다.

그런데 90년후에 같은 고을에 태어난 나는 진암을 전혀 몰랐는데도 사서삼경을 공부한 뒤로 어릴 때부터 유교는 공자를 교조로 삼고 천제를 신앙하며 종교활동을 하여야 유교가 당당한 종교가 되고 유불도 삼교가 정립되고, 기독교, 이슬람교, 불교와 함께 세계 4대종교로 발전할 수 있다고 여기고 종교화 구상을 하였다. 커서 종교학을 전공하며 학계에서 진암의 유교개혁론이 많이 연구된 사실을 알고 신선한 충격과 감동을 느꼈다.

20대에 한문번역기관인 민족문화추진회 현 한국고전번역원에 입학하여 경전을 심화교육을 받을 때 우전雨田 신호열(辛鎬烈, 1913~1993) 선생에게 수업을 들었고 상임연구원과정에서 댁으로 찾아다니며 가까이 가르침을 받았다. 당시 1학년 지도교수는 벽사 이우성 선생, 2학년은 청명 임창순 선생, 3학년은 우전선생이었다. 세 분 다 연로하셔도 번역감각만큼은 청소년 못지않게 참신하고 깔끔하고 세련되었다. 누구나 똑부러지면서도 맛깔스러운 우전선생의 번역솜씨에 감탄을 자아냈다. 고전번역의 공로로 제1회 고전국역상을 수상하기도 하였다. 구술한 번역초고를 바탕으로 그 제자 서울대 국문과의 김명호 교수가 완성한 연암집은 고전번역문학의 전형으로 꼽힌다.

　우전선생은 20대에 함양으로 진암선생을 찾아와 유숙하며 가르침을 받았다. 진암문집에 우전에게 준 율시 〈증신호열贈辛鎬烈〉 한 수가 실려 있다. 이 시는 우전선생이 함양에서 진암을 방문했을 때 받은 것이라고 우전선생에게 직접 들었다. 나는 자연스레 진암의 재전제자가 되는 셈이다. 우전은 국문학과와 한문학과 교수들에게 원전교육을 많이 시켜 제자가 많다. 그중에 두시연구의 대가인 동국대 국문과의 석전 이병주 선생은 우전에게 두시를 공부할 때 당시 커다란 녹음기를 들고 다니며 녹음하고 반복하여 공부해서 두시연구에 있어 타의 추종을 불허하는 석학이 되었다.

　내가 동국대 교육대학원에 입학하니 석전이 우전의 제자라며 특별히 친절히 대해주었고 가끔 의견을 묻기도 하였다. 석전 문하에서 공부하며 모시고 국내외 답사를 많이 다니고 1995년에는 석전을 수행하여 1999년에 내가 유학간 중국 사천성 성도시의 두보초당을 방문하여 그 두시연구서를 기증하여 전시하게 한 기억이 새롭다. 석전은 수필가로도 유명하여 수필계에 공적이 많다. 다음검색에서도 수필가로 소개되어 있다.

　석전은 우봉이씨고 1921년 10월 30일 경기도 고양시에서 출생하시어 중동중학교(1940년 3월 제17회(통산 34회) 본과 졸업 96명과 함께), 동국대학교 국문과를 졸업하신 후 동구여상을 거쳐 1946년 중앙여중고등학교 교원이 되셨다. 1958년에는 〈두시언해비주〉(통문관)를 펴내 주목을 모았고, 주요 저서로는 〈역주 한국한시선〉(탐구당, 1965), 〈두시연구논총〉(1965), 〈노박집람고〉(1966) 등이 있다.

석전의 스승이신 심악 이숭녕 박사는 〈국어학 강좌 14〉(교양강좌 통권 14호(내무부, 1958. 10. 10)에서 국어학계의 계보를 논하며 무애 양주동 선생의 문하생으로 손꼽히는 신진학자를 논하면서 최학선, 이병주, 양염규, 김성배, 현평효 교수를 논하고 있다. 양주동은 일본 와세다대학 영문과 출신이라서 국문학과 영문학을 공유하는 학자였고 외국언어교육학의 영향을 받았으며 이희승, 이숭녕 등의 가르침이 다섯 제자에게 영향을 주었다고 도표화하였다.

고3 국어 교과서에 〈고인과의 대화〉라는 석전의 수필이 실렸고, 2012년 청계천문화관의 기획전 〈가도가도 왕십리〉는 석전의 수필집 『가도가도 왕십리』(세운문화사)에서 이름을 딴 것이다. 1982년 6월 한국수필가협회 제1회 세미나에서 김진만, 이병주, 서정범, 구인환이 발표자로 참여하였는데 석전은 〈고전문학상의 수필문학〉을 발표하였다. 『한우물의 사연』, 『세한도』(탐구당, 1981) 등 수필집이 다수 간행되었다. 석전수필문학상, 석전수필문학관을 기대할 만하다.

석전은 필자가 1988년에 결혼할 때 주례를 집례하였고 2008년 10월 첫 한시집 『함양구경』(다운샘)을 간행할 때 격려사를 써주셨다. 2010년 아내와 함께 세배갔을 때 세배돈을 주신 것이 마지막 기념이 되었다. 그전 방문했을 때 박사복을 주시면서 박사 받을 때 입으라고 하셨으니, 생각해보면 의발을 전수해주신 것이다.

1994년에 동국대학교 교육대학원 한문교육과 동문회의 가을 답사를 함양으로 유치하여 인산연수원에서 유숙하신 것이 함양과의 인연이다.

석전은 2010년 6월 24일 오전에 별세하셨다. 6월 26일에 발인하며 장례식장은 신촌세브란스병원이었다. 장례식장을 찾아가 조문하며 하염없이 눈물을 흘렸고 동국문학인회 홈피에 부고를 띄우기도 하였다. 공원묘역에 봉분도 없이 한뼘자리에 묻히는 것을 보면서 신후사에 비애를 느끼기도 하였다. 애제자 동방대학원대학교 총장 정상옥 교수와 함께 49재에 참석하며 이승에서의 인연이 이렇게 끝나는구나 허무하였다.

석전을 통하면 나는 우전에게도 재전제자가 되는 셈이나 직접 배웠으므로 직전제자라야 할 것이다. 우전이나 석전 모두 나에게는 고전번역문학, 수필문학의 스승이다. 석전에게 1980년대 한문학을 수업할 때 주신 수필집을 통해 처음 수필이란 이런 것이구나를 느낀 것이 내 수필문학 여정의 첫걸음이다. 다만 그만큼 깔끔한 글쓰기나 문학적 번역을 못하고, 번역문학성과 수필문학성이 부족한 것이 부끄러워 스승의 명성에 누가 될까 저어되어 제자라고 칭하기가 송구할 뿐이다.

* * *

贈辛鎬烈
　　　　　　　　　이병헌

秋滿寒空雁忽鳴 추만한공안홀명
憂然收處告西成 알연수처고서성

杏爲結子傳文種 행위결자전문종
菊欲留芳孕馥英 국욕류방잉복영
君看活源能達海 군간활원능달해
我如枯索未含情 아여고색미함정
湖山十舍南歸後 호산십사남귀후
能否尼門托一生 능부니문탁일생

(해설)
신호열에게 주다

가을은 찬 하늘에 가득 기러기 홀연 울고
울음소리 스러지는 곳 가을걷이 끝내네
은행나무 열매 맺어 문장 종자 전하고
국화는 향기 남아 향긋한 꽃잎 머금네
그대 보라 졸졸대는 샘 바다에 다다르나
나는 삭막한 존재 같아 정이 부족하네
고향 길 삼백 리 남으로 돌아간 뒤에
공자 문하에 일생을 의탁할 수 있는가

雨田飜譯詩文學館

김윤승

詩譯不詩何謂詩 시역불시하위시
飜之絶妙卓今時 번지절묘탁금시
初回受賞功名顯 초회수상공명현
京大國文多士師 경대국문다사사

(해설)
우전번역시문학관

시 번역이 시답지 않으면 시라고 하겠나
번역함이 절묘하여 지금 시대 우뚝하네
1회 고전국역상 수상으로 공명이 드날려
서울대 국문과 많은 선비 스승으로 삼네

* 2009년 4월 24일 충남대학교 유학연구소 지산 김길락 박사 1주기 추모학술대회 참석하고 만찬 자리에서 함평 출신 서강대 철학과 최진석 교수 만나 동향인 민족문화추진회(현 한국고전번역원) 고 우전 신호열 교수 번역시의 우월성을 설명하며 함평의 인문학적 자산으로 신호열문학관 건립의 당위성을 제기하다. 우전번역시문학관, 석전수필문학관, 지리산문학관이 한국문학을 견인하는 삼두마차가 되길 소망해본다.

中岳山人上京拜龜淵堂

김윤숭

石田甘雨杜詩花 석전감우두시화
東大國文培大家 동대국문배대가
憶昔陪師遊八道 억석배사유팔도
婚姻主禮卄周加 혼인주례입주가

(해설)
중악산인 상경 구연당 배알

돌밭에 단비 내려 두시 꽃 피었고
동국대 국문학과에서 대가들을 배양했네
옛날 추억하니 스승 모시고 팔도를 유람했고
혼인에 주례 서신 지 20주년이 되었네

* 구연당은 석전石田 이병주 교수의 당호이다. 실내에는 추사 친필의 구연龜淵이란 대자 족자가 걸려있다. 비는 우전雨田 신호열 교수를 가리킨다. 민족문화추진회 교수로서 많은 교수들에게 한문을 지도하였다. 석전도 우전에게 두시를 배워 두시연구의 석학이 되었다. 석전은 동국대학교 국문학과 교수를 정년퇴임하고 명예교수로 있다. 수많은 국문학의 대가를 길러냈다. 교육대학원 한문교육과를 창설하고 지도하여 학생들과 매년 춘추로 학술답사를 실시하여 전국을 탐방하였다. 1988년에 김윤수, 최은아 부부의 결혼식 주례를 집행하였다. 한문교육과 동문회는 매년 신년과 스승의날에 기념식을 거행했으나 거동이 불편한 뒤로 자택으로 배알한다. 2008.05.15 방문.

남계서원 세계유산축전(2020) 전국한시백일장 축시 및 집행 소감

孤雲佔畢大儒鄕 (고운점필대유향)
一蠹精神涵養良 (일두정신함양량)
廢主士殃須重記 (폐주사앙수중기)
中宗相贈亦難忘 (중종상증역난망)
五賢陞廡千年馥 (오현승무천년복)
三傑登朝萬古芳 (삼걸등조만고방)
世界文遺恭祝裏 (세계문유공축리)
感恩賜額頌明王 (감은사액송명왕)

고운과 점필재 큰 선비의 고을
일두가 정신을 좋이 함양했네
연산군의 사화는 무거이 기억하고
중종의 정승 증직은 잊기 어렵네
오현의 문묘종사 천년토록 향기롭고
삼걸의 조정 벼슬 만고에 꽃답네
세계문화유산을 공손히 축하하는 속에
사액의 은총 느껴 명종왕을 칭송하네
　　　　- 김윤숭의 남계서원 세계유산축전(2020) 전국한시백일장 축시

선비의 교양은 시문서화이다. 시 잘 짓고 글씨 잘 쓰고 그림 잘 그림을 한 사람이 모두 능하면 시서화 삼절이라고 칭하니 영예의 칭호였다. 그 시짓기 전통이 지금도 한시백일장이란 형태를 통하여 계승되고 있으니 교양이나 취미 방면에선 다양성의 축복이다.

동방오현 일두 정여창 선생을 향사하는 사액서원 남계서원이 세계문화유산에 등재된 지 1주년이 되어 이를 기념하는 행사로 남계서원 세계유산축전 전국한시백일장을 첫 회 개최하게 되었다. 이창구 원장의 위촉으로 집행위원장을 맡아 행사를 주관하고 심사위원과 심사위원장을 초빙하여 남계서원 앞마당과 풍영루에서 현장 창작에 심사와 시상도 잘 마치었다.

이번 백일장은 일두 정여창 선생과 세계유산 남계서원을 홍보하고 선양하기 위한 우수 작품을 생산해내고자 하는 목적을 설정하였다. 조선시대 과거 제도처럼 유능한 문인, 시인을 발굴하려는 목적을 두지 않았다. 그래서 시제와 운자(1자현장공개)를 미리 공개하여 시일을 두고 충분히 구상하도록 배려하였다. 그런지 좋은 작품이 많이 생산되긴 했으나 서로 맞추어 지어왔는지 유사 문구, 유사 작품이 많았다.

모든 행사에는 말이 많은 법이긴 하지만 부당한 말들은 변명할 필요도 있을 것이기에 몇 마디 보태고자 한다. 당일 장원시 공개에 오자 작품을 장원으로 뽑았다고 비난했으나 서예가가 큰 종이에 급히 전사하여 공개하느라 한 획이 더 들어간 뿐이다. 장원시 제출자는 오자가 없다. 성급히 비난하는 풍토가 없었으면 한다.

장원시 작품에서 三韓과 萬古를 對偶로 사용하였다. 三韓과 萬古가 對偶가 성립 안 된다고 하는데 한국고전번역원 고전사이트를 검색해보니 고려 유명 시인, 조선시대 유명 시인 모두 17인이 한시백일장과 같은 칠언율시에서 三韓과 萬古를 對偶로 사용하였다. 문제가 안 되는 게 아니라 정당한 대우법이다. 심언광의 율시에서 함련의 대우로, 이진백의 율시에선 경련의 대우로, 유휘문의 율시에선 경련에서 만고충신, 삼한지사의 대우로 사용하였다.

漁村集卷之二 / 詩 / 次淸州客館韻 / 沈彦光(1487~1540)

南來羈況惱春光˚ 盤上新蔬覺野芳
萬古河山曾割據˚ 三韓土地是中央˚
雨深炎海雲霞膩˚ 城枕淸川襟帶長˚
宇宙悠悠星紀變˚ 英雄陳迹托文章˚

西巖遺稿卷之上 / 七言律詩 / 題忠烈錄金將軍倚柳射胡圖 / 李震白
(1622~1707)

想像將軍運氣機˚ 大弓長劍奮神威˚
獰龍劈海驚濤立˚ 怒虎爬山碎石飛˚
萬古聲名懸日月˚ 三韓天地揭光輝˚
分明毅魄重泉下˚ 應與張巡許遠歸˚

好古窩先生文集卷之二 / 詩○[南遊錄] / 野城觀申義士 虬年 事蹟˚次軸中韻˚
/ 柳徽文(1773~1832)

黃崔當日據雄疆˚ 竹帛徒書死晉陽˚
立傳無人唐許遠˚ 勤王不獨宋文祥˚
天門萬古忠臣淚˚ 人紀三韓志士傷˚
月黑楓林魂返路˚ 只今啇雨灑霧霧˚

삼한을 삼한시대라서 조선시대에 쓸 수 없다는 말도 있었다. 삼한갑족이라고 하듯이 삼한은 한국을 범칭하는 용어이기도 하다. 천령도 신라시대 지명인데 조선시대에 어찌 쓰냐고 하는데 춘수당 정수민이 최초의 함양군지 〈천령지〉를 편찬하였고, 감수재 박여량은 〈천령효열록〉을 편찬하였고, 조선중기에 함양에서 배출한 문호 구졸암 양희, 옥계 노진, 청련 이후백 삼대 걸출한 인물을 통칭 천령삼걸이라고 하듯이 천령도 함양을 범칭하는 용어로 사용되는 것이다. 한시백일장에 쓰면 안 된다고 하는데, 한시백일장은 한시 용어를 써야 하는 것이다. 역대 한시에 사용된 용어를 백일장에 못쓴다는 게 말이 되는가.

  앞으로의 개선점을 생각해보았다. 좋은 작품과 좋은 시인, 양수겸장을 위하여 서로 베껴 짓지 못하게 할 필요도 있다. 자리 간격 유지와 의견교환 금지도 필요하다. 운자도 절반은 비공개로 하고 당일에 현장에서 여러 운자중에서 추첨하여 게시하는 것도 필요하다. 문학상은 본상과 지역문학상을 따로 두니 지역을 우대하는 의미가 있다. 다른 한시백일장은 향토시인을 우대하여 일정 티오를 두었는데 성명 밀봉, 일괄 심사하다 보니 지역우대책은 생각지 못하였다. 고려할 필요가 있다.

  남계서원 세계유산축전 전국서예휘호대회와 전국한시백일장의 수상집을 편찬하여 배포하면 모든 행사는 완료되는 것이다. 미비점이 있으면 보충해 나가면 될 것이다. 덥고 역병이 창궐한 시기에 전국 한시인 및 한국한시협회 임원진, 참여하여 행사를 빛내주신 모든 분들에게 감사의 인사를 드립니다.

* 2020. 8. 20. 남계서원 세계유산축전 전국한시백일장 집행위원장 김윤수 지리산문학관 성경당 誠敬堂에서 삼가 씀

Part3

고운 수필

[특별기고]
백일몽유

설날 아침 함양의 상징 상림 숲길을 지나 최치원역사공원의 고운기념관으로 올라갔다. 2층 문루인 고운루를 지나 마당에 올라섰다. 불굴의 노력 정신을 상징하는 고운 선생의 말씀, 남이 백 번 하면 자기는 천 번 한다는 「인백기천人百己千」 어록비를 음미하고 고운 선생 동상 앞에 서서 허리 숙여 참배하며 세배를 대신하였다. 또 제수 대신 시조 한 수 읊어 드리며 경내를 서성였다.

> 외로운 조각구름 고운이 아니더라
> 온 겨레 우러르는 겨레의 스승이라
> 이 땅에 우러러 찾는 문화관이 장엄하다
> 　　　　　　　　　　　　　　- 김윤숭의 「최치원역사문화관」

코로나19의 영향으로 기념관, 역사관, 상림관이 폐관 중이라서 안에 들어가 볼 순 없지만 이미 많이 본 것이라서 아쉬울 건 없었다. 오히려 주변을 에돌아 걸어 다니며 둘러볼 기회가 생겨 새로운 느낌이 들었다.

개관 전부터 명칭문제를 건의도 하고 글도 썼으나 한 번 정해진 방침은 바꾸기 어렵다. 권력자의 말 한마디면 금방 바뀌는데 말이다. 그래서 권력을 선호하는가보다. 겨울은 강철로 된 무지개이듯이 권력은 강철로 된 펀치인가보다.

고려시대 처음으로 문묘종사된 선현 문창후 고운 최치원. 문묘종사 제1호이다. 작년 2020년이 문묘종사 1,000주년이었다. 1020년(고려 현종11)에 한국인 최초로 문묘에 종사하고 1023년(고려 현종14)에 중국 문묘 종사자와 동격의 작위 칭호로 문창후에 추봉하였다. 유교의 총본산 성균관에선 기념행사도 했으나 여기 최치원역사공원에선 적막하였다.

벼슬에서 물러나 가야산에 은거하며 워낙 청일하게 사시다 가셨기에 유교의 신선, 유선으로 추앙되었다. 유교에선 유선이라 추앙하고 도교에선 청학동신선으로 흠모하였다. 살아 있는 신선에게 문묘에서 제사상을 받으라고는 아니 했을 것이다. 문묘종사는 인간 최치원, 선비 최치원을 선언한 것이다.

탁영 선생은 일두 선생과 지리산을 유람하고 천왕봉에 올라 한국 선비의 기상을 떨쳤다. 「속두류록」을 쓰며 고운 생존 시에 태어났다면 집편지사 곧 마부라도 달게 했을 것이라고 하였다. 필자도 고운 당시 태어나 고운의 가르침을 받았다면 티끌 세상의 티끌 인간은 되지 않았을 것이다.

도학이 충만한 조선 중기에 오면 고운 추모 분위기가 성토 분위기로 확 바뀌었다. 불교에 아첨한 인간이니 문묘종사는 부당하다는 것이다. 삼교회통의 대유학자를 편견으로 보는 병폐이다. 다문화시대의 겨레의 스승이 될지 어찌 알았으랴.

인산 선생은 고운 선생이 단군의 환생 후신이라고 하였다. 필자는 인산 선생이 고운 선생의 환생 후신이라고 여긴다. 단군의 홍익인간, 고운의 풍류도, 인산의 활인구세 정신은 상통한다. 고운을 참배하면 일거삼득이 된다. 단군도 뵙고 고운도 뵙고 인산도 뵙는 것이다.

고운기념관 현판을 바라보며 저 밑에 백연서원 현판을 달면 얼마나 좋을까 생각한다. 백연서원은 천령군(함양 신라 때 명칭) 태수 고운 최치원과 함양군수 점필재 김종직을 향사하는 함양읍의 유일한 서원이었다. 대원군의 서원훼철령 무진사화(1868, 고종5)에 파괴되고 복원하지 못하여 유감이다.

현재 함양에는 함양읍 없고, 병곡면에 송호서원(고은 이지활), 백전면에 백운정사(송정 강문필), 휴천면 없고, 유림면에 여암영당(여암 정도현), 마천면 없고, 서상면에 의재사(의재 문태서), 서하면에 서산서원(채미헌 전오륜), 안의면에 황암사(존재 곽준, 대소헌 조종도), 신암사(신암 노응규), 종담서당(지족당 박명부), 지곡면에 도곡서원(덕곡 조승숙, 죽당 정복주, 송재 노숙동), 정산서원(삼원당 허원식), 덕곡사(덕곡 조승숙), 수동면에 남계서원(일두 정여창), 청계서원(탁영 김일손), 구천서원(일로당 양관), 화산서원(회헌 임대동), 정곡사(당곡 정희보), 연화사(사근산성 9원수) 등이 있다.

고운기념관 안에 사당을 조성하여 천령군 태수 고운 최치원과 함양군수 점필재 김종직을 모신 백연서원 사당을 복원하는 것이다. 본향 2위에 안음현감 일두 정여창, 안의현감 연암 박지원의 위패를 추가하여 2인을 추향한다. 4현은 함양사대목민관이니 함양사대목민관 기념서원으로 백연서원을 복원하는 것이다. 사당 명칭은 목민사라 한다.

천령군 태수 고운 최치원은 함양읍 한들을 흐르는 물길을 돌리고 둑을 쌓고 나무를 심어 홍수로부터 방지하는 숲을 조성하였으니 한국 최초의 인공림 함양 상림이다. 지리산에서 산삼을 캐어 신라 조정에 진상하여 대당외교예물로 제공하고 산삼시문도 남겼다. 함양군수 점필재 김종직은 한훤당 김굉필과 일두 정여창, 뇌계 유호인, 남계 표연말 등의 뛰어난 제자를 기르고, 호차원虎茶園을 조성하여 백성들의 세금 부담을 덜어주었다.

안음현감 일두 정여창은 광풍루와 제월당을 건립하여 스승 점필재를 추모하고 편의수십조를 제정하여 법치를 확립하고 양로례를 베풀고 형편상 혼례를 못 치른 처녀총각에게 혼수를 장만해주었다. 신고당 노우명 같은 제자를 길러 옥계 노진의 가학을 배양하였다. 안의현감 연암 박지원은 하풍죽로당과 백척오동각 같은 적벽돌 건축을 지어 실학정신을 구현하고 산삼원山蔘園을 조성하여 양생하고 함양군 학사루기와 흥학재기 등 문화유산 기문을 지어주었다.

4현의 위패를 병렬하여 병향한다. 고운과 일두는 문묘종사 유현이고 점필재는 문묘 2현의 스승이고 문묘종사운동이 실패했으나 제2의 문묘에 종사될 유현이다. 연암은 문묘종사운동이 없었지만 실학의 대가로 실학자 티오가 있다면 당연히 문묘에 종사될 유현이었다. 제2의 문묘를 기약할 수밖에 없겠다.

고운기념관 옆 빈터에 강당을 신설하여 좌학우묘 형식으로 배치하는 것도 무방하겠다. 강당 명칭은 계원필경학당으로 하여 최치원고전을 강의하는 장소로 이용하면 좋겠다. 강의하다가 강의듣다가 머리 아프면 고운루에 올라가 바람 쐬며 천왕봉을 바라보는 것도 한 공부이리라.

동재 서재도 있어야 완벽한 서원 규모가 완성된다. 서재는 최치원역사관과 서재 두 현판을 달고, 동재는 상림관을 폐지하고 최치원문화관과 동재 현판을 달면 된다. 이 동재는 함양사대목민관기념관으로 겸용하는 것이다.

통칭은 백연서원, 최치원역사문화관으로 한다. 백연서원은 성균관의 유림 서원으로 인준받아 유교 활동 하고, 최치원역사문화관은 박물관으로 등록하여 박물관 문화 활동을 하는 것이다. 고운기념관 뒷산 필봉산에 함양군이 조성한 최치원산책로를 걸으며 백주대낮에 백일몽을 꿈꾸며 비몽사몽 거닐었다.

고운과 일두

신라 시대 한림학사로 천령군태수를 지낸 문창후 고운 최치원 선생.

조선 시대 문신 학자로 옛 천령군, 함양군에 태어난 문헌공 일두 정여창 선생.

이 두 분은 600년의 시간차를 두고 네 번의 조우를 갖는다.

첫째는 문묘다. 고운은 1020년 문묘에 종향된다. 당시는 동서무에 종사하는 문묘종사가 아니고 공자 모신 정전 안에 종향하는 한국인 최초 유일 무이한 전내종향이다.

일두는 1610년(광해군2)에 동방오현으로 문묘에 종사되었다. 두 분은 해방후 대성전에 동국18현이 종향될 때 같이 공자 곁에서 혈식군자로 제향받고 있다.

둘째는 함양이다. 고운은 천령군 태수일 때 지리산 산삼을 공납하여 나당 외교에 공헌하고 산삼 시문을 남겨 산삼의 성인이 되었고 학사루를 지어놓고 올라가 공무의 여가에 소요 음영하였다.

일두는 함양에서 태어나 그 스승 점필재 김종직이 함양군수일 때 학문을 배웠으니 학사루에 올라 깊은 사색에 잠기기도 하고 대관림을 거닐며 미래를 구상하였을 것이다.

셋째는 하동이다. 하동은 하동정씨 일두의 관향이고 고운은 쌍계석문 휘호에 진감국사비문을 지은 곳이고 청학동 신선이 되어 선인과 교유한 곳이다.

특히 일두가 지어놓고 은거 강학한 악양정 앞 강가에 있는 취적대는 고운과 일두가 모두 피리 불며 낚시하며 세상을 잊고 소요유한 곳이다.

하동 일대에 취적대, 쌍계석문, 세이암, 화개동, 청학동, 환학대 등 고운의 발자취가 많이 남았는데 고운이 찾은 청학동을 고운이 천령군태수로 있던 함양 출신 선비 일두 정여창 선생도 좋아하여 하동 악양에 은거할 때 소 타고 쌍계사와 청학동을 왕래하기도 하였다. 옛 진주땅 지금은 하동땅인 화개동은 고운과 일두가 모두 스쳐가며 시를 지은 곳이다. 동국화개동과 사월화개맥이추가 그것이다.

고운은 함양에 있을 때는 해인사 주지 희랑의 화엄경 강설을 축하하는 〈증희랑화상〉 10절을 지어 보내기도 하였고, 쌍계사에 있다가 떠났을 때는 호원 상인에게 시〈寄顥源上人〉를 지어 부치기도 하였다.

넷째는 합천, 고령의 가야산이다. 합천군 가야면은 일두의 절친 한훤당 김굉필 선생의 처향이다. 지금 소학당 자리에 한훤당 서당이 있어 두 분이 만나 강학한 곳이다. 그뒤 이연서원을 세워 두 분을 병향하였다. 고령군 쌍림면 가야산 아래 안림천 가의 벽송정을 고운이 짓고 읊기도 하였는데 일두도 찾아 읊기도 하였으니, 일두는 고운을 흠모하여 그의 자취를 찾아다닌 게 아닐까 의문도 든다.

조선 후기의 학승으로 고승인 연담 유일(蓮潭有一, 1720~1799)은 시에서 고운과 일두를 병칭하였다. 〈蓮潭大師林下錄卷二 / 花開洞次金上舍福鉉韵〉 오언율시 2수인데 절구로 인용해본다.

孤雲與一蠹 고운과 일두는
曾住此江皐 일찍이 이 강가 언덕에 머무셨네
人歸如水逝 사람 돌아감이 물이 감과 같으나
名在並山高 이름은 남아 산과 더불어 높구나

 함양 출신 일두와 그 지역 목민관 천령군태수 고운은 모두 불우한 시대를 만났으나 정도를 걸어 천고의 성현, 만세의 귀감이 되어 유교의 도로서 세인의 흠앙을 받고 있다.

오성현과 일두선비문화제

중국은 오성(다섯 성인)이 있다. 대성 공자, 복성 안자, 종성 증자, 술성 자사자, 아성 맹자이다. 조선 유림은 현인만 있고 성인은 왜 없는가. 한국인이 중국인보다 열등해서 그런가. 성인이라고 칭할 용기가 없어서이다. 염치가 많아서이다. 한국인이 한국인을 염치없이 언감생심 어찌 성인이라고 하겠는가의 의식이다. 과감히 낡은 의식을 버리고 성인이라고 부를 만하면 성인이라고 칭해야 한다.

성리학의 순교자 동방사현은 성인이라고 칭해도 손색없다. 동방오현은 성인이라고 칭하여 동방오성이라고 개칭해도 무방하다. 중간 단계로 성현이라고 칭해보자. 필자가 중국 오성에 비겨 상정한 다섯 성현 통칭 오성현은 다음 다섯 분이다. 경산시의 삼성현역사문화공원 같은 옛 위인 기념 오성현역사공원을 조성할 만하고 오성현문화제를 종합 개최할 만하다.

오성현五聖賢
대성현大聖賢 고운孤雲 최치원崔致遠

복성현復聖賢 점필재佔畢齋 김종직金宗直

종성현宗聖賢 일두一蠹 정여창鄭汝昌

술성현述聖賢 옥계玉溪 노진盧禛

아성현亞聖賢 연암燕巖 박지원朴趾源

일두와 고운은 함양과 악양 2양의 공통점이 있다. 고운이 천령군태수를 지낸 함양에서 일두가 탄생하였고, 진주 악양에 은거한 일두가 지나다닌 한 유한의 낚시 즐긴 취적대가 본디 고운의 피리 불던 취적대이다. 고운은 함양에 학사루를 건립하고 소요음영하였고, 일두는 악양에 악양정을 건립하고 강학독서하였다. 고운은 쌍계사 팔영루에서 시를 짓고 음영하였고 청학동에서 신선이 되어 왕래하였다. 일두는 소를 타고 가서 쌍계사 쌍계석문을 감상하고 청학동을 오르내렸으니, 고운의 자취를 찾아 흠앙하는 태도이다.

함양의 오대목민관에서 고운과 점필재를 모시는 백연서원이 복원되지 못한 것이 아쉬울 뿐이고 복원된다면 고운을 주향에 점필재, 일두, 옥계, 연암을 동서 배향에 모시면 목민정신의 전당이 될 것이니, 그 옆에 함양목민관역사체험관을 건립해도 좋을 것이다.

일두는 지금은 같은 고을이지만 옛적 이웃 고을인 안음현의 현감으로 부임하여 〈문헌공일두선생사당비〉 비문을 지은 갈천 임훈의 표현을 빌리면 "어진 정치를 베풀고 교육을 일으키니施仁政興文敎 백성들이 마음으로 기뻐하고 정성으로 복종하였다民心悅而誠服고 하신 훌륭한 목민관이기도 하였다.

일두가 민심을 얻지 못하였다면 어찌 일두 서거후 정경부인에게 안음현민들이 지나다닐 때 마다 문안드리고 세시명절마다 일제히 몰려가 세배하며 별세하자 스스로 와서 장례를 치르는 걸 도와주었겠는가. 일두 선정에 대한 추모의 정 때문에 그런 것이다.

일두가 선화루를 중건하며 광풍루라 개칭하고 광풍제월의 뜻에 맞게 제월당도 건립하였으니 우암 송시열의 평가대로 성리학자로서의 면모를 보이신 것이다. 광풍루 옆 냇가에 점풍대와 욕기암이 같이 조성되어 있는 것을 보고 주정장주학에서 공자학으로 도달한 일두학이라고 파악하셨으니 탁견이다.

일두는 문화유산만이 아니라 식량자원도 남기셨으니 안음현감일 때 용추폭포 위에는 물고기가 없는 것을 보시고 홍린어(비늘이 붉은 물고기)를 방류하여 번식하게 하였다. 함양의 2대사액서원의 주인공 옥계 노진이 장수사 절에서 공부하며 날마다 잡아 포식하기도 하였다. 옥계는 박시제물(널리 베풀고 만물을 구제함)의 어짊이라고 감탄하였다. 박시제물은 성인이어야 가능한 일이니 옥계는 일두를 성인으로 추앙한 것이다.

그리하여 함양에 일두를 모시는 남계서원이 세워진 30년 뒤에 안음에도 선비들이 힘을 모아 용문서원을 세운 것이다. 둘다 사액서원으로 용문서원은 훼철되었지만 묘정비는 남아 있고 용문서원에서 유숙한 거창 선비 신착이 지은 《용문몽유록》이란 소설도 전해진다.

《용문몽유록》은 황석선성에서 순국한 안음현감 존재 곽준, 전함양군수 대소헌 조종도 및 일두 손자 동지 정언남 공의 억울한 참화를 하소하는 줄거리이다. 정언남 공의 부인이 언양김씨이니 부부 공히 순국하였는바 성평 등 시대에 위패도 나란히 모셔야 한다. 피바위 전설의 부녀자는 충신열사의 칭호를 부여하지 않는 것이 부당하니, 황암사에 피바위 순국 부녀자 합동위패를 모셔야 한다.

정언남 공의 부친 정희설(일두차남) 공의 부인, 곧 일두의 사돈 집안도 바로 언양김씨이다. 필자는 언양김씨대종회 부회장이기도 하다. 고려 사근역 전투에 참전한 사근산성 9원수 김용휘 장군 및 경신왜란에 구원장으로 함양에 달려와 순국하신 진주목사 김상 장군은 부자간으로 함양에 유공한 언양김씨 직계조상이다. 500년 세의로서 (사)일두기념사업회 이사장을 맡게 되어 영광이면서도 숭조사상의 당연한 직분이기도 하다.

 2019년 6월 8일에 2019 일두선비문화제를 동방오현, 문묘종사 동국 18현 일두를 모신 남계서원 풍영루 앞마당에서 300여 명의 유림과 하객이 모인 가운데 성대히 개최하여 성공작이라고 평가되었다. 주최측의 책임자로서 기쁘고 영광스럽게 생각한다. 이제 한 달만 지나면 일두 주향인 남계서원이 세계문화유산이 될 것이다. 미리 경축한다.

산삼의 성인 최치원과 함양 백연서원[1]

1. 머리말

    시황제 갈구하던 불로초는 산삼이라
    지리산 캐간 산삼 나당외교 공헌하다
    고운은 산삼의 성인 함양 살길 열어주다
                  - 김윤숭의 「2021함양산삼항노화엑스포」(2018.09.27)

  함양의 살길, 미래 먹거리, 산삼항노화산업의 길을 열어준 고운 최치원 선생은 신라 천령군태수로서 애민숭문의 천령정신을 창도하였다고 생각된다.

  함양문화원에서는 함양정신을 모색하는 학술회의를 하고 천령문화제위원회에서는 천령정신을 탐구하는 학술회의를 개최하니 다소 헷갈리기도 할 것이다. 그러나 천령정신은 신라 천령군태수 고운 최치원 선생의 애민정신을 발원지로 하니 함양정신의 원류일 것이다.

---

[1] 본고는 2021 제60회 천령문화제 기념 제1회 천령정신학술대회 발표문인 〈天嶺精神과 山蔘〉을 개제, 수정한 것이다.

최치원(崔致遠, 857~951)은 부임하는 지역마다 상징 건축물을 남겨 지역정신이 깃들게 하였다. 초임의 태산군(현 정읍시)태수로선[2] 피향정披香亭[3]을 지어 연못의 연꽃 향기를 음미하며 더러움 속에서도 물들지 않고 청정한 연꽃의 정신을 찬양했을 것이니 송나라 성리학 창시자 염계 주돈이(周敦頤, 1017~1073)보다 수십년 앞서 연꽃을 사랑한 문인이었다.

중간 벼슬 땅인 부성군(현 서산시)태수로서[4] 과선각過仙閣[5]을 지어 신선사상을 설파하였다. 그 과선각은 부성군 관아 건물인데 지금은 부성사란 고운 사당의 부속건물에 현판이 걸려있을 뿐이다.

---

2) 三國史記 列傳 第六 崔致遠 "致遠自以西學多所得 及來 將行己志 而衰季 多疑忌不能容 (890,진성여왕4)出爲大山郡大守."

3) 金允植 1835 1922 淸風 洵卿 雲養, 蘇川
雲養集卷之一 淸風金允植洵卿著 / 詩○昇平舘集 / 泰仁披香亭 敬次佔畢齋金先生韻°
至人一去挹遺芬° 杖履曾聞此地云°
崔孤雲曾宰是邑作此亭° 佔畢齋有懷孤雲詩°
日暮三山迷遠望° 不知何處訪孤雲°
亭前平曠° 有短林低樹° 林外羣山° 依依秀姸° 極有佳致° 土人目之爲三神山° 古傳崔孤雲得不死術°
  至今尙在云° 意在斯耶°
*佔畢齋集卷之二十一 / 詩 / 泰仁蓮池上°懷崔致遠°
割鷄當日播淸芬° 枳棘棲鸞衆所云° 千載吟魂何處覓° 芙蕖萬柄萬孤雲°

4) 三國史記 列傳 第六 崔致遠 "唐昭宗景福二年(893,진성여왕7)納旌節使兵部侍郞金處誨没於
海即差橻城郡大守金峻爲告奏使.以時致遠爲富城郡大守祇召爲賀正使.比歲饑荒因之盜賊交午
道梗不果行.其後致遠亦嘗奉使如唐但不知其歲月耳.故其文集有上大師‧侍中狀云"

5) 金履萬 1683 1758 禮安 仲綏 鶴皐, 東厓
鶴皐先生文集卷之二 / 詩中稿○七言律詩 / 題過仙閣 崔孤雲曾宰此州 故閣號過仙云°
山平野闊莽悠悠° 行盡湖西得瑞州° 海隔登萊波萬里° 地經羅濟月千秋°
回瞻直北朝天路° 坐送三南貢稅舟° 最是孤雲仙迹遠° 至今華額在楣頭°

마지막 지방관 천령군(현 함양군)태수로선[6] 학사루學士樓[7]를 세워 한림학사의 자부심을 상징하였다. 최치원이 마침내 신선의 산 삼신산 지리산이 있는 천령군의 태수로 부임하여 삼신산의 불로초 산삼을 채취하게 된 것이다.

최치원이 당나라 절도사 고변의 종사관으로서 지어 황소의 난을 문장으로 토평한 〈격황소서〉보다 더 절실하고 가치있는 글은 고변에게 선물한 신라 인삼 〈헌생일물장〉에 대한 글이다. 조선시대 인삼을 재배하기 전에는 인삼은 곧 산삼이다. 당시 산삼을 시문으로 남기고 산삼 외교를 펼치고 산삼 채취사업을 벌였을 것으로 추정되는 천령군태수 시절을 생각하면 최치원은 산삼의 성인이라고 하여도 과언이 아니다.

2. 산삼과 고운

고운은 당나라에서 벼슬하며 당시 고관의 생일에 은장식 상자 담긴 해동인형삼, 붉은 비단 자루 담은 거문고, 봉래산도(그림), 인삼 3근, 천마 1근

---

6) 三國史記 新羅本紀 第十一 真聖王 "六年(892)完山賊甄萱據州自稱後百濟武州東南郡縣降屬." / "八年(894)春二月崔致遠進時務一十餘條王嘉納之拜致遠爲阿湌." / 新增東國輿地勝覽 / 卷三十一 / 慶尙道 咸陽郡 / 名宦 新羅 "崔致遠° 致遠寄海印僧希朗詩下, 題防虜太監´天嶺郡太守´遏粲崔致遠°" / 伽倻山海印寺古蹟 "希朗大德君 夏日於伽倻山海印寺 講華嚴經 僕以捍虜所拘 莫能就聽 一吟一詠 五尺五平 十絶成章 歌頌其事 防虜大監 天嶺郡太守 遏粲 崔致遠"

7) 申佐模 1799 1877 高靈 左輔, 左人 澹人, 花樹軒
澹人集卷之八 / 詩○嶠南紀行(1869,고종6) / 學士樓°崔孤雲所建 與紫崖(韓致肇咸陽郡守)共賦 二首
1. 風風雨雨打車簾° 看盡紅流又白鹽° 石氣醒來還復醉° 泉聲貪着未爲廉° 文章歷落餘靑眼° 故舊逢迎半皓髥° 黃鶴樓中人不見° 更將餘句禿毫拈°
2. 風萍會合本無期° 偶到翻成一宿遲° 了我餘生聊復爾° 微君此世更安之° 亂山荒店懸燈夜° 明月高樓聽角時° 兩地相思犀一點° 橐中日史案頭詩°

등 비싼 선물8)을 헌정했으니 이것이 어찌 낮은 벼슬아치가 장만할 수 있는 것이겠는가. 신라 조정에서 외교를 위해 보내준 것일 것이다. 재당 신라외교협력관이라고 하겠다.

그 고관은 고운이 〈토황소격문〉을 지어 명성을 떨칠 때 종사한 당나라 태위 고변(高騈 821~887)이다. 고변은 발해고씨 명문가 출신이니 고구려 후예일 것이다. 고변에게 '해동의 약물'이라고 강조하며 생일선물로 산삼을 선물한 것이다.

그 글에서 가까운 신선봉우리에서 채집하여 멀리 가져왔다〈況皆採近仙峯 携來遠地〉고 한 것은 삼신산 지리산에서 캐온 것이고 나중에 고운이 지리산 북쪽 천령군태수가 된 것도 산삼채집의 태수소임을 위해 임명된 것이라고 추정한다.

고운은 재당시절부터 산삼을 활용하여 나당우호를 쌓았고 천령군태수 지방관으로 부임하여 나당외교에 공헌하는 산삼을 채집하여 제공하였고 한국최초 산삼 시문을 남기었으니 산삼의 성인이라고 해야 타당하다.

---

8) 桂苑筆耕集卷之十八 / 書狀啓 二十五首 / 物狀
海東人形蔘一軀 銀裝龕子盛 海東實心琴一張 紫綾袋盛
右伏以慶資五福°瑞降三淸°中春方盛於香風°上德乃生於遲日°凡荷獎延之賜°合申獻賀之儀°前件人蔘並琴等°形稟天成°韻含風雅°具體而旣非假貌°全材而免有虛聲°況皆採近仙峯°携來遠地° 儻許成功於藥曰°必願捐軀°如能入用於蓬壺°可知實腹°誠慙菲薄°冀續延長°塵黷尊嚴°倍增戰 灼°伏惟俯賜容納°下情幸甚°
蓬萊山圖一面
右伏以重陽煦景°仙界降眞°雖長生標金籙之名°而衆懇祝玉書之壽°前件圖°千堆翠錦°一朵靑蓮° 雪濤蹙出於墨池°鯨噴可駭°雲嶠湧生於筆海°鼇戴何輕°不愧瑣微°輒將陳獻°望臥龍而股慄°隨 賀燕以魂飛°伏惟略鑑心誠°俯賜容納°所冀近台座而永安寶海°展仙齋而便對家山°許沾一顧之 榮°預報三淸之信°輕黷視聽°下情無任禱祝歌謠兢灼之至°
人蔘三斤 天麻一斤
右伏以昴宿垂芒°尼丘降瑞°始及中和之節°爰當大慶之辰°仰沐尊慈°合申卑禮°前件藥物°採從日 域°來涉天池°雖徵三椏五葉之名°慙無異質°而過萬水千山之險°貴有餘香°不揆輕微°輒將陳獻° 所冀海人之藥°或同野老之芹°伏惟特恕嚴誅°俯容情懇°續靈壽則後天而老°駐仙顔而與日長新° 下情無任禱祝忻躍兢惕之至°謹狀°

고운이 그 글에서 삼아오엽三椏五葉이라고 했는데 곧 삼지오엽이란 말로서 이 용어는 산삼의 대명사이다. 이 말을 최초로 언급한 사람이 고운이다. 다른 문헌에선 고려인삼찬[9](당시 고려는 고구려이다.)이라고 하여 고구려인이 지은 시가 아닌가 여길 수 있다. 다른 명증이 없으면 고운의 창작이라고 해도 무방하다. 고운의 창작임이 증명된다면 세계 최초의 산삼시가 될 것이다.

3. 산삼과 뇌계 및 사가정

점필재 김종직의 제자이고 일두 정여창의 동문이며 동향인 뇌계㵢溪 유호인(俞好仁, 1445, 세종27~1494, 성종25)은 동향 동문 양덕현감 표연한(表沿漢, ?~1484년성종15)에게[10] 인삼 몇 뿌리를 선물받고 기념시를 지었다.[11]

그 시에서 소년시절에 여인찬麗人贊을 외었다고 한 것이 〈고려인삼찬〉이다. 뇌계는 인삼을 약의 성인 약성이라고 하였다. 중국에선 당나라 명의 손사막을 약왕 또는 약성이라고 하여 약왕전 또는 약성전에 봉안하고 있다. 남계의 물로 달여 먹는다고 했으니 고향 함양에서 인삼탕을 복용한 것이다.

---

9) 《高麗人參贊》說: "三椏五葉, 背陽向陰˚ 欲來求我, 椵樹相尋˚" 椵木酷似桐葉, 樹大而陰多, 故人參生其陰處˚
〈人蔘詩文辨證說인삼시문변증설〉 이규경(李圭景, 1788~?) 著
《高麗采蔘讚》云˚
三椏五葉˚ 背陽向陰˚ 欲來求我˚ 椵樹相尋˚
【椵˚ 一作檟˚ 椵˚ 音賈˚ 葉似桐˚】
許浚《東醫寶鑑 · 湯液篇》以爲˚ 此草多生深山中˚ 背陰近檟漆樹下濕潤處˚ 采者以此爲準˚】
《五洲衍文長箋散稿 人事篇○技藝類 / 醫藥》

10) 표연한(表沿漢, ?~1484년성종15)은 남계藍溪 표연말表沿沫1449년(세종 31)~1498년(연산군 4) 소유少游 평석平石 신창新昌의 중형. "표연한은 양덕 현감陽德縣監으로서, 금년에 가을부터 겨울까지 입거 안접 차사원入居安接差使員이 되어 일을 마치고 돌아오자마자 이달 15일에 갑자기 죽었다."〈성종실록 성종 15년 갑진(1484) 12월 13일(병인)〉

11) 㵢谿集卷之二 / 七言小詩 / 陽德縣監表侯 沿漢 以人蔘數本見惠˚
曄曄關西紫玉蔘˚ 開緘千里見君心˚ 少年曾誦麗人贊˚ 識得靈苗喜向陰˚
藥聖渠爲孔大成˚ 夷淸枸杞惠和芩˚ 灆溪第一湯初沸˚ 端合千金手脚形˚

당시 동시대인인 사가정四佳亭 서거정(徐居正, 1420, 세종 2)~1488, 성종19)
은 강원감사 조간曹幹에게 인삼을 선물받고 사례하는 시를 지어보냈다.[12]
사가도 인삼을 약의 성인 약성이라고 하였다. 산삼을 선물받고 병든 몸을
치료할 수 있어 미칠 듯이 기쁘다고 다소 과한 표현을 하며 사례하였다.

4. 산삼과 연암

함양의 안의현감으로 부임한 한국의 대표실학자 연암 박지원은 부임하기
전에 지은 《열하일기》(1780년, 정조4)에서 인삼 곧 산삼에 관해 고찰하여 언
급했고 〈고려인삼찬〉을 인용하며 그 글에 나오는 가수가 자작나무라고 주
석하였다.[13] 또 산삼탕을 끓일 때는 흐르는 물로 끓여야지 고인 물로 끓이
면 효험이 없다는 당나라 의서도 인용하였다.[14]

연암은 안의현감 시절 산삼이 삼신산 불사약이라고 명기하고 자신이 조
성한 하풍죽로당 뜰에다가 지리산 산삼 수십 뿌리를 캐다가 심어놓고 수시
로 캐어먹어 자신의 허한증을 치료하였다고 임상경험담을 소개하고 있다.[15]

---

12) 四佳詩集卷之五十二○第二十五 / 詩類 / 謝江原曹監司幹 寄人蔘
  藥聖人蔘出古方°一枝三椏最爲良°忽承佳惠能無感°病骨還蘇喜欲狂°

13) 연암燕巖 박지원朴趾源1737년(영조 13)~1805년(순조 5) 미중美仲, 중미仲美, 미재美齋 연상
  煙湘, 열상외사冽上外史 반남潘南 문도文度
  燕巖集卷之十五○別集 潘南朴趾源美齋著 / 熱河日記(1780년, 정조4) / 銅蘭涉筆
  許亢宗行程錄°自同州四十里°至肅州°東望大山°金人云此新羅山°其中産人蔘白附子°與高句麗接
    界°此妄也°雖未知同州肅州在於何處°而金人所指新羅山°安得與高句麗接界°可謂朔南貿遷°
  高麗人蔘讚°三椏五葉°背陽向陰°欲來求我°椵樹相尋°中國文書°多載此贊°椵樹葉似桐而甚大多
    陰°故人蔘生其陰云°椵樹卽我國所謂自作木°以爲冊板°我國至賤°而中原墳墓°皆種此樹°靑石
    嶺成林°

14) 燕巖集卷之十五○別集 潘南朴趾源美齋著 / 熱河日記 / 金蔘小抄
  孫思邈千金方°人蔘湯須用流水煑°用止水則不驗° 見人蔘譜°

15) 燕巖集卷之三 潘南朴趾源美齋著 / 孔雀舘文稿○書 / 與人 "正衙西南面百里外°如垂翠帳
    者°卽雄蟠湖嶺九邑之山°其名曰智異也°皇輿攷所稱天下神山有八°其三在外國°或曰楓嶽爲蓬

함양 안의에 연암실학기념관을 세워 실학건축물 한국최초의 적벽돌집 하풍죽로당 등을 복원한다면 그 뜰에 산양삼 밭을 만들어 연암의 치료사례, 산삼사업을 기념하면서 관광 상품으로 개발하는 한편 "함양의 산양삼을 브랜드화하여 보증할 수 있는 우수한 품질의 상품을 매년 일정한 분량 확보하고 이를 국가적 차원에서 국제교류의 매개로 이용하는 적극적인 활동도 필요하다."[16]고 본다. 산삼의 고장 함양을 홍보하는 한편 함양산양삼의 미래산업으로서의 가치를 부각시킬 수 있을 것이다.

5. 안의 인삼

한말의 순국지사 매천梅泉 황현(黃玹, 1855, 철종6~1910, 순종4)이 함양군 서하면 다곡리 중산마을을 지나가며 집집마다 인삼 재배하는 현상을 목도하고 시를 지어 기념하였다. 인삼밭에 비 뿌리는데 인삼 향기가 진동한다고 하였다. 집집마다 달력이 있으니 인삼재배의 적기를 파악하기 위해서라고 하였다.[17] 안의 지역에선 지금은 인삼을 재배하지 않는다. 농촌 상황이 바뀌어서일 것인데 한말까지 인삼농업이 성행했다는 사실은 알 수 있다. 지식인의 책임을 강조하며 포의한사로서 망국의 책임을 지고 자결하신 매천의 우국 발자취가 안의 지역에 남아있다는 것도 영광이다.

萊°漢挐爲瀛洲°智異爲方丈°秦之方士所言三神山有不死藥°此乃後世之人蔘也°一莖三椏°其實如火齊°其形如童子°古無人蔘之名°故稱不死藥°以誑惑貪生之愚天子°今吾出錢數百兩°採之於山°養之於後圃°未幾而忽病亡陽°採食幾盡°味殊淸苦°香有遠韻°而其實不如常食之當歸竹筍萊°然而服此三兩而後°能塞數朔如沐之虛汗°未必能令人不死°而亦豈非惑人之妖草乎°"
燕巖集卷之一 潘南朴趾源美齋著 / 煙湘閣選本○記 / 荷風竹露堂記 "……堂後萬竿綠竹°池中千柄芙蓉°中庭芭蕉十有一本°圃中人蔘九本°盆中一樹寒梅°不出斯堂°而四時之賞備矣°……"

16) 한국선비문화연구원 김경수 박사의 필자논문 논평인용

17) 梅泉集卷三 長水黃玹雲卿著 / 詩○戊戌稿 / 安義中山村
百片茅茨半尺扉°藥香連圃雨如絲°山中曆日家家有°爲揀人蔘種採時°

6. 함양 백연서원

백연서원(柏淵書院, 栢淵書院)은 본래 함양군수 점필재 김종직을 위하여 건립된 것이다. 점필재는 선정을 베풀어 이임하고 떠난 뒤 군민들이 바로 생사당〈生祠〉을 세워 추모, 제향하였다. 생사당 건립지가 재임중 근무의 여가에 낚시하며 휴식을 취한 이은대吏隱臺 위였다. 이은이란 낮은 관리로 있으며 은자隱者처럼 사는 것이라는 뜻이다. 이은대 위에 이은당이란 생사당을 세웠고 임진왜란 때 소실되어 없어졌다. 그 근처에 백연서원이 세워졌다.

이은대 근처에 백연사를 건립하였다. 백연사는 함양의 양대목민관인 신라 천령군태수 고운 최치원과 함양군수 점필재 김종직을 제향하였다. 경주최씨와 선산김씨 문중에서 주도했을 것이다. 함양 선비들은 참 기록을 안 남긴다. 설립과정 기록도 없고 백연서원 승격과정 기록도 없다. 서원철폐후 유허비조차 세우지 않았다. 기록을 너무 등한시하였다. 사당중수 기록과 서원사액 신청기록은 외지인이 썼기에 그 문집에 남아 전한다.

정조 때 초대 규장각제학을 지낸 문신 학자 강한 황경원이 영조 21년(1745) 홍문관 수찬 시절 지은 〈최고운묘기〉[18]에는 고운묘를 중수하는 사실을 서술

---

18) 黃景源 1709 1787　長水　大卿 江漢 文景

江漢集卷之九°記／崔孤雲廟記 "翰林侍讀學士兵部侍郎,知瑞書監事文昌崔公孤雲廟°在咸陽 栢淵之上°世傳公嘗守天嶺°有遺愛°天嶺於今爲咸陽°故府人立公之廟以祀之°公諱致遠°幼入 唐°擧乾符元年及第°爲侍御史內供奉°賜紫金魚袋°黃巢叛°都統高騈辟從事°光啓元年°充詔使 歸事金氏°爲翰林侍讀學士, 兵部侍郎, 知瑞書監事°乾寧元年°上十事°主不能用°乃棄官°入伽耶 山°一朝脫其冠與屨°遺之林中°不知所終°案國史°公歸本國二十一年°左僕射裴樞等三十八人° 坐淸流°死白馬驛°唐遂亡°又二十九年°金氏國滅°蓋此時公旣隱矣°豈見天下之將亂°知宗國之 必亡°超然遠去辟世而不反邪°豈其心不臣於梁°又不臣於王氏°遂逃於深山之中邪°方高騈之擊 黃巢也°公慷慨爲騈草檄°徵諸道兵°名聞天下°巢旣滅°奉詔東歸°使公終身仕於唐°則惡能免淸 流之禍乎°雖不免焉°必不能屈志辱身而朝梁庭矣°慶州南有上書庄°世稱公上書王氏°然王氏始 興之際°公誠上書陰贊之°則何故避世獨行°終老於山澤之間°而不肯仕也°王氏中贈文昌侯°祀國 學°世以爲榮°而不知公之高節不事王氏也°可勝歎哉°孔子曰°伯夷叔齊°餓於首陽之下°民到于 今稱之°使殷不亡°則二子不餓而死矣°餓而死者°潔其身也°故天下稱之不衰°公自伽耶脫冠屨而 去之°以時考之°則金氏蓋已亡矣°此其志亦潔其身°與二子無以異也°今上二十一年(1745,영조 21)°某侯出守咸陽府°拜公之廟°爲奉府人°因其遺址而改修之°屬余爲記°夫國學祀公久矣°於府

하며 고운 이야기만 하며 백이숙제같은 고운의 절의정신만을 강조하였을 뿐이다. 점필재 김종직과 같이 모신 사당이라서 점필재 이야기도 언급되어야 하는데 전혀 없다. 의아하다.

최고운묘가 중수되고 기문이 지어진 영조 21년(1745)에 함양부사는 청풍김씨 김치귀이다. 그는 부자간 영의정인 김재로와 김치인의 친족이다. 그 덕으로 벼슬하고 황경원 같은 국가 문장가에게 기문을 받을 수 있은 것이다. 김치귀는 나중에 남양부사일 때 기우제 지내며 음란한 짓 하여 어사의 탄핵을 받고 붙들려가 영조왕의 친국을 받고 제주도에 귀양갔다가 중도부처되었고 이후 관작이 회복된 듯하다.[19] 그는 최고운묘 곧 백연서원을 중수하고 대문장가 황경원에게 기문을 받아 게시했는데 처신을 잘못하여 수난을 겪었다.

뒤에 서술할 백연서원 옆에 세운 사마재의 중수 상량문을 지은 농와聾窩 정중헌(鄭重獻,1698~1781)의 부친이 무신란의 의병장 동봉東峯 정희운(鄭熙運,1678~1745)이다. 정희운이 영조 21년(1745,을축년)에 68세로 별세하였다. 김봉로金鳳魯와 김치귀가 지은 만사[20]가 남아 있으니 당시 함양부사와

治何必立廟° 然旣有公之遺跡° 亦可以百世不廢矣° 於是乎記°"
孤雲先生文集 / 孤雲先生事蹟 / [事蹟] / 柏淵祠記[黃景源] *崔孤雲廟記와 내용동일

19) 승정원일기 954책 (탈초본 52책) 영조 19년 2월 20일 갑진 2/15 기사 1743년 乾隆(淸/高宗) 8년 ○ 下直, 咸陽府使金致龜, 比安縣監柳徵°
승정원일기 1006책 (탈초본 55책) 영조 22년 7월 4일 무술 3/20 기사 1746년 乾隆(淸/高宗) 11년 ○ 下直, 咸陽府使朴良蓋, 奉化縣監尹光薀, 金堤郡守李箕重°
영조실록 100권, 영조 38년 7월 14일 갑술 5번째기사 1762년 청 건륭乾隆 27년
○南陽御史姜必履, 進民人所食海紅茱, 上曰:"食此爲生, 甚可惻也°" 命封置政院° 命拿致南陽府使金致龜, 因御史所陳, 以其祈雨時, 私奸齋室, 民多離散, 施以惡刑故也°
영조실록 100권, 영조 38년 7월 17일 丁丑 1번째기사 1762년 청 건륭乾隆 27년 ○丁丑/上御建明門, 親問金致龜, 致龜不服, 命特貸一律, 大靜縣充軍°
*導哉日記 戒逸軒日記 雜記(한국사료총서 제42집) 〉 戒逸軒日記 〉 戒逸軒日記 〉 甲申 *1764(영조40, 갑신) 五月 初八日
金致龜之所坐, 雖殺之無赦, 而究其事則不過無識儱侗, 只知一慾字者也. 今當邦慶, 今予不諭何時可放, 特爲中途減等

20) 東峯實記卷之三 附錄 挽章 四 金致龜

함양부사의 부친으로서 지은 것이다.

김봉로는 김치귀의 부친이니 함양부사가 부친을 관아에서 봉양하고 있었을 때 정희운의 별세를 만나 둘다 만사를 지어준 것이다. 김봉로는 출천대효로서 효자정려를 받아 아들 부사 김치귀와 김치정이 정려각을 세웠다.[21]

순조 8년(1808)에 함양군수로 재임한 의재 남주헌[22]은 함양의 유생을 대신

大老遺昆秀骨奇 晩承淸誨自鳧飛 家傳孝友人爭慕 義戡奸兇世共推
萬里雲衢纔得路 半宵雞夢奄乘箕 德門餘慶知何在 庭下芝蘭最茁菲

21) 역천집櫟泉集 송명흠宋明欽생년1705년(숙종 31)몰년1768년(영조 44)자회가晦可호역천櫟泉본관은진恩津시호문원文元특기사항이재李縡의 문인. 송준길宋浚吉의 현손玄孫
櫟泉先生文集卷之十三 / 記 / 贈持平金公 鳳魯 旌閭記 戊子(1768,영조44) "上之三十四季戊寅(1758,영조34)° 命旌孝子金公鳳魯之閭 仍贈司憲府持平° 遠近聳歎° 今季春° 其孤府使致龜, 致正等° 始具棹楔° 余旣猥書其牓° 致正君又泣而請曰° 願有記也° 余竊惟孝之於人大矣° 然亦人子之分° 所當爲° 故仁人君子° 恥以成名° 顧何待國家旌賞威刑以勸懲而後能哉° 然而世敎衰° 民不興行° 卽於其親° 已有物我° 其能養口體而盡疏節者亦鮮矣° 況於志色乎° 況如公通神之孝° 感天之誠° 又何可易得哉° 夫然則國家所以旌贈而褒嘉° 以樹風聲礪頑愚° 誠固不可緩也° 謹按° 公淸風人° 五世祖諱繼° 高祖諱孝伯° 祖諱益聲° 仍三世以篤學專行° 俱贈司憲府執義° 其胚胎淵源° 已有以異於人者° 公信厚純篤° 見者皆稱其不失赤子心者° 以故° 其爲孝一出天性° 嘗在場屋° 心動馳歸° 以護親癠° 嘗糞露禱° 跣立雪上十數日° 至指甲脫落° 而不自顧° 及其危也° 斫指進血° 以獲靈應° 嗚呼° 世或有刲股割體者矣° 卽公一指之力° 何能延十四季之壽乎° 此其積誠致然° 非一指之血所能起死回生也審矣° 余不孝孤露° 每讀公狀° 未嘗不三復涕血也° 諸孤賢孝° 宜無溢辭° 謹最其異行° 以爲記"

22) 승정원일기 1909책 (탈초본 101책) 순조 6년 3월 13일 신유 13/17 기사 1806년 嘉慶(淸/仁宗) 11년
○ 有政° 吏批, 兼判書李晩秀牌不進, 參判朴宗慶進, 參議金箕象牌不進, 左副承旨李好敏進° 以鄭晩錫爲兵曹參判, ……再政° 以洪大應爲司饔僉正, 李志淵爲禮曹佐郞, 南周獻爲咸陽郡守
*순조실록 11권, 순조 8년 8월 1일 甲午 2번째기사 1808년 청 가경嘉慶 13년
○慶尙右道暗行御史呂東植書啓, 論宜寧縣監朴宗球˙山淸縣監鄭有淳˙陜川府守安命遠˙泗川縣監李元煜˙安義前縣監宋欽詩˙尙州牧使鄭東敎˙前牧使李勉輝˙巨濟前府使李永建˙權煥˙咸安前郡守李儒燁˙金泉察訪柳鎭澤˙召村前察訪沈鋁 及前統制使李溥˙柳孝源˙右兵使李身敬等不治狀, 竝從輕重勘罪" 又言: "咸陽郡守南周獻治績, 施陞叙之典."
*승정원일기 1953책 (탈초본 103책) 순조 8년 8월 3일 병신 24/24 기사 1808년 嘉慶(淸/仁宗) 13년
○ 吏曹啓目貼連, 觀此慶尙右道暗行御史呂東植書啓,……咸陽郡守南周獻段, 廉明之治, 濟以剛核, 數載居官政無可議, 簽丁有譽而庶捄黃白之寃, 分糶惟精而擧無贏劣之歎, 聽理之際, 雖落無冤, 公納之數比前倍減, 不事赫赫之政, 而民譽藹蔚, 論其治績, 一言以蔽之曰, 吏憚而民懷是如爲白有臥乎所, 此等善治守令, 宜有激勸之擧, 似當施以陞叙之典是白乎矣, 係干恩賞, 自下不敢擅便, 上裁敎是白乎㫆°

하여 백연서원의 사액을 청하는 상소를 지었다. 남주헌도 황경원의 뜻을 이어 백이숙제같은 고운의 절의정신을 강조하며 사액을 소청하였다.[23] 심지어 백연서원이 함양의 백이숙제묘라고 하였다. 그런데 여기서도 점필재는 전혀 언급이 없다. 점필재의 위패가 서원에 있는데 일부러 빼고 언급하지 않았다면 기군망상죄에 해당될 것이니 그럴 리 없고 보면 이때는 점필재의 위패가 철거된 것인가?

백연서원은 현종 경술(11년,1670)에 건립되어 함양군지(1956년咸陽鄕校明倫堂편간)에 이르기까지 최치원, 김종직 병향으로 되어있는데[24] 김종직을

---

23) 南周獻(1769~1821) 1808년(순조 8) 함양군수 재직
宜齋集(奎章閣藏) 卷七 〈代咸陽儒生請栢淵書院 賜額疏〉 "伏願殿下 深察致遠之賢 明詔禮官 特宣華額 使下邑之士 得遂尊尙之誠 則亦豈不大有光於 聖朝崇賢好義之治 而又將見夷齊之廟 於臣等之土矣 臣等無任祈懇之至"

24) *輿地圖書 下(한국사료총서 제20집) 〉慶尙道 〉咸陽 〉壇廟
栢淵書院 在府西二里文昌侯崔致遠文簡公金宗直之祠顯廟朝庚戌(1670,현종11)建
*李德懋 1741 1793   全州 懋官, 明叔 靑莊館, 雅亭, 炯菴, 寒竹堂
靑莊館全書卷之六十八 / 寒竹堂涉筆(1781~1783)[上] / 咸陽名賢 "咸陽名賢 蔚然一代° 今則 遺風泯焉° 有書院五所° 灆溪, 溏洲二書院 卽賜額也° 灆溪書院 文獻公鄭一蠹, 鄭桐溪蘊, 姜介菴 翼享焉° 兪潘溪好仁° 院中作別祠而享焉° 溏洲書院 盧玉溪禛獨享° 栢淵書院 崔孤雲致遠, 金佔 畢宗直 以名宦享焉° 道谷書院 趙德谷孝仝, 鄭竹堂六乙, 盧松齋叔仝享焉° 竹堂 一蠹之父也° 松 齋° 玉溪之曾祖也° 龜川書院 表灆溪沿沫, 朴春塘孟智, 梁九拙喜, 梁逸老灌, 河愚溪孟賁, 姜琴齋 漢享焉° 桐溪生於安陰° 而以隣近享焉° 李靑蓮後白° 亦生於咸陽而獨無享焉° 人皆恨之°"
*연려실기술 별집 제4권 / 사전전고祀典故 / 서원書院 / 경상도慶尙道 / 함양咸陽
백연서원栢淵書院 기유년(1669,현종10)에 세웠으며 사액되었다. : 최치원崔致遠 자는 고운孤雲, 시호는 문창후文昌侯이다. ·김종직金宗直
*佔畢齋集戊午事蹟(1789,정조13) / 事蹟 / 戊午史禍事蹟
金山景濂書院, 密陽禮林書院, 善山紫陽書院, 咸陽栢淵書院, 開寧德林書院成°
*용이와집龍耳窩集 권뢰權珠 생년1800년(정조 24)몰년1873년(고종 10)자경중景中호용이와龍耳窩, 죽담竹潭본관안동安東특기사항허전許傳의 문인.
철종 3 1852 임자 咸豊 2 53 3월, 덕유산 일대를 유람하고 〈遊德裕山錄〉을 짓다.
"入渭城 登崔孤雲所刱學士樓° 周觀題詠° 有玉溪韻而詩意甚好° 西北五里許° 尋竹谷村° 此亦咸之 一名基云°......二十九日° 過栢淵書院 卽孤雲, 俛齋兩先生入享之所° 十餘里蹄開驛踰悟道峙° 二十里登龜° 十堂伐過碧松亭° 二十里百巫° 此去知異上峰三十里也°"
*咸陽郡誌(1956년咸陽鄕校明倫堂편간) [誌] 壇廟
栢淵書院 在郡西二里(今席卜面栢淵里)文昌侯崔致遠, 文簡公(舊誌作文忠)金宗直之祠, 四○○三 年顯宗庚戌(1670,현종11)建, 高宗戊辰(1868,고종5)毁撤

언급하지 않은 위의 기록은 불가사의한 것이다. 그리고《연려실기술》서원조에 백연서원이 사액이라고 표기했는데 이 책이 이긍익(李肯翊, 1736~1806)이 정조 초년에 완성한 것이라는 학설하에 추정하건대 순조 8년(1808)에 백연서원 사액 상소가 올려진 것으로 보면《연려실기술》의 기록은 틀린 것이다.

순조 연간에 백연서원의 원임이 지역 사회 현안에 동참한 기록이 있다. 당시 단성현의 인물 묵옹黙翁 권집(權潗,1569~1633,서계양홍주사위)의 서원 건립 촉구 무인통문(1818,순조18)에 함양향교 교임, 남계서원, 당주서원, 구천서원, 도곡서원의 원임 등과 함께 백연서원 원임 김인조金仁調가 서명한 것이다.[25]

현재 백연서원터는 정밀 조사 실측을 하지 않아 그 자리가 어디인지 미상이나 이은대는 분명하니 그위에 세운 충혼탑을 다른 좋은 장소로 이건하고 함양 최초의 생사당 이은당을 복원하는 것이 애민 선정의 명현, 명목민관을 추모하는 역사기념사업이 될 것이다.

7. 백연서원과 연계당

현재 함양군 함양읍 교산리 함양향교 옆에는 연계당이 있다. 연蓮은 연방이라 하여 생원, 진사 통칭 사마라고 하는 소과 합격자 명단 및 합격자를 가리킨다. 계桂는 계방이라 하여 문과급제자 명단 내지 문과급제자를 가리킨다. 연계당 건물은 원래 백연서원 옆에 있었다. 그 말은 지금의 함양읍 백연리에 있다가 향교 옆으로 이건되었다는 것이다. 연계각이라고도 하였다.

---

25) 聯芳輯錄 卷之六 霜嵒先生〈權濬 1578 1642 安東 道甫 霜嵒〉○附錄 建院通文 "伏惟貴鄉權先生默翁公孝以事親學以律身其文章道德非後學所敢容喙而侮賊遄死之說頹波中砥柱之節也中庸九經之衍斯文上指南之方也其他出處之正衛道之嚴爲百世之師表士林之矜式而迄今無立祠之擧竊爲僉君子惜之云云 戊寅(1818,순조18)十二月十五日 咸陽校任姜周蘫溪院任鄭海溫溏州院任姜周老龜川院任金圭泰道谷院任鄭達元柏淵院任金仁調等"

함양의 사마재를 창설한 이는 옥계 노진인데 근대에 연계당으로 확장되어 그 전통이 지금까지 이어진다.

당호 현판은 연계당이고 기문 현판은 다음이 게시되어 있다.

노진(盧禛,1518~1578) 〈사마재제명록서〉(1540,중종35,옥계23세,20세생원시합격)

박상규(朴尙圭,1621~1683)[26] 〈무기명,사마재제명록속서〉(1655,효종6)

정재기(鄭在箕,1811~1879) 〈연계당서〉(1876,고종13)[27]

이상선(李象先,1811~?,咸陽郡守1875년7월~?) 〈연계각중건상량문〉(1876,고종13)

노긍수(盧兢壽,1823~?) 〈연계당합안기〉(1876,고종13)

박상규의 속서에 보면 옛 청금안靑衿案이 병화에 소실되어 복구하였고 사마재 유사의 직임을 효종 6년(1655)에 노형조(盧亨造,1612~?)에게 이어받았다고 하였다. 사마재 건물 복원여부는 서술하지 않아 언제, 누구, 어찌 되는지

---

26) 李縡 1680 1746 牛峯 熙卿 陶菴, 寒泉, 三州 文正 *朴尙圭 1621 1683 潘南 賓卿 鏡川

陶菴先生集卷三十五 / 墓碣[五] / 生員朴公墓碣 "山陰山水°甲於嶺南°而龍湖又甲於山陰°有所謂臥龍亭者°故生員朴公尙圭居之°其祖考文楔亦生員°考以嫌亦中司馬°旋罷榜 兩世有文有行°酷愛龍湖之勝° 優游以卒其身°至公卽舊廬而葺之°仍寓尙友隆中之意°滿室圖書 一塵不到°角巾嘯咏於其中°士大夫慕其風致°咸折節與交°往來冠盖°殆無虛日° 公家素貧°烹魚釃酒 各盡其歡° 以是臥龍亭益名於嶺南° 公字賓卿°羅州人° 鼻祖應珠° 七代祖孟智°官校理號春沼者最顯° 公與弟崇圭友愛甚篤° 未嘗一日離事親°居則致其樂°病則致其憂°喪則致其哀°居母喪時年六十三°而不勝而卒°癸亥(1683,숙종9)十二月二十日也° 公嘗移葬其考於龍亭之西° 從遺志也° 及是公又葬於其下° 妣長水黃氏°翼成相國喜之後°縣令廷說之女° 公娶淸州韓氏° 其考察訪夢參° 二男壽一,壽齊° 側出曰壽祉,壽祺° 壽一男師亮進士,志亮° 女爲盧世勛魚翼龍妻° 壽齊男景亮,仲亮,季亮°師亮來乞銘° 銘曰° 龍湖之水° 淸且漣漪° 嗚呼善士° 老於斯葬於斯"

27) 《連桂案》의 기년은 몇 년 앞이다. 거기 기년은 "歲壬申(1872,고종9)秋杪下澣河東鄭在箕序". 정재기의 문집 《介隱遺稿》에도 임신壬申이라고 주기하였다.

알 수 없다. 송고松皐 노형조는 홍와 노사예의 손자이고 여헌 장현광의 문인으로 효종孝宗 3년(1652)에 진사에 합격하였다. 박상규는 효종孝宗 5년(1654)에 생원시에 합격하였다.

이상선의 상량문에 의하면 옥계 노진이 창건하고 백연서원 옆에 있었다고 하였다. 노긍수의 기문에 의하면 고종 13년(1876)에 백연 옛터에 있던 사마재를 향교 옆에 이건하였고 연방과 계방을 합하여 합안合案을 만들었다고 하였다. 그 유사는 하재구와 노태현, 총감독은 일두 후손 정재형(鄭在衡,1829,순조29~?,鄭煥祖차남)이었다. 이때 〈연계안〉을 편찬하고, 연계당이라고 명명하고, 기문 현판을 게시한 것이다. 노긍수는 뒤에 남계서원 도유사(都有司,1882~1883)를 지냈다. 위의 현판에 누락된 것이 있다.

정중헌(鄭重獻,1698~1781) 〈함양사마재중수상량문〉 임진(1772,영조48)

사마재는 영조 48년(1772)에 백연에 중건하였다. 동쪽 건물은 사마재, 서쪽 건물은 흥학재라고 하였다. 고종 때 향교 옆에 이건할 때 사마재만 옮겼으니 흥학재는 존재여부 미상이다.[28] 상량문을 지은 농와聾窩 정중헌鄭重獻은 일두 8세손이며 충신이다.

정중헌은 영조 4년(1728) 무신란, 정희량의 반란에 토벌대를 이끌고 공을 세워 부친 동봉 정희운, 아우 정상헌, 정사헌, 사촌 정찬헌, 일두 8대 종손 정윤헌, 정소헌, 정승헌, 조카 정진후와 함께 일가 9인이 모두 충신 정려받아 일

---

28) 咸陽郡誌 [誌] 學校 司馬齋 "舊在郡西栢淵,今在郡北校山里○三八七三年中宗庚子, 文孝公盧禛,創建,補 以中司馬之人,題名于案而新榜之出,取次書之,使案中一員,任其事,蓄貨賒置典僕,春秋講信,吉凶相助,以爲美事,兵亂之後,財力蕩竭靡有其所而令守掌一人,掌其文書(天嶺誌) 四一○五年英祖壬辰(1772,영조48) 重建,東曰司馬齋,西曰興學齋, 四二○九年高宗丙子(1876,고종13),移建于鄕校墻外,司馬齋(奉安蓮桂合案)稱蓮桂堂,今無興學齋,契長一人,有司二人,每年至月望日,會合案中子孫,相與講信焉"

두묘소 입구 구충각에 정려비가 남아있다. 일두 종손 정윤헌의 충신 정문은 일두종택 대문에 다른 4효자 정문과 함께 게시되어 있다. 일두오정이라 한다.

정중헌의 상량문에 보면 건물이 없어진 지 몇 년 된 상태에서 옛터에 중건을 도모하여 완성하고 높은 이은대가 눈앞에 우뚝하다고 했으니 백연서원 옆에 있었다는 것을 방증한다. 상량문을 쓴 영조 48년(1772)에서부터 향교 옆으로 이건한 고종 13년(1876)까지 100년 동안 사마재는 백연서원 옆에 건재하였다.

함양군수 윤광석(尹光碩,1747~1799,재임1791~1796)이 부임한 뒤 여론에 따라 함양 서계(속칭 복골)에 있는 정사에 장학 전답과 서적을 비치하고 흥학재라고 하였다. 영조 때 세운 흥학재가 건재했다면 정조 때 윤광석이 다시 흥학재를 세울 리 없을 것이다. 실학의 대가 안의현감 연암 박지원이 윤광석을 위하여 정조 18년(1794)에 〈함양군흥학재기〉를 지어주었다.[29]

8. 맺음말

함양의 대표축제 천령문화제가 60회를 맞이하여 기념으로 천령정신을 모색하는 학술대회를 소박하게나마 진행하였다. 천령정신은 신라 천령군태수

---

29) 연암집燕巖集 박지원朴趾源생년1737년(영조 13)몰년1805년(순조 5)자미중美仲, 중미仲美, 미재美齋호연암燕巖, 연상煙湘, 열상외사洌上外史본관반남潘南시호문도文度
燕巖集卷之一 潘南朴趾源美齋著 / 煙湘閣選本 ○記 / 咸陽郡興學齋記 "郡縣長吏初除……尹侯光碩 莅咸陽郡三年° 郡之儒士相與謀曰° 吾鄕之學不講久矣° 得無爲賢侯病哉° 曰° 有精舍於西溪之東° 是則佔畢,南溟諸賢杖屨之地° 鄕先生盧玉溪,姜介菴之所游息也° 盍於此乎而藏修焉° 侯聞而喜曰° 是不誠在我乎° 爲之捐俸而助之° 置田藏書° 修其室宇而新之° 名其齋曰興學° 噫° 矦之爲郡纔數朞矣° 而郡學之興不已兆乎° 然而齋名興學° 則其亦有意乎方來° 而非敢曰已然者° 其爲政亦可謂知所先後° 吾知尹矦之於學校° 必以身率先之也° 使厎是齋者° 學已成矣° 毋遑曰已成矣° 而將以成之也云爾° 則其所成就豈不遠且大° 而庸詎止一鄕之善而已哉° 趾源忝職隣縣° 其於國家責實之意° 一未能奉承° 早夜震悚° 昔恐職事未效° 聞矦之爲政° 竊有感於是齋之名° 爲之記° 俾藏諸壁"

고운 최치원 선생의 애민정신, 숭문정신, 국제교류정신에서 찾아야 할 것이다. 천령정신이 함양정신으로 승화되어 함양인의 정신세계를 형성하였을 것이다. 특히 산삼을 중국에서 벼슬할 때부터 신라조정에서 받아 당나라 고위층에게 외교 선물로 이바지하고 나당우호에 크게 공헌했을 것이다. 귀국하여 지방관을 역임하면서 삼신산 지리산이 있는 천령군태수로 부임하여 나당외교에 공헌하는 중요선물인 산삼을 채취하여 조정에 바치어 궁극적으로 국제교류에 역할을 다하였을 것이다.

　함양군이 2021산삼항노화엑스포를 개최하면서 산삼에 대한 한국 최초의 문장〈계원필경집 헌생일물장〉을 남기고 나당외교에서 산삼외교를 펼치고 산삼채취로 국제교류에 크게 공헌한 고운 최치원 선생을 산삼의 성인으로 추앙하여 엑스포의 상징인물로 기간 동안 선양하는 것이 타당한데 채택되지 못하여 유감이다. 엑스포는 산삼을통한 국제교류에 집중하는 것이니 그 상징인물로 최치원보다 적합한 인물이 또 어디에 있겠는가. 엑스포 고유제도 최치원기념관에서 고운선생에게 산삼을 바치며 하는 것이 합리적이었다.

　최치원은 함양의 산삼산업 미래먹거리를 열어준 인물임에 틀림없다. 함양은 산삼의 고장이다. 산삼의 고장 함양을 문헌적으로, 외교적으로, 산업적으로 정립시킨 최치원은 산삼의 성인이다. 이를 기념하지 않을 이유가 있을까.

　지리산 불로초 산삼과 국제교류의 전통은 안의현감으로 부임한 이용후생 실학자 연암 박지원 선생에게 계승되어 안의 관아에 청나라에서 배워온 실학건축 적벽돌 관아 하풍죽로당을 짓고 그 뜰에 지리산에서 산삼을 캐다가 심어 재배하고 자신의 당뇨치료에 활용하여 효험을 보았다. 연암의 산삼재배가 민간에 퍼져 인삼재배가 안의고을에 시작되었다. 지금은 안의인삼이 사라지고 없지만 그 역사는 기억해야 할 것이다. 더 적극적으로 하풍죽로당을 복원하고 그 뜰에 산양삼을 심어 국제교류의 선물로 활용하면 전통성이 있을 것이다. 지리산 산삼 재배를 통한 연암의 실학정신 구현도 최치원의 천령정신에 기반한 천령정신의 발현이라고 하여도 가할 것이다.

　백연서원을 제 자리에 복원하기 힘들다면 최치원역사공원에 건립한 최치원기념관을 이중사업화하여 활용함이 적당하다. 한쪽에 고운기념관, 그 옆에 백연서원 현판을 달고 사당으로 삼아 고운과 점필재, 거기다 유림총의로 실학목민관 안의현감 연암 박지원을 추향하여 삼현을 함께 제향한다. 동서재는 상림관에, 서재는 역사관에 유서깊은 경구의 명칭을 붙여 이중현판을 달고 활용한다. 역사관은 최치원역사관으로 하고 상림관은 의미없으니 안음현감 일두 정여창을 포함하는 최고의 명현, 최고의 선정 수령, 함양사대목민관의 기념관으로 활용함이 가하다. 사당과 나란히 강당을 세워 고운정신을 설파하는 계원필경학교로 활용한다. 가능하다면 터를 더 넓히어 주변에 현대적 기숙사 내지 유스호스텔을 지어 고운정신의 합숙훈련이 가능하게 한다. 이러한 좌학우묘의 서원을 건립하는 것도 한 방법이다. 기념관을 이중사업으로 활용하는 것이 함양에 기반한 애민 선정의 명현, 명목민관을 추모하고 함양정신을 선양하는 역사기념사업이 될 것이다.

최치원의 글짓기와 문학기행

　지난 4월달에 사회교육프로그램 문헌지식정보최고위과정 초청강연을 정선군 하이원리조트에서 열었다. 올해는 우순풍조고 강원도 산골이라 더 심한가 비바람이 몰아쳐 강연장으로 걸어가기가 힘들었다. 그래도 힘들이지 않고 〈최치원과 팔도유람〉이라는 주제로 강연하였다. 팔도에 고운의 유적이 골고루 있는 것을 소개하였다.

　고운孤雲 최치원崔致遠 857(문성왕 19)~? 선생, 조선팔도에 그의 발자취가 닿지 않은 곳이 어디 있으랴, 풍경 좋은 곳치고 그가 놀다간 곳이 아니라고 하는 데가 있을까. 그가 유람한 곳이든 자손이나 후학이 그가 놀던 곳이라고 지어낸 곳이든 다 고운의 유적이지만 진위는 구별해야 할 것이다. 왜 그렇게 유람한 자취가 많은지도 생각해보아야 할 것이다.

　고운 그는 천재이다. 의지의 사나이다. 12살에 홀로 중국에 가서 18살에 중국 과거에 급제하였다. 중국에 간 지 불과 6년 만에 언어와 문장을 완벽히 터득하고 백만명당 하나 되기도 힘든 과거에 급제하여 벼슬살고 이름내고 금의환향한 사람이 아니던가. 신화적 존재라고 하여도 과언이 아니다.

집으로 돌아오는 길에 문경 봉암사에 있는 국보 제315호 문경 봉암사 지증대사탑비 곧 고운이 지은 지증대사적조탑비문을 보아야겠다는 생각으로 토요일 저녁 봉암사 입구에 도착하니 경비에 막혀 입장불가, 우선 초소 앞 냇가에 있는 고운 친필 석각 야유암夜遊巖을 찾아 감상하였다. 주변이 어지러워 정비 보존이 시급하였다. 경북문화재로 지정 관리하여야 하지 않을까.

다음날 허락을 받아 절에 들어가 적조탑비와 경상북도 유형문화재 제121호 봉암사마애보살좌상을 감상하였다. 신앙하지 않고 미술사도 공부하지 않으니 제대로 감상하기 어렵고 그냥 힘들게 만들었다 정도 느끼고 고운 유적 찾기에만 집중하였다.

마애불이 새겨진 바위가 백운대白雲臺이다. 고운의 친필 석각이라고 한다. 경치 좋은 곳이다. 풍광이 수려하고 물은 청철하다. 고운이 아니라도 누구나 즐길 만한 명승이다. 고운은 명승을 좋아하여 많은 곳에 발자취를 남겼다. 고운이 명승을 찾아다닌 이유는 무엇일까. 산수취미일 뿐인가, 다른 깊은 뜻이 있는가, 그것은 무엇인가.

봉암사에서 나와 큰길에서 서쪽으로 가면 도암 이재 선생의 유적인 학천정鶴泉亭이 있는 선유동계곡이고 문경 용추계곡이다. 두 계곡에도 다 고운의 친필 석각이 있다. 고개를 넘어가면 충북 괴산군 청천면의 화양동계곡이다. 다 속리산 자락이다. 속리산의 동북쪽이 문경 선유동계곡이고 서남쪽이 금단산, 신선봉이다.

금단산은 청주시와 보은군과 괴산군 경계인데 예전엔 검단산이었다. 금단산의 서남쪽 신선봉에서 서북쪽 충북 청주시 상당구 미원면 계원리 후운정마을을 찾아가 후운정後雲亭 유지를 수소문했으나 마을 주민들은 모른다고 하였다. 계원리의 계원이 최치원의 계원필경에서 왔다고 하며 최치원 유적을 자랑하고 있다. 후운정이라는 정자는 무너져 사라지고 마을이름으로 살아있다.

후운정은 본디 만주晩洲 홍석기洪錫箕 1606년(선조 39)~1680년(숙종 6)가 검단산(檢丹山, 黔丹山) 아래 고운 최치원 선생이 유람한 곳인 고운대孤雲臺 위에다 세웠다. 산위에는 고운이 검단선사와 바둑두던 돌 바둑판도 남아있다. 속리산둘레길 보은길4구간에 금단산 신선길이 조성되어 있다. 전설이 아닌 사실이라고 치고 여기 속리산 자락 명승을 찾아 고운이 유람한 것이다. 속리산은 지증대사적조탑비문을 짓기 위하여 현장답사할 때 시간적 여유를 두고 명승을 찾아다닌 곳이다. 글짓기 작문을 위하여, 사전조사를 위하여 문학기행이 이루어진 것이다.

고운이 신라 한림학사로서 왕명을 받아 지은 네 편의 비문은 ①경주시 〈2015년 4월 복원〉 초월산대숭복사비명 헌강왕 12년(886)찬, 진성여왕 10년(896)찬료 친필, ②하동군 지리산쌍계사진감선사대공령탑비명(국보 제47호) 정강왕 2년(887)찬 친필, ③보령시 숭엄산성주사대낭혜화상백월보광탑비명(국보 제8호) 진성여왕 4년(890)?찬, ④문경시 희양산봉암사지증대사적조탑비명(국보 제315호) 진성여왕 7년(893)찬, 이것이 '사산비명'이다.

고운은 진성여왕 8년(894)에 아찬으로서 천령군태수에 재임하고 있었는데 그 7년 전에 정강왕 2년(887)에 진감선사비문을 짓기 위하여 지리산 하동 일대를 사전 답사하였을 것이다. 조사 자료를 바탕으로 비문을 짓고 손수 쓰고 하여 비석을 세웠을 것이다. 그래서 하동 일대에 취적대, 쌍계석문, 세이암, 화개동, 청학동, 환학대 등 고운의 발자취가 많이 남은 것이다.

고운이 지은 낭혜화상비가 있는 보령시에는 보리섬 맥도라는 최고운유적이 있고 서천을 지나 군산시 옛 옥구군에는 자천대紫泉臺라는 고운이 놀던, 독서하던 유적이 있다. 낭혜비문을 지을 때 유람한 곳으로 추정한다. 다만 자천대 유적은 고운이 그앞 내초도에서 태어나고 어릴 때, 귀국한 후에도 독서하고 놀던 곳이라고 군산시가 주장하니 다른 기회에 논할 것이다.

고운이 비문만 짓기 위하여 문학기행을 갔다고 보지 않는다. 해인사에 은거할 때 승전을 다수 지었는데 그중에 영주 부석사의 의상대사를 입전한 〈부석존자전浮石尊者傳〉이 있다. 이것도 이 글을 짓기 위하여 부석사를 유람하고 자료조사하고 찬술한 것이라고 본다면 부석사 가는 길에 있는 청량산에 심취하여 집중적으로 탐방하여 그곳에 치원봉이니 치원대니 난가대니 풍혈대니 하는 자취를 많이 남기게 된 것이라고 하겠다.

고운은 태산군(정읍), 부성군(서산), 천령군(함양) 고을 태수를 지낼 때 그 고을 명승을 유람하는 것은 물론이고 왕명을 받거나 개인적으로 글을 지을 때에는 자료조사차 사전답사 문학기행을 실시하고 간 김에 명승을 찾아 유람하고 문장력 호연지기를 길러 후세에 남는 명문을 지어 전하게 된 것이다. 고운은 문학기행하고 지금은 고운의 문학족적을 찾아 다시 문학기행하는 선순환이 이루어지니 감회가 새롭다.

▶ 1845년 〈양진영〉의 [유쌍계사기]

을사년 4월, 나는 두류산頭流山에서 하동河東의 섬진강蟾津江까지 여행하기로 하였다. 배를 타고 유람하면서 화개花開를 지나 악양정岳陽亭을 방문하고 일두一蠹 정여창鄭汝昌 선생의 신도비를 뵙고 쌍계사로 들어갔다. 절 앞에는 석문石門이 있는데, 오른쪽에는 '쌍계雙溪'라고 조각하였고 왼쪽에는 '석문石門'이라 조각하였다. 모두 고운孤雲 최치원崔致遠 선생의 글씨이다. 큰 획은 주먹만하고 작은 획은 손가락만 한데, 여기에 와서 감동을 일으키지 않을 자 누구이겠는가?

乙巳孟夏. 余將行頭流山至河東之蟾津江. 泛舟而遊. 過花開洞. 訪岳陽亭. 瞻拜鄭一蠹先生神牌. 入雙溪寺. 寺前有石門右刻雙溪左刻石門. 皆崔孤雲先生筆也. 大畫如拳. 小畫如指. 到此而不曠感者何人.

▷ 하동 악양정河東 岳陽亭

건물은 15세기 말경에 지은 것으로 추정하며 고종 38년(1901)에 군수의 지원과 후세의 참여로 다시 고쳐 지었다. 1920년에 3칸이던 건물을 4칸으로 덧붙여 지었고, 1994년에 도·군의 지원으로 크게 보수하였다.

▷ 양진영梁進永

유교 인물 조선 후기에, 『만희집』, 『경학지』 등을 저술한 학자로 자는 경원景遠, 호는 만희晚羲이다. 1788년(정조 12)에 태어나 1860년(철종 11)에 사망했다. 본관은 제주濟州이고 출생지 전라남도 화순군이다.

여러 번 향시에 응하였으나 합격하지 못하다가 1859년(철종 10) 그가 죽기 1년 전인 72세 때 사마시에 합격하여 진사가 되었다. 어려서부터 재주가 뛰어나 4세에 다른 사람이 글 읽는 것을 듣고 능히 해독하였다고 하며, 6세에는 8괘八卦와 6갑六甲을 외우고 9세에는 장자방張子房과 공명孔明의 우열을 논하는 글을 지었다고 한다.

제자백가諸子百家와 노불老佛의 학설을 섭렵하고, 특히 역易을 깊이 연구하여 「대연추책大衍推策」을 지었다. 1857년에는 고을 선비들과 함께 서울에 올라와 기묘명현己卯名賢인 양팽손梁彭孫의 시호를 청하는 상소를 올렸다.

선비들과 향음례鄕飮禮를 많이 가졌으며 시작에도 매우 뛰어났다. 최익현崔益鉉 등 많은 사림들이 양진영의 시를 찬탄하여 '풍아명어좌해風雅鳴於左海'라고 평하였다. 저서로는 『만희집晚羲集』이 있고, 편서로는 『경학지經學志』가 있다. _蘆院村 김창흡 일기

고운수필론

　오랜만에 전주한옥마을을 찾았다. 차이나타운인가 착각이 들 정도이다. 소비자의 입맛에 맞추는 거야 마케팅차원에서 탓할 일은 아니나 한옥이란 브랜드가치를 살리는 일은 아니라는 생각이 든다. 시대 취향에 따라가는 것이니 또 다시 변화가 올 것이라는 생각이다. 몇 년전 필자의 주거 함양에서 전주까지 소양IC를 드나들며 자주 허겁지겁 강의에 임하던 한국고전번역원 전주분원의 추억도 생각났다.
　제21회 수필의날 전주대회 및 심포지엄이 전주한옥마을에 있는 라한호텔에서 개최되었다. 심포지엄 좌장을 맡아 데크노크라데스 빅데이터 시대에 '수필과 짜고 놀기'란 주제로 전북문협회장 김영의 '시인이 보는 수필인들의 창조적 미래', 문학평론가 김봉진의 'youtube-netflix 시대 수필의 융합적 미래'란 내용의 주제발표와 토론을 잘 교통정리하여 성공리에 마치었다.
　수필의날은 연암燕巖 박지원(朴趾源,1737~1805)의 '열하일기' 중 '일신수필馹迅隨筆'이 수필이라는 용어를 처음 쓴 것을 기려, 이 일기의 첫날인 7월 15일로 제정되었다. 2001년 대학로 흥사단 강당에서 첫 '수필의날' 행사가 (사)한국문인협회 수필분과회(회장 정목일) 주관으로 개최되었다. 각 수필 문예지 단체들이 협동하여 수필의날 운영위원회를 조직하여 개최한다.

지연희 운영위원장(한국문인협회수필분과회장, 한국수필가협회이사장) 때부터 한국 최초의 기행수필 신라 고승 혜초(704~787)의 『왕오천축국전』을 기념하여 4월 28일로 변경하여 개최하고 있다.

수필은 분류도 다양하다. 경수필, 중수필, 본격수필, 창작수필, 5매수필, 아포리즘수필 등등. 수필의날을 창제한 윤재천 수필가가 발행하는 《현대수필》은 목차를 보면 〈아포리즘수필〉〈실험수필〉〈생태수필〉〈시사수필〉 등 다양한 수필을 시도하는 걸 알 수 있다. 표지엔 〈초대수필〉이나 본문에선 〈초대에세이〉로 싣고 있다.

필자의 지리산문학관이 2010년부터 (사)한국수필가협회와 공동제정하여 시상하는 기행수필분야의 본격문학상 〈인산기행수필문학상〉에서 중시하는 기행수필은 신라 고승 혜초(704~787)의 『왕오천축국전』을 비조로 하니, 한국 최초의 기행수필로 인정하면 1,200년의 유구한 역사를 지닌 문학사가 된다. 기행수필, 서간수필, 수기수필 등 수필은 분야가 다양하다. 엔간한 산문은 다 수필로 포괄, 포섭, 종합해야 마땅하다.

수필은 문학의 왕이라고 생각한다. 타 장르에서 취급하지 않는 분야는 다 수필이라고 하여도 무방하다. 칼럼, 르포, 수기, 논설, 간단한 소논문 등도 다 수필이다. 수필은 배타성, 순수성을 고집하지 않아야 한다. 산문, 잡문 등 잡이라는 말로 비하하거나 천시, 경시하는 우를 범하지 말아야 한다. 산도 흩어질 산으로 산만하다, 잡스럽다의 잡이란 글자와 뜻이 같다.

수필의날 전주행사를 마치고 새만금 기행을 같이 떠났다. 세계잼버리공원을 둘러보고 풍력발전단지에서 도시락을 먹고 단체 버스는 상경하고 필자는 홀로 선유도 연륙교를 질주하였다. 선유도, 신선이 노는 섬, 얼마나 멋있고 부러운 대상의 섬인가. 장생불사의 신선이 노니는 섬이라니.

선유도에 노닌 신선은 누구인가. 필자는 고운 최치원 선생이라고 추정한다. 남들도 그리 생각하는 경우도 있을 것이다. 유선, 선비 신선이라고 불리운 고운 최치원 선생은 가야산에 들어가 부지소종, 최후를 알 수 없다고 하여 신선이 되어 갔다고 설화화되었다. 민심의 선망이요 희망이 된 것이다.

그 가야산이 경남 합천의 가야산이 아니라 충남 예산 덕산의 가야산이라고 하는 경우도 있다. 덕산 가야산에 은거하며 신선 공부하고 옥구, 군산시 지역을 순유하며 선유도에서 노닐었을 수도 있을 법하다.

인백기천(人百己千, 남이 백번하면 자기는 천번하였다는)의 각고의 노력파 천재 문인 문창후 고운 최치원(崔致遠, 857~951) 선생

12세에 중국에 유학하여 중국어를 익히고 고문을 습득하고 과거공부를 하고 6년만인 18세에 당나라 빈공과에 급제하고 말단 벼슬부터 하여 고변의 종사관으로 황소의 난을 붓끝으로 평정하여 문명을 떨치고 신라로 금의환향하였다.

그러나 천재 문인 선진 지식인인 최치원을 환영하는 분위기가 아니었다. 골품제 사회였던 것이다. 신분제개혁의 의지도 있었을 것이나 실현할 힘이 없었다. 중앙에서 밀려나 지방고을을 전전할 수밖에 없었다.

최치원은 부임하는 지역마다 상징 건축물을 남겨 정신이 깃들게 하였다. 초임의 태산군(현 정읍시)태수로선 피향정披香亭을 지어 연못의 연꽃 향기를 음미했으니 송나라 성리학 창시자 염계 주돈이(周敦頤, 1017~1073)보다 반백년 앞서 연꽃을 사랑한 문인이었다.〈三國史記 列傳 第六 崔致遠 / 致遠自以西學 多所得及來將行己志而衰季多疑忌不能容(890, 진성여왕4)出爲大山郡大守.〉

중간 벼슬 땅인 부성군(현 서산시)태수로서 과선각過仙閣을 지어 신선사상을 설파하였다. 그 과선각은 부성군 관아 건물인데 지금은 부성사란 고운

사당의 부속건물에 현판이 걸려있을 뿐이다.〈三國史記 列傳 第六 崔致遠 / 唐昭宗景福二年(893, 진성여왕7)納旌節使兵部侍郞金處誨没於海即差橻城郡大守金峻爲告奏使.以時致遠爲富城郡大守祗召爲賀正使.比歲饑荒因之盜賊交午道梗不果行.其後致遠亦嘗奉使如唐但不知其歲月耳.故其文集有上大師·侍中狀云〉

마지막 지방관 천령군(현 함양군)태수로선 학사루學士樓를 세워 한림학사의 자부심을 상징하였다. 최치원이 마침내 신선의 산 삼신산 지리산이 있는 천령군의 태수로 부임하여 삼신산의 불로초 산삼을 채취하게 된 것이다. 그 덕으로 2021함양산삼항노화엑스포의 상징인물 산삼의 성인이 될 수 있는 것이다.〈三國史記 新羅本紀 第十一 真聖王 / 六年(892)完山賊甄萱據州自稱後百濟武州東南郡縣降屬. / 八年(894)春二月崔致遠進時務一十餘條王嘉納之拜致遠爲阿湌.〉〈新增東國輿地勝覽 / 卷三十一 / 慶尙道 咸陽郡 / 名宦 新羅 / 崔致遠°致遠寄海印僧希朗詩下,題防虜太監´天嶺郡太守´遏粲崔致遠°〉〈伽倻山海印寺古蹟 / 希朗大德君 夏日於伽倻山海印寺 講華嚴經 僕以捍虜所拘 莫能就聽 一吟一詠 五仄五平 十絕成章 歌頌其事 防虜大監 天嶺郡太守 遏粲 崔致遠〉

필자는 고운 최치원의 작문기행, 유적답사를 하면서 최치원의 작문 태도, 지식인의 고뇌를 느끼며 그를 선양하는 수필을 다수 지어 모아《고운수필》을 발간하여야겠다고 결심하였다. 고운수필은 고운이 지은 수필이 아니라 고운을 생각하는 수필이란 뜻이다. 고운수필을 쓰고 고운수필가가 되어야겠다는 생각도 마찬가지이다.

함양의 문화 속에 남아있는 최치원

I. 들머리

고운 최치원 선생은 한중 국제교류의 상징이다. 한중 국제교류의 상징으론 해상왕 장보고나 불교왕자 대각국사 의천도 손꼽을 수 있다. 인도 기행문을 남긴 혜초도 있고 도교 신선이 된 김가기도 있다. 하지만 교류와 교류기록 차원에선 미흡하다. 최치원은 한중 외교와 문학의 국제교류에 있어 탁월한 업적을 남기었고 기록도 생생히 전해진다. 혜초의 〈왕오천축국전〉과 최치원의 〈계원필경집〉은 세계기록유산으로서 손색이 없으니 등재를 적극 추진해야 한다.

한국은 문창후 고운 최치원 선생을 문묘와 서원에 모시고 있다. 한국은 인물을 높일 줄 모른다. 숭배하고 신앙할 줄 모른다. 문창후가 중국에 눌러 살았다면 이미 도교사원에 관성대제처럼 문창대제로 추존되어 사람마다 특히 선비, 지식인마다 숭배할 것이고 문창궁에서 향화를 받으며 널리 신앙되고 있을 것이다.

왜 지금 고운인가, 중국여행객 천만명시대의 아이콘, 중국 조기유학, 인십기백의 면학정신, 외국인 임용, 산삼외교, 중국한국 교차사신, 외교문서

작성 등의 국제교류, 한중교류의 상징이기도 하지만 팔도에 발길 닿지 않을 곳이 없을 만큼 국토사랑정신이 강하기도 하지만 옛 함양군 천령군태수를 지내어 함양의 역사인물이기도 하지만 신라를 동국, 중국을 서국으로 표현한 동서주체의식, 다양성, 다원화, 다문화시대의 선구자, 삼교합일정신의 종교평화정신 구현자이므로 존경할 만하기 때문이다.

최치원의 자취는 중국에도 많이 남았지만 한국에 있어선 조선팔도에 없는 곳이 없을 정도이다. 오래된 인물이라서 탄생에 대한 불명확성도 존재하고 신비화된, 소설화된 측면도 혼재하여 진위가 뒤섞여 전해진다. 거짓이든 지어낸 이야기든 역사든 최치원에 대한 기억의, 추억의 자취이다. 나름대로의 가치는 있다.

최치원의 기록, 최치원의 일생은 5기로 나눌 수 있다. 생장기, 당유학기, 당출사기, 신라출사기, 신라은퇴기이다. 최치원은 어디서 태어났는가. 경주 최씨 경주 사량부 사람이므로 당연히 경주 출생일 것이다. 그러나 조선후기에 오면 전라도 출생설이 등장한다. 군산 옥구 출생이라든가 순창 금돼지굴이라든가 괴설이 출현한다. 창원 출생설도 있다.

신라출사기의 최치원의 자취는 벼슬살이나 왕명을 받아 국가 공인기록물(대표적으로 사산비명)의 작성에 있어 현지 출장길에 생긴 것이다. 그 주인공의 현장에 가서 보고 체험하고 느끼며 글을 짓는 것이 최치원의 글짓기 방식이다. 문학기행의 글짓기 방식이 최치원의 글짓기 특징이다. 가장 많은 자취는 신라은퇴기로서 조선팔도에 거의 다 족적을 남겼다.

최치원의 지방관 벼슬살이는 세 고을의 태수를 지낸 것이 뚜렷하다. 국사의 기록상 처음 지방관으로 나가 태산군(정읍시 태인면, 태인현) 태수를 지냈고 다음으로 부성군(서산시) 태수를 지냈다. 관찬사료의 기록상 최치원이 천령군(함양군) 태수를 지낸 것은 분명하다.

이제부터 천령군 태수를 지낸 함양군의 역사상, 설화상 최치원의 자취와 기록을 추적해본다.

II. 함양의 최치원 발자취

1. 대관림, 상림공원

함양에 있어 최치원의 발자취로 첫째로 손꼽히는 곳은 천연기념물 제154호 함양상림咸陽上林이다. 상림은 본디 대관림大館林이라 한 데서 알 수 있듯이 함양읍성 관아를 보호하는 방수림, 호안림의 인공조림이다. 최치원이 천령군 태수일 때 위천수의 범람을 방지하기 위하여 둑을 쌓고 심었다는 천년 숲이다.

통일신라 진성여왕(재위 887~897) 때 최치원 선생이 함양읍의 홍수피해를 막기 위해 만들었다고 전해진다. 함양상림은 사람의 힘으로 조성한 숲으로는 우리나라에서 가장 오래된 숲이라는 역사적 가치와 함께 우리 선조들이 홍수의 피해로부터 농경지와 마을을 보호한 지혜를 알 수 있는 문화적 자료로서의 가치도 매우 크므로 천연기념물로 지정하여 보호하고 있다.

예전에는 대관림大館林이라고 불렸으나 이 숲의 가운데 부분이 홍수로 무너짐에 따라 상림上林과 하림下林으로 나뉘게 되었다. 현재 하림은 훼손되어 흔적만 남아있고 상림만이 예전의 모습을 유지하고 있다.

대관림大館林은 뇌계 동쪽 언덕에 있다고 성종 17년(1484년) 12월 완성된 《동국여지승람》에 기록되어 있으니 오래된 숲이다. 성종 1년(1470)~성종 6년(1475) 함양군수로 재임한 점필재 김종직이 대관림에서 시 짓고 술 마시며 휴식하기를 즐겨 하였다.

콸콸 맑은 뇌계 물 소리 성밖에 들리어라 / 激激淸溟郭外音
홀로 시구 읊으니 번잡한 가슴 시원해지네 / 獨吟騷句爽煩襟
때론 지팡이 짚고 돌아오는 학을 막기도 하는데 / 有時拄杖攔歸鶴
해 지자 대관림에 서리가 날리는구나 / 落日霜飛大館林
　　　　 – 「점필재집佔畢齋集」 제8권 「윤료가 또 함양군의 지도를 작성하였으므로, 그
　　　　　 위에 절구 아홉 수를 쓰다[允了又作咸陽郡地圖題其上九絶]」

대관림 가운데서 술 불러다 마시는데 / 大館林中招麴生
깊은 가을 초목들은 눈부시게 밝네 / 深秋草樹肅靑熒
어찌 꼭 그대 즐겁게 하는 게 관현악뿐이랴 / 何必娛君絲與竹
단풍 낙엽 소리 쓸쓸하고 시냇물 쌀쌀하네 / 楓能瑟瑟澗泠泠
　　　　 – 「점필재집佔畢齋集」 제11권 「극기가 수박을 보내면서 지은 시운에 화답하고
　　　　　 겸하여 어제 숲속에서 즐겁게 노닐던 일을 서술하노니, 구월 이십 오일이다
　　　　　　　　　　　　　　　　　　 [和克己饋西瓜韻兼敍昨日林下之歡九月二十五日也]」

　대관림이 상림과 하림으로 나뉘어진다고 하였으나 함양이 중국 진시황의 지명과 같으므로 사대주의 일체화작업으로 지명이 불어나기 시작하여 뇌계라 불리던 시내는 중국 위수渭水를 본따 위천渭川이라 고치고 함곡관이란 지명도 붙이고 함양관아의 객사도 위성조우읍경진渭城朝雨浥輕塵의 시의를 취하여 위성관渭城館이라 칭하는 등의 추세속에 진시황의 상림원上林苑에 빗대어 상림이라 한 것으로 본다. 한국 함양에는 시황제가 나지 않았으니 시황릉은 붙이지 못할 것이다. 위대한 시인이 나오면 시의 황제 시황릉詩皇陵이라고 붙일 순 있겠다.

　조선후기에도 연암 박지원이 안의현감일 때 상림둑쌓기에 안의현민을 동원하여 책임량을 할당하여 튼튼히 쌓아 수이 무너지는 병폐를 방지하였다는 기록도 있다. 조선중기에도 둑의 보수작업은 계속 이루어졌다. 함양군수가 상림 둑을 쌓는 것을 보고 일두 정여창 선생의 후손인 송탄松灘 정홍서

(鄭弘緖, 1571-1648)가 지은 시가 있다. 이때의 지주는 함양현감 낙남洛南 최산휘崔山輝 1585(선조 18)~1637(인조 15)이다. 함양군이 양경홍의 난으로 징벌받아 함양현으로 강등되어 최초의 현감으로 부임한 목민관이 최산휘인데 1년 만에 이듬해 봄에 이임하였다.《天嶺誌》

狂流蹴破子城西 賢宰殷憂築大堤
終古頌聲吟召父 祇今嘉績托潘溪
民功自作緣涯障 神力何須鎭水犀
不分叨陪兼勝賞 綠陰無限夕陽低

- 陪地主觀築防川 庚午(1630년, 인조8년)

상림 안에 최치원의 신도비가 있는데 그 안에 '건학사루, 수식림목어장제 建學士樓手植林木於長堤'라 씌어져 있다. 최치원이 학사루를 세우고 손수 긴 둑에 숲을 심었다는 것이다. 전하는 말에 의하면 최치원이 직접 백운산의 나무를 옮겨 심었다고 한다.

2. 학사루

두 번째는 경상남도 유형문화재 제90호 함양학사루咸陽學士樓이다. 학사루는 함양 관아의 객사의 문루였다. 학사루는 최치원이 신라 태수일 때 건립하고 거닐며 음영한 곳인데 후세에 복원하며 한림학사 최치원을 기념하여 학사루라 명명한 것이다.

옛 함양 관아의 객사는 일제 때 헐리어 함양초등학교가 되고 그 문루인 학사루는 그 자리에 있다가 1979년 초교를 증축하면서 지금의 자리로 이건 하였다. 지금의 학사루에는 그 많던 시문 기문 현판 등은 다 사라지고 함양 군수 여주환이 1979년 2월에 지은 〈학사루이건기〉와 작자미상의 근대인이 지은 주련만 걸려 있다. 학사루 옆을 지키는 천연기념물 제407호 함양 학사루 느티나무(咸陽 學士樓 느티나무)는 그대로 그 자리에 있다.

> 七月蟬聲滿一樓 칠월의 매미소리 누에 가득한데
> 登臨回顧又傷秋 누에 올라 회고하니 감회가 깊구나
> 長林上下高城出 상림 하림 긴숲에 성은 높이 솟았고
> 大野東南二水流 한들의 동남에 두 냇물이 흐르네
> 學士已乘黃鶴去 학사는 이미 황학을 타고 가버렸는데
> 行人空見白雲留 행인은 부질없이 흰구름만 바라보네
> 可憐風物今猶昔 가련타 풍물은 예나 지금이나 같은데
> 常有詩篇揭軒頭 언제나 추녀끝에는 시편이 걸려있네
>
> - 〈學士樓 柱聯〉
> (글씨: 진주출신 야천 임재동 〈천령의 맥〉)

조선 시대는 거의 통틀어 학사루가 함양에서 최치원을 기념하는 독보적인 위상을 점하고 있었다. 무오사화의 발원지인 건 잘 알려진 사실이다. 남이를 모함하여 죽인 유자광의 시판이 학사루에 걸려 있는 걸 함양군수로 부임한 김종직이 보고 간신배의 시판을 용납할 수 없어 떼어 태워버린 것이 유자광의 원한을 사게 된 것이다. 소인배의 원한은 무서운 것이다. 역사도 바꾸고 수백명의 목숨도 앗아가는 것이다.

함양군수를 지낸 태촌 고상안이 기록한 고사에 의하면 유자광의 부친은 함양군수였다. 고을 아전을 겁박하여 그 딸을 얼자인 유자광에게 시집보내게 하였다. 유자광이 출세한 뒤 함양에 와서 시를 지어 학사루에 걸었다. 김종직이 보고서 욕하며 현판을 떼어버려 유자광이 한을 품게 되었다 〈조의제문〉을 가지고 모함하여 선비들을 일망타진하였다.

柳子光之父爲天嶺太守｡治民之私而脅制邑吏｡以其女嫁子光｡子光乃孼產也｡吏
嘆曰｡吾女之命卜者皆云當爲一品｡而令歸孼子｡冤莫甚矣｡不知子光終爲一品｡
而厥女爲貞敬夫人也｡他日子光得志到天嶺｡題詠于學士樓｡佔畢齋見之｡詰而去
其板｡子光因此含恨｡遂註弔義帝於江中賦｡譖于燕山｡蓋賦是佔畢齋所作也｡噫｡
以一題詠削去之故｡而佔畢不免身後之禍｡諸賢亦遭騈首之戮｡子光可謂兇險不
測之人也｡詩曰｡讒人罔極｡其此之謂歟｡

– 「子光之兇險」(泰村先生文集卷之四 / 效嚬雜記上 / 叢話)

3. 상련대

상련대는 함양 서쪽 백운산 꼭대기 근처에 있다. 최치원이 어머니를 봉양
하기 위하여 세운 절이라고 알려졌다. 그 절에는 지금 경상남도 유형문화재
제456호 함양상연대목조관음보살좌상咸陽 上蓮臺 木造觀音菩薩坐像이 있다.

상련대는 최치원의 효성을 증명하는 유적이다. 불심 깊은 모친을 위하여
기도처로 삼아 건립하여 드린 것이다. 상림에 뱀이나 벌레 등 해충이 없는
것도 뱀에 놀란 모친을 위하여 도술을 부려 영구히 퇴출시킨 것에서도 그의
효성은 증명된다.

焫년(신라 경애왕1)에 신라말 고운 최치원 선생이 어머니의 기도처로 건립
하여 관음기도 하던 중, 관세음보살이 나타나 상연上蓮이라 하였다는 유래
로 청정 관음기도도량이라고 한다는 기록은 신뢰성이 약하다.

857년에 태어난 최치원이 924년이면 68세이고 함양의 천령군 태수를 그
만둔 지도 한참 지났는데 왜 그 시점에 그 지점에 절을 짓는다는 것은 맥락
상 말이 되지 않는다. 건립 시기는 태수 재임 시절로 보아야 한다.

조선 말기에 지어진 중수기에는 선비들의 유교의식에서 효성 사실은 언급
하지 않고 지명의 유사성만 강조하였다. 불교에 매몰된 최치원이라는 비난
을 의식하여 기피한 것이리라.

蓮庵之在雲山 其古矣 諺曰 昔崔文昌 建庵於此者 取夫山與庵 俱同名者 嘗有
之於中國故耳 不然 公乃儒者 於異學 雖不能禁 矧助之乎 旣已自解曰 公生新
羅之世 東土貿貿焉 未免夷貊 而公嘗以鄕慕中國爲志者 則其或然乎 盖斯庵
掛在山之絶頂 其爲址也 三隤而一於山 古怪幽僻 明朗通暢 比之諸禪室 未嘗
所有 其北數武 鑿山緣崖 一間甚蕭洒者 山神閣兼法堂也 刼界風雨 星霜閱歷
幾至頹落 僧道眞爲之懼 赤拳鳩財 碧瓦丹艧 燦然復新 其意可尙也哉 嗚呼
其徒之來拜此閣 亦可以恒沙數之 則勿以祭死句爲工 動寂之間 恒以活句從事
吹起毛利處 寂滅旣成 則止觀祭聽之妙 大有事在 此可謂小小快活也 請欲比
之於衰世之學 役役乎形氣 徒死於人欲者 則尙有說焉 然余之記此者 非右之也
乃叔季之歎也與 文昌建庵之意 其所取 雖不同 抑亦靡所無取云爾

- 「上蓮臺庵重修記」
(聖上卽位三十六年屠維大淵獻(기해1899)孟秋全希大書)

4. 천령봉

함양읍 서쪽에 있는 천령봉은 신라시대 천령군 태수 최치원을 유추할 수 있는 유일한 지명이다. 함양군 행정중심지는 고려시대는 지금의 관변마을에 읍성이 있었다고 한다. 왜적의 침략에 불타고 지금의 자리에 이건했다고 한다. 신라시대는 어디에 있었을까. 고려시대와 같을까.

천령군 태수를 지낸 최치원이 어디에서 행정사무를 보았을까. 기록이 없다. 지명으로 유사하게 추측해볼 수 있는 것은 천령봉이라는 산이름이 유일하다. 천령봉 아래 관동이란 지명이 있는데 관동이 괘관동이라는 선비식 고상한 지명의식을 버리고 관동, 벼슬아치마을이라는 뜻으로 보면 그곳이 천령군, 속함군, 속함성이 있던 곳이 아닐까 추정할 수 있다. 그러므로 신라시대 최치원의 활동 사적은 천령봉을 기준으로 삼는 게 타당하다.

최치원 시대 당시 해인사에 있던 화엄종장 희랑대사가 화엄경을 강설하였는데 천령군 태수 최치원도 가서 듣고 싶었지만 공무에 매인 몸이라서 가지 못하였다. 아쉬운 마음을 칠언절구 10수를 지어 보내며 달래었는데 10수 중

6수만이 남아있다.《海印寺事蹟》그 시의 끝에 알찬(신라 17등 관계 중의 제6등) 천령군 태수라고 명기하였다. 최치원이 알찬에 승진한 해는 진성여왕 8년(894) 2월에 시무 10여 조를 상소한 다음에 포상 차원에서 이뤄진 것이니, 894년에는 확실히 아찬 천령군 태수였다. 이때 희랑대사에게 보낸 시는 6수만이 남아있으나 소서小序와 그뒤 희랑의 시호교지가 기록되어 있으니《知守齋集》합하여 팔폭병풍이나 8개의 시비를 세울 수 있을 것이다.

최치원은 그 2년 뒤에 숭복사비문 찬술을 10년 만에 완성하였다. 숭복사비는 신라 진성여왕 10년(896)에 고운 최치원 선생이 비문을 짓고 글씨를 써서 세운 것으로 원래 이름은 '유당신라국 초월산 대숭복사비명병서有唐新羅國初月山大崇福寺碑銘幷序'이다.《靑莊館全書》

〈증희랑화상〉 팔폭병
1. 希朗大德君 夏日於伽倻山海印寺 講華嚴經 僕以捍虜所拘 莫能就聽 一吟一詠 五仄五平 十絕成章 歌頌其事 防虜大監 天嶺郡太守 遏粲 崔致遠
2. 步得金剛地上說°扶薩鐵圍山間結°芯葧海印寺講經°雜花從此成三絕°
3. 龍堂妙說入龍宮°龍猛能傳龍種功°龍國龍神定歡喜°龍山益表義龍雄°
4. 磨羯提城光遍照°遮拘盤國法增耀°今朝慧日出扶桑°認得文殊降東廟°
5. 天言秘敎從天授°海印眞詮出海來°好是海隅興海義°只應天意委天才°
6. 道樹高談龍樹釋°東林雅志南林譯°斌公彼岸震金聲°何似伽倻繼佛跡°
7. 三三廣會數堪疑°十十圓宗義不虧°若說流通推現驗°經來未盡語偏奇°
8. 希朗祖師諡號敎旨 贈海印尊師圓融無尋不動常寂緣起相由照揚始祖大智尊者 己酉五月日°高麗王印

※해인사주지 희랑대사
합천 해인사 건칠희랑대사좌상陜川 海印寺 乾漆希朗大師坐像 보물 제999호
해인사 희랑대 목조지장보살좌상海印寺 希朗臺 木造地藏菩薩坐像 경상남도 유형문화재 제485호

해인사 삼화상 진영海印寺 三和尙 眞影 경상남도 유형문화재 제486호: 해인사의 개산조開山祖인 순응順應과 이정利貞, 그리고 중창조인 희랑조사希朗祖師로 추정되는 삼조사三祖師를 그렸다.

 海印寺 在伽倻山西 ○新羅哀莊王所創 有高僧順應利貞希朗遺像〈新增東國輿地勝覽 卷之三十 慶尙道 陜川郡 佛宇〉

함양상림에서 함양의 대표축제 천령문화제가 개최되다가 사라졌다. 상림에는 2020함양산삼항노화엑스포 주제관이 건립되어 함양산삼축제장으로 사용되고 있다. 정부사업으로 확정되어 준비가 진행되고 있다. 함양산삼은 서복이 구한 불로초이고 고운 최치원 선생이 당나라 유학 시절 당나라 고위 관료에게 선물로 주어 나당외교에 공헌한 것이다.

 右伏以慶資五福° 瑞降三淸° 中春方盛於香風° 上德乃生於遲日° 凡荷獎延之賜° 合申獻賀之儀° 前件人蔘並琴等° 形稟天成° 韻含風雅° 具體而旣非假貌° 全材而免有虛聲° 況皆採近仙峯° 携來遠地° 儻許成功於藥曰° 必願捐軀° 如能入用於蓬壺° 可知實腹° 誠慙菲薄° 冀續延長° 塵黷尊嚴° 倍增戰灼° 伏惟俯賜容納° 下情幸甚°
   – 「海東人形蔘(一軀)」銀裝龕子盛 「海東實心琴(一張)」紫綾帒盛

위 문장에서 "採近仙峯°"의 선봉이 삼신산 지리산 봉우리라고 추정한다. 고운 선생이 천령군 태수로 부임한 것도 산삼을 채취하여 당나라 외교에 이바지하고자 한 신라조정의 인사조치라고 추정한다. 최치원은 조정의 명을 받들어 천령봉 관아에 앉아 지리산 채삼활동을 독려하였을 것이다.

 右伏以昴宿垂芒° 尼丘降瑞° 始及中和之節° 爰當大慶之辰° 仰沐尊慈° 合申卑禮° 前件藥物° 採從日域° 來涉天池° 雖徵三椏五葉之名° 慙無異質° 而過萬水千山之險° 貴

有餘香°不揆輕微°輒將陳獻°所冀海人之藥°或同野老之芹°伏惟特恕嚴誅°俯容情懇°續靈壽則後天而老°駐仙顔而與日長新°下情無任禱祝忻躍兢惕之至°謹狀

― 「人蔘三斤 天麻一斤」

위 고운의 문장에서 고(구)려인의 인삼찬人參讚이 등장하니 전문은 다음과 같다.

三椏五葉°背陽向陰°欲來求我°椵樹相尋°

위 글을 쓸 때 20대의 고운이 인삼 곧 산삼에 대해 조예가 깊었고 산삼에 대한 문장과 자료를 남겼고 채삼활동에 종사했으니 한국 산삼문학의 비조, 한국 산삼학의 비조라고 하겠다. 중국 같았으면 인삼업자나 산삼업자의 신이 되어 숭배되었을 것이다.

시황제 갈구하여 서복 찾은 불로초라
지리산 캐간 산삼 나당외교 공헌하다
고운은 산삼학의 비조 미래 살길 열어주다

― 김윤숭의 「2020함양산삼항노화엑스포」

5. 서계

천령봉 아래 맞은편 시내 건너 구룡저수지 하류가 봇골로 서계라 불린 곳이다. 함양군수 점필재 김종직이 공무의 여가에 읍성 서쪽 이은대에서 낚시하며 소일하듯 최치원도 공무의 여가에 맞은 편 서계에서 소요하지 않았을까 추측한다.

함양읍에서 서쪽으로 가면 구룡천이 동류하는데 옛 이름은 라계羅溪였다.

점필재가 서계로 고치고 뇌계 유호인, 뒷날 함양군수 지낸 매계 조위랑 유람하였다. 지금 봇골이라 불리는 곳이 서계西溪 유원지이다.

함양군수 조준명의 아우 동계東谿 조귀명趙龜命 1693년(숙종 19)~1737년(영조 13)은 서계를 애호하여 소동파가 서호를 항주의 미목眉目이라고 하듯이 서계를 함양의 미목이라고 하였다. 그들 부친의 외조부 이장영李長英도 인조 26년(1648)에 함양군수를 지냈는데 생원 김억립(金嶷立, 1601~1658)과 서계를 유람하며 시를 짓기도 하였다.

서계 위쪽에 선산김씨의 생원 김억립이 지은 이요정이 있는데 조귀명이 서계서재중수기西溪書齋重修記를 지어주었고, 함양군수 윤광석이 서계 건물을 중수하여 함양군 흥학재興學齋를 건립했는데 그 기문은 이웃고을 안의현감 연암 박지원이 지어주었다.

남명제자로 성주 선비인 동강東岡 김우옹金宇顒 1540년(중종 35)~1603년(선조 36)이 27세 때 1566년(명종21) 5월에 함양 선비들과 1박 유람하며 시를 읊고 즐긴 곳이다. 그들은 서계창수록西溪唱酬錄을 남기어 기념하였다. 그 중 동강의 시 1수를 소개한다.

西溪深處有仙源° 서계 깊은 곳 신선의 근원 있는데
瞻望山高不可越° 바라보니 산은 높아 넘을 수 없네
朗詠歸來俯碧流° 시 읊고 돌아오며 푸른 물결 보고
悠然坐待峯頭月° 유연히 앉아서 봉우리 달 기다리네

— 김우옹의 「서계」

동강은 선조대의 명신으로 그의 백형이 당시 함양군수 이계伊溪 김우홍金宇弘이었다. 둘째형 개암開巖 김우굉金宇宏, 세째 형 사계沙溪 김우용金宇容이 동행하였고 이들의 매부 이응명(李應命, 字汝順)이 잠깐 참석하였다.

함양 선비로는 개암 강익 45세 때, 사암 노관, 매촌 정복현, 죽헌 정지, 매암 조식 등 5인이었으니 함양의 대표적 명사들이 다 동참한 것이다. 개암은 흥에 겨워 자신이 지은 시조 단가삼결 3수를 노래하니 운치가 심원하여 완상할 만하다고 동강은 평가하였다.

매촌梅村 정복현(鄭復顯, 1521~1591)은 본디 거창생으로 함양 뇌계천 가에 지은 제광당霽光堂과 마천 운학정雲鶴亭에 살았다. 그의 서계 창수 시도 있다. 그는 "崔仙佔畢興 최고운과 점필재의 흥취가 千載付吾人 천년 뒤 우리에게 전해졌네"이라고 천령군태수 고운 최치원과 함양군수 점필재 김종직이 다 서계에 유람하였다고 읊었다. 천령봉 아래에 신라시대 관아가 있었다면 앞 쪽 시내 건너 서계에서 휴식과 여흥을 즐기는 것은 자연스런 현상이다.

6. 엄천사

엄천사는 함양군 휴천면에 있던 절인데 창건 주지 결언선사와 최치원이 교류하였고 이 절에서 기거하기도 하였다. 최치원은 왕비의 발원문을 짓기도 하였다.

지리산 엄천사嚴川寺는 신라 헌강왕 9년(883)에 창건되었다고 한다. 함양군수 김종직과 그 제자 뇌계 유호인이 자주 찾아 시를 읊었다. 절의 사적이 장황하므로 초록하여 보인다.

〈해동 강우 천령군 지리산 엄천사 흥폐 사적 (含山抄譯)〉

천령군 지리산 엄천사는 신라의 결언선사決言禪師가 창건한 것이다. 당나라 건부乾符 10년(건부는 6년에 그치고 이때는 中和 3년임) 계묘(신라 헌강왕9년.883) 봄에 헌강대왕이 화암사(華岩寺:화엄사)에 사신을 보내어 결언선사를 초빙하였다. 선사가 이르자 왕이 예로써 대우하고 분부하였다.

"궁궐에 선사를 초청한 것은 까닭이 있습니다. 우리나라는 불도로써 나라를 다스렸지요. 법흥왕의 도리사, 진흥왕의 황룡사, 무열왕의 감은사, 애장왕의 해인사, 경문왕의 숭복사는 다 선왕을 위해 지은 것입니다. 때때로 그 절에 불공을 드려 선왕의 명복을 빌고 국운의 연장을 기원했으니 이것은 대대로 계승하는 대업입니다. 내가 그 일을 잇지 못한다면 선왕을 저버리는 것입니다. 선사를 번거롭게 이곳에 오게 한 것은 선사를 통해 그 일을 이루려고 하는 것입니다. 듣건대 해동의 명산이 많지만 지리산이 가장 높고 깊다고 하니 선사가 그곳에 가서 터를 잡고 절을 지어 영원히 우리 선고왕先考王을 위해 명복을 비는 원찰로 만들어준다면 그 자비와 보시가 클 것입니다."

그리하여 대사가 명을 받들어 지리산에 와서 산을 따라 맥을 점치고 시내를 따라 거슬러올라가다 마침내 이 땅을 얻었다. 보고를 받은 왕은 백성을 동원하고 조세를 돌려 쓰게 하고 사신을 파견하여 같이 공사를 감독하게 하였다. 절이 지어지자 왕은 엄천사라 하사하였다. 그뜻은 엄히 계율을 지켜 한량없는 복을 받는 것이 냇물이 쉬지 않고 흐르는 것과 같다는 것이다. 낙성식의 법회를 열 때 왕도 친히 행차하여 선고왕을 위하여 불공을 드렸다. 드디어 결언대사를 보정사輔政師로 삼고 사라국사娑羅國師라고 칭하였고 이 절의 주지로 삼았다.

왕비 김씨가 곡식 천 섬을 희사하여 죽은 아우를 위해 명복을 빌고 최치원(885년 귀국)에게 명하여 발원문을 짓게 하였다.

고려 시대에 절이 퇴락했으나 보수하지 못하였다. 남송 건염建炎 2년 무신, 고려 인종대왕 즉위 6년(1128)에 고승 성선性宣 대사가 강을 건너 서유西遊하다가 이 절에 유숙하고는 절의 퇴락상을 보고 발분하여 중수할 것을 발원하였다. 그리하여 시주자를 구하여 중수하니 옛 모습을 회복하였다. 성선대사는 강법사講法師가 되었다.

임진왜란으로 인해 절은 다 불에 소실되었다. 강희康熙 25년 정묘 우리 임금님 즉위 14년(숙종13,1687)에 안양사(安養寺:지금의 문정리 법화사) 승려 인욱印旭과 혜문惠文 등이 안양사가 험고한 데 있어 왕래가 어렵다며 평탄한 엄천사 터로 절을 옮기자고 대중에게 동의를 얻고 군수와 관찰사에게 진정하여 승낙을 받아 수백 명의 승려들이 재물을 모으고 공역을 담당하여 추진하였다. 그러나 이때 이 땅은 향교의 수세지收稅地로 편입되어 있어 절을 지을 수 없는 형편이라 세월이 천연되었다.

경오년(숙종16,1690) 봄에 동의를 얻어 절을 중창하게 되었다. 벽암 각성(碧巖 覺性:1575-1660)의 손자인 침허枕虛의 아들 죽계당竹溪堂 승현僧絢 대사가 지휘하여 중건하였다. 옛 주초를 인하여 18동棟 100간의 건물을 지었다. 임신년(1692) 봄에 왕명이 내려 4결結이 면세전으로 되었다.

승민勝敏이 사적을 지어달라고 청하여 강희 32년 계유(1693,숙종19) 2월 5일에 무가암無可菴의 탄부坦夫가 사적기를 지었다. 이후 48년 기축(1709,숙종35) 6월 2일에 시와 서문을 지었다. (시서 생략)

이 사적에 의하면 신라 헌강왕 9년(883)에 창건되었다고 하나 고려 문신 최언위(崔彦撝 868~944)가 지은 오진탑비문에 대중(大中:당 선종 연호) 말년(13, 859) 신라 헌안왕 3년(859)에 개청開淸 835(흥덕왕 10)~930(경순왕 4)이 강주康州 엄천사嚴川寺 관단官壇에서 구족계를 받았다고 했으니 이때 이미 엄천사는 큰 사찰이었던 것이다. 창건 연대가 오히려 올라가야 할 것이다. 연대 기술에 착오가 있는 것이다. 아니면 창건 사적이 아니고 중건 사적이라 하면 타당할 것이다.

개청은 보현산사에서 입적하니 속년俗年 96세, 승납 72세였다. 후에 낭원대사라 시호諡號하고 탑명塔名은 오진悟眞이라 했다. 탑비의 원래 명칭은 고려국명주보현산지장선원고국사낭원대사오진지탑비명병서高麗國溟州普賢山地藏禪院故國師朗圓大師悟眞之塔碑銘幷序이다. 보물 제192호(최언위 글, 구족달 글씨) 강릉 보현사 낭원대사탑비江陵 普賢寺 朗圓大師塔碑이다.

해인사는 서기 802년(신라 애장왕 3년) 10월16일 의상 스님의 법손인 순응順應과 이정利貞 스님이 지은 화엄 도량이다. 그 뒤를 결언대덕決言大德이 이어받아 주지가 되었다. 918년 고려를 건국한 태조는 당시의 주지 희랑希郞이 후백제의 견훤을 뿌리치고 도와준 데 대한 보답으로 이 절을 고려의 국찰國刹로 삼아 해동海東 제일의 도량道場이 되게 하였다. 고려 건국 초기의 『균여전』에 보인다.

한편, 조선 초기에 제작된 것으로 알려졌던 해인사 비로자나불좌상의 제작연대가 통일신라시대 말기인 883년으로 밝혀져 현존하는 국내 최고最古의 목조 불상으로 판명됐다. 엄천사의 창건연대와 같다.

고운 최치원의 친형인 현준대덕賢俊大德은 정강왕 1년(886년)에 화엄경사華嚴經社를 지리산 화엄사에 결성하고 경전의 글을 베껴 썼으며, 현준과 함께 결언대덕決言大德도 화엄의 종장宗匠들이라 할 연기緣起, 지엄智儼, 의상義湘, 원측圓測을 위해 남악南岳인 화엄사와 북악北岳인 부석사에서 제를 올리는 것을 일상적인 일로 삼았다.

화엄사 주지인 결언선사[1]가 엄천사를 창건하였으니 엄천사는 화엄사, 해인사와 함께 화엄종의 중요 사찰이 된 것이다. 화엄종찰 세 절의 주지를 지낸 결언선사는 화정종장임에 틀림없다.

최치원이 쓴「신라 가야산 해인사 결계장기結界場記」를 보면 해인사는 창건 당시 터가 험하고 규모가 작았는데 약 100년이 지난 효공왕 1년(897) 가을 다시 중창할 것을 합의하고 90일 동안 참선한 뒤에 3겹의 집을 세우고 4급의 누樓를 올려서 사역을 확정하였다고 한다.

엄천사嚴川寺는 조선후기까지 큰절이었는데 이것도 폐사되고 주춧돌들만 흩어져 있다. 성종 때는 엄천사 후원에 차나무가 있는 것을 점필재가 발견하여 번식시켜 공물로 바치어 백성들의 대납 고통을 덜어준 애민과 선정의 성지이다. 삼국사기에 지리산에 차나무를 심었다는 기록을 보고 아기를 납치해

---

1) 결언선사決言禪師 : 865년(신라 경문왕 5년): 화엄대덕華嚴大德 결언決言이 해인사에서 5일간 경을 강의. 〈大嵩福寺碑銘: 遽命有司 虔修法會 華嚴大德釋決言承旨於當寺 講經五日 所以申孝思而薦冥福也〉

이 찻잎을 뜯어 먹여 키운 호랑이 전설을 듣고 여기에 차나무가 있을 것이라는 확신이 들어서 찾아내게 한 것이다. 그 전설의 차가 호차虎茶이다.

점필재가 호차를 만드는 차나무를 번식시켜 조성한 차밭 동산은 명명하자면 호차원虎茶園이라 하였을 것이다. 호차원을 복원하여 보성, 하동에 이은 제3의 차문화테마파크 조성을 희망한다. 엄천사 터 동호마을 입구에 1998년에 함양군이 세우고 필자가 번역해 새긴 〈점필재佔畢齋 김종직金宗直 선생 관영 차밭官營茶園 조성터造成址 기념비〉가 서있다.

欲奉靈苗壽聖君 욕봉령묘수성군 신령한 차 받들어 임금님 장수케 하고자 하나
新羅遺種久無聞 신라유종구무문 신라 때부터 전해지는 씨앗을 찾지 못하였다
如今擷得頭流下 여금힐득두류하 이제야 두류산 아래에서 구하게 되었으니
且喜吾民寬一分 차희오민관일분 우리 백성 조금은 편케 되어 또한 기쁘다.

竹外荒園數畝坡 죽외황원수묘파 대숲 밖 거친 동산 1백여 평의 언덕
紫英鳥嘴幾時誇 자영조취기시과 자영차 조취차 언제쯤 자랑할 수 있을까
但令民療心頭肉 단령민료심두육 다만 백성들의 근본 고통 덜게 함이지
不要籠加粟粒芽 불요롱가속립아 무이차같은 명다를 만들려는 것은 아니다

– 차 밭茶園 2수 / 점필재 김종직 시
(後學 金侖秀 譯 / 後學 李昌九 書)

추파秋波 홍유泓宥 1718(숙종 44)~1774(영조 50)는 엄천사종각상량문嚴泉寺鐘閣上樑文에 고운선생이 깃든 곳이고 법우화상[2]이 창건한 것이라〈孤雲

---

2) 법우화상法和尙 : 무당이 굿을 할 때 한 손에 금방울을 흔들고 한 손에 채색 부채를 들고 중얼중얼 주문을 외우고 너울너울 춤추며 부처님 이름을 부르고 또한 법우화상을 부른다. 이것은 대개 유래가 있다. 지리산의 엄천사嚴川寺에 법우화상이 있었는데 매우 도가 높았다. 어느 날 한가로이 있을 때 갑자기 보니 산골짝의 냇물이 비가 내리지 않았는데도 불어났다. 그 근원을 찾다가 천왕봉 꼭대기에 이르러 키 크고 힘센 한 여인을 보았다. 스스로 말하기를, "성모천왕聖母天王으로서 〈성모천왕은 곧 지리산신이다. 고려 때 박전지朴全之가 지은 용암사龍巖寺

子之所棲 法祐師之攸創〉고 하여 엄천사 사적기의 결언 창건설과는 다른 설을 폈다.

勢扼嶺湖咸陽°爲都護府之鎭勝°占智異嚴泉°得大伽藍之名°孤雲子之所棲°法祐師之攸創°千峯簇攢°一水縈紆°巖巒之雄高°則鴈宕風斯下°道場之明淨°而鷲靈美豈專°旣奠法殿之宏䂓°爰諏鐘樓之繼搆°筮陰陽於筠璞°勅㮌桷於倕般°輸岱山之奇材°寫崑丘之美石°事皆從而順矣°不日成之°衆亦樂而爲焉°如雲集也°一閣功訖°六偉唱騰°兒郞偉拋梁東°鏜鏜鞳鞳曙暉中°人間猶作牽情夢°一敱惺惺喚主翁°兒郞偉拋梁南°鞳鞳鏜鏜午餉甘°莫使木魚鳴飯後°山中飢客盡來叅°兒郞偉拋梁西°鏜鏜鞳鞳日輪低°日輪方向金天去°慈嶺雪山路不迷°兒郞偉拋梁北°鞳鞳鏜鏜時夜寂°吳質欲消黑業纒°不眠應誦彌陀百°兒郞偉拋梁上°鏜鏜鞳鞳飛淸響°隨風散入白雲間°諸佛扇然來靉髣°兒郞偉拋梁下°鞳鞳鏜鏜長不啞°三十三天廿八星°晨昏不失鳴蘭若°伏願上樑之後°神祐一寺°聲聞十方°叵磬鑼而揚靈°千魔辟易°侑員誦而娛佛°百祿多將

— 嚴泉寺鐘閣上樑文

엄천사의 법우화상은 팔도 무당의 시조이다. 전국 백 명의 무당의 집결지가 백무동이다. 엄천사니 법우화상이니 불교가 들어온 뒤 각색된 것이고 우리말로 무당을 일컫는 말이 법우일 것이다. 엄천사는 무당의 성지였다가 사찰로 변모된 것이다. 사찰로 바뀐 다음부터 역사가 시작된 것이다.

중창기에 보인다.〉인간계에 귀양 내려왔는데 그대와 인연이 있어 마침 물로 도술을 부려 스스로 중매한 것이다."고 하였다. 드디어 부부가 되어 집을 짓고 살았다. 딸 8명을 낳아 자손이 번성하였고, 무술巫術을 가르쳤다.〈지금 산 아래에 백무촌百巫村이 있다고 한다.〉금방울을 흔들고 채색 부채로 춤추며 아미타불을 부르고 법우화상을 부르면서 동네방네를 다니며 무업巫業을 일삼았다. 그러므로 세상의 큰 무당은 반드시 한번 지리산 꼭대기에 이르러 성모천왕에게 기도하여 접신接神한다고 한다.《조선무속고朝鮮巫俗考.제15장》이능화(李能和 1869~1944) 지음.
* 백무촌百巫村은 함양군 마천면 강청리 백무동으로 현재는 백무동(白霧洞 또는 百武洞)이라 표기한다. 고전 판소리 전집의 변강쇠가에 보이는 변강쇠가 나무한 백모촌百母村이 바로 이곳이다. 변강쇠가는 함양을 배경으로 하는 고전판소리문학이다.

  官壇授戒有開淸 관단에서 수계한 개청국사가 있고
  八道巫堂法祐生 팔도 무당은 법우화상이 낳은 것
  佔畢濡溪吟詠夠 점필재와 뇌계가 읊은 시가 많고
  秋波樑頌感墟傾 추파대사 상량문 빈 터전에 느끼네

- 嚴川寺 歷史文學公園 / 金侖嵩 作

Ⅲ. 함양의 최치원 기념 자취

1. 백연서원

 백연서원은 본래 함양군수 점필재 김종직이 기거하였던 이은당을 중심으로 김종직을 향사하는 생사당으로 설립되었고 서원으로 승격하여 사액서원이 되었다. 이후 최치원을 같이 모시면서 오히려 최치원 위주로 변모하였다.

 1670년(현종 11)에 최치원崔致遠과 김종직金宗直을 향사하는 백연서원栢淵書院이 창건되었다. 1869년(고종 6) 대원군의 서원철폐로 훼철되어 복원하지 못하였다.

 문묘에 종사된 문창후 신라 명현 고운 최치원 선생이 함양목민관 천령군 태수를 지낸 것은 영광이요 축복이다. 인문학콘텐츠의 무한한 확장가능성을 제시하는 것이다. 2018년에 최치원기념관이 건립되어서 그 위대한 정신은 외롭지 않겠지만 고운 최치원과 함양의 또 하나의 위대한 목민관 점필재 김종직 선생을 함께 모시던 백연서원이 훼철되고 복원되지 못한 것은 큰 아쉬움이다.

 최치원기념관과 서원은 기능과 역사성이 다른 것이니 백연서원을 복원하여 전통을 계승하여야 한다. 복원한다면 점필재의 제자로 함양이 낳은 위대한 시인 뇌계 유호인 선생도 함께 모시어 주향에 최치원, 동향에 김종직, 서향에 유호인을 향사하는 삼현사를 건립하는 것이 의미있다고 하겠다.

옛날 함양읍성에서 서문을 나서면 이은대吏隱臺라고 있었으니 점필재 김종직 선생이 관리 생활의 여가에 낚시하며 소일하던 장소이다. 이은吏隱이란 미관말직의 관리에 은거한다는 뜻이다. 한번은 평복으로 낚시하고 있는데 손님이 지나가며 원님이 어디 계시냐고 묻기에 나일세 하여 놀라게 하였다고 하듯이 소탈한 면모를 보이셨던 것이다.

> 層巖斗起壓溪流 층암이 우뚝 솟아 냇물을 누르네
> 吏隱嘉名耀萬秋 이은이란 멋진 이름 천추에 빛나네
> 有腳陽春從古仰 춘풍같은 기상 예로부터 우러르고
> 無邊景物至今留 무한한 경치는 지금까지 남아있네
> 西連廟宇增瞻慕 서쪽으로 사당과 이어져 더 그립고
> 南接仙區助勝幽 남쪽으로 절경에 접해 더욱 그윽하네
> 遼鶴一歸臺就沒 주인공이 떠나고 누대는 인몰되었네
> 登臨卻惱廢興愁 올라보니 흥폐에 대한 시름만 더하네
>
> – 이은대 吏隱臺 次盧若水 澹 / 소헌素軒 정세정鄭世楨

이은대에 있던 이은당은 김종직 선생이 이임한 뒤에 생사당으로 삼아 위패를 모시었고 나중에 그곳에 백연서원을 세워 고운 최치원 선생과 점필재 김종직 선생을 향사하였다가 흥선대원군 때 철폐되었다. 그 자리에 충혼탑이 세워져 현대의 현충시설이 되었으나 함양읍의 유일한 서원이며 사액서원인 백연서원을 복원하면 좋을 것이다.

조선 영조 때 문신 황경원은 중수기를 지으면서 백연서원의 원 주인공 김종직은 일언반구 언급하지 않고 최고운만을 거론하며 최고운묘 전용으로 서술하였다.

翰林侍讀學士兵部侍郎, 知瑞書監事文昌崔公孤雲廟°在咸陽栢淵之上°世傳公
嘗守天嶺°有遺愛°天嶺於今爲咸陽°故府人立公之廟以祀之°公諱致遠°幼入唐°
擧乾符元年及第°爲侍御史內供奉°賜紫金魚袋°黃巢叛°都統高駢辟從事°光啓
元年°充詔使°歸事金氏°爲翰林侍讀學士, 兵部侍郎, 知瑞書監事°乾寧元年°上
十事°主不能用°乃棄官°入伽耶山°一朝脫其冠與履°遺之林中°不知所終°案國
史°公歸本國二十一年°左僕射裴樞等三十八人°坐清流°死白馬驛°唐遂亡°又
二十九年°金氏國滅°盖此時公旣隱矣°豈見天下之將亂°知宗國之必亡°超然遠
去辟世而不反邪°豈其心不臣於梁°又不臣於王氏°遂逃於深山之中邪°方高駢之
擊黃巢也°公慷慨爲駢草檄°徵諸道兵°名聞天下°巢旣滅°奉詔東歸°使公終身仕
於唐°則惡能免清流之禍乎°雖不免焉°必不能屈志辱身而朝梁庭矣°慶州南有上
書庄°世稱公上書王氏°然王氏始興之際°公誠上書陰贊之°則何故避世獨行°終
老於山澤之間°而不肯仕也°王氏中贈文昌侯°祀國學°世以爲榮°而不知公之高節
不事王氏也°可勝歎哉°孔子曰°伯夷叔齊°餓於首陽之下°民到于今稱之°使殷不
亡°則二子不餓而死矣°餓而死者°潔其身也°故天下稱之不衰°公自伽耶脫冠履而
去之°以時考之°則金氏盖已亡矣°此其志亦潔其身°與二子無以異也°今上二十一
年°某侯出守咸陽府°拜公之廟°爲率府人°因其遺址而改修之°屬余爲記°夫國學
祀公久矣°於府治何必立廟°然旣有公之遺跡°亦可以百世不廢矣°於是乎記°

－ 江漢集卷之九〈崔孤雲廟記〉江漢 黃景源(1709~1787)

※咸陽郡誌 / 古蹟

吏隱臺 在郡南一里(今席卜面吏隱里)金宗直爲郡時,公退之暇,嘯詠於斯, 名
吏隱,遺址尙存

吏隱堂 增在小孤臺下瀶溪南岸,(今吏隱里)佔畢先生,爲倅時,臨溪創搆小
堂,扁以吏隱而簿領餘閑,杖屨逍遙, 民有去後思,爲立祠於此,以祀之,丁酉,爲
賊所焚,遺址至今尙存(天嶺誌)

2. 사운정

사운정은 대한제국 시대 1906년에 현인 최치원을 숭모하는 모현정慕賢亭

으로 건립되었다가 직접 고운을 사모한다는 뜻으로 사운정思雲亭으로 개칭하였다. 선비들의 풍류와 피서를 즐기는 곳으로 술판과 시조창회가 벌어지기도 하였다. 사운정에선 함양 선비들의 한시짓기 시회가 열리기도 하고 시사詩社 모임도 개최하곤 하였다. 다음은 위성음사渭城吟社 시사모임에서 지은 인산선생의 압권 시이다.

天降儒仙手植林 천강유선수식림 하늘이 내린 선비신선 심은 상림에서
渭城詩伯揖相尋 위성시백읍상심 위성음사의 시인들 서로 읍하며 찾네
大黃大野金波動 대황대야금파동 크게 누런 큰 들에 황금 물결 움직이고
長碧長空玉露深 장벽장공옥로심 길게 푸른 긴 하늘에 옥같은 이슬 짙네
志樂古今神聖志 지락고금신성지 뜻은 고금 성현의 뜻을 즐거워하고
心通歷代俊雄心 심통역대준웅심 마음은 역대 영웅의 마음을 통하네
社中賢士治平日 사중현사치평일 위성음사의 어진 회원들 태평 시대에
擧世孝親頌德音 거세효친송덕음 온 세상이 효도스런 덕성을 칭송하네
　　　　　　　　　 - 사운정思雲亭 / 인산仁山 김일훈金一勳(1909~1992) 作 불초삼남 (김윤수 근역)

思雲亭上不思雲 사운정 위에서 고운을 생각지 않고
弗肖三男慕府君 불초 삼남은 선고 부군을 사모하네
念昔渭城吟社會 옛날 위성음사의 모임을 생각하니
仁山警句壓群員 인산의 경구가 좌중을 압도했었지
　　　　　　　　　 - 사운정思雲亭 / 김윤숭 작

※渭皐集卷之一 / 思雲亭七老淸暑帖韻

深樹雲來記歲年 春花秋葉共茫然

一樓明月仙何處 十里斜陽客到天

老子靑牛函谷路 姜翁白髮渭川邊

竝皆舊蹟誰能識 只有時人口口傳

3. 문창후신도비

상림 사운정 옆에 경상남도 문화재자료 제75호 문창후신도비文昌侯神道碑가 서있다. 신도비는 무덤 입구에 세우는 것이므로 가야산에 입산하여 신선이 되었다는 최치원 선생에게 해당하지 않는 것이다. 애초에는 합천 선비 옥간玉澗 최병식(崔秉軾, 1867~1928)이 유허비라고 써준 것인데 1923년에 신도비라고 고치어 세운 것이다. 이 비문에 최치원이 별세 연도가 951년(고려 광종 2)으로 나오는데 어디에 근거한 것인지 미상이다.

東方聖人之學 自殷師始創 而當時無見而知之者 故道泯而無傳 有唐大中十一年丁丑(857) 我文昌侯先生生焉 天姿近於生知 而精敏好學 欲以傳數千載旣絶之學 然羅俗 專佞佛法 先生用是爲憂 勵志求道 年十二(868) 尋師入唐 乘桴之際 其先公誡之曰 往矣勤哉 無墮乃力 先生佩服嚴訓 冀諧養志 得人百己千之工 乾符元年 中禮部侍郎裵瓚下 一擧及第 時年十八(874) 調宣州溧水縣尉 遷爲都統巡官承務郎侍御史內供奉賜紫金魚袋 中和元年(881) 賀改年號 上表引王制 天子西巡狩 命典禮 考時月定日同律 及大戴禮中和位育之語以陳之 時黃巢反(875-884) 天子命兵馬都統高騈以討之 騈辟先生爲從事(881) 表狀書檄 皆出於其手 其檄黃巢 有不惟天下之人皆思顯戮 抑亦地中之鬼已議陰誅之語 巢不覺墮床 由是名振天下 當時如宰相鄭畋蕭遘 淛西周司空寶諸公 莫不聞風而納交焉 中和五年(885)正月 先生自淮南入本國天子詔使 進詩賦表狀等集 先生狀奏曰 諷詠性情 寓物名篇 曰賦曰詩 幾溢箱篋 及斧斤爲棄物 從職淮南 蒙高侍中專委筆硯 軍書幅至 竭力抵當 四年用心 萬有餘首 然淘之汰之 十無一二 遂進詩賦表狀集二十八卷 曰私試今體賦五首一卷 曰五七言今體詩共一百首一卷 曰雜詩賦共三十首一卷 蹟東都時所作也 曰中山覆簣集一部五卷 調宣州溧水縣尉時所作 而仕優則學 勵爲山志而標名者也 曰桂苑筆耕集一部二十卷 從淮南寓食戎幕時所作也 天子考覽 大加稱賞 有曰 舜伐有苗 修德而終能奉服 湯征自葛 行恩而竟望來蘇者 曰體堯舜之理 法禹湯之興者 有曰 聖人能以天下爲一家 以中國爲一人者 盖欲致君於堯舜之道 以興都俞吁咈之治也 光啓元年(885)春三月 奉帝詔還自唐 同年顧雲 以詩送別 有文章感動中華國之句 其名重上國如此 及還 王留爲侍讀兼翰林學士 守兵部侍郎 知瑞書監事 先生

自以西學多所得 欲展所蘊 而衰季多疑忌 不能容 出爲太山郡太守 景福二年 眞聖女王 召爲賀正使 乾寧元年(894) 先生進時務十餘條 主嘉納之 以爲阿飡 先生自西事大唐 東還故國 皆値亂世 自傷不遇 無復仕進意 自放於山水間 營臺榭植松竹 枕藉書史 嘯詠風月 若慶州南山 剛州氷山 陜川淸凉寺 智異山雙磎寺 合浦縣月影臺 皆其遊玩之所 後挈家入伽倻山 究覽墳典 而尤深於中和大本達道之義 爲造道之正法眼藏 又鼓琴自慰 名之曰孤雲操 以終焉 時年九十五(951) 所著文集三十卷 行於世 唐書藝文誌 又載先生四六集一卷 桂苑筆耕二十卷 宋天禧四年 高麗顯宗 贈內史令 從祀先聖廟 天聖元年(1023) 追封文昌侯 建祠于泰仁武城 我朝肅宗丙子 賜額武城書院 有明嘉靖壬子 明宗大王傳敎 曰先賢文昌公崔致遠 道德 我東方第一 仁祖丙寅之敎 正宗甲申之敎 亦皆如是焉 先生姓崔氏 諱致遠 字孤雲 號海雲 沙梁部人也 其先曰蘇伐都利 降于兄山 爲突山高墟部長 有新羅開國功 儒理王九年 改部號爲沙梁 賜姓崔氏 而先生始著 嗚呼 生於東方偏小之國 執天朝文衡 而名振天下者 惟先生一人而已 先生嘗論三敎 而論儒道則曰 麟聖依仁乃據德 論佛法則曰 佛語心法 雖云得月 終類係風影 論仙術則曰 假學仙有始終 果能白日上昇去 只得爲鶴背上一幻軀 著類說經學 仁義等論百四十八條 嘗莅咸陽 不罰化行 移郡建學士樓 手植林木於長堤 先生去後 咸之人士 愛之如召伯甘棠 愈久愈慕 而群賢輩出 豈非先生之仁風遺化 亘百世而猶有存者歟 後孫等 謀竪石於遺址 前監役桂鎭 來謁碑文 軾瞿然曰忝在孫列 何敢承乏 且去先生之世 千有餘載 與其用今人之言 孰若輯古人文字 以鑱其石哉 僉曰唯 乃敢就東史及本集中 撮取如右 以俟後之秉筆君子

- 文昌侯崔先生神道碑文

岳降后一千四年(1861철종12, 실제는1921년이다) 重光(辛) 作噩(酉) 下澣 後孫秉軾 謹述

※玉澗 崔秉軾(1867~1928) 『玉澗集』 〈文昌侯海雲先生遺墟碑〉

4. 함양역사인물공원

상림공원 안쪽에 함양역사인물공원이 있다. 새천년을 맞이하여 기념으로 함양의 역사인물 11인을 선정하여 흉상을 건립하여 표장하였는데 고운 최치원이 최고의 위치, 중심에 서있다. 1999년에 시작하여 2001년 12월에 준공하였다. 역사인물공원은 함양을 빛낸 역사적 인물 11인의 흉상을 제작.설치하고 선정비와 기타 비석을 집중 배치하여 공원화한 것이다.

이곳에는 신라 진성여왕 때 함양군 군수(당시 천령군 태수)로 부임해 상림을 조성한 고운 최치원 선생을 비롯해 △고려말 충신 덕곡 조승숙 △조선시대 함양군수로 부임해 선정을 베푼 점필재 김종직 △조선 성종 때의 청백리 일로당 양귄 △시서화 삼절 함양의 대표시인 뇌계 유호인 △동방오현 일두 정여창 △천령삼걸 옥계 노진 △남계서원 창건 개암 강익 △실학의 대가 안의현감 연암 박지원 △유교혁신 진암 이병헌 △항일의병장 의재 문태서 등 11인의 흉상이 세워져 있다.

5. 최치원역사공원

최치원역사공원은 2007~2018 10개년 사업으로 건립되고 2018년 5월 30일 준공하였다. 2018년 4월 15일 고운 최치원 선생 추모 향례가 경주최씨종친과 함양유림들이 참석한 가운데 경내에서 성대하게 개최되었다.

함양군에서는 최치원역사공원 완공에 맞추어 상금 3,000만원의 권위있는 최치원문학상을 제정하여 2018년 9월 8일 축제 때 고운기념관 아래 고운광장에서 시상하였다. 제1회 수상자는 문성해 여류시인이다.

함양군에서 조성한 최치원 역사공원은 천년 숲 상림공원을 조성한 최치원 선생의 애민사상을 기리고 관광자원화를 위한 것으로 고운기념관과 역사관, 상림관, 고운루, 동상, 어록비 등으로 구성돼 있다.

필자가 주장한 역사관의 최치원문학관 개편은 채택되지 않았다. 최치원의 시비를 예술적으로 조형미를 갖추어 전부 번역해 세우고, 장판각을 세워 『계원필경집』의 책판을 복원하여 비치하고, 원본의 세계기록유산 등재를 추진하고, 산청의 동의보감촌과 같은 계원필경촌도 건설하면 문학인의 전당이 될 것이다.

6. 지리산문학관

지리산문학관은 인산 김일훈 선생의 탄신 100주년을 기념하여 2009년에 개관하였다. 문학관 주인공으로 3대문호를 설정하였는데 한문학 대문호 〈추야우중〉의 고운 최치원 선생, 고전문학 대문호 〈지리산양단수〉의 남명 조식 선생, 현대문학 대문호 〈은발〉의 허영자 시인이다. 3인을 지리산문학삼걸이라 합칭하고 표장한다.

지리산문학관은 2009년 6월 8일 국립공원 명칭의 문학관으로 한국 최초, 한문학, 고전문학, 현대문학 삼위일체 종합 문학관으로 한국최초로 건립되었다. 2018년 (사)한국문학관협회 선정 올해의 최우수문학관이 되기도 하였다. 지리산 지역의 문학자료 수집과 전시 및 지리산문학연구와 지리산문학인의 선양 사업을 전개하고 지리산시낭송축제를 개최하고 2009년부터 인산문학상 및 한국시낭송문학상을 제정하여 시상하고 있다.

지리산문학관에는 최치원의 영정이 모셔져 있고 『계원필경집』 후쇄본이 있다. 『계원필경집』은 한중국제교류의 개인문집으론 최고最古, 최고最高의 기록물이므로 순조 34년(1834, 갑오) 전주활자본은 세계기록유산으로 등재할 만한 가치가 있다.

IV. 날머리

이상 소개한 것 외에도 더 많은 함양과 최치원 관련 역사기록과 문화유산, 유적, 사적이 있을지 모르지만 견문의 한계로 일일이 찾아 소개하긴 힘들고 중요한 것도 누락된 것이 많이 있을 것이나 시간과 지면의 제약상 다른 기회로 미루고 이상으로 주마간산식 소개를 마치며 요약하여 제시한다.

함양에 있어 최치원의 발자취로 첫째로 손꼽히는 곳은 천연기념물 제154호 함양상림咸陽上林이다. 최치원이 천령군 태수일 때 위천수의 범람을 방지하기 위하여 둑을 쌓고 심었다는 천년 숲이다.

두 번째는 경상남도 유형문화재 제90호 함양학사루咸陽學士樓이다. 학사루는 함양 관아의 객사의 문루였다. 학사루는 최치원이 신라 태수일 때 건립하고 거닐며 음영한 곳인데 후세에 복원하며 한림학사 최치원을 기념하여 학사루라 명명한 것이다.

함양군 백전면에 있는 백운산 꼭대기쯤에 상련대가 있는데 최치원이 어머니를 봉양하기 위하여 세운 절이라고 알려졌다. 그 절에는 지금 경상남도 유형문화재 제456호 함양상연대목조관음보살좌상咸陽 上蓮臺 木造觀音菩薩坐像이 있다.

함양읍 서쪽에 있는 천령봉은 신라시대 천령군 태수 최치원을 유추할 수 있는 유일한 지명이다. 천령군 태수를 지낸 최치원이 어디에서 행정사무를 보았을까. 기록이 없다. 지명으로 유사하게 추측해볼 수 있는 것은 천령봉이라는 산이름이 유일하다.

천령봉 아래 맞은편 시내 건너 구룡저수지 하류가 봇골로 서계라 불린 곳이다. 함양군수 점필재 김종직이 공무의 여가에 읍성 서쪽 이은대에서 낚시하며 소일하듯 최치원도 공무의 여가에 맞은 편 서계에서 소요하지 않았을까 추측한다.

엄천사는 함양군 휴천면에 있던 절인데 그 주지 결언선사와 최치원이 같이 교유하였다. 최치원은 왕비의 발원문을 짓기도 하였다.

함양에 있어 최치원을 기념하는 유적으로 첫째로 손꼽히는 곳은 백연서원이다. 이곳은 본래 함양군수 점필재 김종직이 기거하였던 이은당을 중심으로 김종직을 향사하는 생사당으로 설립되었고 서원으로 승격하여 사액서원이 되었다.

사운정은 대한제국 시대 1906년에 최치원을 숭모하는 모현정慕賢亭으로 건립되었다가 사운정으로 개칭하였다.

경상남도 문화재자료 제75호 문창후선생신도비文昌侯先生神道碑는 본디 유허비로 지어졌는데 신도비로 바꾸어 세웠다.

상림공원 안쪽에 함양역사인물공원이 있다 새천년을 맞이하여 기념으로 함양의 역사인물 11인을 선정하여 흉상을 건립하였는데 고운 최치원이 최고의 위치, 중심에 서있다.

최치원역사공원은 2007~2018 10개년 사업으로 건립되고 2018년 5월 30일 준공하였다. 2018년 4월 15일 고운 최치원 선생 추모 향례가 경주최씨종친과 함양유림들이 참석한 가운데 경내에서 성대하게 개최되었다.

지리산문학관은 인산 김일훈 선생의 탄신 100주년을 기념하여 2009년에 개관하였다. 문학관 주인공으로 3대문호를 설정하였는데 한문학 대문호 〈추야우중〉의 고운 최치원 선생, 고전문학 대문호 〈지리산양단수〉의 남명 조식 선생, 현대문학 대문호 〈은발〉의 허영자 시인이다. 지리산문학관에는 최치원의 영정과 계원필경집을 봉안하는 감실형 문창궁이 마련되어 있다.

The remaining Choi Chi-won in Hamyang's culture

One of the most important traces of Chiwon Choi in Hamyang is Sanglim Park, which is designated as Natural Monument No. 154.

Choi created the artificial forest with a history of over a millennium in order to prevent the flooding from a nearby river, Uicheonsoo, while serving as the governor of Cheollyeong-gun.

Another important legacy he left is Gyeongsangnam-do Tangible Cultural Heritage No. 90 Hamyang Haksaroo. A gateway to the guesthouse of Hamyang government office, the pavilion was built by Choi during his time as the governor of ancient kingdom Shilla. The place where he used to stroll and recite poems was later restored to be renamed Haksaroo in commemoration of Choi who was a hallim haksa (government post).

Sangyeondae is a Buddhist temple Chiwon Choi built to cherish the memory of his mother near the top of Baekun Mountain. It is home to Gyeongsangnam-do Tangible Cultural Heritage No. 456 Wooden Seated Buddha of Hamyang Sangyeondae.

Cheollyeong Peak in the west of Hamyang-eup is the only place name that has survived today with which we can infer the life of Choi as the governor of Cheollyeong-gun. Where did he perform his administrative affairs as the region's governor? No record. The mountain name is the only clue.

Across the stream below the mountain is a botgol (a town with a lot of birch trees) named Seogye in the lower reaches of the Guryong Reservoir. As Jeompiljae (pen name) Jongjik Kim, another governor of Hamyang, passed his time enjoying fishing at Leeundae while he was away from work, Choi might have spent his spare time in Seogye.

Umcheonsa is a Buddhist temple in Hyoocheon-myeon, Hamyang-gun where the chief monk Gyeoleonseonsa and Chiwon Choi met and developed friendship. Choi also wrote a text of prayer for the queen.

One of the great historic sites commemorating Chiwon Choi is Baekyeon Seowon (Seowon meaning an academic institute). The building was built as a Saengsadang (a shrine dedicated to the worship of a living person) for Jongjik Kim with Leeeundang in the center where Kim stayed. It was later promoted to a Saaek Seowon, an institute whose name was given by the King. As it started to worship Chiwon Choi, the Seowon has changed to put more emphasis on Choi.

First named Mohyeonjeong, Sawoonjeong was built to worship Chiwon Choi in 1906 during the years of the Great Korean Empire and later given the present name.

Gyeongsangnam-do Cultural Heritage Resource No. 75 Moonchanghoo Shindobi (a tombstone awarded to a government official with outstanding performance) was first built as a Youheobi (a memorial stone) but later changed to a Shindobi.

Inside the Sanglim Park is Hamyang Park of Historic Figures. Celebrating a new millennium, busts of 11 historic figures from Hamyang were installed. At the highest position and in the middle is Goun (pen name) Chiwon Choi.

Choichiwon History Park was constructed as part of the ten-year project spanning from 2007 to 2018. The construction was completed on May 30, 2018. Attended by Gyeongju Choi clan and Confucians from Hamyang, a magnificent Hyangrye (a traditional ceremony) to commemorate Goun Chiwon Choi was held in the park on April 15, 2018.

Jirisan Literature Museum opened in 2009, celebrating the 100th birthday of Insan Ilhoon Kim. Three great writers were selected as the main figures of the museum - Chiwon Choi in the Chinese literature, Sik Cho in classic literature, and Poet Yeongja Heo in modern literature.

※참고문헌

- 金宗直, 新增東國輿地勝覽 한국고전종합DB
- 金宗直, 佔畢齋集 한국고전종합DB
- 鄭汝緖, 松灘集 남명학고문헌시스템
- 鄭秀民, 天嶺誌 국립중앙도서관
- 高尙顔, 泰村先生文集 한국고전종합 DB
- 釋泓宥, 秋波集, 한국불교전서 불교기록문화유산 아카이브
- 朝鮮總督府, 朝鮮寺刹史料 국립중앙도서관
- 金富軾, 三國史記 한국사데이터베이스
- 俞拓基, 知守齋集 한국고전종합 DB
- 李德懋, 靑莊館全書 한국고전종합 DB
- 趙龜命, 東谿集 한국고전종합 DB
- 金宇顒, 東岡集 한국고전종합 DB
- 鄭復顯, 梅村先生實紀 남명학고문헌시스템
- 釋坦夫, 海東江右天嶺郡智異山嚴川寺興廢事蹟
- 정성화, 休川面誌, 2000
- 李智冠, 『校勘譯註 歷代高僧碑文』高麗篇1, 1994
- 崔致遠, 孤雲先生文集 한국고전종합 DB
- 崔致遠, 桂苑筆耕集 한국고전종합 DB
- 釋義天, 圓宗文類 한국불교전서 불교기록문화유산 아카이브
- 釋有璣, 海印寺事蹟, 국립중앙도서관
- 釋退庵, 伽耶山海印寺古蹟 고려대학교 해외한국학자료센터
- 盧正鉉, 豊川盧氏世稿, 1922 남명학고문헌시스템
- 黃景源, 江漢集 한국고전종합 DB
- 崔秉軾, 玉澗集 남명학고문헌시스템
- 咸陽鄕校, 咸陽郡誌, 1956 남명학고문헌시스템
- 咸陽郡, 文化財圖錄, 1996
- 咸陽郡, 天嶺의 脈, 1983
- 김윤숭, 咸陽九景(한시집), 다운샘, 2008
- 김윤숭, 咸陽九景(역시집), 다운샘, 2009
- 김윤숭, 지리산문학관 33(한시집), 그림과책, 2009
- 김윤숭, 지리산문학관 88(한시집), 그림과책, 2010
- 국가문화유산포털

함양군수 김종직의 자취

I. 들머리

함양군은 역대 목민관에 명현이 다수 있다. 지역 교화와 문교 진흥에 크게 공헌하여 찬란한 문명을 자랑한다. 문묘에 종사된 문창후 신라 명현 산삼의 성인 고운 최치원 선생이 함양목민관 천령군 태수를 지낸 것은 영광이요 축복이다. 인문학콘텐츠의 무한한 확장가능성을 제시하는 것이다. 최근 최치원기념관이 들어서 그 위대한 정신은 외롭지 않겠지만 고운과 함께 함양의 위대한 목민관 점필재 김종직 선생을 함께 모시던 백연서원이 훼철되고 복원되지 못한 것은 큰 아쉬움이다.

함양의 역사와 문화에 남아 있는 함양군수 점필재 김종직의 자취를 문학기행을 통하여 답사하고 안내하는 방식으로 간략히 소개하고자 한다. 한시와 번역은 한국문집총간 것을 인용하였다. 그에 앞서 함양의 역사에 대해 간략히 먼저 소개한다.

함양은 신라시대 속함성인데 속함군은 함양군과 남원시의 운봉, 인월, 산내, 아영면을 관할하던 서부지역 최전선이었다. 신라 경덕왕 때 천령군으로 개칭되고 고려 때 함양含陽으로 불리다가 중국 진시황의 함양과 발음이 같으므로 함양咸陽으로 개칭되어 천년을 이어져왔다. 하지만 사대주의 청산 차원에서 지리산군으로의 개칭이 타당하다.

함양은 지리산의 북쪽 지역이고 덕유산의 남쪽 지역으로 청정 함양의 브랜드를 갖고 있다. 청정한 자연과 수려한 풍경 및 유구한 역사와 문화를 지니고 있다. 함양인의 정체성의 상징인 좌안동우함양左安東右咸陽이란 표어가 단적으로 이를 말해주고 있다. 1957년에 편찬된 『함양군지咸陽郡誌』에까지 이 용어가 등장하지 않는 것으로 보아 현대에 만들어진 개념이라고 생각한다.

좌안동이란 조선 성리학 전성기의 양대지주인 퇴계 이황 선생과 율곡 이이 선생의 퇴계선생이 안동에 계시기에 하는 말인데 우함양은 어디에서 유래했을까? 동방오현이며 동국십팔현으로 조선 성리학 초기의 양대지주인 한훤당 김굉필 선생과 일두 정여창 선생의 일두 선생이 함양에 계시기에 우함양이란 자부심이 생긴 것이다.

함양역사는 신라초기부터 시작한다. 남원시 여원치 동쪽 지역 운봉, 인월, 산내, 아영은 물이 함양으로 흘러든다. 낙동강 수계다. 그래서 신라초기는 4개 지역이 모산현母山縣으로 천령군의 속현이었다. 모산현, 모산성(母山城, 남원시 아영면 성리에 현존하는 아막산성, 천령군의 속현인 운봉현의 옛 이름, 막은 모暮로도 쓰니 아모는 엄마이다)의 역사가 신라 함양군의 역사의 시작이다. 다음은 정사 『삼국사기三國史記』의 기록이다.

신라 벌휴이사금 5년(188) 2월 백제가 모산성을 공격하니 파진찬 구도가 방어하다. 백제 초고왕 23년(188) 2월 신라의 모산성을 공격하다.

624년 백제의 신라 침입 속함성速含城 등 6성 함락, 사수하던 신라 장군 눌최 전사하다.

757년(경덕왕 16) 천령군天嶺郡으로 개칭하다. 그러나 822년에 속함군태수가 임명되었으니 최웅이다. 천령군 대신 속함군도 쓰인 것이다.

함양역사에서 선인들의 기록이 잘못되어 오전되는 것을 몇몇 바로잡아야 필요가 있으므로 그것을 간략히 언급할까 한다. 함양의 기록상 최초의 목민관은 822년 헌덕왕 14년 김헌창의 난에 공을 세워 속함군速舍郡 태수에 임명된 전주 장사長史 최웅崔雄이다. 실학자 순암 안정복의 《동사강목》 부록 상권 상 《동사고이東史考異》에 고증이 상세하다.

　　속함군태수 최웅이고 영충은 잘못이네
　　삼국사기 오독하여 여지승람 오기했네
　　누군가 한번 실수하면 한오백년 답습하네
　　　　　　　　　　　　　　　- 김윤숭의 「속함군태수 최웅」

함양역사에서 두 번째 잘못은 인조 때 양경홍의 반란으로 함양현으로 강등되었는데 복군한 사실을 언급하지 않고 있다가 정희량의 반란으로 안음현이 혁파되고 화림동, 심진동 지역이 함양에 분속되어 함양군(군수)이 함양부(부사)로 승격된 사실만 언급하면 함양군이 아니고 함양현 상태로 함양부 승격 전까지 이어진 것으로 오해할 것이다.

1629년 인조 7년 11월에 함양 출신 양경홍의 역모 사건(후금을 끌여들여 조정을 치려고 모의하다가 붙잡힌 사건)이 일어나고, 12월에 함양군수는 법에 따라 파직되고, 고을은 함양현으로 강등된다. 1630년 인조 8년에 낙남洛南 최산휘崔山輝 1585(선조 18)~1637(인조 15)가 최초의 함양현감으로 부임했는데 그마저도 1년만인 그 이듬해 봄에 떠나고 아래의 유애비만 남았다.

　　함양비명 / 함양군민

청여빙벽淸如氷檗 청렴하기 얼음 같고
정우공황政優龔黃 정치는 황패보다 낫네
일년치화一年治化 1년 동안의 다스림
만고난망萬古難忘 만고에 잊기 어렵네

1639년 인조 17년에 함양현은 10년 만에 함양군으로 복군되고, 이인후 李仁後가 1639년 1월에 함양군수로 부임하여 함양군의 역사는 정상을 되찾은 것이다. 함양군수 이인후의 아들 송파松坡 이해창李海昌 1599년(선조 32)~1655년(효종 6)이 벼슬하다가 귀양갔다가 풀려 함양에 귀성왔다가 운봉 실상사 마을에 우거하기도 하였다.

그는 함양을 진주秦州라 하고 종남위수終南渭水를 칭했으니 지명의 중국화가 심화된 것이다. 그는 또 정유재란 이후 47년간 폐지된 함양군선생안咸陽郡先生案을 1643년(인조21, 계미)에 편찬했는데 여전히 영충令忠을 첫머리에 두는 착오를 답습했다. 《천령지天嶺誌》도 마찬가지다. 함양군 선생안은 전해지지 않고 함양군지에 실린 것도 성명만 기재한 부실한 것이다.

이해창은 함양 최초의 사찬 읍지 《천령지天嶺誌》의 저자 춘수당春睡堂 정수민鄭秀民) 1577(선조 10)~1658(효종 9)의 부탁으로 그 서문을 지어주기도 했으나 책자에 실리지는 않았다.

II. 함양읍성

1. 함양읍성 나각

다음지도에서 함양군청을 치면 둘레에 둥그런 길이 보인다. 이것이 함양읍성을 헐고 해자를 메우고 길을 낸 자취이다. 길을 침범해 건물이 들어서

기도 하여 둥근 형태가 손상되기도 하였다. 함양읍성을 복원하기 어렵다면 읍성길이라도 확보하여 완벽히 둥근 둘레길로 조성하는 것도 좋겠다. 남문루인 망악루 하나 정도는 원 자리에 복원하는 것도 괜찮겠다.

점필재 김종직은 학자요 문신이요 관료다. 애민정신과 혁신정신이 투철하다. 함양읍성의 나각羅閣이 초가지붕이라서 매년 갈아치우느라 백성들이 고생하므로 기와지붕으로 고치니 처음엔 백성들이 변화를 싫어하여 불평하다가 이후 편리함을 알아 칭송하였다.

〈함양성 나각이 모두 이백 사십 삼 칸인데, 한 칸마다 세 가호가 함께 출력하여 볏짚으로 지붕을 이어오는데, 해마다 비바람에 지붕이 걷힐 때면 비록 한창 바쁜 농사철이라 할지라도 백성들이 반드시 우마차에 볏짚과 재목을 싣고 와서 수리를 하곤 한다. 역대에 계속 이렇게 해오다보니 백성들이 매우 괴롭게 여기었다. 그래서 을미년 이월에 내가 부로들과 상의하여 다시 토지 십 결을 비율로 삼아 한 칸마다 거의 열 가호씩을 배정해서 그 썩은 재목을 바꾸고 또 기와를 이게 하였더니, 한 가호에 겨우 기와 십여 장씩만 내놓아도 충분하고 일도 오일이 채 못가서 마치게 되었다. 백성들이 처음에는 졸속하게 경장시키려는 것을 의아하게 여겼으나, 일이 완성된 뒤에는 모두 기뻐하며 좋다고 일컬으므로, 마침내 이것을 기록하여 보이는 바이다[咸陽城羅閣凡二百四十三間每間三戶共葺覆之以草歲爲風雨所壞小民雖在農月必牛載藁草及材以修之歷世因循民甚困焉乙未二月余謀諸父老更以田十結爲率一間幾配十戶易其腐材且令覆以瓦一戶纔出瓦十許張而足未五日而訖功民初訝更張之猝迫旣成則俱懽然稱美遂書此以示之]〉/ 김종직

무려 이백 사십여 간가나 되는 집을 / 二百四十餘間架
비바람으로 해마다 수리가 잦았었네 / 風雨年年補葺頻
때가 어려워 일천 가호 동원할 일 걱정됐으나 / 時絀方虞動千室
힘 합하면 삼춘 안에 마치리라 기대했더니 / 力均猶冀及三春
도끼 자귀로 착착 깎는 소리 일찍 거두고 / 斧斤斲斲收聲早
나란하게 기와 이으니 안목이 일신되었네 / 瓦縫鱗鱗轉眼新

십 년 동안 농촌에서 안온하게 지냈었으니 / 十載田原穩耕稼
내가 고식적이지 않은 줄을 어찌 알리오 / 渠能知我不因循

2. 함양동헌

조선시대 관아가 들어선 지금의 함양군청 자리는 함양군 동헌이 있던 곳이다. 역대 함양군수의 집무실이다. 동헌東軒은 일명 영각鈴閣이라고도 한다. 가사문학의 대가 면앙정俛仰亭 송순宋純 1493년(성종 24)~1582년(선조 15)이 1540년(경자, 48세, 중종35)에 경상도 관찰사가 되어 함양군을 순방하고 그 고조부 노송당老松堂 송희경(宋希璟, 1376~1446)이 지함양군사知咸陽郡事로서 1425년(을사, 세종7) 3월에 동헌을 개축하고 지은 기념시를 발견하고 차운시를 짓기도 하였다.

함양 동헌 敬次先祖老松堂咸陽東軒韻 / 면앙정俛仰亭 송순宋純

殘城喬木老雲煙。 낡은 성에 키 큰 나무 구름 속에 늙는데
壁上題詩問幾年。 벽 위에 걸린 시는 얼마나 된 것인가
遺澤已隨流水去。 끼친 혜택은 이미 물결 따라 가버렸으나
淸風猶在竹林前。 맑은 바람은 오히려 대숲 앞에 있구나

함양 동헌에는 모란꽃이 있었는데 점필재 김종직이 군수로 부임했을 때는 말라죽고 없었다. 이어서 심어진 게 매화나무였다. 그 나무도 100년은 되었다. 점필재가 부임하여 그 매화나무를 사랑했는데 그마저도 태풍에 쓰러지니, 시를 지어 조문하였다. 점필재는 옛 매화나무 옆에 매화 두 그루를 심었는데 볼만하게 크지는 않았다.

그전에 병들어 내아에서 요양하니 유호인이 동헌을 지키며 매화나무와 대나무를 감상하며 시를 지어 보이자 차운 시를 짓기도 하였다.

〈정월에 큰눈이 내렸는데 내가 오랜 병으로 밖을 나가지 못하자 극기가 동헌에서 매화와 대를 구경하고는 인하여 짤막한 시를 지었으므로 거기에 차운하다[正月日大雪余以久病不出克己在東軒看梅與竹仍有小詩次韻]〉/ 김종직

요위의 풍류는 깊고 얕은 걸 다툴 뿐이니 / 姚魏風流鬪淺深
어찌 의젓하게 눈 서리의 침범을 견디리오 / 居然寧耐雪霜侵
연래엔 파리한 매화를 앉아서 만나지만 / 年來座値梅花瘦
포선이 그대 마음을 몰라서가 아니라오 / 不是逋仙不解心

〈옛날에는 동헌東軒에 모란이 있어 지나는 나그네들이 제영題詠을 많이 했는데, 내가 부임해와서 보니 모란이 이미 말라 죽었으므로, 다시 매화 한 그루를 심었다.〉/ 김종직

새해에 새 불로 이미 유화를 취했는데 / 新火新年已取楡
눈송이는 아직도 담장 구석에 쌓여 있도다 / 雪華猶自壓墻隅
주렴 걷고 위하여 소상장에게 말하노니 / 鉤簾爲語瀟湘丈
사람만 파리한 게 아니라 그대도 파리하구나 / 不獨人臞君更臞

조선 후기에는 걸출한 문학가 총서문학의 대가 담정潭庭 김려金鑢 1766년(영조 42)~1821년(순조 21)가 함양군수가 되어 10개월 정도 재임하다가 1821년(신사, 56세, 순조21) 9월 16일에 순직하였다. 2021년은 담정의 함양군수 순직 200주기이다.

정약전丁若銓의 『자산어보玆山魚譜』와 함께 우리 나라 어보의 쌍벽을 이루는 『우해이어보牛海異魚譜』를 지었다. 『담정총서潭庭叢書』, 『한고관외사寒皐觀外史』, 『창가루외사倉可樓外史』, 『광사廣史』 등 야사총서를 편집했다.

함양 재임 기간 담정총서潭庭叢書에 만선와잉고萬蟬窩謄稿〈辛巳孟夏五日乙酉立夏°潭翁書于渭城之鈴閣°〉, 소석화도편小石和陶編〈及余來渭城 輒於朱

墨之暇°幡閱戡寫°以付叢書°〉, 동유란고東游亂稿〈及來渭城°時暇薄牒°敬加攷閱°〉 등의 제후題後를 짓기도 했다.

3. 함양객사

학사루는 함양 관아의 객사, 객관의 문루다. 객사는 객관과 문루로 이루어졌는데 문루의 명칭은 학사루다. 객관의 명칭은 무엇일까. 객관의 명칭은 대개 그 고을의 고호나 별호를 사용한다. 전남 나주의 고호는 금성이다. 그래서 나주 객관의 명칭은 금성관이다. 조선후기 함양 객관의 명칭은 위성관渭城館이다. 중국 함양의 별호가 위성이니 별호까지 차용한 것이다. 조선전기에는 뭐라 했는지 불분명하다.

점필재는 함양군수로 부임한 뒤 객사를 새로 짓고 상량문을 사숙재 강희맹에게 받았다.〈咸陽客舍新堂上梁文〉

이계伊溪 남몽뢰南夢賚 1620년(광해군 12)~1681년(숙종 7)는 52세 때 1671(현종 12)년 4월에 함양군수가 되어 전년에 안음현감으로 와있던 김진수金震粹와 위성관에서 회동을 갖고 친교를 맺은 다음 해마다 함양, 안음을 왕래하며 안음 관덕정에서 활쏘기 시합도 하였다. 판서를 지낸 김상성(金尙星, 1703~1755)이 1744년 경상도 관찰사로 순행차 함양에 이르러 위성관에 묵을 때 만난 털복숭이 신선, 모선毛仙 설화문학의 현장이다.

위성관 / 柳 / 둔헌遯軒 이홍유李弘有 1588년(선조 21)~1671년(현종 12)

渭城舘柳初誰植° 위성관의 버드나무 처음 누가 심었나
裊裊千絲百尺垂° 하늘하늘 천 가지 백 자나 드리웠네
年年離別人相折° 해마다 이별할 때 사람들이 꺾어대니
借問今來有幾枝° 궁금하구나 지금은 몇 가지나 남았나

4. 학사루

함양군청과 함양초등학교 자리는 옛 함양군 관아 자리다. 함양초등학교에 옛 함양군 객사의 문루인, 무오사화의 발원지 역사적 사건의 현장 유적인 학사루學士樓가 있었다. 경상남도 유형문화재 제90호 함양학사루咸陽學士樓이다. 학사루는 함양 관아의 객사의 문루였다. 학사루는 최치원이 신라 태수일 때 건립하고 거닐며 음영한 곳인데 후세에 복원하며 한림학사 최치원을 기념하여 학사루라 명명한 것이다.

무오사화의 도화선은 점필재 김종직 선생이 함양군수 유규의 아들 유자광이 지어 학사루에 걸어놓은 시의 현판을 떼어버린 것이 발단이다.

점필재가 단종대왕을 의제에 빗대고 의제를 죽인 항우에 세조를 비긴 〈조의제문〉을 지은 것은 지은 것이고 그 글을 그 제자 탁영이 《성종실록》에 사초로 수록한 것은 수록한 것이다. 괘씸하다고 할 수도 있지만 그것이 능지처참할 일이겠는가.

아무도 문제 안 삼고 사료로 수록되어 《성종실록》 속에 묻히고 세월이 지나갔으면 탈이 없었을 것이다. 간신배가 학사루 사건에 앙심을 품고 있다가 건수를 잡아 그것을 끄집어내어 반역이라고 왜곡하여 무고하는 통에 기록의 참화, 사대부들의 피바람이 일어난 것이다.

학사루는 조선시대 때 홍수에 뇌계천이 범람하여 함양읍성이 물에 잠기면 군수가 학사루 위에 올라가 물난리를 피한 곳이기도 하고, 임진왜란 때 초유사 학봉 김성일 선생이 함양에 당도하여 의병모집의 초유문을 작성한 구국의 현장이기도 한다.

점필재는 학사루 아래 핀 매화를 사랑하여 지나가다가 붙잡고 시를 읊조리기도 하였다.

학사루 아래 매화가 처음 피었으므로 병중에 두 수를 읊다[學士樓下梅花始開花病中吟得二首] / 김종직

학사루 앞에 홀로 서 있는 신선이여 / 學士樓前獨立仙
서로 만나 한번 웃으니 예전 그대로일세 / 相逢一笑故依然
견여 타고 지나려다 다시 잡고 위로하노니 / 肩輿欲過還攀慰
금년엔 봄바람이 너무도 거세게 부는구나 / 今歲春風太劇顚

춘곤에다 병까지 겹쳐 청명을 지내노니 / 春慵和疾過淸明
벼슬살이 조용하여 잠 이루기도 쉬워라 / 官況憻憻睡易成
매화 곁에 가서 읊다 그윽한 흥치 일어나자 / 吟到梅邊幽興動
이서들이 서로 사군이 깨었다고 말하네 / 吏胥爭道使君醒

〈학사루 아래에 매화나무 한 그루가 있어 비록 반쯤은 말라 썩었으나 가지 끝이 아직은 단단하여 해마다 가장 먼저 꽃을 피웠다. 그래서 내가 신묘년 봄에 이 고을에 부임하여 이 나무를 보고 사랑한 나머지 시를 써서 이르기를 "학사루 앞에 홀로 섰는 신선이여 서로 만나 한번 웃으니 옛벗이 의연하구려. 견여 타고 지나려다 다시 붙잡고 위로하노니 금년의 봄바람은 너무도 거칠게 부누나" 하였으니, 대체로 나무가 바람에 넘어질까 두려운 마음에서였다. 또 일찍이 극기와 함께 이 매화를 두고 십여 편 가까이의 시를 지어 읊기도 했었다. 그런데 금년 삼월 초구일 사시에 서풍이 매우 사납게 불어 획연히 꺾이어 넘어졌으므로, 가까이 가서 보니, 여태까지 의지하여 꽃과 잎을 피웠던 것은 겨우 지름 수 촌쯤이었고 중심 또한 이미 썩어버렸었다. 이러한데도 오히려 허다한 햇수를 버텨오다가 오늘에야 말라져 끊어진 것이니, 아 어찌 운명이 아니리오. 이에 시를 지어 매화나무를 조상하고 이를 써서 극기에게 부치다[學士樓下有梅一株雖半枯朽而枝梢猶老硬每歲開花最早余辛卯春到郡見而愛之賦詩云學士樓前獨立仙相逢一笑故依然肩輿欲過還攀慰今歲春風太劇顚蓋懼其爲風所倒也又嘗與克己賦詠幾十餘篇今年三月初九日巳時西風甚顚劃然摧倒就而視之則所倚以敷榮者徑僅數寸中心亦朽矣如是而猶支持許多年今日乃萎絶焉噫豈非數耶於是作詩吊之書以寄克己] 극기는 이 때 서울에 있었다.〉 / 김종직

학사루 서쪽의 백여 년 된 매화나무는 / 樓西梅樹百許年
뿌리와 줄기 쭈그러들고 가지 잎새 쇠했으나 / 根幹縮蹙柯葉耗
못가에 서서 반 심쯤 남은 것을 힘입어 / 臨池賴有半心存
해마다 꽃을 피워 하늘의 기교를 부려왔네 / 歲歲開花費天巧
빈 동산 꽃나무들은 서로 엉클어졌는데 / 空園卉木自紛拏
치마와 수건창연히 오만한 자태 뽐내었지 / 裙帨蒼然如寄傲
삼 년 동안 읊조리면서 좋은 친구 얻었으니 / 吟哦三載得益友
유자는 실로 내가 좋아하는 걸 잘 안다오 / 俞子實知余所好
봄은 한창 생물하기에 뜻을 두고 있는데 / 東君著意方生物
차마 바람 귀신이 횡포를 부리게 한단 말인가 / 忍使封姨更飄暴
외롭고 파리한 자질 힘으로 버티기 어려워 / 竛竮瘦質難力爭
갑자기 꺾여 넘어져 도랑에 꽃을 버리었네 / 花委溝渠忽推倒
나는 어린 자식 잃고 눈물이 겨우 말랐는데 / 我失幼子淚纔乾
또 이 용이 넘어지니 어찌 슬프지 않으리오 / 復此龍顚寧不悼
지난해에 붙잡고 위로한 건 우연이었는데 / 往年攀慰偶自爾
영고 성쇠의 운명을 누가 미리 알리었던고 / 榮壞有數誰豫報
곁에 있는 두 그루는 내 손수 심은 것인데 / 傍邊二株手所植
비록 가지는 번성하나 예스러운 운치가 없네 / 縱有繁枝無古貌
어떻게 하면 유자가 이 곳에 돌아와서 / 何當俞子歸去來
혹 좋은 시를 빌려 이 시름 씻어버릴꼬 / 倘借淸詩愁且掃

학사루 앞에는 둥근 못이 있었고 철쭉이 두 그루 심어져 있어 봄이면 만개하여 볼 만하였다.

〈학사루의 못가에 철쭉꽃이 활짝 피다[學士樓池上躑躅盡開]〉/ 김종직

작은 동산에서 한가히 노물을 탐색하며 / 閑搜老物小園中
굽은 못 동쪽에서 그윽한 난간 기대있노니 / 徙倚幽欄曲沼東
천 줄기 연들은 이미 모두 사그라졌는데 / 千柄芙葉俱已倒
두 그루 철쭉꽃은 갑자기 붉게 피었네 / 兩株躑躅忽能紅

마치 국화를 따라서 절기를 다투는 듯 하나 / 似從黃菊爭時令
서리 귀신이 조화를 희롱할까 두려읍구려 / 可怕靑姨弄化工
들으니 서울에는 일기가 다시 따듯해져서 / 聞說神京更融暖
복숭아 배 앵두 살구가 춘풍에 변환했다네 / 桃梨櫻杏幻春風

용이와龍耳窩 권뢰權珠 1800년(정조 24)~1873년(고종 10)가 철종 3년(1852)에 덕유산 일대를 유람하였는데 학사루에 올라 시판을 보고 옥계 노진의 시에 차운하였다. 그때 시판 중에는 옥계 시가 뜻이 좋다고 평하였다.〈遊德裕山錄: 入渭城°登崔孤雲所刱學士樓°周觀題詠°有玉溪韻而詩意甚好°〉

학사루운學士樓韻 / 옥계玉溪 노진盧禛 1518(중종 13)~1578(선조 11)

山水縈回別一天° 산과 물로 둘러싸인 하나의 별천지
樓居此地怳遊仙° 이곳에 누대 있어 신선이 노니는 듯
村連碧篠凉侵席° 촌에 뻗은 푸른대 서늘한 기운 자리에 스며들고
煙暝長林影蘸筵° 연무 자욱한 긴 숲의 그림자 연석에 잠기네
佔畢風流年過百° 점필재의 풍류도 백년의 해를 넘기고
孤雲陳跡歲垂千° 고운의 묵은 자취 천년이 지나가네
人間俯仰空延佇° 인간 세상 부앙하며 부질없이 고대하니
嘯詠欄楯憶少年° 난간에 기대어 읊조리며 소년 시절 생각하네

옛 함양 관아의 객사는 일제 때 헐리어 함양초등학교가 되고 그 문루인 학사루는 그 자리에 있다가 1979년 초교를 증축하면서 지금의 함양우체국 앞자리로 이건하였다. 지금의 학사루에는 그 많던 시문 기문 현판 등은 다 사라지고 함양군수 여주환이 1979년 2월에 지은 〈학사루이건기〉와 작자미상의 근대인이 지은 주련만 걸려 있다. 학사루 옆을 지키던 천연기념물 제407호, 점필재 김종직 선생이 함양군수일 때 심었다는, 함양 학사루 느티나무(咸陽 學士樓 느티나무)만이 옛 자리를 지키고 있다.

학사루 주련學士樓 柱聯 / 작자미상

七月蟬聲滿一樓 칠월의 매미소리 누에 가득한데
登臨回顧又傷秋 누에 올라 회고하니 감회가 깊구나
長林上下高城出 상림 하림 긴숲에 성은 높이 솟았고
大野東南二水流 한들의 동남에 두 냇물이 흐르네
學士已乘黃鶴去 학사는 이미 황학을 타고 가버렸는데
行人空見白雲留 행인은 부질없이 흰구름만 바라보네
可憐風物今猶昔 가련타 풍물은 예나 지금이나 같은데
常有詩篇揭軒頭 언제나 추녀끝에는 시편이 걸려있네
*글씨: 진주출신 야천 임재동 〈천령의 맥〉

  조선 시대는 거의 통틀어 학사루가 함양에서 최치원을 기념하는 독보적인 위상을 점하고 있었다. 점필재는 학사루에서 고운 최치원을 추억한 적이 없다. 가야산이나 청학동에서 추억할 뿐이었다. 무오사화의 발원지인 건 잘 알려진 사실이다. 남이를 모함하여 죽인 유자광의 시판이 학사루에 걸려 있는 걸 함양군수로 부임한 김종직이 보고 간신배의 시판을 용납할 수 없어 떼어 태워버린 것이 유자광의 원한을 사게 된 것이다. 소인배의 원한은 무서운 것이다. 역사도 바꾸고 수백명의 목숨도 앗아가는 것이다.

  함양군수를 지낸 태촌 고상안이 기록한 고사에 의하면 유자광의 부친은 함양군수였다. 고을 아전을 겁박하여 그 딸을 얼자인 유자광에게 시집보내게 하였다. 유자광이 출세한 뒤 함양에 와서 시를 지어 학사루에 걸었다. 김종직이 보고서 욕하며 현판을 떼어버려 유자광이 한을 품게 되었다 〈조의제문〉을 가지고 모함하여 선비들을 일망타진하였다.

泰村先生文集卷之四 / 效嚬雜記上 / 叢話 / 고상안

[子光之兇險]
柳子光之父爲天嶺太守°治民之私而脅制邑吏°以其女嫁子光°子光乃孼產也°吏嘆曰°吾女之命°卜者皆云當爲一品°而令歸孼子°冤莫甚矣°不知子光終爲一品°而厥女爲貞敬夫人也°他日子光得志到天嶺°題詠于學士樓°佔畢齋見之°訛而去其板°子光因此含恨°遂註弔義帝於江中賦°譖于燕山°蓋賦是佔畢齋所作也°噫°以一題詠削去之故°而佔畢不免身後之禍°諸賢亦遭騈首之戮°子光可謂兇險不測之人也°詩曰°讒人罔極°其此之謂歟°

5. 제운루

함양 거리 이름에서 동문사거리는 옛 함양읍성의 동문이 있던 자리다. 동문의 문루는 제운루齊雲樓다.

김연지金連枝 1396(태조 5)~1471(성종 2) 전라도 관찰사

황수신黃守身 1407(태종 7)~1467(세조 13) 1462년 남원부원군南原府院君으로 봉해졌다.

제운루 次咸陽城門韻 / 보한재保閑齋 신숙주申叔舟 1417년(태종 17)~1475년(성종 6)

天極頭留倚半空°
湖南一望彩雲中°
試登樓上憑軒看°
千古蒼顏面面同°

〈제운루 쾌청齊雲樓快晴 六月十六日〉/ 점필재佔畢齋 김종직(金宗直, 1431년 6월~1492년 8월 19일)

빗발은 어느덧 점차 걷히어가는데 / 雨脚看看取次收
가벼운 천둥은 아직도 누각을 울리누나 / 輕雷猶自殷高樓
구름이 골에 돌아오니 주렴이 어둡고 / 雲歸洞穴簾旌暮

바람이 못 위에 불어오니 자리가 서늘하네 / 風颼池塘枕簟秋
연꽃 향기 속에선 개구리가 깩깩거리고 / 菡萏香中蛙閣閣
해오라기 그림자 밖엔 벼가 번드르르 하여라 / 鷺鷫影外稻油油
난간에 기대어 다시 두류산을 바라보니 / 憑欄更向頭流望
천 길의 봉우리는 옥룡이 솟은 듯하구나 / 千丈峯巒湧玉虬

김종직의 시에, "빗발은 점점 걷히는 듯 하건만, 은은한 우레 소리는 아직도 누를 울린다. 구름이 골에 돌아드니 발이 어둡고, 바람이 못 위에 살랑거리니 자리가 서늘하다. 연꽃 향기 속에 개구리는 개골개골, 황새 그림자 속에 벼가 윤기나네. 난간에 기대어 두류산 바라보니, 천길 봉우리는 용이 솟았는 듯하여라." 하였다.

6. 망악루

함양읍성 남문의 문루였던 망악루望岳樓는 일제가 철거할 때 노덕영盧惪泳이 매입하여 상림에 옮기어 개칭하니 경상남도 유형문화재 제258호 함화루咸化樓로 현존한다. 함양읍성을 복원할 여력이 없다면 남문이라도 복원하여 망악루(남악 곧 천왕봉을 바라보는 누각)를 제자리로 돌려놓는 것도 문화재 제자리 찾기의 성공사례가 될 것이다.

〈망악루望岳樓〉 / 점필재佔畢齋 김종직(金宗直, 1431년 6월~1492년 8월 19일)

去年塵迹汚岩巒° 지난해 속된 자취 산봉우리 더럽히매
望嶽樓中更靦顏° 망악루 안에서 다시 얼굴 부끄러웠지
却恐英靈耻重涴° 신령이 거듭 더럽힘을 수치스럽게 여겨
洞門牢與白雲關° 골짝 문을 흰구름으로 닫아걸까 겁나네

7. 청상루

함양읍성 서문의 문루였던 청상루淸商樓는 경치가 볼만한 게 별로 없는지 잘 언급되지 않았다. 점필재는 이 위에서 중추절 달을 완상하며 제자들과 술모임을 가졌다.

〈중추절 밤에 극기·세륭·백원과 함께 달을 구경하며 두류산을 바라보다[中秋夜與克己世隆百源翫月望頭流]〉/ 김종직

지난해 오늘의 두류산에는 / 去年此日頭流山
완악한 구름이 찬란한 달빛을 가리었기에 / 頑雲遮隔爛銀盤
부르튼 발로 돌아와 마음이 불쾌해서 / 繭足歸來志不慊
꿈에도 혹 버릇이 되어 꼭대기를 오르곤 했네 / 夢或成魘窮巑岏
오늘 밤의 맑은 경치는 실로 뜻밖이라 / 今宵晴景實邂逅
멀리 좋은 벗 불러서 단란하게 모이었는데 / 遠徵勝友要團圞
청상문 안이 정히 그림과도 같아라 / 淸商門裏正如畫
등이 누런 두꺼비가 숲 속에 보이누나 / 金背蝦蟆林下看
밝은 촛불 물리치고 술잔을 벌여놓으매 / 斥去華燭羅杯觴
베짱이 슬피 울고 이슬 흠뻑 내리는데 / 絡緯悲嘶零露漙
띄엄띄엄 뜬구름도 이내 활짝 걷히어 / 浮雲點綴旋辟易
백 리 안통은 털끝까지 다 볼 수가 있구나 / 百里豪末觀能殫
두류산 또한 묵은 한을 위로라도 해주는 듯 / 頭流亦似慰舊恨
아득히 구름 위에 솟은게 눈에 들어와 / 入眼縹緲攙雲端
영랑과 천왕봉을 손가락으로 셀 수 있고 / 永郞天王可指數
술자리도 온화해라 즐거운 놀이 제공하네 / 酒邊醖藉供淸歡
당시의 발자취 바위 산에 펼쳐있으니 / 當時足跡布巖嶂
후일의 남건은 참으로 유독 어려우리라 / 後日濫巾良獨難
밤새도록 은궐을 마주하여 길이 읊으니 / 終宵長嘯對銀闕
두 겨드랑이에 문득 바람 날개가 생긴 것 같네 / 兩腋倏若生風翰

III. 뇌계

1. 덕봉사 서계

덕봉사 서계는 함양읍 서계와 마찬가지로 함양읍에서 서쪽에 있는 계곡에 있는 월암천의 계곡이다. 덕봉사는 괘관산 자락의 사찰이다. 지리산에 있는 것이 아니다. 김종직의 유두류록에 있다고 덕봉사가 지리산에 있다고 여기는 것은 오해이다. 덕봉사에 주석하던 해공 스님이 지리산 산행에 밝아 길안내를 시켰을 뿐이다. 덕유산 영각사에 주석하는 스님이 지리산 산행에 밝아 길안내를 시키면 영각사는 지리산 자락에 있는 사찰이 되는가? 억측으로 해석하면 안된다. 덕봉사는 지리산에 없었고 괘관산(천왕재)에 있던 절이다.

김종직은 덕봉사의 경치도 좋아하여 가끔 놀러갔고 다른 수령들도 놀러갔다.

〈덕봉사에서 중용형·극기·백옥과 함께 짓다[德奉寺與仲容兄克己伯玉同賦]〉
/김종직

수석이 절로 띠처럼 둘러있으니 / 水石自縈帶
절 사립에 속세의 생각이 깨누나 / 禪扉塵思醒
눈 꽃은 산꼭대기에 덮여 있고 / 雪華蒙嶽頂
푸른 잣나무는 창 틈으로 보이네 / 柏黛透窓欞
부처 불태운 중은 있지 않으나 / 未有僧燒佛
응당 불경 듣는 범은 있으리 / 唯應虎聽經
저녁 까마귀가 돌아갈 길 재촉하니 / 棲鴉迫歸騎
한사코 산신령께 부끄럽구나 / 故故愧山靈

〈덕봉사 아래 계곡의 맑은 물이 세차게 흐르는데, 곁에는 우뚝한 바위가 있고 그 위에는 소나무 두어 그루가 있어, 네 사람이 그 밑에 벌여 앉았노라니, 이윽고 매를 부리는 사람이 꿩 두 마리를 잡아왔으므로, 중용형이 날것으로 먹자고 하여 마침내 다시 술 두어 바가지를 마시고 나니, 날이 이미 저물었다 [德峯寺下溪水淸激傍有石嵯峨上有數松四人列坐其下俄而調鷹人捕兩雉來仲容兄敎以生啗復酌數瓢日已昏矣]〉/ 김종직

덕봉사 찬바람 속에 술에 취해 나와서 / 金地寒飅中酒出
깊은 골짝 지는 해에 꿩고기 먹고 돌아왔네 / 嵌巖落日割鮮還
해마다 한 차례씩 매양 이와 같이 하거늘 / 一年一度每如此
태수가 한가롭지 못하다고 그 누가 말하는고 / 誰謂遨頭不得閑

濡谿集卷之六 / 七言律詩 / 遊德峯寺西溪 / 뇌계 유호인

登登石角紫苔封°
滿眼溪山彩翠濃°
落照蘸時金鎖屑°
飛溽迸處玉舂容°
僧歸隔岸雲霞外°
秋在尋詩杖屨中°
遊宦十年猿鶴怨°
自慙蘭逕汚塵蹤°

덕봉사는 함양군 병곡면 광평리 덕봉에 있었다. 인조 21년(1643) 경에도 건재했었는데 언제 폐사되었는지는 미상이다. 지금 축대와 추월당 학훈대사秋月堂學訓大師 등의 부도가 남아 있다.

〈제덕봉사題德峰寺〉기암 畸庵 정홍명鄭弘溟 1592-1650 함양군수 1643-1646

佛香消盡佛燈微 향불도 사그라들고 등불도 어렴풋한데
丈室蕭然塵事稀 주지 방은 적막하니 속된 일도 드무네
偸得小閒成信宿 잠시 틈을 내어 이틀 밤이나 묵고서
曉鐘鳴後下山歸 새벽 종이 친 뒤 산을 내려 돌아가네

2. 대관림과 함양역사인물공원

함양에 있어 최치원의 발자취로 첫째로 손꼽히는 곳은 천연기념물 제154호 함양상림咸陽上林이다. 상림은 본디 대관림大館林이라 한 데서 알 수 있듯이 함양읍성 관아를 보호하는 방수림, 호안림의 인공조림이다. 최치원이 천령군 태수일 때 위천수의 범람을 방지하기 위하여 둑을 쌓고 심었다는 애민정신의 천년 숲이다.

통일신라 진성여왕(재위 887~897) 때 최치원 선생이 함양읍의 홍수피해를 막기 위해 만들었다고 전해진다. 함양상림은 사람의 힘으로 조성한 숲으로는 우리나라에서 가장 오래된 숲이라는 역사적 가치와 함께 우리 선조들이 홍수의 피해로부터 농경지와 마을을 보호한 지혜를 알 수 있는 문화적 자료로서의 가치도 매우 크므로 천연기념물로 지정하여 보호하고 있다.

예전에는 대관림大館林이라고 불렀으나 이 숲의 가운데 부분이 홍수로 무너짐에 따라 상림上林과 하림下林으로 나뉘게 되었다. 현재 하림은 훼손되어 흔적만 남아있고 상림만이 예전의 모습을 유지하고 있다.

대관림大館林은 뇌계 동쪽 언덕에 있다고 성종 17년(1484년) 12월 완성된 《동국여지승람》에 기록되어 있으니 오래된 숲이다. 성종 1년(1470)~성종 6년(1475) 함양군수로 재임한 점필재 김종직이 대관림에서 시 짓고 술 마시며 휴식하기를 즐겨 하였다.

> 〈윤료가 또 함양군의 지도를 작성하였으므로, 그 위에 절구 아홉 수를 쓰다
> [允了又作咸陽郡地圖題其上九絕]〉 / 김종직
>
> 콸콸 맑은 뇌계 물 소리 성밖에 들리어라 / 激激淸濞郭外音
> 홀로 시구 읊으니 번잡한 가슴 시원해지네 / 獨吟騷句爽煩襟
> 때론 지팡이 짚고 돌아오는 학을 막기도 하는데 / 有時柱杖攔歸鶴
> 해 지자 대관림에 서리가 날리는구나 / 落日霜飛大館林

〈극기가 수박을 보내면서 지은 시운에 화답하고 겸하여 어제 숲속에서 즐겁게 노닐던 일을 서술하노니, 구월 이십 오일이다[和克己饋西瓜韻兼敍昨日林下之歡九月二十五日也]〉 / 김종직

대관림 가운데서 술 불러다 마시는데 / 大舘林中招麴生
깊은 가을 초목들은 눈부시게 밝네 / 深秋草樹肅青熒
어찌 꼭 그대 즐겁게 하는 게 관현악뿐이랴 / 何必娛君絲與竹
단풍 낙엽 소리 쓸쓸하고 시냇물 쌀쌀하네 / 楓能瑟瑟澗泠泠

대관림이 상림과 하림으로 나뉘어진다고 하였으나 함양이 중국 진시황의 지명과 같으므로 사대주의 일체화작업으로 지명이 붙어나기 시작하여 뇌계라 불리던 시내는 중국 위수渭水를 본따 위천渭川이라 고치고 함곡관이란 지명도 붙이고 함양관아의 객사도 위성조우읍경진渭城朝雨浥輕塵의 시의를 취하여 위성관渭城館이라 칭하는 등의 추세속에 진시황의 상림원上林苑에 빗대어 상림이라 한 것으로 본다. 한국 함양에는 시황제가 나지 않았으니 시황릉은 붙이지 못할 것이다. 위대한 시인이 나오면 시의 황제 시황릉詩皇陵이라고 붙일 순 있겠다.

조선후기에도 연암 박지원이 안의현감일 때 상림둑쌓기에 안의현민을 동원하여 책임량을 할당하여 튼튼히 쌓아 수이 무너지는 병폐를 방지하였다는 기록도 있다. 조선중기에도 둑의 보수작업은 계속 이루어졌다. 함양군수가 상림 둑을 쌓는 것을 보고 일두 정여창 선생의 후손인 송탄松灘 정홍서(鄭弘緖, 1571-1648)가 지은 시가 있다. 이때의 지주는 함양현감 낙남洛南 최산휘崔山輝 1585(선조 18)~1637(인조 15)이다. 함양군이 양경홍의 난으로 징벌받아 함양현으로 강등되어 최초의 현감으로 부임한 목민관이 최산휘인데 1년 만에 이듬해 봄에 이임하였다.《天嶺誌》

陪地主觀築防川 庚午(1630년, 인조8년) / 송탄 정홍서

狂流蹴破子城西 賢宰殷憂築大堤
終古頌聲吟召父 祇今嘉績托瀰溪
民功自作緣涯障 神力何須鎭水犀
不分叨陪兼勝賞 綠陰無限夕陽低

상림 안에 최치원의 신도비가 있는데 그 안에 '건학사루, 수식림목어장제 建學士樓手植林木於長堤'라 씌어져 있다. 최치원이 학사루를 세우고 손수 긴 둑에 숲을 심었다는 것이다. 전하는 말에 의하면 최치원이 직접 백운산의 나무를 옮겨 심었다고 한다.

상림숲 깊숙한 곳에 역대 함양군수의 선정비를 모아놓은 선정비림과 함양의 대표인물 11인의 흉상을 세운 함양역사인물공원이 있다. 남향하여 고운 최치원 선생의 흉상이 자리하고 좌측 대열에 우측 대열에 늘어서 있다.

새천년을 맞이하여 기념으로 함양의 역사인물 11인을 선정하여 흉상을 건립하여 표장하였는데 고운 최치원이 최고의 위치, 중심에 서있다. 1999년에 시작하여 2001년 12월에 준공하였다. 역사인물공원은 함양을 빛낸 역사적 인물 11인의 흉상을 제작, 설치하고 선정비와 기타 비석을 집중 배치하여 공원화한 것이다.

이곳에는 신라 진성여왕 때 함양군 군수(당시 천령군 태수)로 부임해 상림을 조성한 고운 최치원 선생을 비롯해 △고려말 충신 덕곡 조승숙 △조선시대 함양군수로 부임해 선정을 베푼 점필재 김종직 △조선 성종 때의 청백리 일로당 양권 △시서화 삼절 함양의 대표시인 뇌계 유호인 △동방오현 일두 정여창 △천령삼걸 옥계 노진 △남계서원 창건 개암 강익 △실학의 대가 안의현감 연암 박지원 △유교혁신 진암 이병헌 △항일의병장 의재 문태서 등 11인의 흉상이 세워져 있다.

3. 이은대와 백연서원

옛날 함양읍성에서 서문을 나서면 뇌계 가에 이은대吏隱臺라고 있었으니 점필재 김종직 선생이 관리 생활의 여가에 낚시하며 소일하던 장소이다. 이은 吏隱이란 미관말직의 관리에 은거한다는 뜻이다. 한번은 평복으로 낚시하고 있는데 손님이 지나가며 원님이 어디 계시냐고 묻기에 나일세 하여 놀라게 하였다고 하듯이 소탈한 면모를 보이셨던 것이다.

이은대吏隱臺 次盧若水 澹 / 소헌素軒 정세정鄭世楨

層巖斗起壓溪流 층암이 우뚝 솟아 냇물을 누르네
吏隱嘉名耀萬秋 이은이란 멋진 이름 천추에 빛나네
有脚陽春從古仰 춘풍같은 기상 예로부터 우러르고
無邊景物至今留 무한한 경치는 지금까지 남아있네
西連廟宇增瞻慕 서쪽으로 사당과 이어져 더 그립고
南接仙區助勝幽 남쪽으로 절경에 접해 더욱 그윽하네
遼鶴一歸臺就沒 주인공이 떠나고 누대는 인몰되었네
登臨卻惱廢興愁 올라보니 흥폐에 대한 시름만 더하네

이은대에 있던 이은당은 김종직 선생이 이임한 뒤에 생사당으로 삼아 위패를 모시었고 나중에 그곳에 백연서원을 세워 고운 최치원 선생과 점필재 김종직 선생을 향사하였다가 흥선대원군 때 철폐되었다. 그 자리에 충혼탑이 세워져 현대의 현충시설이 되었으나 함양읍의 유일한 서원이며 사액서원인 백연서원을 복원하면 좋을 것이다.

백연서원은 본래 함양군수 점필재 김종직이 기거하였던 이은당을 중심으로 김종직을 향사하는 생사당으로 설립되었고 서원으로 승격하여 사액서원이 되었다. 이후 최치원을 같이 모시면서 오히려 최치원 위주로 변모하였다.

1670년(현종 11)에 최치원崔致遠과 김종직金宗直을 향사하는 백연서원栢淵

書院이 창건되었다. 1869년(고종 6) 대원군의 서원철폐로 훼철되어 복원하지 못하였다.

2018년에 최치원기념관이 건립되어서 그 위대한 정신은 외롭지 않겠지만 고운 최치원과 함양의 또 하나의 위대한 목민관 점필재 김종직 선생을 함께 모시던 백연서원이 훼철되고 복원되지 못한 것은 큰 아쉬움이다.

최치원기념관과 서원은 기능과 역사성이 다른 것이니 백연서원을 복원하여 전통을 계승하여야 한다. 복원한다면 점필재의 제자로 함양이 낳은 위대한 시인 뇌계 유호인 선생도 함께 모시어 주향에 최치원, 좌우에 김종직, 유호인을 향사하는 삼현사를 건립하는 것이 의미있다고 하겠다.

조선 영조 때 문신 강한江漢 황경원(黃景源, 1709~1787)은 중수기를 지으면서 백연서원의 원 주인공 김종직은 일언반구 언급하지 않고 최고운만을 거론하며 최고운묘 전용으로 서술하였다.〈崔孤雲廟記〉

※咸陽郡誌 / 古蹟

吏隱臺 在郡南一里(今席卜面吏隱里)金宗直爲郡時,公退之暇,嘯詠於斯, 名吏隱,遺址尙存

吏隱堂 增在小孤臺下潘溪南岸. 今吏隱里. 佔畢先生,爲倅時,臨溪創搆小堂,扁以吏隱而簿領餘閑,杖屨逍遙,民有去後思,爲立祠於此,以祀之,丁酉,爲賊所焚,遺址至今尙存(天嶺誌)

4. 서계

함양읍에서 서쪽으로 구룡천이 있는데 옛 이름은 팔라계八羅溪였다. 점필재가 서계로 고치고 뇌계 유호인, 뒷날 함양군수 지낸 매계 조위랑 유람하였다. 지금 복골이라 불리는 곳이 서계西溪 유원지다.

〈서쪽 지경의 농사를 살펴보고 팔라계를 죽 따라 내려가서 방곡을 지나다[省稼西境沿八羅溪歷坊谷] 방곡은 군郡에서 10리쯤 되는 곳에 있는데, 내가 이 이름을 서계西谿로 고쳤다.〉/ 김종직

농사 권장하는 건 직무상의 일이요 / 勸農職所宣
평소의 뜻은 은거하는 데에 있는데 / 雅志在巖棲
먼 들에 우연히 농사를 순찰하고 / 遙野偶巡稼
짐짓 서쪽 시내를 따라 내려가니 / 故故沿西溪
반석이 이삼 리쯤 깔려 있어 / 盤石二三里
흐르는 물이 흐리지 않고 맑구나 / 逝水淸無泥
행인들은 차마 침도 뱉지 못하고 / 行人不堪唾
노는 피라미도 스스로 헷갈리네 / 游儵亦自迷
여울물은 뿜어서 원숭이를 가리우고 / 噴薄翳鳴猿
깊고 맑은 물에는 꿩이 비추누나 / 泓澄鑑山雞
마침 외나무다리를 따라 건너니 / 時從略彴渡
굽은 언덕엔 풀이 무성한지라 / 曲岸草萋萋
오직 짚신 생각만 날 뿐이로다 / 唯思曳芒屩
어찌 말 타고 다니기에 합당하랴 / 豈合散馬蹄
석양은 푸른 산 너머로 숨어들고 / 荒日隱蒼巒
두견새는 구름 사이에서 우는데 / 謝豹雲間啼
척후하는 아전은 일을 살피지 못해 / 候吏不省事
갈도하느라 오리 갈매기를 놀래키네 / 前呵驚鳧鷖
원추리 꽃은 돌 틈새에 피어 있어 / 萱花秀石縫
빛이 잔 물결 밑에 비추는데 / 色映漣漪低
근심을 잊는 것이 참으로 기뻐서 / 忘憂寔可喜
캐고 또 캐서 시해를 번거롭히네 / 采采煩詩奚
그림자 마주하여 곡구를 나오니 / 對影出谷口
차가운 밭둑이 방죽에 연했구려 / 寒畦連尺隄
들으니 늙은 용이 잠잔다 하는데 / 聞有老蛟睡
범의 머리 안 가져온 게 후회스럽네 / 虎頭悔不攜
운예를 오래도록 토해내지 못하니 / 雲霓久未吐
용의 뼈다귀를 참으로 끊고 싶구나 / 腥骨眞可刲

〈한식 다음날에 극기·대허와 함께 서계에서 노닐면서 극기에게 화답하다[寒食後日與克己大虛遊西磎和克己]〉 / 김종직

서계의 좋음을 사랑한 때문에 / 爲愛西磎好
봄놀이 하느라 돌아가길 망각했네 / 遊春忘却回
병든 나는 술이나 취할 뿐인데 / 病夫唯泥酒
재자들은 다만 매화를 찾는구나 / 才子只尋梅
한식의 꽃은 마치 비단 같은데 / 寒食花如錦
새밭의 보리는 배동을 하려 하네 / 新畬麥欲胎
기심이 녹아 이미 없어진지라 / 機心銷已盡
물새가 갑자기 곁으로 날아오누나 / 鸂鶒忽飛來

함양군수 조준명의 아우 동계東谿 조귀명趙龜命 1693년(숙종 19)~1737년(영조 13)은 서계를 애호하여 소동파가 서호를 항주의 미목眉目이라고 하듯이 서계를 함양의 미목이라고 하였다. 그들 부친의 외조부 이장영李長英도 인조 26년(1648)에 함양군수를 지냈는데 생원 김억립(金嶷立, 1601~1658)과 서계를 유람하며 시를 짓기도 하였다.

서계 위쪽에 선산김씨의 생원 김억립이 지은 이요정이 있는데 조귀명이 서계서재중수기西溪書齋重修記를 지어주었고, 함양군수 윤광석이 서계 건물을 중수하여 함양군 흥학재興學齋를 건립했는데 그 기문은 이웃고을 안의현감 연암 박지원이 지어주었다.

남명제자로 성주 선비인 동강東岡 김우옹金宇顒 1540년(중종 35)~1603년(선조 36)이 27세 때 1566년(명종21) 5월에 함양 선비들과 1박 유람하며 시를 읊고 즐긴 곳이다. 그들은 서계창수록西溪唱酬錄을 남기어 기념하였다. 그 중 동강의 시 1수를 소개한다.

西溪深處有仙源˚ 서계 깊은 곳 신선의 근원 있는데
瞻望山高不可越˚ 바라보니 산은 높아 넘을 수 없네
朗詠歸來俯碧流˚ 시 읊고 돌아오며 푸른 물결 보고
悠然坐待峯頭月˚ 유연히 앉아서 봉우리 달 기다리네

- 김우옹의 「서계」

　동강은 선조대의 명신으로 그의 백형이 당시 함양군수 이계伊溪 김우홍金宇弘이었다. 둘째형 개암開巖 김우굉金宇宏, 세째 형 사계沙溪 김우용金宇容이 동행하였고 이들의 매부 이응명(李應命, 字汝順)이 잠깐 참석하였다.
　함양 선비로는 개암 강익 45세 때, 사암 노관, 매촌 정복현, 죽헌 정지, 매암 조식 등 5인이었으니 함양의 대표적 명사들이 다 동참한 것이다. 개암은 흥에 겨워 자신이 지은 시조 단가삼결 3수를 노래하니 운치가 심원하여 완상할 만하다고 동강은 평가하였다.
　매촌 정복현은 본디 거창생으로 함양 뇌계천 가에 지은 제광당霽光堂과 마천 운학정雲鶴亭에 살았다. 그의 서계 창수 시도 있다. 그는 "崔仙佔畢興 최고운과 점필재의 흥취가 千載付吾人 천년 뒤 우리에게 전해졌네"이라고 천령군태수 고운 최치원과 함양군수 점필재 김종직이 다 서계에 유람하였다고 읊었다.
　같이 시를 읊은 매암梅菴 조식(曺湜, 1526~1572)은 아예 서계에 살았는데, 죽헌 정지, 송정 강문필과 함께 매죽송삼우梅竹松三友로 불리우기도 했다. 함양의 명필로 충재冲齋 권벌(權橃, 1478~1548)이 세운 청암정青巖亭의 현판을 쓰기도 했다.

Ⅳ. 남계

1. 승안사

일두고택 맞은 편 수동면 승안산에는 승안사지라는 절터가 있고 승안사를 폐사에 이르게 한 일두선생 가족묘지에 일두선생묘소가 있다. 경상남도 기념물 제268호 일두정여창묘역一蠹 鄭汝昌 墓域으로 지정되었다.

승안사昇安寺는 점필재佔畢齋 김종직(金宗直, 1431년 6월~1492년 8월 19일) 선생 때는 훈욕의 치료명소로 알려졌던 것으로 보인다. 다음은 점필재가 유호인의 치료에 위문으로 지어보낸 시이다.

승안사 克己時在昇安寺熏浴理疾 극기가 이 때 승안사에서 훈욕을 하면서 병을 치료하다 / 점필재 김종직

聞君入射陰° 그대가 사암산에 들어갔다는데
寺在第幾峯° 절은 몇째 봉우리에 있는가
雲烟定相媚° 구름 안개와는 서로 좋겠으나
猿鶴誰能從° 원숭이 두루미는 누구를 따르리오
得非採三秀° 지초를 캐는 일이 아닐지니
聊復絃松風° 다시 솔바람 소리를 들을 터이지
蘭湯日百沸° 난초탕은 날로 백 번 끓일지라도
幽憂攻未攻° 그윽한 근심은 다스리지 못하리라

그 승안사에는 16세에 〈소상팔경가〉란 연시조를 지은 청련靑蓮 이후백李後白 1520(중종 15)~1578(선조 11)의 어릴 때의 자취가 있다. 소상팔경瀟湘八景의 제1경 소상야우瀟湘夜雨를 읊은, 소상팔경가 8수중에 제1수만 소개한다.

소상야우 / 청련靑蓮 이후백李後白 1520(중종 15)~1578(선조 11)

창오산蒼梧山 성제혼聖帝魂이 구름 좇아 소상瀟湘에 내려
야반夜半에 흘러들어 죽간우竹間雨 된 뜻은
이비二妃의 천년누흔千年淚痕을 씻어볼까 하노라.

이후백을 작자로 하는 시조가 또 있으니 〈추상에 놀란 기러기〉이다. 고향이나 서울을 떠나 여행이나 공무출장 중에 지은 것이리라. 여기 님은 애인일 수도 있고 임금님일 수도 있다. 왕릉 조성차 객지에 가서 자며 지은 것일 수도 있다.

추상에 놀란 기러기 / 이후백李後白

추상에 놀란 기러기 섬거온 소리 마라.
가득에 님 여희고 허물며 객리客裏로다.
밤중中만 네 울음소리에 잠 못 드러 하노라

청련은 구졸재 양희, 옥계 노진과 함께 천령삼걸天嶺三傑로 불리었다. 다 판서급의 함양이 낳은 걸출한 인물이었다. 이들은 다 함양의 교육자 당곡 정희보의 문인들이다. 이후백이 8세 때 지은 탑송이란 시다. 어리나 당찬 이후백의 기상이 서려있다. 내암來庵 정인홍鄭仁弘 1535(중종 30)~1623(인조 1)의 고사와 같은데 청련고사라고 추정한다.

탑송 塔松˚幼時作˚/ 청련靑蓮 이후백李後白 1520(중종 15)~1578(선조 11)

一尺靑松塔畔栽˚ 한 자 되는 푸른 솔 탑 곁에 있는데
塔高松短不相齊˚ 탑은 높고 솔은 낮아 서로 맞지 않네

傍人莫恠靑松短˚ 옆사람아 푸른 솔 낮다고 괴이쩍어 마라
他日松高塔反低˚ 뒷날에는 솔이 높고 탑은 오히려 낮으리

솔과 키를 잰 탑이 바로 보물 제294호 함양 승안사지 삼층석탑咸陽 昇安寺址 三層石塔다. 그러나 지금 탑과 키를 재던 솔은 없다. 노산 이은상의 시조 〈옛 동산에 올라〉처럼 키를 재려 하는 새솔이 나서 자라고 있지도 않다.

천령삼걸 가운데 옥계 노진은 함양의 두 번째 사액서원 당주서원에 모셔졌으나 훼철된 뒤 복원하지 못하고 위당 정인보가 지은 당주서원유허비만이 그 자리를 지키고 있고 남원 창주서원에 모셔져 있다. 구졸재 양희는 구천서원에, 청련 이후백은 이사간 전남 강진의 박산서원(원래 서봉서원)에 모셔져 있어 삼걸이라 합칭되는 것이 무색하다.

구천서원에 삼걸사三傑祠를 따로 지어 삼걸을 병향하고 사당의 구졸재 자리는 그들의 스승 당곡 정희보를 모시면 좋을 것이다.

2. 대고대

구졸재신도비가 있는 대고대大孤臺, 함양 선비들이 소요음영하던 명소인 곳, 추사의 석송石松 글씨도 남아있는 곳, 경남기념물로 지정되기를 바란다. 대고대에서 당주서원유허비, 연지공원, 옥계효자비에 승안사지까지 삼각지대의 삼걸의 유적을 관광벨트화하여 현창할 필요가 있겠다.

〈윤료가 또 함양군의 지도를 작성하였으므로, 그 위에 절구 아홉 수를 쓰다
[允了又作咸陽郡地圖題其上九絶]〉

남계의 서쪽 언덕엔 길이 꼬불꼬불한데 / 灆溪西岸路縈回
황석산 높은 봉우리에 놀란 말이 오누나 / 黃石奇峯駭馬來

날 저문 화림에 비바람이 몰아치는데 / 日暮花林風雨橫
조각 구름이 날아서 대고대를 지나는구려 / 斷雲飛過大孤臺

대고대는 하동정씨가 차지한 뒤로는 개은 정재기가 대고대大高臺라고 각석하고 묵헌 정근상이 청근정, 산앙재를 짓는 등 사유화작업으로 지역사회에 분란도 있었다. 그래도 부래암浮來巖이란 지명에서 알 수 있듯이 떠내려온 바위 설화를 담고 있는 외로운 석대 대고대大孤臺가 타당한 이름이다.

대고대大孤臺 / 구졸암 양희

吾鄕從古水雲區 우리 고을은 예로부터 경치의 고장
白石晴天鏡裏秋 흰 돌과 맑은 하늘 거울 속의 가을
試向大孤臺上望 대고대 위에 서서 한번 바라보라
林間何處不宜樓 숲 속 어디인들 누정이 맞지 않으랴

3. 사근산성

사근역 주산 미타산, 지금의 연화산에는 고려말에 왜구에게 함락당해 피내를 이룬 사적 제152호 함양 사근산성(咸陽 沙斤山城)이 있다. 사근산성 전투에서 순국한 장병들을 위령하기 위하여 산성 기슭에 2015년에 연화사蓮花祠란 사당을 세웠다. 연화사에는 사근역 전투에서 전사한 박수경, 배언 두 원수를 포함 9원수의 위패와 순직한 함양현 감무 장군철 및 500 무명용사의 위패가 모셔져 있다.

〈윤료가 또 함양군의 지도를 작성하였으므로, 그 위에 절구 아홉 수를 쓰다
[允了又作咸陽郡地圖題其上九絕]〉 / 김종직

궁한 도적과 당년에 칼싸움을 벌이어 / 窮寇當年接短兵

장군의 비린 피가 말의 가슴을 적시었네 / 將軍腥血漬鞏縷
역리들은 전조의 일을 서로 다퉈 말하면서 / 郵人爭說前朝事
푸른 산 속의 한 조각 성을 가리키누나 / 指點靑山一片城

1380년 고려 우왕 6년 왜구 함양 침입, 사근산성 함락, 함양현 감무 장군 철장군哲張群哲이 전사한다. 사근내역(沙斤乃驛:지금의 함양군 수동면 소재지) 혈계血溪 전투. 이 당시 왜구를 추격하던 9원수(裵克廉[1325~1392, 성주인]·金用輝[?~1388, 언양인]·池勇奇[?~1392, 충주인]·吳 彦[동복인]·鄭地[1347~1391, 하동인]·朴修敬[?~1380년(우왕 6), 고성인]·裵 彦[?~1380, 경주배씨 달성판서공파조]·都 興[조선개국원종공신, 성주인]·河乙址[진주인]) 가운데 박수경과 배언을 포함하여 500여명의 군사가 전사하다. 남원 인월에서의 황산대첩荒山大捷 전초전이 되는 것이다. 〈高麗史 列傳 姦臣 邊安烈: 倭駐沙斤乃驛, 元帥裵克廉·金用輝·池湧奇·吳彦·鄭地·朴修敬·裵彦·都興·河乙沚, 擊之敗績, 修敬·裵彦死, 士卒死者, 五百餘人. 賊遂屠咸陽, 又攻南原山城, 不克退, 焚雲峯縣, 屯印月驛〉

1389년 고려 공양왕 1년 왜구 함양 침입, 구원군 대장, 진주목사 김상(金賞, ?~1389, 언양인) 장군이 사근역 근처에서 순국하다. 역승驛丞 정인鄭寅의 처 송씨宋氏가 왜적에 더럽히길 거부하여 피살, 순절하다.

위 사건 가운데 김용휘와 김상은 고려명장 위열공 김취려 장군의 후손으로 부자지간이고 언양김씨인데 함양에서의 구국활동이 두드러진다고 하겠다. 김상의 묘는 전남 곡성군 고달면 대사리 언양김씨묘역에 있다. 아래 계보의 김속金涑은 직장공파의 파조고 필자는 언양김씨대종회 부회장 겸 직장공파종회 회장이다.

※彦陽金氏族譜: 고려명장 문하시중 김취려 就礪-佺-良鑑-光啓-奕-湧輝(초명 用輝)-賞-躍-孟甫-涑(直長公)

沙斤山城 사근산성 / 유호인俞好仁

沙斤城畔起陰雲 사근성 경계에 음산한 구름 일어나니
坤靈夜泣雨紛紛 땅 귀신 밤마다 울고 비는 부슬부슬
庚申萬鬼啾啾哭 경신년에 죽은 넋들 흐느껴 우니
似恨當時張使君 당시의 장 사군을 한하는 듯하네

4. 월명총

사근역에서 함양읍 쪽으로 바라보면 작은 산이 있는데 월명산이다. 그 꼭대기에 월명총月明塚이 있는데 함양의 로미오와 줄리엣인 사근역 역리의 딸인 월명 아가씨와 경주총각 방물장수와의 비극의 로맨스 이야기가 전해지는 곳이다.

신라시대 월명 아가씨는 경주총각 방물장수를 한번 보고 다시 오지 않는 그를 그리워하다가 상사병으로 죽어 묻히고 나중에 찾아온 총각장수도 비애로 죽어 같이 묻힌 것이다. 신라시대 함양 출신 비극의 여주인공이 월명 아가씨이다.

중국의 남조南朝 송소제(宋少帝, 422~4年在位) 때의 신녀총神女塚이라 불린 화산기華山畿나 진나라 사안(謝安, 320~385)이 의부총義婦塚이라 한 양축梁祝처럼 고운 최치원 선생이 전기소설 〈쌍녀분기雙女墳記〉를 짓듯이 월명총 이야기를 소설화했다면 천고의 명작이 되었을 것이다.

〈윤료가 또 함양군의 지도를 작성하였으므로, 그 위에 절구 아홉 수를 쓰다
[允了又作咸陽郡地圖題其上九絕]〉/ 김종직

무덤 가에는 연리지가 푸르고 푸른데 / 塚上靑靑連理枝
행인들은 위하여 화산기를 불러주네 / 行人爲唱華山畿
지금처럼 달 밝은 밤 여우가 울어대면 / 如今月白狐狸嘯
응당 청춘의 넋이 나비로 화하여 날으리 / 應是春魂化蝶飛

월명총은 엉뚱하게도 후세에 기우제의 장소로 애용된 곳이다. 또한 월명과 반대인 만덕총에서 유래한 구부총의 전설이 발생하기도 하였다. 이 구부총 설화가 발달하여 변강쇠타령의 근원설화가 된 것으로 추정한다. 그래서 변강쇠가는 함양이 발상지가 되는 판소리문학인 것이다. 월명은 정절을 중시하는 조선시대에는 열녀의 상징이 되었다.

월명총 / 태촌泰村 고상안(高尙顔, 1553~1623)

金石貞心磨不磷 금석같이 곧은 마음 갈아도 닳지 않고
穀誰貽戚死同墳 낭군이 근심 끼쳤으나 무덤은 같이 썼네
能敎萬古扶倫紀 능히 만세에 윤리를 세우게 하였고
又向三農作雨雲 또 농사철에는 비가 되어 내렸네

만덕총萬德塚 萬德° 亦驛女也° 九嫁九孀° 好事者連塋而葬° 萬德死° 又葬九塚之下° 在月明塚下° / 태촌泰村 고상안(高尙顔, 1553~1623)

隨嫁隨亡過此生° 시집가는 대로 죽는 그런 삶을 살았네
九爲孀婦幾傷情° 아홉 번 과부 되니 얼마나 상심했겠나
山腰十塚累累在° 산허리에 열 개 무덤 촘촘히 있는데
地下千秋愧月明° 지하에서 천고에 월명에게 부끄럽겠지

월명총 / 김윤숭

한눈에 정 들었네 철석같이 맺혔네

그리움에 지쳐 죽고 서러움에 따라 죽네
산 위에 두 주검 한 무덤 죽어서나 같이 사네

V. 엄천

1. 등구사

오도재를 넘으면 마천면 등구사에 이르게 된다. 등구사登龜寺는 탁영 김일손 선생과 일두 정여창 선생이 성종 20년(1489) 4월에 지리산 등반 유람길에 자고간 곳으로 점필재 김종직 선생이나 뇌계 유호인 선생도 모두 들렀다가 가는 곳으로 삼는 지리산유람길의 베이스캠프라고 할 것이다.

김종직의 〈유두류록〉에서 "나는 등구대를 넘어 바로 군청으로 돌아왔다."〈余則踰登龜岾°徑還郡齋°〉하였다. 등구재가 지금의 지도에 표기된 마천면 창원마을에서 남원 산내면 상황마을로 가는 등구재라면 마천에서 오도재 넘어가는 길에 갈 길이 아니다. 오도재를 등구사 넘는 고개란 뜻으로 등구재라 한 것으로 보아야 한다.

탁영의 맏형 김준손은 그 4년 뒤 성종 24년(1493) 3월에 함양군수로 부임하고 탁영은 연산군 1년(1495) 가을에 함양에 청계정사靑溪精舍를 짓고 일두 곁에 사는 우정을 보인다. 그 청계정사의 유허에 4254년(서기 1921년)에 청계서원을 건립하여 탁영을 향사하다. 경상남도 문화재자료 제56호 청계서원靑溪書院이다.

등구사登龜寺 贈敏修禪師 / 뇌계濡溪 유호인(俞好仁, 1445~1494)

坦夷堂裏共幽期 탄이당에서 그윽한 만남을 함께 하니

香爐堆盤夜正遲 향불 재 쌓이고 밤은 정녕 더디구나
萬丈頭留眞面目 만길 되는 두류산의 진면목을
坐來收拾入吾詩 앉아서 거두어 내 시에 들이네

등구사는 나중에 빈대로 망하여 빈대절이라 하다가 빈대궐로 발음하여 상상력으로 와전되어 구형왕의 궁궐로 오인되고 구형왕의 전설이 지어졌으나 터무니없는 것이다. 횡부가인 가루지기타령(변강쇠가)에 나오는 등구마천의 등구에 해당하는 곳이다. 횡부가는 등구마천과 백무동, 함양읍 척지 지명과 함양 관아가 등장하니 함양을 배경으로 하는 판소리문학이다.

2. 금대사

금대사는 금대암이라고도 한다. 고려시대에 보조국사와 진각국사가, 조선시대에 행호조사가 모두 머문 절이다. 금대암에서 지리산을 조망하면 천왕봉이 아주 잘 보인다.『동국여지승람』에는 금대암이라고 했지만 당시 점필재나 뇌계 등은 금대사金臺寺라고 하였다. 점필재는 금대사에서 자기도 했는데 지금도 그곳 깊은 방은 경치가 뛰어나다.

〈금대사에서 묵다. 금대사는 일찍이 고승 행호가 머물렀던 곳이다[宿金臺寺 寺曾爲高僧行乎所住]〉/ 김종직

날씨 차갑고 낙엽진 돌 방의 가을에 / 天寒木落石房秋
직무 수행한 여가에 잠시 틈을 내었네 / 簿領餘閒只暫偸
담화 속의 팔환은 알아듣기가 어렵고 / 話裏八還聊聽瑩
조는 가운데 삼매는 우선 즐길 만하구나 / 睡中三昧且優游
만일 선승을 짝하여 구름 속에 늙어 간다면 / 禪僧若伴雲霞老
어느 여론이 형벌을 주자고 꾀하리오 / 物論誰爲斧鑕謀
고금에 공명 다툼이 한 언덕 오소리일 뿐이라 / 今古名場一丘貉
맑은 새벽에 창문 열고 두류산을 쳐다보네 / 曉來開戶看頭流

〈금대사에서 자다. 팔월 초칠일이다[宿金臺寺八月初七日]〉 김종직

우연히 사찰의 경내에 이르니 / 偶到招提境
두류산이 그림 병풍처럼 벌리어 있네 / 頭流列畫屛
서풍은 풍경으로 소리를 내고 / 西風語鈴鐸
남두성은 처마 위에서 자는구나 / 南斗宿簷楹
조용히 새나온 초롱불빛 사랑하고 / 靜愛篝燈吐
그윽히 여울 물소리를 듣노라 / 幽聞石瀨鳴
세속 일의 시달림을 잠시 쉬면서 / 塵勞暫休暇
애오라지 이로써 내 생을 웃노라 / 聊此笑吾生

금대사 頭流歌°贈與齡還晉山° / 뇌계濡溪 유호인(俞好仁, 1445~1494)

金臺寺對天王峯° 금대사는 천왕봉을 마주하고 있네
薜蘿涼月堆琉璃° 칡덩굴 사이 뜬 달 유리더미 같네
秋風桂子更淸瘦° 가을바람 계수나무 더욱 파리하네
何處隱映山石辭° 어디메뇨 산 바위 새긴 글 비칠까

금대암에서 잘 바라보이는 천왕봉天王峯은 함양군과 산청군 경계의 주봉이다. 두 군이 소유권을 다투나 서로 쓰면 될 것이다. 영남의 사대부들은 점필재 김종직 선생의 유람 이래 지리산을 유람하여 천왕봉을 오르는 것이 사대부의 정통성을 획득하는 일생의 과제였다. 영남권은 천왕봉이 주봉이고 호남권은 반야봉 노고단이 주봉이다. 천왕과 노고가 부부지간이 아닐까 억측해본다.

천왕봉 頭流歌°贈與齡還晉山° / 뇌계濡溪 유호인(俞好仁, 1445~1494)

天王峯外山無尊 천왕봉외산무존 천왕봉 밖에는 높은 산이 없고
夜半日出扶桑曉 야반일출부상효 밤중에 해 뜨니 동쪽나라 동트네
直視東南萬里間 직시동남만리간 동남쪽 만리 사이 똑바로 보니
一髮靑島海雲表 일발청도해운표 한올같은 푸른 섬 바다구름 밖에

3. 안국사

금대암 밑에 안국사安國寺가 있는데 조선 태종 때 천태종 조사인 행호조사行乎祖師가 세운 절이다. 행호조사는 신라 태종 때라고 오해되기도 하나 조선 태종 때 고승이다. 강진의 만덕산 백련사도 중건하였고 또한 효자라서 안국사에는 행호조사의 부도로 추정되는 경상남도 유형문화재 제337호 안국사은광대화상부도安國寺隱光大和尙浮屠와 그 어머니 부도(경상남도 유형문화재 제35호 안국암부도安國庵浮屠)도 같이 있다.

함양 선비들은 안국사에서 주로 심신의 피로를 풀고 맑은 향기를 흡입하는 난초 약탕의 목욕치료법을 즐기었다. 김종직은 바쁜 공무로 참여 못해 부러워하였다.

산중인사山中人辭 / 김종직

극기克己가 도영창都永昌, 한인효韓仁孝 및 나의 생질 강백진康伯珍 등과 함께 안국사安國寺에서 목욕을 하였는데, 이 절은 고승高僧 행호行乎가 머물던 곳으로서 그의 화상畫像이 있다.

산중 사람이여 갑자기 서너 명이 / 山中人兮忽三四
아 서로 손 잡고 조용히 배회를 하네 / 騫携手兮其虛徐
난탕에 목욕하고 부들로 자리를 하니 / 蘭爲湯兮蒻爲薦
성대한 향기가 옥려에 그득하도다 / 芳闇闇兮屋廬
날로 목욕하고 앉았다 혹은 누웠다 하니 / 日澡浴兮或坐臥
정기는 뭉치고 더러운 것은 제거되누나 / 精氣搏兮麤穢除
아침엔 암석 새에서 맑은 공기 마시고 / 朝而噏兮石溜
저녁에는 시원한 나물을 씹어 먹으니 / 暮咀嚼兮氷蔬
비록 신선과는 멀리 간격이 나 있지만 / 雖神仙兮遼以隔
아 방불하게 신선의 무리를 이루었네 / 羌彷彿兮爲曹
행호 스님 불러서 주미를 휘두르고 / 招乎師兮揮麈
서왕모 맞이하여 반도를 나눠 먹도다 / 邀王母兮分桃

공문에는 환상이 많은 게 가소롭거니와 / 哂空門兮多幻
속세엔 지나치게 즐기는 게 혐오스럽네 / 嫌下土兮淫遨
조용히 처하여 높은 데를 관망하니 / 密靚處兮高觀
의리가 왕성하여 몸이 살짐을 알겠도다 / 知義勝兮身肥
자고새는 높은 숲에서 시끄러이 우는데 / 鉤輈聒兮雲木
대숲은 이끼 낀 사립에 어둑하여라 / 澁勒暗兮苔扉
한 발 달린 기는 괴이함을 기르고 / 夔一足兮畜怪
또 여우와 살쾡이는 무리를 모으고서 / 又狐貍兮聚族
구름이 잔뜩 끼어 달빛이 캄캄해지매 / 雲冥冥兮月黑
서로 다투어 방자하게 날뛰는구나 / 競恣睢兮蹢躅
생각건대 못난 나는 세속 일에 얽매여 / 念畸人兮縛塵纓
은밀히 그대 생각에 마음이 수고롭다오 / 隱思子兮勞心曲
복사꽃은 낮에 빛나고 오얏꽃은 밤에 희어라 / 桃眩晝兮李縞夜
봄 경치 화려하여 구경하기 기쁘도다 / 韶華繽紛兮悅目
맑고 조용한 동산이 즐길 만하거늘 / 湛中園兮可樂
그대는 어찌하여 텅 빈 골짝에 있느뇨 / 君胡爲兮空谷

〈극기와 생질 강군이 안국사에서 목욕한 뒤에 지은 시에 화답하다[和克己及康甥安國寺浴後之作]〉/ 김종직

마른 창자 밤마다 울어댐을 견딜 수 없는데 / 叵耐枯腸夜夜鳴
산중의 화초들은 비 개인 봄을 다투누나 / 山中花卉競春晴
이미 난초 혜초 꿰어서 허리에 찼으니 / 已將蘭蕙紉爲佩
술 깨기 쉬운 제호탕을 빌리지 않는다오 / 不借醍醐醉易醒
바구니에 수북한 건 자라의 다리를 보겠고 / 戢戢筠籠看鱉脚
솔솔 끓는 남비에선 소나무 소리를 듣겠네 / 颼颼石銚聽松聲
좋은 풍광 사라질 날이 많지도 않거늘 / 風光歸去無多日
나는 한창 직무에 얽매임이 부끄럽구려 / 愧我方爲簿領縈

안국사 寄安國寺義禪師 / 유호인

不見昊公十五春° 스님을 못 만난 지 15년 지나

紅塵白髮更誰親° 속세에서 백발 되어 뉘랑 친할꼬
如今信步山扃去° 지금 발길 가는 대로 산문을 나서니
好在煙霞舊主人° 자연속 옛 주인이여 잘 계시오

4. 군자사

안국사 냇가 건너편에는 군자사君子寺가 있었는데 신라 진평왕이 왕위쟁탈전을 피해 피신왔다가 아들을 낳고 절을 만들어 군자사라 한 것이다. 후대에 흔한 지어낸 전설이 아니라 역사적 배경이 타당한 일이고 국가 편찬 기록에 있으니 국사에 편입해야 한다.

진흥왕(眞興王, 재위 540~576)의 차남 진지왕이 즉위하다.

진지왕(眞智王, 재위 576~579)은 이름은 금륜金輪. 진흥왕의 둘째아들이며, 진흥왕대의 대표적 인물이었던 거칠부居柒夫의 지원을 받아 왕위를 찬탈했을 가능성이 있다. 이러한 추측은 진지왕이 즉위하던 해(576년)에 거칠부를 상대등上大等에 임명해 국정을 맡겼고, 재위 4년 만에 정란황음政亂荒淫을 이유로 화백회의和白會議의 결정에 따라 폐위되었으며, 독자적인 연호를 가지지 못했던 사실에 근거한다.

진평왕(眞平王, 재위 579~632)은 아버지는 진흥왕의 태자인 김동륜(金銅輪, ?~572년)이며, 장손자이다. 맏손자로서 즉위하여야 하나 세력에서 밀려나자 함양 마천까지 피신하여 세력을 키운 것으로 보아야 한다. 권토중래 숙부를 끌어내리고 즉위하게 된 것이다. 역사적 사실에 부합하니 군자사 사적을 의심할 일이 아니다. 김종직도 그 전설을 자신이 편찬한 『동국여지승람』에 수록하였으니 사실이 된 것이다.

〈권농 차 마천에 이르러 군자사에서 묵었는데, 가뭄이 심하던 차에 이날 비가 오므로 통상인에게 주다[勸農至馬川宿君子寺旱甚是日雨贈通上人]〉 / 김종직

초목은 앞 산봉우리에 무성한데 / 草樹藹前峯
뭉게구름 짙어지는 게 멀리 보이네 / 遙看水墨濃
차 마시며 자는 새 소리 듣고 / 啜茶聞宿鳥
시 지어 적다가 새벽이 이르렀네 / 題竹到殘鐘
고상한 흥은 승경을 유람해야겠지만 / 雅興須探勝
외로운 회포는 농사 걱정 뿐이라오 / 孤懷只憫農
생공이 지금 석장 멎고 있으면서 / 生公今住錫
밤에 용 내리게 한 것이 기쁘구려 / 可喜夜降龍

군자사의 영역 터에 함양의 6대보물, 보물 제375호 함양 덕전리 마애여래입상咸陽 德田里 磨崖如來立像이 있어 바라보면 우람하고 장엄하여 저절로 신심이 우러나게 한다. 그리 유명하던 군자사였는데 마을이 들어서고 그 터조차 불분명하니 애석한 일이다.

군자사君子寺 / 유호인

十年萍梗我何堪˚ 10년 동안 부평초 신세 내 어이 견디었나
收迹雲山一夢酣˚ 구름 산에 자취 감추고 한바탕 꿈 달디 다네
落日閃霞橫鷲岾˚ 지는 해에 번쩍이는 놀 수리재에 비꼈고,
長風驅雨過龍潭˚ 긴 바람은 비를 몰아 용유담을 지난다.
白猿青鶴空迷遠˚ 흰 원숭이 푸른 두루미 부질없이 아득한데,
牙籤瓊膏奈飽餐˚ 벼슬생활 산해진미 배불리 누린 거 어이하나
會夜拂牎松桂冷˚ 오늘밤 창문을 스치는 바람에 소나무 추운데
臥看明月印輕嵐˚ 가벼운 아지랑이에 밝은 달을 누워서 보리라

5. 용유담

칠선계곡 위에 백무동계곡이 있다. 백무동百巫洞은 횡부가의 변강쇠가 낮잠을 자다가 저물녘에 놀라 깬 곳이다. 백무동이란 백명의 무당 집합지란

뜻이다. 여기에서 전국 팔도의 무당이 퍼져나간 무당의 성지다. 무당의 성지론 엄천강 중류에 있는, 팔도무당의 아버지 법우화상 전설이 깃든 엄천사도 있다. 기타 용유담에 있는 용유당, 천왕봉에 있는 성모사와 제석당도 있다.

　엄천강을 따라 내려가다 보면 용유담龍遊潭이 있는데 물이 깊어 아홉 마리 용이 살았다고 하여 길 옆에 구룡정이 세워져 있다. 용유담은 함양군수 점필재 김종직 선생이 기우제를 지내며 바위밑에서 자기도 한 곳이다.

〈칠월 이십 팔일에 용유담에서 비를 빌다 七月二十八日禱雨龍遊潭〉 / 김종직

1.
양쪽 절벽이 급한 여울 동여매어 / 兩崖束崩湍
십 리 밖까지 우레 소리 들리네 / 十里聞雷吼
돌 모양은 스스로 천태만상이요 / 石狀自千萬
그 위에는 굴혈들이 많이 있으니 / 其上多嵌竇
아마 여기에 신룡이 사는가 하여 / 疑是神龍居
몸 굽히고 두 번 머리 조아리노라 / 傴僂再稽首

2.
푸르고 푸른 저 천왕봉에 / 蒼蒼天王峯
구름 안개가 수증기처럼 일어나더니 / 雲霧若餴餾
삽시에 쓸어 낸 듯 활짝 걷히어 / 須臾劃開豁
초목이 선명해서 셀 수도 있겠네 / 草木粲可數
나는 산 구경 하러 온 게 아닌데 / 我行非爲山
어이해 구름 일고 비오지 않는고 / 膚寸胡不湊

3.
거주민들이 스스로 단결하여 / 居民自團結
시냇가에 띳집을 지어 사는구려 / 茅屋臨溪水
청학동이 있다는 말을 들었는데 / 舊聞靑鶴洞

이 마을이 바로 그 곳인가 싶구나 / 茲村無乃是
몹시도 부끄러워라 부로의 말이 / 深慚父老言
지금 조세 독촉하는 아전이 있다 하네 / 今有催租吏

4.
원숭이 부르짖고 새도 지저귀어라 / 猿呼鳥復噪
사방 산천이 어느덧 저물었는데 / 四山忽已暮
돌아든 물가에서 향초를 캐니 / 回汀搴杜若
잎마다 서늘한 이슬이 젖어있네 / 葉葉沾凉露
이내 부들 자리로 가서 자노니 / 聊就蒲薦眠
가을 소리가 높은 나무에서 나누나 / 秋聲在高樹

5.
고미로 지은 도시락밥을 먹고 나서 / 行廚飯菰米
밤에는 바위 밑 의지하여 자는데 / 夜依巖下宿
머리 쳐드니 은하수만 바라보일 뿐 / 擡頭望雲漢
뭇 돼지 목욕하는 건못 보겠네 / 不見群豨浴
부끄럽다 농사 걱정하는 정성 없기에 / 愧無憫農誠
신룡이 응당 눈을 감아버렸겠지 / 神龍應瞑目

〈용유담곡 네 절구를 짓다. 이 때 극기와 정숙이 따라왔다[龍遊潭曲四絶時克己貞叔從焉] 용유담은 바로 지난 해에 비를 기도했던 곳인데, 그 아래는 수잠탄水潛灘이 있다.〉/ 김종직

용유담의 위는 여러 산봉우리의 중턱인데 / 龍遊潭上亂峯腰
높이 솟은 팔천봉에 잔로가 멀리 보이누나 / 八蒨穿雲棧路遙
빗속에 바위 위에 앉아 점심을 먹고 나서 / 雨裏巖頭澆飯罷
세 사람이 길이 읊으니 산꼭대기 메아리치네 / 三人長嘯響山椒

용유담 가에는 돌들이 오랫동안 닳아서 / 龍遊潭畔石磨礱
작은 것은 술동이 같고 큰 것은 구덩이 같네 / 小若窪樽大垉空

조화옹이야 이를 용이하게 만들어 냈으리 / 造化兒能容易辦
푸른 절벽에 머리 돌려 자연의 이치 상상하노라 / 蒼崖回首想鴻濛

용유담 밑에는 우레 소리 사라졌으니 / 龍遊潭底泯雷音
응당 지난해 오늘의 마음을 알리로다 / 也識前年此日心
가뭄 풀고 마른 것 소생시켜 다시 응험 있으니 / 沃暵蘇枯還有應
굳이 혹약으로 장마비 만들 것 없겠구려 / 不須或躍便爲霖

바위 위에서 점심을 먹을 적에 비가 내렸다.

용유담 아래는 물이 기름같이 맑아서 / 龍遊潭下水如油
하늘 그림자 맑고 나무 그림자는 빽빽한데 / 天影澄澄樹影稠
사람의 한 치 마음의 참모습과 똑같아 / 方寸人心眞箇樣
거센 물결 지나자마자 안온한 흐름이로다 / 纔離激盪卽安流

고금에 무당들의 굿터다. 점필재, 일두, 탁영, 남명, 한사 강대수의 이름 석각이 있듯이 옛 선비들의 관광필수코스였다. 명승이 될 뻔하다 멈춘 것이 아쉽다.

용유담 頭流歌°贈與齡還晉山° / 뇌계瀨溪 유호인(俞好仁, 1445~1494)

龍游潭上石闕龕° 용유담 위의 여러 돌 구멍들
垠堮劃剞誰始鑿° 파이고 깎이고 누가 처음 팠는가
是知造物故戲爲° 조물주가 장난삼아 한 것이니
一一推究何大憨° 일일이 추구하는 건 바보짓이지

6. 엄천사

지리산 엄천사嚴川寺는 신라 헌강왕 9년(883)에 창건되었다고 한다. 엄천사는 함양군 휴천면에 있던 절인데 창건 주지 결언선사와 최치원이 교류하였고 이 절에서 기거하기도 하였다. 최치원은 왕비의 발원문을 짓기도 하였다.

함양군수 김종직과 그 제자 뇌계 유호인이 자주 찾아 시를 읊고 자고 가기도 했었다.

〈엄천사에서 낮잠을 자다[嚴川寺午睡]〉 / 김종직

보리 익었으니 교조를 생략하면 어떠랴 / 麥熟何妨省敎條
틈을 내어 잠시 야승의 집에서 쉬다가 / 偸閑暫憩野僧寮
언뜻 낮잠이 들었으나 깨우는 사람은 없고 / 翛然午睡無人覺
숲 사이 봄새 파병초만 울어대누나 / 只有林間婆餠焦

〈엄천사에 묵다 宿嚴川寺〉 / 김종직

嚴川寺裏俞林我° 엄천사에 유호인 임대동 김종직이
煮茗淸談愜素期° 차 끓이며 담소하니 평소 약속 이루네
一夜簪纓渾忘却° 하룻밤에 벼슬길 모두 잊어버리고
灘聲驚夢忽尋詩° 여울 물소리에 놀라 깨어 시구를 찾네

엄천사의 법우화상은 팔도 무당의 시조이다. 전국 백 명의 무당의 집결지가 백무동이다. 엄천사니 법우화상이니 불교가 들어온 뒤 각색된 것이고 우리말로 무당을 일컫는 말이 법우일 것이다. 엄천사는 무당의 성지였다가 사찰로 변모된 것이다. 사찰로 바뀐 다음부터 역사가 시작된 것이다.

嚴川寺 歷史文學公園 / 金侖嵩

官壇授戒有開淸 관단에서 수계한 개청국사가 있고
八道巫堂法祐生 팔도 무당은 법우화상이 낳은 것
佔畢潘溪吟詠夠 점필재와 뇌계가 읊은 시가 많고
秋波樑頌感墟傾 추파대사 상량문 빈 터전에 느끼네

7. 호차원

엄천사嚴川寺는 조선후기까지 큰절이었는데 이것도 폐사되고 주춧돌들만 흩어져 있다. 성종 때는 엄천사 후원에 차나무가 있는 것을 점필재가 발견하여 번식시켜 공물로 바치어 백성들의 대납 고통을 덜어준 애민과 선정의 성지다.

삼국사기에 지리산에 차나무를 심었다는 기록을 보고, 아기를 납치해 이 찻잎을 뜯어 먹여 키운 호랑이 전설을 듣고, 여기에 차나무가 있을 것이라는 확신이 들어서 찾아내게 한 것이다. 그 전설의 차가 호차虎茶이다.

점필재가 호차를 만드는 차나무를 번식시켜 조성한 차밭 동산은 명명하자면 호차원虎茶園이라 하였을 것이다. 호차원을 복원하여 보성, 하동에 이은 제3의 차문화테마파크 조성을 희망한다. 엄천사 터 동호마을 입구에 1998년에 함양군이 세운 〈점필재佔畢齋 김종직金宗直 선생 관영 차밭官營茶園 조성터造成址 기념비〉가 서있다.

차 밭茶園 2수 / 점필재 김종직 시

欲奉靈苗壽聖君 욕봉령묘수성군 신령한 차 받들어 임금님 장수케 하고자 하나
新羅遺種久無聞 신라유종구무문 신라 때부터 전해지는 씨앗을 찾지 못하였다
如今擷得頭流下 여금힐득두류하 이제야 두류산 아래에서 구하게 되었으니
且喜吾民寬一分 차희오민관일분 우리 백성 조금은 편케 되어 또한 기쁘다.

竹外荒園數畝坡 죽외황원수묘파 대숲 밖 거친 동산 1백여 평의 언덕
紫英鳥嘴幾時誇 자영조취기시과 자영차 조취차 언제쯤 자랑할 수 있을까
但令民療心頭肉 단령민료심두육 다만 백성들의 근본 고통 덜게 함이지
不要籠加粟粒芽 불요롱가속립아 무이차같은 명다를 만들려는 것은 아니다

後學 金侖秀 譯
後學 李昌九 書

8. 제계서재

유림면 국계리에 제계서재蹄溪書齋가 있다. 그 표지석에 크게 제계서재蹄溪書齋, 작게 이목은 소축李牧檼所築 강사숙재 중수지姜私淑齋重修址 을묘乙卯 사월일 四月日이라고 써있다. 제계는 우리말로 굽개다. 말발굽의 굽이다. 말발굴 제蹄자 제계라고 하다가 굽을 아언화하여 국화 국자 국계菊溪라고 한 것이다.

국계마을에는 또 이목은묘라고 하는 큰 봉분이 있는데 주인공은 미상이다. 이 땅은 태종때의 권신, 함양 유배객 이숙번의 땅이었는데 그 사위 강순덕이 상속받았고 강순덕의 양자 사숙재 강희맹의 땅이 되었고 또 사숙재의 사위 종이품 고관인 증대사헌 제계 김성동〈세조때공신 김질의 아들〉의 땅이 되었다.

제계의 무덤은 경기도 시흥시 연성동 강희맹 묘소 산등성 안동김씨묘역에 있다. 까막섬에 있던 1942년에 세운 〈대사헌 제계 김선생 신도비〉에 의하면 그전에 경기도로 이장했다고 한다. 그때 훼묘하지 않고 큰 봉분을 그대로 두어 주인 없는 무덤으로 전해지다가 목은 이색의 무덤으로 전설화된 것이 아닌가 한다.

문량공 사숙재 강희맹의 7세손으로 전남 영광 생, 전북 고창 거주, 송암松庵 강필주(姜弼周, 1621~1682)가 1681년(숙종 7년,신유)에 함양군수로 부임하여 그 선조 문량공 우거 유지를 살펴보고 율시를 지어 감회를 피력하였다.

제계촌 蹄界村 謹尋 先祖文良公寓居遺址 / 송암松庵 강필주(姜弼周, 1621~1682)

古里荒涼春草生 옛 마을 황량한데 봄풀이 나고
居民彷佛說遺名 주민은 끼친 이름 어렴풋 얘기하네
枯塘土塞麻初藝 연못은 흙이 막혀 삼이 심어졌고
斷麓沙崩樹半傾 언덕은 모래 무너져 나무도 기울었네

桑梓今爲誰氏物 유적은 지금 누구의 물건이 되었나
　　石湥猶有舊時聲 암벽의 물소리 옛날 소리 내는구나
　　依然杖屨經行處 의연히 지팡이 짚고 평소 다니신 길
　　小洞無人雲自橫 작은 골짝에 사람 없고 구름만 떠가네

　문량공 사숙재 강희맹은 실제로 함양에 살았다. 그가 살던 별장이 목은이 살던 제계서재였을 것이다. 지금 남아있는 제계서재 표지석에 의하면 목은과 사숙재는 같은 별장을 이어 살았던 것으로 추정된다.
　갑자년(1444, 21세, 세종26년) 겨울에 함양 제계리蹄界里 별장에 우거하였고 조리(趙蘺, 양주조씨, 군수역임)와 황매산 사나사(舍那寺, 부도사)에서 독서하였다.
　계사년(1473, 50세, 성종4년) 겨울에 병조판서를 역임하던 강희맹이 양부인 강순덕(?~1474)의 병구완을 위해 고향 함양에 내려와 조부 강회백·부친 강석덕·형 강희안 삼대의 문집을 모아 『진산세고晉山世藁』를 엮고, 친구 아우 함양군수 김종직에게 부탁하여 간행하였다. 10월 진산세고 김종직 발문.
　갑오년(1474, 51세, 성종5년) 여름에 양부 강순덕의 상를 당해 그해 겨울에 가족을 이끌고 남하하여 함양에서 거상하였다. 함양군수 김종직이 그 제자 뇌계 유호인을 데리고 제계서재를 방문하여 다시 만나고 유호인과 처음 교유하였다. 〈送俞修撰歸養序: 一日°使君與所謂俞公克己氏偕來°景醇出迎于座°目其貌°沈靜而簡默°耳其言°暢達而若訥°□知非凡士°〉
　김종직이 참척의 슬픔으로 사직하고 가려 하자 1년만 참아 임기를 채우고 가라고 만류하는 편지를 보내기도 하였고, 함양 객사咸陽客舍의 새 청사 상량문도 지어주었다.
　기해년(1479, 56세, 성종10년) 5월에 의정부 우찬성으로 있으며 뇌계 유호인이 홍문관 수찬을 그만두고 함양에 사는 부모 봉양을 위해 내려갈 때 전송하는 글을 지어주기도 했다.〈送俞修撰歸養序〉 강희맹은 함양을 고향으로 생각했다.

제계서재 送金修撰 宗直 作宰咸陽(1470, 40세, 성종 1년) / 사숙재私淑齋 강희맹(姜希孟) 1424년(세종 6)~1483년(성종 14)

智異山高萬丈長°지리산 높아 만 길이나 되는데
山藏古郡號咸陽°산에 깃든 옛 고을 함양이라네
花長舊利嚴川路°화장사 있는 곳 엄천강 가는 길
翠竹茅茨是故鄕°푸른 대밭 초가집 고향이라네

1374년 고려 공민왕 23년에 여말삼은 목은牧隱 이색李穡 1328년(충숙왕 15)~1396년(태조 5)이 함양 유림면 국계리 제계서재에 은거할 때 나라걱정으로 지은 시조가 백설가白雪歌라고 생각한다. 목은시조공원을 조성할 만한다.

백설이 잦아진 골에 / 목은牧隱 이색李穡

백설이 잦아진 골에 구름이 머흐레라
반가운 매화는 어느 곳에 피었는고
석양에 홀로 서있어 갈 곳 몰라 하노라

IX. 날머리

이상 소개한 것 외에도 더 많은 함양의 역사기록과 문화유산, 유적, 사적이 있지만 일일이 소개하긴 힘들고 중요한 것도 누락된 것이 많이 있으나 시간과 지면의 제약상 다른 기회로 미루고 이상으로 주마간산식 함양 소개를 마치며 요약하여 제시한다.

 함양군수 김종직의 자취를 추적하면 활동 권역을 넷으로 나눌 수 있다. 그의 둘째 형 김종유金宗裕가 안음훈도로 있기 때문에 방문한 안의 지역을 제외하고 말이다.

 군수로서의 기본 활동 공간인 함양읍성 권역, 가까운 뇌계 권역, 밀접한 사근도 찰방 관할 지역인 남계 권역, 유람하기 좋은 지리산의 엄천 권역이다. 네 개 권역에 김종직의 자취가 많이 남아 기념할 만하다.

 조선시대 김종직을 기리던 백연서원은 훼철된 뒤 복원하지 못하여 기념공간이 없다. 기념 유적은 백연서원이 있던 이은대 근처의 이은대 기념비와 엄천사터의 〈점필재佔畢齋 김종직金宗直 선생 관영 차밭官營茶園 조성터造成址 기념비〉가 전부이다.

 함양에서 뇌계 유호인, 남계 표연말, 회헌 임대동, 한인효, 도영창, 일두 정여창 등 함양출신 제자를 양성하고 한훤당 김굉필, 매계 조위, 탁영 김일손, 목계 강혼 같은 걸출한 제자들을 가르치기도 하였고 호차원의 차밭과 함양읍성 나각 등 선정을 베풀기도 하고 많은 시문을 지어 남기기도 하였고 곳곳에 뜻 깊은 발자취를 남기기도 하였는데 추모공간이 하나도 없다는 건 명현에 대한 예우가 아닌 듯싶다.

※참고문헌

  金富軾, 三國史記 국사편찬위원회
  鄭麟趾, 高麗史 국사편찬위원회
  安鼎福, 東史綱目 고전국역총서
  鄭慶雲, 孤臺日記 고전국역총서

崔致遠, 孤雲先生文集 한국문집총간
崔致遠, 桂苑筆耕集 한국문집총간
李穡, 牧隱藁 한국문집총간
姜希孟, 私淑齋集 한국문집총간
金宗直, 新增東國輿地勝覽 고전국역총서
金宗直, 佔畢齋集 한국문집총간
俞好仁, 㵢溪集 한국문집총간
林薰, 葛川先生文集 한국문집총간
盧禛, 玉溪先生續集 한국문집총간
李後白, 青蓮先生集 한국문집총간
姜翼, 介庵先生文集 한국문집총간
金宇顒, 東岡集 한국문집총간
鄭復顯, 梅村先生實紀 남명학고문헌시스템
邊士貞, 桃灘先生集 국립중앙도서관
朴汝樑, 感樹齋先生文集 한국문집총간
鄭弘緖, 松灘集 남명학고문헌시스템
鄭秀民, 天嶺誌 국립중앙도서관
高尙顏, 泰村先生文集 한국문집총간
崔山輝, 洛南先生文集 영남사림문집
李海昌, 松坡集 한국문집총간
趙龜命, 東谿集 한국문집총간
黃景源, 江漢集 한국문집총간
李德懋, 靑莊館全書 한국문집총간
崔秉軾, 玉澗集 남명학고문헌시스템
閔在南, 晦亭集 남명학고문헌시스템
李敎宇, 果齋先生文集 남명학고문헌시스템
鄭必達, 八松先生文集 남명학고문헌시스템
姜弼周, 松庵集 왕실도서관장서각
盧正鉉, 豊川盧氏世稿, 1922 남명학고문헌시스템
崔元根, 二山文集 남명학고문헌시스템
梁基德, 龍城世稿 남명학고문헌시스템

咸陽鄕校, 咸陽郡誌, 1956 남명학고문헌시스템
咸陽郡, 文化財圖錄, 1996
咸陽郡, 天嶺의 脈, 1983
愼誧, 龍門夢遊錄, 신해진 편역, 조선후기 몽유록, 역락, 2008
彦陽金氏大宗會, 彦陽金氏族譜, 1980
양주동, 고가연구, 일조각, 1990
허영자, 은의 무게만큼, 마을, 2007
김윤수, 월명총과 만덕총, 함양문학 제7집, 1998
김윤수, 함양의 구산선문과 오교양종, 함양문화, 함양문화원, 2006
김윤수, 함양 학사루에서 일어난 사건, 선비문화 13호, 남명학연구원, 2008
김윤수, 엄천사의 역사와 전설, 함양문화, 함양문화원, 2008
김윤숭, 육십령 우적가, 월간문학, 2011년 7월호
김윤숭, 우적가와 육십령 소고, 경주문화 제20호, 경주문화원, 2014
김윤수, 좌안동우함양(左安東右咸陽)과 천령삼걸론(天嶺三傑論), 한문고전연구 29집, 한국한문고전학회, 2014
김윤숭, 함양구경번역시집, 2008
김윤숭, 咸陽九景(한시집), 다운샘, 2008
김윤숭, 咸陽九景(역시집), 다운샘, 2009
김윤숭, 지리산문학관 33(한시집), 그림과책, 2009
김윤숭, 지리산문학관 88(한시집), 그림과책, 2010

실학자 박지원과 함양 안의에서의 활동 양상

1. 緖論

연암燕巖 박지원朴趾源 1737년(영조 13)~1805년(순조 5)은 유학자이고 실학자이고 북학파이다. 오랑캐라고 배척하는 청나라에서 배울 건 배우자고 주장하는 실용적 북학파이니 실학자일 것은 자명하다. 문장도 고문의 격식에 얽매이지 않고 자유분방한 『열하일기』 같은 문체를 구사하니 실학자 문인이다. 청나라에서 보고 배워둔 벽돌집을 안의현감에 부임하여 실행하니 실학자 목민관이다. 그의 인생에서 가장 득의의 시간을 보낸 안의현감 시절 지금은 함양에 편입된 안의현 시절의 현감 활동 양상을 고찰하여 그의 인생의 황금 시기를 떼어내 무엇을 했는지 어떻게 했는지 엮어 실학자 목민관의 삶과 공적을 부각시키고자 한다.

2. 안의현감 임명된 해 신해(1791,정조 15)

조선시대 지방관, 목민관, 주부군현의 수령의 임기는 六期라고 하여 6년이라고 생각하지만 실제로는 만 5년이다. 만 5년을 채우면 임기만료가 되는 것이다. 임명되고 임금님께 사은숙배하고 부임하기까지는 보통 한두 달 걸리기 때문에 임명된 해와 부임한 해가 다를 수 있다. 연말에 임명되면 통상 다음 해 부임하여 2년이 되기도 한다.

박지원은 연말에 임명되었으니 임명되고 부임하고 이임하기까지 6년을 채워 평생 처음이자 마지막 안의현감으로서 임기만료의 관직생활을 하였다. 『승정원일기』에 보면 정조 15년(1791) 12월 22일에 인사행정이 있어 朴祉源을 安義縣監으로 삼았다고 했는데 탈초과정에서 오자가 나와 朴趾源을 朴祉源으로 표기하였으나 박지원이다.

어쨌든 임명 이튿날 昌德宮 熙政堂에서 정조대왕을 알현하고 사은숙배하였다. 임금을 알현하는 자리에서 거조가 틀린 수령들은 사간원의 탄핵으로 파직되거나 추고당하였으나 박지원은 해당 사항이 없었으니 잘 마친 것이다.

3. 안의현감 부임 첫해 임자(1792,정조 16)

박지원의 아들 박종채(朴宗采, 1780~1835)가 부친의 행적을 기록한 『과정록』에 의하면 박지원은 안의현감에 임명되고 이듬해 정월에 안의에 부임하였다. 부임하자마자 안의현 백성과 서리의 시험에 들었는데 실학자인지 현자인지 능숙하게 대처하여 평정하였다.

도임 초기 백성들이 세쇄한 비리를 들어 소송을 제기하여 소송문서가 산적하였다. 그 사악하고 바르지 못한 것을 적발하여 내치니 이후 속일 수 없다고 승복하고 포기하여 소송이 줄어들었다.

아전들도 교활하여 신임 수령이 오면 익명서를 투서하여 서로 고발하였다. 하루는 방석 아래에 쪽지가 반쯤 보였는데도 무시하고 무관심하니 이후

자연 소멸하였다. 하루는 관아에서 아무 통인을 내쫓으라는 분부를 내렸는데 그 죄가 무엇인지 몰랐다. 아전들이 물러나 추궁하니 당일 익명서를 갖다둔 자였다.

뒤에 마당에 투서한 자가 있었는데 뜯지 않고 불에 던지고 이윽고 어떤 아전을 붙잡아 태형에 처하고 내쫓았다. 그 또한 투서한 자였다. 아전들이 크게 놀라고 신명하다고 여겨 이런 악습이 드디어 사라졌다.

안의 고을 창고에 나라 곡식이 쌓여있어야 하는데 다 비고 장부에만 기록되어 있었다. 그것을 포흠이라고 하는데 아전들이 빼먹은 것이다. 박지원이 현감으로 부임하고 아전들을 불러모아 타이르기를 "일시적으로 빼먹고 속일 수는 있지만 언젠간 탄로나 죄를 받게 된다. 일찌감치 자수하여 채워놓으라" 하니 아전들이 상의하고 실토하니 포흠이 6만석이나 되었다. 관찰사에게 보고하여 자신에게 모든 조치 권한을 맡겨달라고 하고 아전과 백성을 마당에 불러들여 일장훈시를 하였다.

아전들이 서로 상의하고 노력하여 빌려간 것을 갚고 세곡을 아껴 남는 것을 저축하여 2년 반 만에 포흠한 것을 다 채워 놓아 장부가 충실하게 만들었다. 한 사람도 곤장 치지 않고 한 사람도 가두지 않고도 포흠이 해결된 것이다. 장부 감사하는 날 아전들이 모여 우리는 살았다 하고 환호작약하였다고 한다. 실학자 박지원다운 행정 조치요, 어진 정치라고 하겠다.

이해 1월에 삼종질 朴宗岳(1735~1795)이 우의정에 제수되자 서간을 보내 축하하고 사노비 문제를 거론하였다. 그 서간이 〈賀三從姪 宗岳 拜相°因論寺奴書°〉이다. 10월에는 친구 金履素(1735~1798)가 우의정이 되자 축하하면서 인하여 전폐錢幣를 논한 서간을 보내니, 〈賀三從姪 宗岳 拜相°因論寺奴書°〉이다.

예수겸芮秀兼이 고부 군수古阜郡守 홍원섭洪元燮의 서한을 가지고 와서 그 증조 상주 회룡리 출신의 효자 모초재慕初齋 예귀주(芮歸周, 1639~1708)의 묘갈명을 청하니 지어주었다. 〈贈司憲府持平芮君墓碣銘〉이다.

정조 16년 임자년(1792)에 경향 각지의 제사 의식들이 경건하게 거행되지 못하고 의식에 쓰는 기물들이 훼손됨을 들어 나라 안에 영을 내려 크게 수리하도록 어명이 내렸다. 안의현安義縣의 여단(厲壇, 여제厲祭를 지내는 제단)은 현청縣廳 동쪽 시내 너머 언덕에 있어 장맛비에 부딪히고 홍수에 패여서 섬돌이 무너지고 내려앉았다. 이에 박지원이 현감으로서 명을 내려 벽돌을 굽고 돌을 쌓아 제단을 새로이 고치고 담장을 증축하고 네 개의 영성문欞星門을 고쳐 세우고 따로 신우神宇 두 칸을 지어 신위와 제기들을 옮겨 모셨다. 백성을 위하여 복을 구하고 재앙을 막는, 엄중한 나라의 제사 의식에 들어 있는 신에 대해 경건하게 제사를 지냈다. 〈安義縣厲壇神宇記〉에 자세하다.

박종채(朴宗采, 1780~1835)가 부친의 행적을 기록한 『과정록』에 의하면 부임 첫 해 가을에 흉년이 들었다. 거짓보고로 편리를 꾀하자는 아전들의 요청을 장사치 수작이라고 거절하고 흉년 보고를 사실대로 하여 그대로 경상도 관찰사의 인정을 받았다.

안의현 수령 집무실 정당正堂에서 서북으로 수십 보를 가면 열두 칸의 폐치된 관사가 나오는데 마루에 난간도 없고 계단에는 섬돌도 없었다. 박지원이 정비하고 수리하여 반듯한 집을 만들고 연못도 파고 연꽃을 가득 심고는 물고기 새끼도 넣어 두었다.

담 밖에 한 그루 오동나무가 있는데 높이가 100자쯤 된다. 짙은 오동나무

그늘이 난간에 비치고 보랏빛 오동나무 꽃이 향기를 날려 오면 때로 백로가 나래 짓하며 내려앉으니, 비록 봉황은 아니라도 족히 아름다운 손님이라 하겠다. 드디어 현판을 붙여 백척오동각百尺梧桐閣이라 했다. 그 기문이 〈백척오동각기百尺梧桐閣記〉이다.

정당正堂의 서쪽 곁채는 다 무너져 가는 곳간으로 마구간, 목욕간과 서로 이어져 있고, 두어 걸음 밖에는 오물과 재를 버려 쌓인 쓰레기 더미가 처마보다도 높이 솟아 있으니, 대개 이곳은 관아의 구석진 땅으로 온갖 더러운 것이 모인 곳이다. 종복들에게 일과를 주어 삼태기와 바지게로 긁어 담아 내게 하여, 열흘 뒤에는 빈 터가 이루어졌는데, 가로는 스물다섯 발에 이르고, 너비는 그 십분의 삼이었다. 떨기나무들을 베어 버리고 잡초를 쳐내고 울퉁불퉁한 곳을 깎아 내어 패인 곳을 메우고, 마구간을 다 옮겨 버리니 터가 더욱 시원해졌고, 좋은 나무들만 골라 줄지어 심어 두었다. 이에 그 터를 반으로 나누어, 남쪽에는 남지南池를 만들고 폐치廢置된 창고의 재목을 이용하여 북쪽에 북당北堂을 지었다.

당堂은 동향으로 지어 가로는 기둥이 넷, 세로는 기둥이 셋이요, 서까래 꼭대기를 모아 상투같이 만들고 호로胡盧를 모자처럼 얹었다. 가운데는 연실(燕室 휴식하는 방)을 만들고 잇달아 동방(洞房 침실)을 만들었다. 그리고 앞쪽 왼편과 옆쪽 오른편에는 빈 곳은 트인 마루요, 높은 곳은 층루요, 두른 것은 복도요, 밖으로 트인 것은 창문이요, 둥근 것은 통풍창이었다.

그리고 벽돌을 쌓아 난간을 만들어 못 언덕을 보호하고, 앞에는 긴 담장을 만들어 바깥 뜰과 한계를 짓고, 가운데는 일각문一角門을 만들어 정당과 통하게 하고, 남으로 더 나아가 방향을 꺾어 못의 한 모서리에 붙여서 홍예문虹蜺門을 가운데 내고 연상각烟湘閣이란 작은 누각과 통하게 하였다.

대체로 이 당의 승경은 담장에 있다. 어깨 높이 위로는 다시 두 기왓장을 모아 거꾸로 세우거나 옆으로 눕혀서, 여섯 모로 능화菱花 모양을 만들기도 하고 쌍고리처럼 하여 사슬 모양을 만들기도 하였다. 그 담 아래는 한 그루 홍도紅桃, 못가에는 두 그루 늙은 살구나무, 누대 앞에는 한 그루의 꽃 핀 배나무, 당 뒤에는 수만 줄기의 푸른 대, 연못 가운데는 수천 줄기의 연꽃, 뜰 가운데는 열한 뿌리의 파초, 약초밭에는 아홉 뿌리 인삼, 화분에는 한 그루 매화를 두니, 이 당을 나가지 않고도 사계절의 경물을 모두 감상할 수 있었다.

이 당에 거처하는 이가 아침에 연꽃[荷]이 벌어져 향내가 멀리 퍼지는 것을 보면 다사로운 바람[風]같이 은혜를 베풀고, 새벽에 대나무[竹]가 이슬을 머금어 고르게 젖은 것을 보면 촉촉한 이슬[露]같이 두루 선정을 베풀어야 할 것이라고 당부하며, 이 당을 하풍죽로당荷風竹露堂이라 이름 짓고 〈하풍죽로당기荷風竹露堂記〉를 지었으니 현판에 새겨 게시하였을 것이다.

4. 안의현감 재임 두 해 계축(1793,정조 17)

정월 16일에 규장각 직각 금릉金陵 남공철南公轍 1760년(영조 36)~1840년(헌종 6)의 서간을 받아 읽고 답신을 띄웠다. 정조대왕이 당시 문풍이 아정하지 못함을 탄식하고 박지원의 문체 탓을 하며 남공철에게 박지원에게 연락해 바로잡으라고 하자 이 서간을 보낸 것이다. 어명이니 어찌하랴, 왕명을 받들어 순정한 고문을 쓰겠다고 다짐할 밖에. 〈答南直閣 公轍 書〉이다.

박종채(朴宗采, 1780~1835)가 부친의 행적을 기록한 『과정록』에 의하면 삼 짇날에 왕희지의 난정蘭亭 수계修禊를 본받아 유상곡수流觴曲水를 열어 풍류를 즐겼다. 박지원이 김기무金箕懋, 처남 이재성李在誠, 사위 이종목李鍾穆과 이겸수李謙秀, 문하생 이희경李喜經·윤인태尹仁泰·한석호韓錫祜·양상회梁尙晦를 초청하여 술 마시며 시를 지으니 일세에 미담 쾌사가 되었다. 박지원이 청나라 적벽돌 기술을 사용하여 지은 안의현 관아 하풍죽로당에서 이재성은 40일이나 묵으며 놀다가 돌아갔다. 이재성은 모두 세 번이나 이 모임에 초대받았다.

박지원은 어떤 이에게 서간을 보내 흥이 나면 한번 찾아와, 이 동산에 가득 찬 죽순을 나물로 데쳐 먹고 개천에 가득한 은어를 회 쳐서 초고추장에 찍어 먹으며, 맑은 못의 곡수曲水 위에 술잔을 띄워 흘려보내며, 진晉 나라 제현諸賢의 풍류처럼 계축년의 수계修禊를 통해 즐거움을 누리자고 초청했는데 누구인지 미상이다. 〈어떤 이에게 보냄, 與人〉(流觴曲水초청장)이다. 미리 오도록 준비하려면 해 전에 보냈을 것이다. 이 서간은 부임 첫 해에 하풍죽로당을 완공한 다음에 보내지 않았을까 한다.

박지원의 〈어떤 이에게 보냄, 與人〉(流觴曲水초청장)은 한국 산삼 역사상 아주 중요한 기록이다. 인삼, 산삼을 바로 불사약〈古無人蔘之名 故稱不死藥〉이라고 지칭하고 자신의 관아 뜰에 산삼밭을 조성하고 캐어먹어 병을 치료하고 효과에 만족하였다.

박종채(朴宗采, 1780~1835)가 부친의 행적을 기록한 『과정록』에 의하면 전년도의 흉년으로 이해 봄에 기아가 발생하여 박지원이 자기 봉급을 털어 구휼하는 사진私賑을 시행하여 굶주린 백성을 먹여 살렸다. 공진을 시행하면 온갖 간섭과 감독과 조건이 까다롭기에 편리한 사진을 실시한 것이다.

박지원이 안의현감으로 정사를 보던 이듬해 계축년(1793, 정조 17)의 어느 달 어느 날에 아전들이 웅성거리어 무슨 일이냐고 물으니 통인通引 박상효朴相孝의 조카딸로서 함양咸陽으로 출가하여 일찍 홀로 된 이가 그 남편의 삼년상을 마치고 약을 먹어 숨이 끊어지려 하니, 와서 구환해 달라고 급히 연락이 왔는데 박상효가 마침 숙직 당번이라 황공하여 감히 사사로이 가지 못하고 있다고 하였다. 박지원이 얼른 가보라고 허락하고 저녁에 어찌되었냐고 물으니 운명하였다고 하였다. 길게 탄식하며 "열녀로다, 그 사람이여!"라고 찬미하였다.

박씨 집안은 대대로 고을 아전이다. 그 아비 이름은 박상일朴相一이다. 열아홉 살이 되자 출가하여 함양 임술증林述曾의 처가 되었는데, 그 시댁 역시 대대로 고을 아전이다. 술증이 본디 약하여 한 번 초례醮禮를 치르고 돌아간 지 반년이 채 못 되어 죽었다. 박씨는 지아비상을 치르면서 예禮를 극진히 하였고, 시부모를 섬기는 데도 며느리된 도리를 다하였다.

박씨가 아직 시집가기 몇 달 전에 '술증의 병이 이미 골수에 들어 부부 관계를 맺을 가망이 만무하다 하니 어찌 혼인 약속을 물리지 않느냐.'는 말이 있었다. 그 조부모가 넌지시 박씨에게 일러 주었으나 박씨는 기어이 혼례식을 치렀다 하나 사실은 처녀 과부였다.

박지원의 생각이다. "박씨의 마음이 어찌 이렇지 않았으랴! 나이 젊은 과부가 오래 세상에 남아 있으면 길이 친척들이 불쌍히 여기는 신세가 되고, 동리 사람들이 함부로 추측하는 대상이 됨을 면치 못하니 속히 이 몸이 없어지는 것만 못하다고." 마침내 처음 뜻을 완수했으니 어찌 열녀라 아니 할 수 있겠는가라며 〈열녀 함양 박씨전烈女咸陽朴氏傳 병서並序 烈女咸陽朴氏傳並序〉를 지어 천고의 명문으로 남겼다. 이 글은 소설로 유명하지만 소설인가, 수필인가, 장르문제가 해결되지 않았다.

얼마 후 함양 군수인 윤광석尹光碩이 밤에 이상한 꿈을 꾸고 느낀 바가 있어 열부전烈婦傳을 지었고, 산청 현감山淸縣監 이면제李勉齊도 전傳을 지었으며, 거창居昌 선비 신돈항愼敦恒은 후세에 훌륭한 글을 남기고자 하는 선비였는데, 박씨를 위하여 그 절의의 전말을 엮었다. 벽송사 고승 경암 응윤鏡巖應允 1743년(영조 19)~1804년(순조 4)이 「박열부전朴烈婦傳」을 저술하여 그의 정절을 기렸다. 동시대 여인의 정절을 유교와 불교 측에서 모두 기린 것이다.

응윤이 지은 「박열부전朴烈婦傳」에선 함양군수 아들의 소실로 들이려고 협박하고 부모가 말리고 하는 등 부모 이야기는 틀리고 박열부가 독실한 불교신자인 점이 크게 다르다. 박열부와 친한 비구니 이야기를 들어서 내막을 안 것이다. 계축년(1793, 정조 17) 7월 18일에 음독자결하였다. 죽을 때 아미타불을 부르며 신랑과 함께 왕생극락하기를 빌었다고 하였다.

응윤은 충신, 효자, 열녀는 다 극락세계에 태어난다고 하는 『왕생경』을 인용하여 끝맺었는데 효를 강조하는 『부모은중경』에서 충효열 삼강을 강조하는 『왕생경』으로 불경발전사가 이루어진 것이다.

함양 상림공원 역사인물공원에 1997년 1월에 지정한 경상남도 문화재 자료 제240호 함양 열녀 밀양박씨 지려咸陽烈女密陽朴氏之閭가 있다. 필자가 1996년 문화재 조사 때는 인당 국도변에 있었는데 후에 이전한 것이다. 이것은 박씨가 소설이 아니고 실존인물이라는 역사적 사실을 전해주는 기록 유물로서 가치가 있는 비석이다. 비문은 일두 정여창 선생의 11세손인 청하현감 출신 종암鍾巖 정덕제(鄭德濟, 1742~1815?)가 1797년(정조 21)에 지었다.

고을 수령이 임금 앞에서 사은숙배할 때 반드시 외어야 하는 수령칠사守令七事의 하나가 학교흥學校興이다. 수령들의 향교나 서원의 중수, 서당 건립은 다 학교 진흥책이다.

군현의 수령이 처음 제수되면 경저리京邸吏가 수령이 해야 할 일곱 가지 일, 즉 수령칠사守令七事를 기록한 홀기笏記를 전달한다. 그리고 임금에게 하직 인사를 올릴 때 임금이 특별히 전殿에 오르라 명하고 승지가 직관과 성명을 아뢰라 하면, 숨을 죽이고 엎드려 '아무 벼슬 신臣 성姓 아무개'라 한다. 다음에 칠사七事를 아뢰게 하면, 사항을 바꿀 때마다 일어났다 엎드리면서, 매우 조심스레 '농상이 성하다〔農桑盛〕', '호구가 늘다〔戶口增〕', '학교가 흥하다〔學校興〕', '군정이 닦이다〔軍政修〕', '부역이 고르다〔賦役均〕', '소송이 드물어지다〔詞訟簡〕', '간활이 사라지다〔奸猾息〕'를 외우고는 차례로 빨리 물러나 드디어 감히 출발하는 것이다. 그런데 이 의식을 치르는 관원이 더러는 차례를 틀리고 잘못 읽어 파면당하는 경우도 왕왕 있었다.

박지원과 동시대 함양군수 윤광석尹光碩이 함양군을 다스린 지 3년에 고을의 선비들이 서로 모의하기를, "정사精舍가 서계西溪의 동편에 있으니 이곳은 점필재佔畢齋와 남명南溟 등 여러 현인들이 내왕하던 곳이요, 우리 고을의 노옥계盧玉溪와 강개암姜介菴 선생이 휴식하던 곳이니 이곳에서 학문을 닦게 하면 좋지 않겠는가?" 하였다. 윤 사또가 듣고 기뻐하며, "이것이야말로 바로 내가 할 일이 아니겠는가." 하며, 이를 위해 녹봉을 털어 보조하여, 학전學田을 마련하고 서적을 비치하며 집과 방을 수리하여 말끔히 해 놓고 재齋의 이름을 흥학재興學齋라 하였다. 박지원이 듣고서 흥학재의 이름에 속으로 느낀 바 있어 〈함양군 흥학재기咸陽郡興學齋記〉를 지어주며 벽에 걸어 두게 하였다.

박지원이 다스린 안의 관내에는 안의향교, 용문서원, 성천서원, 황암서원,

구연서원, 녹봉서재 등의 학교 시설이 있었는데 학교진흥책으로 무엇을 했는지 기록이 없다.

정유재란(1597, 선조 30) 때 순국한 당시 안음현감 존재 곽준은 같이 순국한 전 함양군수 대소헌 조종조와 함께 사액 황암서원에 제향되고 있었다. 그런데도 수백년 동안 아전들이 자기들 집무실戶長縣司에서 곽준을 추모하는 제향을 따로 올리고 있었다. 박지원이 안의현감으로 부임한 첫 해 8월 18일에 처음 봤을 때는 황당한 일이었으나 아전들이 모여 경건히 제사지내는 것을 보고 감동하여 이듬해 이 글을 짓게 된 것이다.

박지원은 처음 제향 이야기를 들었을 때 조정에서는 그의 훌륭한 행적을 포상하는 은전을 여러 번 더해 주어 마침내 이조 판서로 관직을 추증하였고 '충렬忠烈'이라는 시호를 내렸으며, 정문旌門을 세우고 그 후손을 녹용錄用하였으니, 집안에 가묘家廟를 세우고 대대로 불천不遷의 제사를 모신다.

곽후는 현풍玄風 사람이다. 따라서 현풍에 있는 사원祠院은 '예연서원禮淵書院'으로 사액賜額되었고, 본현本縣에 있는 것은 '황암사黃巖祠'로 사액되었으니, 두 고을이 모두 제사를 올려 받들고 있다.

무릇 현사縣司라는 것은 구석지고 누추한 장소요, 아전들이 거처하는 곳이니, 현사에서 곽후를 사사로이 제사한다는 것 자체가 이미 그분에 대한 모독이 아니겠는가라고 여겼었다.

그러나 다른 고을의 부군당 제사처럼 외잡스럽지 않고 경건히 정성껏 지내는 것을 보고 격려의 글을 지어주게 된 것이다. 시골 아전들의 처사를 못마땅하게 여긴 국제신사, 국가적 거물 박지원도 안의 아전들의 행위에 감동한 것도 있어 지은 글이 〈안의현安義縣 현사縣司에서 곽후郭侯를 제사한 기記 安義縣縣司祀郭侯記〉이다.

박지원이 안의현감일 때 거창현감은 유한기이고 함양군수는 윤고아석이었다. 그들의 부탁으로 많은 기문을 지어주었다. 俞漢紀는 1790년(정조14, 경술)에 부임하여 1793년(정조17,계축) 6월에 아전들의 농간을 바로잡지 못한 죄로 파직되었다.

거창居昌 관청 소재지의 왼쪽 영계灣溪라는 시냇가에 신씨愼氏 성을 가진 다섯 사람을 나란히 제사 드리는 곳이 있는데, -경충산景忠祠- 모두 추증된 벼슬이 좌랑佐郎이고 이름은 석현錫顯, 극종克終, 덕현德顯, 치근致勤, 광세光世이다. 이 다섯 사람은 그 고을의 아전으로서 충의의 공적이 국사國史에 드러나고 읍지邑誌에 기록되어 있다.

영조英祖 4년 무신년(1728)에 정희량의 난이 크게 일어나자, 당시 거창현감은 인끈을 버리고 달아나 초야에 숨어 버렸다. 이 향리 5인이 역적의 흉봉凶鋒을 꺾어 역적들이 우치령牛峙嶺을 넘어 충청도를 유린하고 북으로 향하지 못하게 한 공이 있다.

정조 즉위 12년(1788)에 무신년이 다시 돌아와 선왕 때 반란을 평정한 업적을 추억하고 당시 적의 내습을 격퇴한 공적을 위대하게 여기어 표충윤음表忠綸音을 선포하고 정려旌閭와 포상褒賞의 은전이 먼 고을 서민의 집에까지 미쳤다.

박지원이 안의현감으로 매양 오신사五愼祠를 지나게 되면, 감회가 깊어 서성거리며 선뜻 떠나지 못하였다. 거창현령 유한기俞漢紀가 기를 부탁하기에 마침내 그 느낀 바를 써준 것이 〈거창현 오신사기居昌縣五愼祠記〉이다. 오신사는 창충사彰忠祠로 개칭되었는데 대원군 때 훼철되었다가 복원되었다. 경내에는 강재剛齋 송치규宋穉圭 1759(영조 35)~1838(헌종 4)가 1837년(헌종3)에 지은 글로 1897년(광무1)에 세운 창충사 사적비, 면우 곽종석郭鍾, 1846~1919)이 지은 글로 1917년에 세운 오충비五忠碑가 있다.

5. 안의현감 재임 세 해 갑인(1794,정조 18)

함양군咸陽郡의 관청 소재지에서 동쪽으로 백 걸음쯤 떨어져 성벽 가에 몇 칸짜리 누각이 하나 있는데, 세월이 오래됨에 따라 퇴락되어 서까래가 삭아 부러지고 단청은 새까맣게 되었다. 정조 18년 갑인년(1794)에 군수인 윤광석尹光碩이 개연히 녹봉을 털어서 대대적인 수리 공사를 일으켜 누각의 옛 모습을 모조리 복구하고 옛 이름을 그대로 써서 '학사루學士樓'라 하였다. 그리고 박지원에게 부탁하여 글을 엮어 사실을 기록하게 하였다. 〈함양군 학사루기咸陽郡學士樓記〉이다.

함양은 신라 시대에 천령군天嶺郡으로 불렸다. 문창후文昌侯 최치원崔致遠은 자가 고운孤雲으로 일찍이 천령의 수령이 되어 이 누각을 만들어 놓았으니, 이미 천 년이 지난 것이다. 천령의 백성들은 문창후가 끼친 은혜를 생각하여 지금도 그 누각을 학사루라 부르고 있으니, 이는 그가 이곳을 거쳐 갔음을 들어서 기념한 것이다.

함양군과 이웃 고을인 안의현은 겸관(兼官, 유고시 직무 대행)이기도 하여 자주 왕래하며 친하게 지냈는데 안의현감 박지원은 노론, 함양군수 윤광석은 소론에도 불구하고 같은 관심 사항에 대해 글도 지어주고 일도 도와주고 하였다. 그러나 윤광석이 자기 조상 후촌後村 윤전尹烇 1575년(선조 8)~1636년(인조 14)의 문집 『후촌집(윤충헌공실기)』을 간행함에 얽혀 절교하고 말았다. 다음해 사건이 터져 보낸 〈함양 군수咸陽郡守에게 답함 答咸陽郡守書〉에 자세하다.

9월 15일에 박지원은 차사원差使員 안의현감 신분으로 창덕궁성정각昌德宮誠正閣에 입시하여 정조와 고을 상황에 대해 문답하였다. 안의 12면이 풍년이라고 할 정도로 작황이 좋고 별문제 없다고 보고하였다. 이렇게 수령이 일로 자리를 비우면 직무 대행해주는 것이 겸관이다. 함양군수 윤광석이 겸관으로 안의현감 업무를 대신 봐주었을 것이다.

박지원의 선조 야천冶川 선생 증贈 영의정領議政 문강공文康公 박소朴紹 1493년(성종 24)~1534년(중종 29)의 묘소가 합천의 화양동(지금의 묘산면 妙山面 화양리華陽里)에 있으니 관청 소재지와 남쪽으로 40리 거리이다. 제전祭田은 사라져 상민들의 토지가 되어 버렸고 묘지기도 가난하고 단출하여 애초부터 이른바 병사(丙舍, 재실)라는 것이 없었다. 합천군수 이의일李義逸이 성묘차 산소에 와서 여기저기 둘러보고 탄식하며, 내가 외후손으로 이곳의 수령이 되었으니 어찌 감히 묘에 관한 일에 힘을 다하지 않겠는가고 하고, 선생의 8대손인 안의 현감安義縣監 박지원에게 찾아와 제전을 되돌려 받을 방책을 의논했다. 이에 박지원이 감사를 표하며, 사들일 성금을 모금하였다.

박지원 종제從弟 선산 부사善山府使 수원綏源, 족제族弟 문경 현감聞慶縣監 이원彛源, 족질族姪 진주 목사晉州牧使 종후宗厚와 영덕 현령盈德縣令 종경宗敬에게 서한을 띄워, 합천군수 이희일의 의리를 칭송함으로써 그들에게 부끄러운 마음이 들게 하니, 이에 다투어 봉급을 떼어 도왔다. 대구 판관大邱判官 이단형李端亨이 이 소문을 듣고, 외후손이라며 성금을 내었고, 당시 감영監營에 있던 7대손 사회師誨와 족제 임천 군수林川郡守 지원知源도 역시 각각 돈꾸러미를 내놓으니, 전후로 모인 돈이 모두 합쳐 330냥이었다. 제전을 다시 사들이고 병사(丙舍, 재실)을 건축하였다. 그 기문이 〈합천 화양동 병사기陜川華陽洞丙舍記〉이다.

경상도는 충청도의 이인좌의 반란에 동조하여 정희량이 반란을 일으켰다. 무신란(1728, 영조 4년)이다. 정희량이 이인좌의 아우 이웅보李熊輔와 함께 거창을 핍박하자 거창 현감 신정모申正模가 가족을 데리고 도망침에 따라 거창의 좌수座首로 있던 이술원(李述原,1679~1728)이 그를 대신하여 반란군에 대항하였으나 곧바로 체포되어 정희량에게 죽음을 당하였다. 그 후 아들 이우방李遇芳이 우영장右營將 휘하에 종군하여 거창에서 반란군 토벌에 참여하였고, 아버지의 원수를 갚기 위해 체포된 정희량의 목을 직접 베었다. 반란이 진압된 후 영조는 어사 이종성李宗城을 보내어 제사를 지내주게 하였으며 사헌부 대사헌司憲府大司憲을 증직하고 관찰사에 명하여 사당을 짓게 하고는 포충사褒忠祠로 사액을 내렸다. 1874년(고종 11) 충강忠剛이란 시호가 내렸다.

정조 즉위 12년 무신년(1788) 3월 초하루에 무신년 주갑을 맞아 이술원의 포충사에 친제 사제문을 내려 사제하고 후손을 녹용하게 하였다. 이술원의 손자 이지순李之淳이 1794년(정조 18) 6월 20일에 청산현감靑山縣監에 임명되었다.

박지원은 이술원 공의 손자인 당시 청산 현감靑山縣監 이지한李之漢의 부탁으로 정려를 고쳐 세운 시말을 그 뒷면에 기록해 주었다. 〈충신 증贈 대사헌 이공 술원李公述原 정려음기旌閭陰記 忠臣贈大司憲李公述原旌閭陰記〉이다.

박지원은 청산현감 李之漢이라고 하였고, 『일성록』과 『승정원일기』에는 청산현감 李之淳이라고 하였다. 『승정원일기』에 정조임금이 친히 이지한에게 질문하니 이지한이 이술원의 증손자로서 이지순과는 사촌간이라고 하였다. 박지원이 이지순을 손자라고만 한 것도 틀리고 증손자라고 해야 장확하다. 같은 현감인 이지순이 박지원에게 기문을 청탁한 것으로 추정한다.

경상남도 문화재자료 제57호 포충사褒忠祠 경내에는 성담性潭 송환기宋煥箕 1728년(영조 4)~1807년(순조 7)가 비문을 짓고 강재剛齋 송치규宋穉圭 1759(영조 35)~1838(헌종 4)가 글시 써서 1807년(순조 8)에 세운 포충사묘정비褒忠祠廟庭碑가 있다.

거창에는 무신란 충신 이술원의 포충사, 이술원과 같은 좌수 충신 신명익 愼溟翊 1676년(숙종 2)~1728년(영조 4)의 경충사, 신석현 등 오신五愼, 오충 五忠의 창충사가 있다. 함양에는 일두 정여창의 후손으로 무신란 충신 정희 운(鄭熙運,1678~1745)과 팔헌八獻을 비롯한 9인의 구충각九忠閣, 고은 이지 활의 후손으로 무신란에 의병을 일으킨 이숙, 이진, 이한필을 기리는 삼의 각三義閣이 있다.

표충윤음表忠綸音에 기록된 함양 증정 박춘봉, 고 사인 정지교·임여방, 안 의 고 사인 이성택, 고 호군 전근, 고 사인 전우석·하윤택·하룡서·김재경 등과 진양하씨 하옥 등 5인, 단양우씨 우홍선 등 6인, 합천이씨 이엄 등 4 인이 있지만 무신란 충신을 위한 사당은 한 곳도 없는 것이 미흡하다.

6. 안의현감 재임 네 해 을묘(1795,정조 19)

함양군수 윤광석尹光碩이 간행한 『윤충헌공실기尹忠憲公實紀』로 인한 연암 燕巖 박지원朴趾源의 절교 사건이 〈함양 군수咸陽郡守 윤광석尹光碩에게 보냄 與尹咸陽光碩書〉에 자세하다.

박지원의 『연암집燕巖集』에 「여윤함양광석서與尹咸陽光碩書」가 있는데 이는 윤광석에게 절교를 선언하는 편지이다. 박지원은 정조 16년(1792)에 안음 현감으로 부임한 뒤 그 2년 전(1790,정조14)에 함양군수로 와 있던 윤광석 과 이웃 고을 수령으로서 친하게 지내었다.

함양咸陽과 안의는 본래 정해진 겸관(兼官, 유고시 직무 대행)이어서, 4년 동 안 서로 이웃이 되어 피차의 한계를 두지 아니하고, 한 달에 세 번 옥사獄事 를 동추同推하는 모임이나 이웃 고을 원님들과 틈을 내어 만난 자리에서 흡 족히 담소를 나누어 흉금의 간격이 없었다.

그런데 윤광석이 이임(1795,정조19)에 임하여 서둘러 자기 조상 후촌後村 충헌공忠憲公 윤전(尹烇 1575-1636)의 실기 곧 『윤충헌공실기尹忠憲公實紀』 일명 『후촌집後村集』을 간행함으로써 그 내용에 박지원의 조상인 기재寄齋 금계군錦溪君 박동량(朴東亮 1569-1635)이 윤전의 요직 진출을 방해했다고 나쁘게 묘사한 글로 인하여 관계가 악화되고 말았다.

그 연보의 인조대왕 원년熹宗天啓三年癸亥 경기도사 임명조 기사에, 박동량이 계축옥사의 빌미를 제공한 일을 윤전이 비판한 것으로 인해 그 당파를 사주하여 윤전이 대간이 못 되게 하고 외직으로 나가게 했다는것이다.

박지원과 윤광석이 죄수 심문 일로 인하여 모였다가 헤어질 때 윤광석이 『후촌집後村集』의 원고를 내주며 교열을 부탁하였는데 박지원은 원고의 교정 상태가 어지러워 대충 보고 말았는데 이것이 화근이었다. 자기 조상 이야기가 있는 것을 간과하였으니 윤광석 측에선 묵인한 것으로 오해하고 문제가 없다고 파악하고 일을 성사시킨 것이다.

뒤늦게 박지원 문중에서 내용을 보고 박지원을 힐난하니 박지원은 졸지에 조상을 욕보이는 일에 동참한 패륜아가 된 것이었다. 박지원은 이 책을 함양의 학사루에서 간행할 때 안음의 각수승刻手僧을 보내어 지원하였고 그 현장을 방문하여 격려한 입장이었으니 황당할 수밖에 없었을 것이다.

정조 16년(1792)에 윤광석이 함양군 서계西溪에 흥학재興學齋를 세우자 그 기문을 지어주었으니 『연암집』에 있는 「함양군흥학재기」이다. 정조 17년(1793)에 안음의 여인으로 함양의 임술증林述曾에게 시집간 밀양박씨가 남편을 따라 순절하자 박지원은 「열녀함양박씨전」을 지었고 윤광석과 산청현감 이면제李勉齊 등도 열녀전을 지었다. 정조 18년(1794)에 윤광석이 학사루가 퇴락하자 자기 봉급을 털어 크게 중수한 뒤 박지원에게 부탁하여 기문을 짓게 하였으니 그것이 「함양군학사루기」이다.

정조 19년(1795)에 윤광석이 『윤충헌공실기尹忠憲公實紀』를 간행함에 미쳐 박지원을 연루시킴으로써 둘은 절교에 이르고 만 것이다. 인간 관계는 혈연, 지연, 학연 등으로 얽혀 있으니 이것을 초월하기는 어려운 일임을 박지원의 절교 사건에서 실감할 수 있다. 『윤충헌공실기尹忠憲公實紀』는 3권 1책으로 그 책판이 함양의 백연서원(栢淵書院 최치원과 김종직 향사)에 간직되어 있었는데 서원이 훼철된 뒤 행방을 알 수 없다.

박지원은 안의 수령이 되자 제일 먼저 고을의 문헌을 찾아보았다. 속천涑川 우여무(禹汝楙 : 1591~1657)가 홍범에 조예가 깊어 《홍범우익洪範羽翼》 42편과 《홍범연의洪範衍義》 8편을 지었다 하므로, 급히 가져다 읽어 보니 정연하게 구분하고 조리 있게 분류하였다. 이 책들은 크게 말하면 나라를 다스리는 이가 반드시 가져다 보아야 할 내용이요, 작게 말하면 경서 공부하는 서생이 과거 답안 작성 연습 때 반드시 참고로 삼아야 할 내용이다.

정조대왕이 오랫동안 백성들을 교화하여 숨은 이를 찾아내고 묻힌 이를 드러내어 등용하고 있으니 이 책이 빛을 볼 날이 있을 줄 알고, 우선 이 서문을 써놓음으로써 임금의 사신이 내려와 수집해 가기를 기다린다고 하였다. 1795년(정조 19) 2월에 쓴 〈홍범우익서洪範羽翼序〉이다.

우공의 휘는 여무汝楙요, 단양인丹陽人이다. 인조仁祖 갑술년(1634, 인조 12)에 문과에 합격하여, 벼슬이 하동 현감河東縣監에 이르렀다. 일찍이 황극皇極의 본지를 부연하여 조정에 상소하였던 바 임금이 특별히 비답을 내리시어 '격언이자 지당한 언론이다.'라고 칭찬했다 한다.

9월 19일에 경상도 관찰사 겸 순찰사 이태영李泰永 1744년(영조 20)~1803년?(순조 3?) 이 관하를 순시하다가 가야산伽倻山으로 접어들어 해인사

海印寺에 묵게 되었다. 선산 부사善山府使 이채李采, 거창 현령居昌縣令 김유金鍒 및 박지원이 마중하기 위하여 절 아래 모이니 모두가 이태영의 한동네 친구였다.

차례로 나아가 뵈자 이태영은 각각 소관 고을 농사의 풍흉과 백성의 질고를 묻고 나서 일어나 관복을 평복으로 갈아입었다. 이후 풍악 잔치가 벌어졌다.

9월 20일에 이태영이 운을 정해 율시 두 수씩을 각기 짓게 하고 박지원에게 이에 대한 서문을 지으라 명하므로, 박지원은 이태영에게 남명 조식과 동주 성제원이 해인사에서 모인 이야기를 들려주고 〈해인사海印寺에서 창수唱酬한 시의 서문 海印寺唱酬詩序〉를 지었다.

예전에 조남명曺南冥이 지리산으로 돌아가는 길에 보은報恩에 있는 성대곡成大谷을 방문하였다. 이때 그 고을 원이던 성동주成東洲가 자리를 함께하였는데 남명과는 초면이었다. 남명이 그를 놀리며

"형은 내구관耐久官이시군요."

하였다. 이에 동주는 대곡을 가리키며 웃으면서 사과하기를

"바로 이 늙은이가 붙들어서 그렇게 되었지요. 비록 그렇긴 하나 금년 팔월 보름에는 해인사에서 달이 뜨기를 기다릴 테니 형은 오실 수 있겠소?"

하였다. 남명은 그러마고 하였다. 기약한 날이 되자 남명은 소를 타고 약속한 대로 가다가 중도에 큰비를 만나 간신히 앞개울을 건너 절 문에 들어서니 동주는 벌써 누각에 올라 막 도롱이를 벗고 있었다.

남명은 처사였고 동주는 이때 이미 관직을 떠난 처지였으나 밤새도록 이야기한 것이 민생 문제를 떠나지 않았다. 그래서 그 절의 중들은 지금까지도 이 일을 서로 전해 산중의 고사故事가 되었다.

박지원이 중국식 적벽돌로 지은 안의 관아 건물 백척오동각百尺梧桐閣의 남헌南軒이 공작관孔雀館이고, 남으로 수 십 걸음 채 안 가서 꼭대기에 호로胡盧를 얹고 맞서 있는 것이 하풍죽로당荷風竹露堂이다. 북녘 담을 뚫고 도랑을 끌어다 북지北池에 들이고, 북지가 넘쳐 그 물이 앞을 지날 땐 곡수曲水가 되니, 연잎을 따서 술잔을 실어 띄워 흐르게 하였다. 이것이 바로 유상곡수의 풍류 현장이고, 공작관이 집은 같아도 주위 환경이 달라지고, 자리를 옮기면 전망이 달라지던 풍경이었다.

박지원이 열하에서 돌아온 뒤 5년이 지나, 중국에 다녀온 사람이 '공작관孔雀館'이란 세 글자를 얻어 왔는데 전당錢塘 사람 조설범趙雪帆이 쓴 것이었다. 조설범과는 한 번도 본 적이 없었지만 아마 다른 사람에게서 소문을 듣고 만 리 밖에서 성의를 담아 보내온 것이었다. 관館이란 사실私室에 붙이는 이름이 아니요, 조그마한 서실도 없으니, 도대체 어디다 그것을 걸겠는가 고민하다가 다행히 임금의 은혜로 명승지의 수령이 되어 아름다운 자연 속에서 지낸 지 4년 동안에 관아로 집을 삼게 되었다. 헌 책을 담은 헤진 상자에서 장마 끝에 책을 말리다가 우연히 이 필적을 발견했다. 공작은 다시 볼 수 없으나 옛 꿈을 되새겨 보니, 숙연宿緣이 여기에 있었던 것이나 아닌지 어찌 알겠는가 하며, 드디어 새겨서 앞기둥에 걸고, 아울러 〈공작관기孔雀館記〉를 지어 걸었다.

7. 안의현감 이임한 해 병진(1796,정조 20)

언제나 어디서나 일을 하면 일은 하지 않고 구경만 한 사람이 말이 많다. 동서고금의 법칙인 모양이다. 박지원이 합천 화양동에 있는 선조 야천 박소의 묘지 지킴을 위하여 성금을 모아 제전을 다시 사들이고 병사를 지었는데 엉뚱한 시비가 일었다. 거짓을 지어내어 헐뜯으니 모함에 가깝다. 그런 부류는 언제나 어디에나 있다. 해명 서간이 〈족형族兄 윤원胤源씨에게 답함 答族兄 胤源 氏書〉이다. 요약하면 다음과 같다.

"보내신 편지에서 '화양동華陽洞 선묘先墓에 축관祝官을 썼다.'는 일은 아마도 아뢴 사람이 잘못 말한 것일 터입니다.

제전祭田을 되돌려 받은 것이 계축년(1793) 겨울이고, 그 이듬해인 갑인년(1794)에 종중宗中으로부터 비로소 의논이 정해져서, 본군(本郡 합천군)의 질청秩廳에 맡겨 해마다 한식寒食에 한 번 묘제墓祭를 지내게 했던 것입니다.

지난해(1795)의 다음 해는 바로 금년 병진년(1796)이라 호장의 행사는 의당 금년부터 비롯될 터인데, 한식(양력4월)이 다가오지 않아 제사는 아직 멀었으니, 보내신 편지 가운데 '축관으로 호장의 이름을 썼다'는 것은 과연 누가 보고 누가 전했는지 모를 일입니다. 축관을 쓰는 것이 타당하냐 부당하냐는 고사하고, 3년 동안에 호장이 본시 한 번도 제사를 지낸 적이 없었으니 아무리 축관을 쓰고 싶은들 어디다 썼겠습니까?

去年之明年°卽今歲丙辰也°戶長行事°當自今年始°而冷節未屆°享事尙遠°來書中祝用戶長名者°果未知孰見而孰傳之也°用祝當否°姑舍是°三年之間°戶長固未嘗一番行祀°雖欲用祝°安所施乎°"

8. 結論

연암 박지원은 인생의 황금기에 안의현감으로 부임하여 득의의 시절을 보내었다. 개인의 영광만이 아니라 추위와 굶주림에 시달리는 백성들을 알뜰히 돌보고 보살피는 어진 정치를 펼쳤다. 꿈꾸던 세상을 작게나마 구현하고 유상곡수의 풍류도 즐기고 친한 친구, 낯선 이웃도 사귀고 조상치레도 하였다.

세계문화유산급 문화재도 남기었는데 왜정의 격변기에 다 사라지고 말아 안타깝다. 한국 최초 유일의 실학자 목민관이 지은 청나라식 적벽돌 관아 건축물 하풍죽로당, 백척오동각, 공작관, 연상각 등의 문화유산의 복원은 요원하니 서글프다.

박지원은 하풍죽로당 뜰에 산삼밭을 조성하고 산삼을 캐먹고 당뇨를 치료하였다. 지금 함양군이 2020산삼항노화엑스포를 역점 추진중이니 시기적으로 늦었지만 안의관아터에 산삼밭을 조성하여 연암 박지원의 불사약 산삼밭으로 포장, 선전한다면 흥미를 유발하고 〈산삼의 메카 함양〉 홍보에 보탬이 될 것이다.

연암 박지원 〈어떤 이에게 보냄, 與人〉(流觴曲水초청장)

"진秦 나라 때 방사方士의 말에 삼신산三神山에 불사약이 있다고 하였으니 이것이 바로 후세의 인삼입니다. 한 줄기에 가장귀가 셋이고, 그 열매는 화제주(火齊珠 보석의 일종)와 같고 그 형상은 동자童子와 같은데, 옛날에는 인삼이라는 이름이 없었기 때문에 불사약이라 일컬어, 오래 살기를 탐내는 어리석은 천자를 속여 현혹시킨 것이지요.
智異爲方丈° 秦之方士所言三神山有不死藥° 此乃後世之人蔘也° 一莖三椏° 其實如火齊° 其形如童子° 古無人蔘之名° 故稱不死藥° 以誑惑貪生之愚天子°
그런데 지금 내가 돈 수백 냥을 내어서 산에서 캐다가 뒤뜰에다 길렀는데, 얼마 안 가서 갑자기 망양亡陽을 앓게 되어 거의 다 캐 먹었답니다. 맛은 몹시 쓰디쓰고 향기가 오래 남으나, 기실은 노상 먹는 당귀나 죽순채竹筍菜만도 못하더군요. 그러나 이것을 석 냥쭝 먹고 나자 여러 달 동안 계속해서 목욕하듯 흐르던 식은땀을 능히 막아주었으니, 반드시 사람을 죽지 않게 만든다고는 못 하겠지만, 역시 사람을 현혹하는 요상한 풀이 아니겠습니까.

今吾出錢數百兩°探之於山°養之於後圃° 未幾而忽病亡陽° 採食幾盡° 味殊淸苦° 香有遠韻° 而其實不如常食之當歸竹筍菜° 然而服此三兩而後° 能塞數朔如沐之 虛汗° 未必能令人不死° 而亦豈非惑人之妖草乎°"

※참고문헌

- 한국 고전종합 db, 한국문집총간, 연암집, 고전번역서, 승정원일기, 일성록
- 尹忠憲公實紀(표제 後村實紀), 3卷2冊, 上, 下, 尹光碩 編, 1795刊, 국립중앙도서관장서
- 경암집, 경암응윤, 한국불교전서, 2004
- 함양문화재도록, 함양군, 1996
- 함양구경, 김윤숭 역시집, 다운샘, 2009
- 거창금석문대관, 거창문화원, 2009
- 연암집 부록 과정록, 단국대 동양학연구원, 2012

천령삼걸의 선비정신

1. 함양의 한문학맥

지리산 1번지 함양은 한국한문학의 본향이다. 한국한문학의 비조인 고운 최치원 선생이 신라시대 천령군태수를 지내시며 문학의 향기를 남기셨는데 후진 양성은 알려진 사실이 없으니 학맥은 이어지지 않았지만 한문학풍은 온전히 전해진다.

영남인재의 태반을 양성한 영남학파의 종장 점필재 김종직 선생이 함양군수로 많은 제자들을 양성하였는데 불행하게도 무오사화와 갑자사화에 모두 상실하였다. 세종대왕이 기르신 인재는 계유정난에 일망타진되고 성종대왕이 기르신 인재는 무오사화와 갑자사화에 일거 소진되었으니 선비의 나라에서 선비들의 통한의 숙명이었다.

점필재의 처남이자 문인인 김천 출신 매계 조위도 함양군수를 지내며 스승의 업적을 선양하였다. 점필재의 함양제자로는 일두 정여창 선생을 포함하여 시서화 삼절인 뇌계 유호인, 남계 표연말, 점필재와 천왕봉을 등정한 진사 한인효, 일두와 탁영과 함께 지리산을 유람한 회헌 임대동(자 정숙) 등이 있다. 점필재의 함양 학맥은 제자와 재전제자(노우명은 정여창의 제자) 정도에서 그치고 이어지지 못했다.

함양의 학맥은 점필재 김종직과 남명 조식이 시간적 쌍벽으로 많은 제자를 양성하였다. 남명에게 직접 집지하지는 않았으나 옥계 노진은 남명의 사상을 계승하였다고 해도 무방하다. 옥계의 함양 제자로는 송정 강문필이 있다. 매암梅庵 조식曺湜, 죽헌竹軒 정지鄭摯, 송정松亭 강문필姜文弼이 막역한 친교를 맺어 매죽송삼우梅竹松三友라고 일컬어졌다.

조선후기에 실학의 종장 연암 박지원 선생이 안의현감을 지내시며 후진을 양성했는데 뚜렷한 제자로 알려진 인물은 없다. 연암실학단의 일원인 아정 이덕무 선생도 함양의 사근도 찰방을 지냈지만 후학 양성은 여가가 없었다.

2009년 사단법인 인산학연구원 지리산문학관에서는 인산 김일훈 선생 탄신 100주년 기념 함양학학술대회를 개최했는데 〈함양근현대 9인의 학문세계〉란 주제로 여기서 발표된 8인은 함양 근현대 팔현이라고 할 거유들이었다. 1. 녹차綠此 황오(黃五, 1816~?), 2. 부계扶溪 전병순(田秉淳, 1816~1890), 3. 화헌華軒 서인순徐璘淳, 1827~1898), 4. 삼원당三元堂 허원식(許元栻, 1828~1891), 5. 진암眞菴 이병헌(李炳憲, 1870~1940), 6. 추범秋帆 권도용(權道溶, 1877~1963), 7. 춘계春溪 하기현(河琪鉉, 1880~1967), 8. 여암廬菴 정도현(鄭道鉉, 1895~1977) 등인데 함양이 배출한 근현대 한문학의 종장들이다.

여암 정도현은 노론 간재艮齋 전우(田愚, 1841~1922)의 문인이고, 추범 권도용과 진암 이병헌은 남인 면우俛宇 곽종석(郭鍾錫, 1846~1919)의 문인이고, 삼원당 허원식은 기호 남인 성재性齋 허전(許傳, 1797~1886)의 문인이고, 부계 전병순은 노론 매산梅山 홍직필(洪直弼, 1776~1852)의 문인으로 소휘면蘇輝冕·조병덕趙秉悳·한운성韓運聖·임헌회任憲晦와 함께 매문오현梅門

五賢으로 일컬어졌다. 임헌회는 간재 전우의 스승이다. 춘계 하기현과 화헌 서인순 및 녹차 황오는 특정학맥은 없으나 노론 학자이다.

2. 개암 강익과 남계서원

남명의 함양 제자 개암 강익(1523(중종 18)~1567(명종 22))은 1552년 (명종 7)에 남계서원을 세웠다. 남계서원은 한국에서 풍기군수 주세붕이 1542년(중종 37)에 세운 한국 최초의 서원인 백운동서원(1550년 명종 5년 사액 소수서원)에 뒤이어 황해도 관찰사 재임시 1550년(명종 5)에 해주에 세운 수양서원(首陽書院, 1555년 명종 10년 사액. 문헌서원文憲書院으로도 불림)에 이어 한국에서 세 번째로 세워진 서원이다.

그러나 남계서원을 세운 개암이나 당시 사대부는 소수서원 이후 처음 서원을 세웠다고 인식하였다. 아마도 해주의 수양서원 건립 사실을 몰랐던 듯하다. 그래서 남계서원이 한국에서 두 번째로 세워진 서원으로 알려진 것이다. 주세붕에 이어 강익이 서원을 세웠으니 사람으로 치면 두 번째가 맞기도 하다. 〈公遂倡議° 請于朝° 立書院以祠之° 我國建院° 自竹溪以後° 此爲第一° 感樹齋先生文集 天嶺孝烈錄〉

그러나 벼슬아치가 아닌 선비가 주도하여 세운 서원으로는 한국 최초의 서원이기도 하다. 북한에 있는 문헌서원을 제하면 남한에서는 소수서원에 이어 두 번째로 세워진 서원이 되는 셈이다. 1566년(명종 21)에 사액되었으니, 1553년(명종 8)에 영천에 세워진 포은 정몽주를 모시는 임고서원(1554년 명종 9년 사액)보다 늦다. 사액서원으로는 네 번째 서원이 된다.

남계서원의 건립은 민간 주도라서 우여곡절이 많았고 공력도 시간도 더 들었다. 1552년(명종 7)에 남계서원 창건을 발의하여 강당을 건립하였으나 공사비를 대주던 함양군수 서구연이 이임하자 공사가 중지되어 강당에 기와도 없지 못했다. 그렇게 세월이 지체되다가 1559(명종 14)에 군수 윤확의 도움으로 강당과 부속시설(창고, 주방, 목욕간, 담장)을 완공하고 사당을 건립하였다. 1561년(명종 16)에 일두선생 시호 문헌공의 위패를 봉안하였다.

서원 건립에는 당시 군수들의 지원이 있었지만 선비들도 절 지을 때 시주하듯이 곡식을 출연하여 부조하였다. 갈천 임훈도 성금 모집에 적극 동참하여 남계서원 건립에 일조하였다. 〈天嶺之儒˚各出斗斛之穀˚以備其需˚而猶不足充其用……吾鄕之儒˚盍亦毋慳斗筲之費˚用扶崇建之功……況於爲吾道立幟˚誘吾儒向善˚而尙不用心力者乎˚葛川先生文集 天嶺書院收穀通文〉

1564년(명종 19)에 군수 김우홍(동강 김우옹의 형)이 부임하여 부조하여 동재와 서재를 건립하였다. 비로소 남계서원이 전학후묘(앞에 강당, 뒤에 사당)와 기숙사 등의 규모를 완비하여 완공된 것이다. 뒤이어 2년 뒤 1566년(명종21)에 사액을 신청하여 남계서원으로 사액되어 국가 공인 서원이 된 것이다. 소수서원, 임고서원, 수양서원에 이어 네 번째 사액서원이면서 완공시점을 논하면 또한 소수서원, 수양서원, 임고서원에 이어 네 번째 서원이 된다.

그러나 벼슬아치인 주세붕이 세운 관립 서원인 소수서원, 문헌서원과는 달리 벼슬하지 않은 사대부가 세운 민립 서원으로는 남계서원이 첫 번째 서원이다. 남계서원은 한국 최초의 민립 서원이다. 남계서원은 다른 최초 기록도 있다. 소수서원과 문헌서원은 안향과 최충 고려 유학자를 모신 서원이나 남계서원은 조선조 최초의 조선 유학자를 모신 서원이다. 동방오현 및 문묘 배향 18현중 조선조 유학자를 모신 서원으로는 한국 최초의 서원이다.

일두 정여창을 모시는 남계서원은 1552년(명종 7)에 건립되고, 일두의 친구인 한훤당 김굉필을 모시는 도동서원은 1568년(선조 1)에, 한훤당의 제자 정암 조광조를 모시는 죽수서원은 1570년(선조 3)에, 회재 이언적을 모시는 옥산서원은 1572년(선조 5)에, 퇴계 이황을 모시는 도산서원은 1574년(선조 7)에, 남명 조식을 모시는 덕천서원은 1576년(선조 9)에 건립되었으니 개암은 조선조 유현 서원 건립운동의 선구자이다.

남계서원은 한국 최초의 〈벼슬아치가 아닌〉 선비가 세운 서원이다. 한국 최초의 조선조 유현을 모신 서원이다. 세계문화유산 잠정목록에 등재된 한국의 9대 서원(소수서원 도산서원 병산서원 옥산서원 도동서원 남계서원 필암서원 무성서원 돈암서원)의 하나이다.

남계서원의 건립 이후 사액서원이 될 때 천령삼걸이 공헌하였다. 〈嘉靖四十五年丙寅°先生年四十四歲……秋七月宣賜額號曰灆溪書院° 令春秋致祭° 其間周旋之際° 玉溪, 九拙, 青蓮°實有力焉° 介庵先生文集下 附錄 年譜〉

특히 이후백은 김굉필金宏弼 · 정여창鄭汝昌 · 조광조趙光祖 · 이언적李彦迪 등 사현四賢의 행적을 모아 편찬한 책인 『국조유선록國朝儒先錄』에 왕명을 받아 서문을 지어 일두가 의리를 천명하였다고 찬양하였다. 〈青蓮先生集一 國朝儒先錄序〉

3. 당곡 정희보와 함양문도

남명의 제자인 개암 강익과 남계 임희무 및 매촌 정복현과 매암 조식은 당곡 정희보의 문인들이다. 양성헌 도희령도 당곡의 문인이다. 당곡은 본디 남해 출신으로 함양에 이주하여 많은 제자들을 길러냈다. 천령삼걸이란 불리는 구졸암 양희(1515(중종 10)~1581(선조 14)), 옥계 노진(1518(중종 13)~1578(선조 11)), 청련 이후백(1520(중종 15)~1578(선조 11))도 모두 당곡의 문인이라 한다. 왜 자신 없게 언급하느냐 하면 청련은 의문점이 있기 때문이다.

옥계 노진의 당곡 묘지명의 말을 빌리면 호남과 영남의 인재 절반은 모두 당곡의 문인이라고 할 만큼 당곡은 지역 인재 양성에 공이 지대하였다. 다만 당곡은 중앙무대에 알려지지 않은 향선생으로서 초학 지도에 탁월한 성과를 낸 것이다. 옥계 연보에 의하면 옥계는 15세 때 문장으로 유명한 당곡 문하에서 과거문체와 『한문韓文』 등을 수학하였다.

구졸암의 신도비명에는 옥계와 청련과 서로 절차탁마며 학문한 기록은 있어도 몇 살 때 누구에게 배웠는지는 서술하지 않았다. 〈幼聰慧異凡兒, 及長, 與盧玉溪禛李靑蓮後白, 相切磋爲學, 時稱天嶺三傑〉 구졸암은 당곡 갈명에서 부자夫子 운운하였으니 당곡의 문인이다.

옥계의 연보에는 15세(1532, 중종 27) 때에 당곡에게 과거시험문장을 배웠다고 하였고, 〈嘉靖十一年 我中宗恭僖大王二十七年 壬辰°先生十五歲°嘗讀大學章句輯釋°悉皆硏精熟複 則頗有疑晦處鄕有鄭君希輔°以詞學名於南中°晚不利於場屋°以訓後生爲事°……遂有悵然之志°從衆學科文於其門°仍受韓文等書°玉溪集 年譜〉

청련은 우암 송시열이 쓴 행장에서 나이 겨우 10세 때(1529, 중종 24) 옥계와 구졸암과 같이 표인表寅에게 배웠다고 하였는데 〈年甫十歲°與盧玉溪禛, 梁牧使喜°學于表公寅之門°一時學徒十五人°以次受學° 公年最少° 常居末席° 聽諸人所受書°一皆背念° 其中有性理大全書矣° 表公聞其然° 招使試之° 公遍誦十四人書如熟讀者然° 表公大加驚異曰° 未知古有如此兒否° 靑蓮集 行狀〉

표인은 미상의 인물이다. 10세라는 것이 정확한 나이는 아닐 것이니 옥계 15세(1532, 중종 27) 때로 보면 청련의 나이 13세 때에 옥계와 구졸암과 같이 당곡에게 배운 것이다. 그러면 구졸암은 18세에 배운 것이니 만학이 된다. 자라서 〈及長〉 같이 배웠다는 기록과 일치한다.

천령삼걸은 아니지만 같은 동향 친구로 개암 강익(1523(중종 18)~1567

(명종 22))이 있는데 개암은 15세(1537, 명종 32) 때에 당곡 정희보에게 수학하였다. 그때 동문이 옥계, 청련, 구졸암이었다. 〈嘉靖十六年丁酉˚先生年十五歲˚疾漸有效˚承仕公乃曰˚人而不學˚無異禽獸˚奈何甘與蠢蠢者同歸˚先生瞿然執書˚就學於同閈唐谷鄭斯文希輔之門˚其門人如盧玉溪 禛 李靑蓮 後白 梁九拙 喜˚唐谷試敎以史˚句讀分明˚音韻淸朗˚有若宿業者然˚介庵年譜〉

표인이란 존재는 어디에도 등장하지 않는다. 옥계나 구졸암의 사적에도 등장하지 않는다. 일찍이 거창에서 표인의 후손을 만나 그 행장을 본 적 있는데 영의정 운운하였으니 실존 인물이긴 한데 사적이 부족하다. 거창에 표인이 있고 함양에 당곡 정희보가 있어 초학들을 가르친 것은 사실인데 같은 제자들을 같은 시기에 가르쳤을 리는 없으니 한쪽이 제자 배출을 과장한 것이다.

구졸암 양희는 이후백의 만사에서 동향동리우동사同鄕同里又同師라고 하였는데 이때의 스승은 정희보인가 표인인가, 구졸암과 옥계의 행적에 표인이 등장하지 않으므로 당곡일 것이다. 청련은 구졸암과 함께 또한 옥계나 개암도 같이 당곡에게 수학한 것이니 당곡의 문인이라고 하는 것이 틀리지 않는다. 당곡 정희보는 판서급 제자인 천령삼걸을 길러 낸 위대한 교육자이었다.

4. 천령삼걸 총론

구졸암이 이후백과 동향동리우동사同鄕同里又同師라고 하였는데 구졸암은 함양군 수동면 우명리에서 태어났고 청련은 함양군 지곡면 개평리에서 태어났으니 마을이 같지는 않다. 이후백은 호조판서로서 선조 11년(1578)에 휴가를 받아 함양에 성묘왔다가 10월 7일에 병사하였다. 파주 선영으로 반장하였다. 〈戊寅以戶曹判書˚乞暇省墓于咸陽˚十月初七日病卒˚…歸葬于坡州廣灘上先塋之側子坐午向之原˚靑蓮集 行狀〉

이후백은 옥계 노진보다 뒤에 별세하여 옥계에 대한 만사를 지었는데 동치정친불가언童稚情親不暇言이라고 죽마고우로서의 애도의 정을 표하였다. 같은해 8월 23일에 별세한 노진보다 한 달 남짓 뒤에 이후백이 별세하여 함양 출신의 정승 후보 판서 둘이 세상을 떠났고 이후 함양에서는 정승이 배출되지 못하였다.

서당 이덕수가 찬술한 구졸암의 신도비명에 옥계 노진과 청련 이후백과 함께 서로 절차탁마하여 학문을 하니 당시 천령삼걸이라고 칭하였다고 하였다. 삼걸은 차례로 소과인 사마시(생원, 진사)에 합격〈구졸암 1540년(중종 35), 옥계 1537년(중종 32), 청련 1546년(명종 1)〉하고 대과인 문과에 급제〈구졸암 1546년(명종 2), 옥계 1546년(명종 1), 청련 1555년(명종 10)〉하여 나란히 벼슬길에 나아갔다.

구졸암은 이조참판(차관)을 지내고 후에 이조판서에 추증되었으니 증직이라도 판서(장관)가 된 것이다. 옥계와 청련은 판서를 지냈으니 삼걸이 다 장관급 인물인 것이다. 함양에는 이후 판서 이상 총리급 정승이 배출되지 않았으니 천령삼걸이 함양 인재의 전성시대였다.

이덕수의 신도비명에 의하면 숙종 27년(1701)에 함양의 선비들이 구졸암의 조부인 일로당의 유지에 구천서원을 세워 구졸암과 금재 강한, 남계 표연말, 청련 이후백을 향사한다고 하였다. 옥계 노진은 이미 당주서원에 향사하므로 병향하지 않은 것이다.

구천서원에는 현재 춘당 박맹지朴孟智·일로당 양관梁灌·남계 표연말表沿沫·금재 강한姜漢·구졸암 양희梁喜·우계 하맹보河孟寶에 1983년 서계 양홍주를 추가 배향하였으니, 청련 이후백이 빠진 것이다. 청련은 외조모의 고향인 전남 강진으로 이사가서 자손이 강진 사람이 되었고 강진 선비들이 서원을 세워 향사하므로 함양에서 잊혀진 존재가 된 것이다. 옥계 노진도 처가인 남원에서 살다가 후손이 남원 사람이 되어 종손은 남원시 주천면에 살고 있다.

청련을 모시는 서원은 박산서원博山書院이다. 소재지는 강진군 작천면 현산리 박산마을이다. 1590년 서기산瑞氣山 아래 월곡리(현 강진읍 서산리 월곡마을)에 '서봉서원'이라는 이름으로 창건하였다. 1712년 청련 선생의 제자인 옥봉 백광훈, 고죽 최경창, 죽곡 임회, 남계 김순 4선생을 추배하였다. 1868년(고종5) 대원군의 서원 철폐령에 의하여 훼철되었다. 1924년 본향 사림의 발의로 현재의 작천면 박산으로 옮겨 복설復設하고 액호도 '박산서원'이라 개칭하였다.

함양에서 태어나고 죽고 고향의식을 가진 천령삼걸 청련 이후백이 함양의 서원에 모셔지지 않은 것은 유감스러운 일로 조선시대부터 그런 인식이 있었다. 정조 때 사근도 찰방을 지낸 아정 이덕무의 "청련靑蓮 이후백李後白도 함양 땅에서 태어났는데 홀로 배향되지 못했으므로 사람들이 다 그것을 한스럽게 여기고 있다."라는 글이 이를 증명한다. 《청장관전서 제68권, 한죽당섭필 상寒竹堂涉筆上, 함양咸陽의 명현名賢들》

5. 천령삼걸의 특징

구졸암 양희(1515(중종 10)~1581(선조 14)), 옥계 노진(1518(중종 13)~1578(선조 11)), 청련 이후백(1520(중종 15)~1578(선조 11)) 등 천령삼걸로 일컬어지는 3현은 당곡 정희보에게 동문수학한 죽마고우로 다 함양군 지곡면(옥계, 청련)과 수동면(구졸암) 출생이다. 구졸암과 옥계는 함양 지곡에 묻히고 청련은 파주 선영에 묻히었다. 모두 사마시에 합격하고 문과에 급제하여 벼슬길에 나아갔다.

다들 효자이고 성리학자이다. 옥계는 효자 정려를 받았고 시호조차 문효공文孝公이다. 옥계는 함양의 당주서원과 남원의 창주서원에 향사되었고 청련은 강진의 서봉서원에 향사되었다. 청련도 함양의 서원에 향사할 필요가 있다. 구졸암은 함양의 구천서원에 6군자로 같이 향사되었다.

구천서원을 2사당 체제로 개편하면 구졸암, 옥계, 청련을 모시는 삼걸사를 따로 세우고 기존 7군자는 육현사로 개편하여 향사하면 구졸암의 위상이 천령삼걸로 바로설 것이고 삼걸이 사후 400여 년 만에 고향에서 자리를 함께하는 명복을 누릴 것이다.

옥계와 청련은 시조를 남긴 시조시인이고 청백리이고 판서를 지낸 고관이다. 청련은 청백리의 위상에 맞게 문청공文淸公의 시호가 내렸으나 구졸암만 시호가 없다. 문집도 옥계와 청련은 단행본을 남겼으나 구졸암은 『용성세고』에 한 부분을 차지하여 소략하다. 『구졸암집』의 단행본 간행이 필요하다. 구졸암은 벼슬이 참판에 그쳤으나 증직으로 판서를 받아 사후 위상은 삼걸이 같아졌다.

함양에는 왕의 시조비가 두 개나 세워져 있다. 상림 끝 뇌계공원에 성종시조비가, 지곡면사무소 앞에 있는 연지공원에 선조시조비가 세워져 있다. 성종이 총애한 뇌계를 만류한 시조비와 선조가 총애한 옥계와의 수창시조비이다.

이시렴 브듸 갈다 아니 가든 못할쏜야
무단無端이 슬튼야 남의 말을 드럿는야
그려도 하 애도래라 가는 뜻을 닐너라. 《성종시조》

오면 가랴 ᄒ고 가면 아니 오ᄂᆡ
오노라 가노라니 볼 날히 젼혀 업ᄂᆡ
오늘도 가노라ᄒ니 그를 슬허 ᄒ노라 《선조시조》

進豊宴˚獻萬壽山歌˚

萬壽山 萬壽洞의 萬壽泉이 잇더이다˚
이물의 술을 비져 萬壽酒라 ᄒᆞ더이다˚
이 잔을 잡으시오면 萬壽無疆 ᄒᆞ시리다˚《옥계시조》

이후백의 『청련집』 보유에 청련이 어릴 때의 기개를 보여준 〈塔松 幼時作〉 이란 시가 있다.

一尺青松塔畔栽˚塔高松短不相齊˚傍人莫恠青松短˚他日松高塔反低˚

한 자 되는 푸른 솔 탑 곁에 서있는데
탑은 높고 솔은 작아 가지런하지 않네
옆 사람아 푸른 솔이 작다고 괴이쩍어 말아라
다른 날에는 솔이 높고 탑이 도리어 낮으리니

그런데 이 시가 이후백보다 16세 아래인 내암 정인홍(鄭仁弘, 1535~1623)의 『내암집』 시편에 〈영송〉이란 제목으로 문구가 약간 틀리게 실려 있다. 한 사람은 표절한 것이 틀림없다.

▷ 『선조수정실록』 12권, 선조 11년 8월 1일 경진 2번째기사 1578년 명 만력萬曆 6년 이조 판서 노진의 졸기

노진은 성품이 온화하고 장중하였으며 지조가 확고하여 간신들이 권병을 천단하던 때를 당하였지만 한번도 행적에 물들지 않았고 벼슬살이도 청렴하고 근실하게 하였으므로 상이 특별히 포상을 내려 아름답게 여겼다. 그는 관리의 사무에도 정밀하고 민첩하였다. 김계휘金繼輝가 영남 지방을 안핵

하면서 그가 행한 공적을 조사해 보고 감탄하기를 '덕행과 문학에다 관리의 사무까지 이처럼 통달했을 줄은 미처 생각하지 못했다.' 하였다. 그 고을 사람들은 사당을 세우고 제향을 올렸으며, 뒤에 문효文孝란 시호를 내리니, 세상 사람들은 그가 시호를 받기에 부끄러울 것이 없다고 하였다.

▷ 『선조수정실록』 12권, 선조 11년 10월 1일 무인 2번째기사 1578년 명 만력萬曆 6년 호조 판서 이후백의 졸기

이후백은 벼슬이 육경六卿의 반열에 이르렀으나 가난하고 소박하기가 유생과 같았다. 비록 선배 명류로서 서인으로 지목을 받았지만 그는 좋다 나쁘다는 등의 말을 하지 않았으므로 후진들도 역시 그의 전주銓注에 승복하였다. 김효원金孝元이 번번이 선진先進들을 공박하면서 항상 하는 말이 '이후백은 단지 육경의 재능을 가지고 있을 뿐이다. 만약 정승이 된다면 나는 그를 논박할 것이다.' 하였지만 사람들은 그가 정승이 되기를 기대했었는데 갑자기 졸하고 말았다. 사람들은 노진과 이후백이 잇따라 죽자 정2품에 사람이 없게 되었다고 하였다.

▷ 『석담일기』 하권石潭日記卷之下 만력 육년 무인萬曆六年戊寅 1578년(선조 11)

이조 판서 이후백李後白이 병으로 사면하였다. 이후백이 전장銓長이 된 뒤로 공론을 숭상하고 청탁을 받지 않아 정사가 볼 만하였다. 비록 친구라 할지라도 자주 찾아가보면 마땅하게 생각하지 않았다. 하루는 족인族人이 찾아가 보면서 말끝에 관직을 구하는 의사를 보이니 이후백이 얼굴빛을 고치며 사람들의 성명이 많이 기록된 종이 한 장을 내어보이는데 모두 장차

벼슬을 시킬 사람들이었고 그 족인의 이름도 기록 안에 들어있었다. 이후백이 말하기를, "내가 자네 이름을 기록하여 장차 천거하려 하였더니, 지금 자네가 관직을 구하는 말을 하니 그것을 구하게 된다면 공도公道가 아니다. 애석하다. 자네가 만일 그 말을 하지 않았더라면 벼슬을 할 뻔하였는데." 하였다. 그 사람이 그만 부끄러워서 돌아가버렸다. 이후백은 매양 하나의 벼슬이라도 시키려면 꼭 그 사람이 쓸 수 있는가 없는가를 두루 물어서 만일 합당하지 못한 사람을 잘못 시켰다면 밤에 잠을 자지 않고, "내가 국사를 그르쳤다." 할 정도였다. 시론時論이, "이후백 같은 공정한 마음은 근세에는 비할 사람이 없다." 하더니, 지금에 와서 병으로 사면하고 정대년鄭大年이 대신하였다.

▷ 『선조실록』 15권, 선조 14년 1월 6일 신미 1번째기사 1581년 명 만력萬曆 9년
양희의 상에 관원을 보내 치제하는 일을 전교하다

"양희가 군명君命을 받들고 상국上國에 사신 갔다가 객관에서 죽었으니 불쌍하고 측은하다. 관원을 보내 치제致祭하려고 전례를 두루 상고하게 했으나 그런 예가 있지 않았고 다만 예조가 치제하는 규정만 있는데 제문祭文을 짓지 않고 낭청도 가지 않는 것으로 되어 있어 그 예가 너무도 소략하였다. 이번 일은 공사로 인하여 밖에 있다가 죽은 다른 경우와 동일하게 논할 수 없는데, 더구나 《대전》에 '종2품 이상은 조제弔祭한다.'고 되어 있음이겠는가. 양희가 진실로 차함借銜이 2품이지만 사신으로 갔다가 죽었으니 그 직함이 아직도 그 몸에 있는 것이다. 이제 관원을 보내 치제하는 것이 인정으로나 예로나 법으로나 다 안 될 것이 없다. 이 뜻을 예조에 물어 상의하여 확정해서 아뢰도록 하라."

"상의 하교에 감격스러움을 이기지 못하겠습니다. 그대로 행하소서."
회계回啓하니, 아뢴 대로 하라고 하였다.

옥계 노진은 문효공이란 시호에 맞게 효자 정려가 내려졌고 청련 이후백은 문청공이란 시호에 맞게 청백리에 선발되었다. 구졸암 양희는 시호가 없는데 학덕이 뛰어난 이에게 제자나 후학이 봉헌하는 사시私諡를 헌정한다면 국사를 위해 사명을 띠고 가서 순국하였으니 문충공이 어울리지 않을까 한다.
충효와 청렴성은 모두 선비정신의 기본 덕목이다. 충효나 청렴성같은 경성의 덕목만 있는 것이 아니다. 군신간의 정이나 풍류, 기개 등의 연성 덕목도 겸유하였다. 천령삼걸이 그런 선비정신의 덕성을 함양하고 실천했으니 천령삼걸은 선비정신의 표상이라고 하겠다.
천령삼걸인 구졸암 양희와 옥계 노진과 청련 이후백은 판서급 인물로 학덕을 겸비하여 지역에서 중앙으로 큰 영향을 끼쳤으니 천령삼걸은 함양을 빛낸 인물로서 함양의 자랑스러운 인재배출, 덕성함양, 한문학, 선비문화의 모범, 전형이라고 하겠다.

옥계시조공원과 구천서원

함양군 지곡면사무소 앞 연지공원에는 선조대왕의 어제시조비와 이조판서를 지낸 옥계 노진 선생의 화답시조비가 서있다. 옥계선생속집玉溪先生續集에 실려 있는 것이다.

〈어제가御製歌〉는 노진이 부모 봉양을 위해 귀향할 때 선조宣祖가 지어준 것이고, 〈진풍연 헌만수산가進豊宴 獻萬壽山歌〉는 노진이 임금에게 올린 시조이다.

〈모부인수연가母夫人壽宴歌〉는 노진 자신이 모친 생신연에 올린 시조고, 〈모부인답가母夫人答歌〉는 노진의 어머니가 〈모부인수연가〉에 답한 시조이다.

그리고 마지막 〈부차附次〉는 옥계 및 남명 문인門人, 나중에 황석산성에서 순국한 전 함양군수 대소헌 조종도(趙宗道, 1537~1597)가 수창한 시조이다.

〈御製歌〉
先生上章歸養° 方渡漢江時° 宣廟特製此歌° 寫于銀錚° 追遣中使以贈之°

오면 가랴 하고 가면 아니오네°
오노라 가노라니 볼날히 젼혀 업네°
오날도 가노라 하니 그를 슬허하노라°

〈進豊宴°獻萬壽山歌°〉

萬壽山 萬壽洞의 萬壽泉이 잇더이다°
이물의 슐을 비져 萬壽酒라 하더이다°
이잔을 잡으시오면 萬壽無疆 하시리다°

위 2수는 시조비로 세워져 연지공원에 나란히 서있다.

〈母夫人壽宴歌〉

日中金 가마고 가지 말고 내말 드러°
너난 反哺鳥라 鳥中之曾參이니°
오날은 나를 위하야 長在中天 하얏고댜°

〈母夫人答歌〉

國家 太平하고 萱堂에 날이 긴제°
머리흰 判書아기 萬壽杯 드리난고°
每日이 오날 갓아면 셩이 무삼 가싀리°
아마도 一髮秋毫도 聖恩잇가 하노라°

〈附次〉 門人趙宗道號大笑軒

가마고 톡기 즘생 그 무어시 바앗바셔°
九萬里 長天을 허위허위 가사난고°
이제난 십니의 한번식 수염수염 가렴으냐°

위 옥계 모친의 시조는 1575(선조8)년 옥계 58세 때 6월 예조 판서, 이조 판서에 연이어 제수되었으나 모두 사직소를 올리고 10월 모친상을 당하기 직전 사이에 지어진 것이다. 종장이 한 장 더 있는 것이니 엇시조로 지은 것이다.

사대부 시조는 청련 이후백의 시조처럼 청소년기 작품에서부터 탄로가나 수연가처럼 노년기의 작품까지 다양하다.

옥계시조는 두 가지 특징이 있다. 군신간의 화답시조요 모자간의 수창시조요 사제간의 동석시조이다. 조선왕조 역사상 전무후무한 시조일 것이다. 포은 선생의 시조와 그 모친의 시조가 전하지만 수창시조는 아니다. 옥계시조는 또 사제간에 한자리에서 창작한 시조라는 특징도 있다.

옥계시조비가 서있는 연지공원에 다른 3수의 시조도 시조비를 세워 옥계시조공원으로 확장할 필요성이 있다. 군신간, 모자간, 사제간의 시조비가 나란히 서있는 시조비의 시조공원은 전국에서 유일무이할 것이니 옥계시조공원을 조성할 가치가 충분하다.

청련 이후백(1520~1578)은 구졸암 양희(1515~1580), 옥계 노진(1518~1578)과 함께 천령삼걸天嶺三傑로 불리었다. 다 판서급의 함양이 낳은 걸출한 인물이다. 이들은 모두 함양의 교육자 최우수교사 당곡 정희보의 문인들이다. 이후백이 8세 때 지은 탑송이란 한시는 어리나 당찬 이후백의 기상이 서려있다. 내암來庵 정인홍鄭仁弘,1535(중종 30)~1623(인조 1)의 고사와 같은데 청련고사라고 추정한다.

천령삼걸 가운데 옥계 노진은 함양의 두 번째 사액서원 당주서원에 모셔졌으나 훼철된 뒤 복원하지 못하고 위당 정인보가 지은 당주서원유허비만이 그 자리를 지키고 있고 남원 창주서원에 모셔져 있다. 구졸암 양희는 구천서원에, 청련 이후백은 이거한 전남 강진의 서봉서원 (박산서원으로개칭)에 모셔져 있다. 사방에 흩어져 있고 한자리에 모셔지지 않아 삼걸로 합칭되는 것이 무색하다. 구천서원에 삼걸사三傑祠를 따로 지어 양희, 노진, 이후백 삼걸을 병향하고 사당의 구졸암 자리는 그들의 스승 당곡 정희보를 모시면 좋을 것이다.

구천서원龜川書院은 춘당 박맹지朴孟智[1426(세종 8)~1492(성종 23)], 일로당 양관梁灌[1437~1507], 남계 표연말表沿沫[1449~1498], 금재 강한姜漢[1454~?], 구졸암 양희梁喜[1515~1581], 우계 하맹보河孟寶[1531~1573]를 향사하는 서원으로 1701년(숙종 27)에 창건되었으나 1868년(고종 6)에 흥선대원군의 서원 철폐령으로 훼철되었다. 그 뒤 후손들이 불망계不忘契를 조직하여 구천재와 유허비를 세우고 제향을 올렸다. 1984년에 구천서원을 복원하고 서계 양홍주梁弘澍[1550~1610]를 추가로 배향하였다. 구졸암 양희와 당곡 정희보鄭希輔[1488~1547]를 맞바꾸고 현재 사당을 칠현사로 개칭한다.

춘당 박맹지朴孟智[1426(세종8)~1492(성종23)], 일로당 양관梁灌[1437~1507], 남계 표연말表沿沫[1449~1498], 금재 강한姜漢[1454~?], 당곡 정희보鄭希輔[1488~1547], 우계 하맹보河孟寶[1531~1573], 서계 양홍주梁弘澍[1550~1610]를 칠현사에 향사한다. 함양의 명현을 10명이나 모시는 삼걸사, 칠현사가 좌우 병립하면 장관이 될 것이니 구천서원의 특징이 될 것이다.

남계서원은 세계문화유산

유네스코 세계문화유산 남계서원은 경남 함양에 있다. 동방오현 일두 정여창 선생을 모시는 서원이다. 세계문화유산에 포괄 지정된 전국 9개서원에서 경남에 유일한 서원이다. 경남에는 세계문화유산이 남계서원 포함 모두 3개가 있다. 합천의 〈해인사 장경판전〉(1995년)과 〈산사, 한국의 산지승원〉(2018년) 7개 산사 가운데 불보사찰 양산 통도사이다.

경남의 세계기록유산은 합천의 〈해인사 대장경판 및 제경판〉(2007년)이 있다. 〈난중일기〉(2013년)도 이순신 장군이 통제영에 근무할 때 주로 기록한 것이니 통영이 세계기록유산, 명작의 고향이다. 세계기록유산 〈동의보감〉(2009년)을 기념하는 동의보감촌이 산청에 있다.

경남의 인류무형문화유산에 〈아리랑〉(2012년)이 있으니 밀양아리랑이 정선아리랑, 진도아리랑과 함께 삼대아리랑이다. 〈농악〉(2014년)과 〈줄다리기〉(2015년)도 등재되었는데 〈농악〉에는 국가무형문화재 진주·삼천포 농악(제11-1호)이 포함되어 있다. 〈줄다리기〉에는 영산줄다리기(창녕군, 국가지정 제26호), 감내게줄당기기(밀양시, 경남지정 제7호), 의령큰줄땡기기(의령군,

경남지정 제20호), 남해선구줄끗기(남해군, 경남지정 제26호) 등 총 4건의 무형문화재가 포함되어 있다.

함양의 고호인 천령군의 태수를 지낸 고운 최치원 선생은 재임시 함양 지리산에서 산삼을 채삼하여 당나라와의 외교 선물로 활용하였고 산삼 시문도 남기니 산삼의 성인이라고 하겠다. 2020함양산삼항노화엑스포의 상징인물로 내세울 만하다. 당나라 시대 동아시아 외교 역사와 산삼 외교 기록인 《계원필경》을 남기었으니 세계기록유산으로서의 가치가 충분하다. 세계기록유산으로 지정되게 하고 이를 기념하여 함양에 계원필경촌을 건립한다면 함양이 한문학의 메카가 될 것이다.

일두 정여창 선생은 동방오현의 일인이다. 오현은 조선 최초의 문묘종사 조선성리학의 종조宗祖 5인을 가리킨다. 한훤당 김굉필(1454~1504), 일두 정여창(1450~1504), 정암 조광조(1482~1519), 회재 이언적(1491~1553), 퇴계 이황(1501~1570)인데 퇴계 외는 다 조선 성리학의 순교자, 성인이다. 동방오현을 위하여 건립한 서원으로는 남계서원이 한국 최초이다.

폭군으로 잘못 불리는 광해군 때에 역사적인 유교대사건이 전개되니 조선성리학의 종조 5인이 문묘에 종사된 것이다. 이른바 동방오현, 동국오현이다. 『광해군일기』[정초본] 31권, 광해 2년(1610) 7월 16일조에, 예조가 아뢰기를,

"오현五賢의 종사從祀에 대하여 대신에게 의논하니, 완평부원군 이원익은 '.... 다시 무슨 논의가 필요하겠습니까.' 하였고, 영의정 이덕형과 좌상 이항복과 우상 심희수도 따르는 것이 좋겠다고 하였습니다."

하니, 드디어 종사를 허락하였다. 그 성례를 그린 그림이 〈오현종사묘정집례계첩五賢從祀廟庭執禮契帖〉이다. 남계서원에 배향된 동계 정온(1569~1641)은 일두의 신도비명도 지었고 일두 증손 정대민(1551~1598)의 묘갈명을

지으며 동국 오현이라고 일두를 소개하였다.〈諡文獻諱汝昌˚世稱一蠧先生˚乃東國五賢之一也˚從祀孔子廟庭˚於公爲曾祖〉 동계의 연보에선 동계가 주자 이후의 유학자 및 동방 오현東方五賢의 절실한 말을 편집하여 《속근사록》을 만들려고 했으나 병으로 완성하지 못했다고 하였다.〈乃欲編晦庵以後諸儒及東方五賢切近之言˚爲續近思錄˚病未克就˚〉

정대민은 일두 손자 정언남과 언양김씨 김중홍의 딸 사이에 태어났다. 정언남 부부는 황석산성에서 순국하였고 정대민도 시묘하다가 왜적의 칼날에 순직하였다. 일두의 며느리(일두차남 정희설의 부인이 언양김씨 김구의 딸로서 정언남을 양자로 들임) 집안인 언양김씨 후손인 필자가 이번에 (사)일두기념사업회 이사장이 되어 일두선비문화제를 주관하니 500년의 세의라고 하겠다.

필자는 한국유교학회와 한국동양철학회의 일원으로서 서원에서의 연찬과 발표, 강독에 많이 참여하였다. 남계서원의 명성당과 논산 돈암서원의 응도당에서 발표후 숙박도 하고 장성 필암서원의 확연루와 안동 병산서원의 만대루에서 원전 강독후 뒤풀이도 하였다. 세계문화유산이 된 것은 경축할 일이나 관리가 강화되어 선비의 풍류나 강학활동은 제약을 받을 것이다. 보호가 우선이나 적절한 활용도 고려해야 하지 않을까 한다.

Part4

지리산 수필

[촉석루2]
국보 제1호 독도

　세상에는 이해할 수 없는 일이 많다. 제주해군기지 건설을 일본인이나 중국인이 반대한다면 이해가 되나 한국인이 결사반대하니 이해가 안 된다. 일본이나 중국의 침략에 대비할 수 있는 관문 아닌가. 광우병 고기 수입도 아니고 국가 방위, 국토 수호에 무슨 반대인가. 나라가 없는데 제주도가 있겠는가. 물론 북한의 해상침투에 대비할 수 있으니 북한이 반대하는 것은 이해가 된다. 그러나 크게 보면 한반도를 지키는 것이 우리 민족을 보위하는 것이니 북한에게도 유리하지 않은가. 북한의 제주해군기지 건설 적극 지지를 유도해야 한다.

　임진왜란 전에 일본의 침략 기미를 간파하고 율곡 선생이 10만 양병을 주장하자 미친 소리라고 하였다. 나중에는 10만 양병설은 날조라느니 가지가지로 험담한다. 선견지명이 있는 현자를 존경하지는 못할망정 비방하고 폄훼하기 급급하니 어찌 그 정신을 본받아 다시는 그런 일이 없게 대비할 수 있겠는가. 결국 북한의 6·25남침을 예견하고 대비를 주장한 사람들이 바보 취급당하고 말았으니 역사는 되풀이되는 것이다.

일본이 호시탐탐 노리는 독도를 국보 제1호로 지정하여 그 중요성을 전 세계에 알려야 한다. 국보 제1호는 무의미한 순서 1이 아닌 중요한 지식, 상식 가치 제일이다. 국보 지정 순서가 경중 순위가 아니라고 반대할 일이 아니다. 어느 기자의 국보·보물·사적 '1호'에 '불편한 진실' 있다는 기사를 보니 남대문은 임진왜란 때 가등청정이, 동대문은 소서행장이 입성한 전승 기념물이라서 보존되고 보물 1호와 2호로 지정되었다고 하였다. 일본이 1호와 2호로 지정한 것은 분명히 가치 중심으로 지정한 것이다. 국보 제1호로 가장 가치 있는 것은 동쪽 끝의 소중한 영토, 일본이 빼앗으려는 독도가 아니고 무엇이겠는가.

문화재보호법에 보물에 대하여 유형문화재 중 중요한 것을 보물로, 국보에 대하여 보물에 해당하는 문화재 중 인류문화의 관점에서 볼 때 그 가치가 크고 유례가 드문 것을 국보로 지정할 수 있다고 하였다. 법을 고치면 유형문화재만이 아니고 천연기념물도 국보로 지정할 수 있다. 천연기념물 독도를 국보로 지정할 수 있으니, 국보 제1호로 독도를 지정하라. 숭례문은 현재 국보 맨 끝에 배치하면 된다.

[촉석루3]
선비정신과 메세나

조선시대의 지배계급은 사대부이다. 사는 독서하는 사람이니 선비고, 대부는 행정하는 사람이니 벼슬아치이다. 선비는 그 자체로 귀감이 되기 때문에 선비정신이라 하고 벼슬아치는 벼슬 자체로는 귀감이 될 수 없기 때문에 청백리가 되면 청백리정신이라고 한다. 탐관오리는 정신이 없는 것이기에 정신을 논할 수 없다.

조선시대는 사농공상으로 계급을 서열화하고 상인계층을 천시했다. 천시받는 상인계층이 존경받는 일을 할 리 없다. 이에 반해 중국은 선비들이 상업에 종사하며 상인계층에게 유교 도덕을 확산시켜 유상(선비 장사치)이라는 고상한 계층을 만들었다. 소돔과 고모라에도 복음 들고 가는 기독교정신과 적극성에서 일치한다.

서양도 상인계층이 사회지도층이 되어 사회에 좋은 일을 많이 했는데 그 중 하나가 메세나운동이다. 고대 로마제국의 가이우스 마에케나스란 이름에서 유래한 메세나(Mecenat)는 역사적으로 대표적으로 르네상스 시대의 미켈란젤로, 레오나르도 다빈치 등의 대 예술가들을 지원한 피렌체의 메디치 가家가 손꼽힌다.

필자는 인산의학죽염도시 회장으로 2007년 초에 한국메세나협의회에 가입했고, 회장으로 있는 인산죽염촌도 2007년 말 경남메세나협의회 창립 때 가입해 매칭펀드로 경남의 예술단체를 지원하며 해마다 인산가곡제와 지리산예술제 시낭송축전을 개최한다. 지난 5일 경남은행 본점에서 2012년 상반기 기업과 예술의 만남 결연식이 열려 최은아 사장이 경남시조시인협회, 김해신포니에타와 결연했다.

경주최씨 경주 최부자 가훈을 보면 진사 이상 벼슬을 하지 말라고 했으니 선비 집안이고, 흉년에 논밭을 사지 말라고 했으니 청빈의 상징 선비가 아닌 깨끗한 부의 선비정신이다. 경주 최부자 가문은 부유한 선비 집안으로 부정과 비리와 탐욕으로 얼룩진 부가 아닌 깨끗한 부를 쌓고 이어간, 가멸찬 선비정신의 표본이다.

노블레스 오블리주(Noblesse Oblige)는 경주 최부자 가훈의 정신이다. 선비정신의 메세나운동을 위해 경주 최부자 가훈 6조에 한 가지를 더 보탠다면 '기업이윤을 사회에 환원하여 메세나활동을 적극 펼쳐라'가 되지 않을까.

[촉석루4]
산삼아리랑

함양궁에 살던 진시황/애타게 찾던 불로초/지리산 함양 산삼이라
서복은 산삼을 찾아와/함양 서래봉에 살며/산삼 신선, 삼선이 되다
육십령의 60명 산적들/영재 스님 우적가로 감화시켜/산삼기 서린 서래봉에 살다
60제자 심마니 원조 되고/도를 닦아 나한 되고/영재스님 산삼불 성불하다
당나라에서 산삼 외교 펼치고/천령군 태수로 채삼하고/상련대 세워 효도하다
산삼문학의 비조로서/삼교를 회통한 고운선생/산삼의 성자 삼성이 되다
삼선과 삼불과 삼성/유불선 세 가지 산삼이라/삼삼, 삼삼하다 삼삼하다
아리 아리랑/쓰리 쓰리랑/아라리가 났네

지난 18일 제37회 대한상의 제주포럼에 참석하고 20일에는 바리톤 김동규 초청 음악회를 들었는데 김동규가 신아리랑을 부르며 '아리어서 아리랑이라고 한다'고 했다.

아리랑 어원설은 수백 가지라서 어느 것이 정설인지 알 수 없다. 노래를 들으며 나름 생각해보니 이렇다.

아리랑은 한자로 '나 아'자요 '떨어질 리'자요 '사내 랑'자이다. 아리랑은 임신서기석과 같은 우리말 순으로 한자를 배치하여 문장을 이룬 구조이다.

아리랑은 글자 그대로 나를 떠나는 낭군이란 뜻이다. 아라리는 아랑리로 발음의 편리를 위해 받침이 탈락한 것이니 아랑리는 내 낭군이 떠나간다는 뜻이다. 아리랑고개도 고개이름이 아니라 아리랑이 고개로 넘어간다는 뜻이다.

아리랑은 나를 버리고 가시는 님의 임신서기체 한문 원문이고 고개를 넘어간다도 십리도 못가서 발병 난다로 세기말적으로 원망한 것이다. 아리랑은 순우리말이 아니고 임산서기체 한문이니 신라 때부터 유래한 노래의 원형을 간직하고 있는 것이다.

장차 세계산삼엑스포를 개최할 함양에서 지난 26일부터 30일까지 산삼축제가 열렸다.

필자는 함양군의 의뢰로 역사에 바탕한 함양산삼 스토리텔링을 개발하고 산삼역사문학관 부스를 개설했고, 산삼아리랑을 지었는데 노래로 불린다면 산삼처럼 장수할까, 아리랑처럼 사랑받을까.

산삼아리랑

　　　　　　　　　　김윤숭

함양궁에 살던 진시황
애타게 찾던 불사약
지리산 함양 산삼이라
서복은 산삼을 찾아와
함양 서래봉에 살며
산삼 신선, 삼선이 되다

육십령의 60명 산적들
영재 스님 우적가로 감화시켜
산삼기 서린 서래봉에 살다
60제자 심마니 원조 되고
도를 닦아 나한 되고
영재스님 산삼불 성불하다

당나라에서 산삼 외교 펼치고
천령군 태수로 채삼하고
상련대 세워 효도하다
산삼문학의 비조로서
삼교를 회통한 고운선생
산삼의 성인 삼성이 되다

〉
삼선과 삼불과 삼성
유불선 세 가지 산삼이라
삼삼, 삼삼하다 삼삼하다
아리 아리랑 쓰리 쓰리랑
아라리가 났네 아라리가 났네

[촉석루5]
조선총독부 대통령

장관, 차관, 한 번쯤 자기 포부를 펴기 위해 하고 싶어 하는 최고의 별자리가 아니겠는가. MB정부에서 차관이 각광받았다. 왕차관이니 실세차관이니 하며 두 명이나 감옥에 가니 차관이 득세한 시대로 일제 보호국 대한제국을 통감 통치한 차관정치 시대의 악몽이 되살아난다.

G20을 개최해 국격을 높였다고 한껏 고양되어 있다. 그러나 MB가 한중일 정상회의에 참석하는 것은 국격을 떨어뜨리는 것이 아닌가. 일본 총리야 실세지만 중국 총리야 국가주석 밑이니 한국 총리와 다를 바 없다. 그런데 대한민국 총리가 아닌, 대통령이 같이 논다는 것은 국격을 손상시킨 것이다. 회의 직후 다시 중국 국가주석을 만나는 것은 스스로 총리급이라고 자인하는 셈이다.

격에 맞지 않는 것이 어찌 한둘이랴. 참여정부에서도 남북통일장관회담이 어찌 격에 맞았는가. 남한 통일부장관은 북한 내각참사가 오는 회담에 감지

덕지, 희색만면, 의기양양, 황공무지로 참여하기 급급하니 플래시 세례 받는 것만 좋아하지 스스로 장관에서 국장급으로 격하시킨 무지몽매한 바보짓은 나몰라라 하였다. 코미디 정부가 따로 없다.

장관이니, 차관이니 하는 것은 다 조선총독부의 벼슬이다. 대한민국이 총독을 대통령으로, 정무총감을 국무총리로 바꾸고 각부 장관은 답습한 것이다. 애초에 대통령은 천황의 직속 총독급으로 시작한 것이다. 북한은 일제 청산을 잘하여 이런 벼슬이 없다. 국방부 장관이란 것도 일본이 볼 때는 총독부의 장관이니 지들 내각의 대신보다 한 계급 아래인 방위청 장관급인 것이다. 일본이 조선총독부를 설치하고 각부 장관을 둔 것은 일본의 내각보다 한 계급 아래로 설정한 것이다. 일본은 근래 방위청장관을 격상시켜 방위성 대신(방위상)으로 높였다.

북한의 내무상, 외무상이니 하는 것도 실상은 일본의 내상, 외상의 영향을 받은 왜색 명칭이다. 그래도 일본과 동격이니 남한의 장관, 차관보다는 격에 맞다. 한국도 장관, 차관을 일계급 특진시켜 상, 부상으로 격상시켜야 한다. 국방부 장관이 아닌 국방상이라야 한다. 언제까지 조선총독부 관제를 고수하며 그 장관, 차관 데리고 더구나 총독관저 터에 살면서 대통령하는 것을 만족해할 것인가.

갑오년과 조병갑선정비

 지난해 말 함양군청에서 시민단체의 요청으로 함양상림공원에 있는 함양 군수선정비림 속의 조병갑선정비 처리문제를 두고 역사단체와 연석회의를 갖고 토론했다. 지난해가 갑오동학농민혁명 120주년이 되는 해라서 역사바로세우기 차원에서 손봐야 한다는 것이다. 그러나 역사기록물을 훼손하거나 변형시켜선 곤란하고, 존치하되 별도 조치 쪽으로 의견일치를 보았다.

 함양은 여느 고을과 다르다. 좌안동 우함양의 자부심이 강하다. 문묘에 종사된 동방사현 일두 정여창 선생이 탄생한 고을이며 세계문화유산 남계서원, 목민관의 귀감 고운 최치원 선생과 점필재 김종직 선생을 모신 백연서원 등을 비롯한 20여개의 서원이 임립한 고을이고 천령삼걸이 배출된 양반고을, 선비고을이다. 아무나 수령으로 왔다고 해서 맘대로 탐학을 일삼고 가렴주구를 자행할 수 있는 만만한 고을이 아니다.

 더군다나 조병갑은 서얼 음관 출신이다. 수령이라고 해서 어디서 목에 힘

주며 횡포를 부릴 수 있었겠는가.

함양에 조병갑선정비가 있는 것이 역사적 치욕이 아니다. 오히려 그런 탐관오리의 대명사 조병갑이 함양에선 선정을 베풀어 선정비가 세워졌다는 것이 함양의 자랑거리가 돼야 한다. 자부심과 긍지를 북돋워주는 것이다.

조병갑선정비 앞에 서서 아이들에게 "탐관오리의 대명사, 가렴주구의 화신, 갑오동학농민혁명의 원흉 조병갑도 양반고을, 선비고을 함양, 선비정신 삼엄한 함양에선 탐학성을 발휘 못하고 선정을 베풀 수밖에 없었느니라. 그 증거가 이 선정비이니라"고 설명할 수 있다. 얼마든지 함양의 자존감 넘치는 무궁무진한 스토리텔링을 전개할 수 있다.

조병갑선정비는 선정비의 실상을 연구할 수 있는 주요사료이다. 금석문, 역사기록물, 문화유산이다. 지금은 그것만 보러 일부러 찾아오니 중요한 관광자원이다. 오히려 경남도 기념물로 지정해 보호조치해야 한다.

조규순의 선정비는 태인과 함양에 있다. 함양에는 함양군수 조규순, 조병갑의 부자 선정비가 있다. 필자가 1996년 국사편찬위원회 사료조사위원으로 문화재 조사 때 그 비문을 해석해준 적이 있다. 조규순은 암행어사의 보고에 의하면 가는 곳마다 청렴, 공평해 주민들이 잊지 못한다고 했으니 그의 선정은 의심할 것이 없겠다.

조병갑은 1844년에 태인 관기와 현감 조규순의 사이에 얼자로 태어나 1913년 일제 치하에서 죽었다. 조병갑은 부친 조규순이 강화부유수 물망에 오르던 해인 1863년 규장각 검서관으로 첫 벼슬하니 서자 출신들이 하는 관직이다. 조병갑이 고부군수로서 탐학을 일삼아 고부민란을 촉발시키고 갑오동학농민혁명으로 확산되고 청일전쟁을 초래해 일제의 영향력이 강해져 마지막에 경술국치 망국의 끝을 보고 말았다.

한 작은 고을의, 한 작은 존재인 관료의 부정부패가 결국은 망국의 한을 부른 것이다. 어찌 한 작은 관료라고 내가, 혹은 그가 좀 부패해도 한 작은 부정부패에 뭐가 어찌 되랴 하며 함부로 저지르거나 내버려두거나 할 수 있겠는가. 갑오년의 교훈이 아닐 수 없다.

* 소통마당에 실린 외부 필진의 글은 본지의 편집방향과 일치하지 않을 수도 있습니다.

* * *

조병갑선정비

김윤숭

탐관오리의 대명사
그 이름 조병갑
고부민란으로
갑오동학농민혁명으로
불타오르게 한 쏘시개

〉
함양군에 조병갑선정비가 있다네
탐관오리고기 뜯어먹어도 시원찮을
조병갑의 선정비가 웬말인가
정말 있나 가보세 가보세

정말 있구나 있구나
고운 최치원 선생이 조성했다는 방수림
상림의 북쪽
함양역사인물공원 나란히
함양선정비림속에 서있네

아하
조병갑 그는 서얼이네
함양이 어떤 동네인가
좌안동우함양
양반골 선비골
추상열일같은 선비정신
시퍼렇게 살아있는 양반기풍
얼자 조병갑이 어찌 감히
고을수령이라고 목에 힘줄 수 있나

문묘종사 동방오현
일두의 고장 함양에서

예조판서 옥계 노진
이조판서 청련 이후백
명나라 순국 동지사
증이조판서 구졸암 양희
천령삼걸의 고장 함양에서
세계문화유산 남계서원
옥계의 당주서원
백연서원에 모셔진
한국한문학의 비조
천령군태수
고운 최치원 선생
조선사림파의 종장
함양군수
점필재 김종직 선생
선정을 베푼 목민관의 전통이
면면히 계승되는 고을 함양에서
서얼 출신 수령 조병갑이
어찌 감히 탐관오리가 될 수 있었겠나
탐학을 부릴 수 있었나

탐관오리 조병갑
함양에 선정비가 세워진 까닭은
좌안동우함양
선비정신 양반기풍 삼엄한 함양에선
선정을 베풀 수밖에 없었던 것이었네

〉
아하
조병갑도 인간인가 보다
분위기 삼엄한 데선
눈치코치보며 젊잖게 처신할 수밖에 없었구나

탐관오리 되기 7년 전의
착한 원님 조병갑의 선정비와
그의 부친 조규순의 선정비도
함양 한 자리에 있다네
한 고을 부자 선정비 본 적 있는가

조병갑선정비 앞에 서서
인간은 환경적 동물 깨우치네
환경의 영향을 받을 수밖에 없으니
유식하게 표현하면
봉생마중불부이직
멋대로인 쑥대밭 쑥대도
대밭속에서 자라면
붙잡지 않아도
저절로 곧게 자란다네
양반고을 선비고을 함양에선
탐학성을 발휘할 수 없었네
선정을 베풀 수밖에 없었네

〉
아하
함양에 있는 조병갑의 선정비
함양 선비정신의 승리를 기념하는 기념비로구나
양반고을 선비고을 함양을 상징하는
자랑스런 문화유산이로구나
양반골 선비골 함양인의
역사적 긍지를 돋워주는 것이네
어찌 치욕의 비 삼전도비에 비할 수 있나
선정을 베풀 수밖에 없는
함양 목민관들의 전통을 밝혀주는 역사자료이네
함양의 자존감을 높여주는 교육자료로
스토리텔링 활용할 일이네

반달리스트의 100여 차례 해머질에도
살아남은 역사의 모진 목숨
함양 선비정신의 승리
선정비의 공과증거
조병갑의 인물연구
금석문의 역사기록물 문화재
을미적을미적
꾸물대다가 또 해머 아래 아예 조각나리
이제는 경상남도기념물로 지정하여
보호받으며 백수에서 천수 누리게 해야 하리

지리산과 선도산

　지리산의 북쪽에 함양군이 있고 경주시에 선도산이 있다. 경주시민에게 지리산을 모르냐고 물으면 모르는 사람은 하나도 없을 것이다. 반면에 함양군민에게 선도산을 아냐고 물으면 아는 사람이 하나 정도 있을 듯싶다. 지리산은 보편적인 산이고 선도산은 특수한 산이라는 얘기다.

　선도산의 선도는 신선 복숭아란 열매로 먹으면 장수한다는 영물이니, 이름부터 도교적이란 것을 알 수 있다. 선도는 반도니 반도란 복숭아는 3천 년에 한번 열매를 맺는 것으로 중국 한나라 동방삭이 서왕모의 반도를 훔쳐 먹고 장생불사의 존재 삼천갑자 동방삭이 되었다는 전설이 있다. 지리산과 선도산을 들어 함양과 경주와의 인연을 말하려는 것이다.

　선도산은 경주의 서쪽에 있어 경주오악으론 서악이라고 한다. 경주 동악은 토함산이고 남악은 금오산(남산)이고 북악은 소금강산이다. 중악은 경주의 진산인 낭산으로 추정할 뿐이다. 지리산은 신라오악의 남악이다. 동악은 그대로 토함산이고 서악은 계룡산, 북악은 태백산, 중악은 팔공산이다. 조선오악은 남악은 그대로 지리산이고 동악은 금강산, 서악은 구월산, 중악은 삼각산, 북악은 백두산이다. 영토의 확장에 따라 변하는 것이다.

선도산의 꼭대기에 성모사가 있다. 성모 마리아의 성모가 아닌, 성모 사소를 모신 사당이다. 사소는 황제의 딸로 동쪽으로 와서 박혁거세를 낳고 신선이 되었다. 건국 시조의 모친으로 숭배되어 성모사를 지어 숭앙하는 것이다. 그 황제가 누구냐란 논쟁이 조선시대에도 활발하였다. 현대에 와선 주체적으로 여러 단군의 한 황제의 딸이라는 설까지 만들어졌다.

지리산 함양에도 성모사가 있다. 함양군 휴천면 용유담, 마천면 백무동, 천왕봉 꼭대기에 있는 사당이다. 이 성모는 성모 위숙왕후이다. 위숙왕후는 고려 태조의 모친으로 왕건을 낳아 삼한을 통일시킨 공덕이 있어 삼한의 최고봉 천왕봉에 성모사를 지어 숭앙하는 것이다. 모두 모계 신앙이다. 천왕봉 성모사가 발전하여 법우화상 설화와 결합하여 한국 무당의 원조가 되어 팔도무당의 참배 성지가 되었다. 유불도 정통 신앙에서 비껴났기에 주류에게 존중받지 못하게 된 것이다.

또 한 분의 성모가 있으니 고구려 건국 시조 동명성왕 고주몽의 모친 하백녀, 버들꽃 같은 유하부인, 부여신이다. 그 성모를 모시는 사당이 고구려의 계승자 고려의 서울 개성에 있었다. 동신성모지당이란 명칭의 사당이 개성 왕궁 선인문 안에 있어 제향을 봉행하였었다.

선도산성모는 성모 사소로 신라시조 박혁거세 거서간의 모친이고 지리산성모는 성모 위숙왕후로 고려태조 왕건의 모친이다. 건국시조만 존대받는 중국과 조선왕조의 종묘 제도와는 다른 한국 고유의 모계 산악 신앙 체계이다. 지리산성모는 속설에 천왕할매라고도 불리었다. 그런데 엉뚱하게도 마고라는 신설이 유입되었다.

제7회 지리산 마고예술제가 함양군 마천면 오도재 북쪽 지리산조망공원에서 2022년 10월 8일에 열렸다. 여기 마고는 중국 여자 신선 마고와 같은 이름이다. 차용하여 인류의 시조 모친 마고라고 주장하는 것이다. 엄연히 중국 여자 신선 마고가 있는데 그 이름을 빌려와 인류의 모친 이브와 같은 여신으로 만들어 떠받들 이유가 뭔가. 중국 사대주의의 심화일 뿐이다.

중국에 마파두부란 것이 있는데 사천성의 전통음식이다. 마파란 마는 마진으로 홍역이나 천연두를 가리킨다. 천연두를 앓고 살아나 얼굴이 곰보가 된 것이다. 마파란 곰보할미란 뜻이다. 곧 곰보할미가 개발한 음식이 마파두부다. 마고도 마파란 말과 같다. 마고를 중국에서 어여쁜 여자 신선으로 묘사하나 기원은 천연두를 앓아 곰보가 된 여자이기에 마고라고 한 것이다. 마고선녀는 긴 손톱으로 가려움 긁어주는 기능이 부각될 뿐이고, 상전벽해의 고사성어 주인공 선녀일 뿐이다.

왜 쓸데없는 마고란 명칭을 인류의 모친 시조의 이름으로 차용하여 한국에서 마고를 숭배하나. 더구나 지리산성모로 천왕할매로 천년을 신앙해오다가 갑자기 마고할미로 둔갑시키나. 역사변조가 심한 시대에 살고 있지만 정신 똑바로 차리고 전통을 지키고 변치 말아야 하겠다.

10월 18일에 경주문화원 인문학강좌에 '새로 발견된 신라공순 아찬비'란 것이 있기에 듣고 싶어 친구인 경주문화원장에게 전화 걸어 확인하니 강사 일정상 앞당기어 해서 지난 주에 끝났다는 것이다. 담당강사 박홍국 교수와 통화하고 그 논문 "새로 발견된 신라 恭順阿飡碑片의 조사와 碑文 書者"란 글을 받아 읽었다. 뉴스를 통해 알고 있던 것보다 자세하게 쓴 것이라서 도움이 많이 되었다.

제목에선 〈공순아찬공신도지비병서〉로 특이점이 없지만 끝에 약관의 나이에 천령군 ??에 임명되었다는 글이 있기에 함양의 목민관을 지낸 인물의 비석이 경주시내 남산사 정원에서 발견된 것이다. 천령은 신라 때의 함양군 명칭이다. 천령군태수를 지낸 인물이 경주 출신 고운 최치원이다. 고운보다 앞서 김공순이 천령군태수를 지낸 것이다.

신라 때 김헌창의 난(822, 헌덕왕14)에 서부지방이 거의 함락되었을 때 전주 장사長史 최웅이 고변하여 토벌한 공으로 지금의 함양인 속함군태수에 임명하였다. 속함성을 경덕왕이 천령군으로 고치었고 다시 속함군으로 불리다가 최치원이 다시 천령군태수로 부임한 것이다. 최치원이 신라 진성여왕에게 시무십여조의 상소를 올려 육두품의 최고 관작인 아찬에 임명된 때 894년(진성왕8) 전후로 천령군태수로 재임한 것이다. 경주 출신 왕족, 귀족인 김공순과 최치원이 천령군태수를 지낸 것이다.

10월 28일에 경남 남해유배문학관에서 열린 한국문학관전국대회에 참석하여 1박하고 아침 일찍 출발하여 경주로 향하였다. 서악서원에서 열린 성균관장단 및 경주순창설씨종원 합동 홍유후 설총 선생 문묘종사 천주년 기념 경주답사 참석차였다. 서악서원 알묘하고 설총묘를 참배하였다.

서악서원은 몇 번 참배하였지만 성균관장과 함께 한 것은 처음이다. 서악서원은 개국공 김유신, 홍유후 설총, 문창후 최치원을 병향하는 서원이다. 김유신은 흥무대왕이니 서악서원은 유일무이한 왕후장상의 서원이다.

경주는 존칭을 사용할 줄 모른다. 김유신묘가 아니고 흥무대왕릉이고, 설총묘가 아니고 홍유후릉이라고 해야 한다. 후는 오등작의 하나로 봉작이지 시호가 아니다. 왕공의 봉작이니 왕공의 묘소는 능이라고 해야 한다. 고운 최치원 선생의 묘소가 있다면 문창후릉이라고 해야 한다. 며칠 전인 25일에 서울 성균관에서 홍유후 설총 문묘종사 천주년 기념행사를 성대하게 치르고 경주답사를 시행한 것이다.

2년 전인 2020년에는 한국 최초의 문묘종사자인 문창후 최치원 선생 문묘종사 천주년 기념행사가 열렸지만 코로나 시대라서 성대하게는 치르지 못하였다. 손진우 성균관장은 이 점을 아쉬워하였는데 내년이 고운 최치원 선생의 문창후 추봉 천년이 되는 해이니 이걸 기화로 성대하게 다시 한번 기념행사를 치르자고 건의하였다.

11월 1일부터 4일까지 경주 힐튼호텔에서 열린 세계한글작가대회에 참석하였다. 2일에는 마산문화원에서 열린 고운학학술대회 청강하고 귀환하였고, 3일에는 경주문화원 인문학강좌에서 "지리산과 선도산"이란 주제하에 특강을 하였다.

끝날에는 국제펜한국본부 사무총장 김경식 시인의 안내로 진평왕릉을 참배하였다. 타인은 몰라도 필자는 후손이니 능 앞에서 사배하였다. 유홍준이 소개한 멋진 경치 진평왕릉 냇길을 바라보고 진평왕의 역사를 들었다.

진평왕의 역사에서 빠진 게 있으니 함양에서의 피신 생활이다. 진평왕은 진흥왕의 손자로 동륜태자의 아들이다. 숙부 진지왕이 즉위하자 마천면 군자사로 망명하여 4년 동안 피신 생활을 하였다. 진지왕이 죽고 귀경하며 아들 낳고 살던 집터를 희사하여 군자사로 만들었다. 군자사란 임금의 아들이란 뜻이다. 아들이 없고 선덕여왕이란 딸만 있었는데 무슨 말이냐 하지만 당시 아들을 잃었을 수 있으니 역사 기록을 무시해선 안 된다. 군자사 망명 생활, 지방사로 국사를 보충해야 한다.

일행은 귀경하고 혼자 초월산대숭복사비를 보러갔다. 새로 복원하여 잘 만들어 세웠다. 대숭복사비는 고운 최치원이 찬술하고 글씨 쓰고 전액까지 쓴 것이다. 고운의 글자를 집자하여 세웠기에 원형은 아니다. 이 비석에는 고운 부친 최견일의 이름이 등장한다. 최견일이 대숭복사 건립에 공을 세운 것이다. 최견일이 12세의 최치원을 당나라에 유학보내며 10년 안에 과거에 급제하지 못하면 내 아들이 아니니 힘써 노력하라고 당부한 말은 천고의 유학생 폐부를 찌르는 교훈이다. 고운은 인백기천人百己千의 불굴의 의지로 노력하여 과거급제하고 벼슬하였다. 난 중국에 유학가서 무엇을 하였나 반성하게 된다.

▷ 진지왕에는 도화녀와 비형랑 이야기가 전한다.

도화녀 – 삼국유사에 기록된 바에 의하면 사량부의 서녀로 미모가 뛰어나 '복숭아꽃 여자'라는 뜻에서 도화녀桃花女라도 불리었다고 한다. 예쁘다고 유명해 진지왕이 그녀를 불러 수청을 들라고 명했으나 그땐 이미 그녀는 유부녀인 터라 "남편이 2명일 수는 없다"고 거절했지만 진지왕이 "그럼 네 남편이 죽으면 수청을 들겠냐"고 묻자 바로 그러겠다고 대답했다. 그후 왕은 폐위되어 죽고 왕이 죽은 2년 뒤 그녀의 남편도 죽었다. 그 후 "약속을 지키라"며 그녀에게 진지왕의 귀신이 찾아오자 그녀는 전부 사실대로 부모에게 고하였고, 부모는 "왕의 명령을 거역할 수 없다"하여 딸을 방으로 들여보냈다. 왕은 7일 동안 머물렀는데 7일 후에 자취가 별안간 없어졌으며 그때 그녀가 임신해서 낳은 아이가 비형랑이다.

▷ 진평왕에는 선화공주 및 설씨녀와 가실 이야기가 있다.

선화공주 – 진평왕의 막내딸(삼녀)이자 백제 무왕의 왕후. 삼국유사에 외모가 매우 아름다웠다고 기록되어 있다.

설씨녀 – 신라 진평왕 때의 인물. 경주 율리 출신으로 얌전한 성격에 용모가 아름답고 단정해, 그녀를 본 사람들은 전부 그녀에게 반했지만 쉽게 다가가지 못했다고 한다. 그녀의 아버지가 군량미를 지키는 역으로 군에 끌려갈 위기에 처하자 고민에 빠진 그녀를 위해 가실이란 착한 소년이 그녀의 아버지를 대신해 군대를 갔고 그녀와 거울을 나누며 약혼했다. 그러나 일이 생겨 제때 제대를 시켜주지 않는 바람에 3년이어야 할 군 생활이 6년으로 늘어나 가실이 돌아오지 못하자 그녀의 아버지가 그녀를 딴 남자에게 시집 보내려 했다. 그녀는 억지로 결혼하느니 도망치려 했지만 다행히 결혼하기 전 가실이 돌아와 그와 결혼했다고 한다. 이때 가실은 너무 고생해서인지 외모도 옷도 너무 초라해져 아무도 못 알아보았는데 군대 가기 전 받은 거울 반쪽으로 인해 자신이 가실이란 걸 알릴 수 있었다고 한다.

남명 조식의 지리산과 신어산

1. 월봉서원의 월봉고전아카데미

조선왕조는 유교 성리학의 나라이다. 조선조 유교 성리학의 시대에서 가장 중요한 성리학 명제인 사단칠정의 이기 문제 곧 사단칠정논쟁을 주도한 퇴계 이황과 그 제자 고봉 기대승이 있는데 그 고봉을 향사하는 서원이 광주의 유명한 전통 서원 월봉서원이다.

반면에 김해의 월봉서원은 40여 년밖에 안 된 현대서원인데 그래도 유명한 서원이 되었다. 조선말기를 휘황하게 장식한 대학자 간재艮齋 전우(田愚, 1841~1922)의 제자인 월헌月軒 이보림(李普林,1903~1972)이 1917년에 월봉서당月峯書堂을 건립하여 강학하고 후학을 양성하였다.

월헌 사후 1984년에 유림의 공의公議로 서당 오른편에 명휘사明輝祠를 건립하여 위패를 모셨다. 이때부터 강학공간과 제향공간을 갖춘 월봉서원으로 발전하였다. 월헌의 아들 화재華齋 이우섭(李雨燮,1931~2007)도 가학을 계승하여 학자를 양성하였다. 화재의 4남 이준규 교수(부산대한문학과)도 그 학문 전통을 잇고 월봉서원을 지키며 월봉고전아카데미를 이끌고 있다.

이 글은 아카데미에서 강연한 초고인데 신산서원 이야기는 고증문제라 생략하였다.

화재의 스승 추연秋淵 권용현(權龍鉉,1899~1988)도 간재의 제자이니, 부친과 스승이 모두 간재학맥이다. 추연을 향사하는 합천의 태동서원은 2012년에 성립되었다.

올해초 2024년 5월에 김제 학성서원 개원식에 참석하고 왔다. 화석和石 김수연(金洙連,1926~2019)이 1954년 세운 서당인 학성강당을 서원으로 확대, 개편한 것이다. 화석은 서암瑞巖 김희진(金熙鎭,1918~1999)의 제자이고 서암은 간재의 제자인 양재陽齋 권순명(權純命,1891~1974)의 제자이다.

남인 성리학 대산맥 한주학파의 종장 면우俛宇 곽종석(郭鍾錫,1846~1919)의 제자인 중재重齋 김황(金榥,1896~1978)을 향사하는 산청 도양서원(道陽書院,2001년건립)을 포함하면 현대서원은 네 곳이 있다. 그 3곳은 간재학파의 현대서원이다.

1984 김해 월봉서원 월헌 이보림
2001 산청 도양서원 중재 김황
2012 합천 태동서원 추연 권용현
2024 김제 학성서원 화석 김수연

필자가 사는 경남 함양에도 간재학파가 있는데 유림면 유평리에 주자영당이 있고 거기에 향사되는 여암厲菴 정도현(鄭道鉉,1895~1977)이다. 여암은 간재의 막내 제자 월헌 이보림보다 한두 해 앞서 계화도에 찾아가 제자가 되어 함양에서 간재학을 전승하였다. 필자도 어릴 때 부친 손을 잡고 경양재에 가서 뵌 적이 있다.

여암은 월헌과 함께 의령 의산서원(간재전우향사) 일을 주관하였고 월헌이 졸하자 만사를 지어 오도가 적막하니 외로운 신세 누구와 논의할꼬라고 애도하였다.

2. 남명 조식의 지리산과 산천재

조선 유교 성리학의 영남학파의 양대산맥 퇴계와 남명에서 남명 조식은 합천 삼가에서 태어나고 30세에 처가인 김해 신어산 아래 탄동으로 이사하여 산해정을 짓고 강학하였다. 45세에 모친상의 시묘를 계기로 다시 삼가로 이사하여 뇌룡사를 짓고 강학하였다. 61세에 지리산 덕산에 산천재를 짓고 강학하였다. 남명은 청년 시절에 바다를 바라보며 구만리 장천 대붕의 웅지를 품었으니 산해정이 그 상징이고 노년 시절에 하늘을 바라보며 성희천聖希天의 달관을 득하였으니 산천재가 그 상징이다.

> 두류산頭流山 양단수兩端水를 녜 듯고 이제 보니
> 도화桃花 뜬 맑은 물에 산영山影조차 잠겻세라
> 아희야 무릉武陵이 어듸뇨 나는 엔가 하노라
>
> — 조식의 「두류산 양단수를」

지금의 산천재가 자리한 곳에 가보면 덕천강이 흐르고 바로 윗물은 대원사 계곡에서 흐르는 물과 중산리 계곡에서 흐르는 물이 합류하는 두 갈래 물, 양단수임을 볼 수 있다. 무릉도원 같은 이곳에 터를 잡아 강학한 것이다. 왜 이곳에 터를 잡았을까? 무릉도원 같은 정취에 취한 것만이 아니다. 하늘 나라 바로 아래 천왕봉이 잘 보이는 곳이기 때문이다.

春山底處无芳草(춘산저처무방초) 봄에 어디엔들 향기로운 풀이 없으리오마는
只愛天王近帝居(지애천왕근제거) 하느님 나라 가까운 천왕봉을 사랑해서라
白手歸來何物食(백수귀래하물식) 빈손으로 돌아와 무얼 먹고 살 것인가
銀河十里喫有餘(은하십리끽유여) 은하수 같은 물 십 리에 마시고도 남음이라
  - 조식의 「덕산복거德山卜居 – 덕산에 터를 잡고」

삼가에 있는 선산과 재산은 아우에게 물려주고 지리산 덕산에 빈손으로 와서 개간하여 먹고 살았으니 빈곤을 면치 못해도 선비의 긍지와 지조는 잃지 않았다.

3. 일두의 악양정과 남명의 산해정

동방오현 일두 정여창은 39세 때 지리산 북쪽 함양 개평에서 지리산 남쪽 바다가 가까운 섬진강 강 언덕, 진주 악양 지금의 하동군 화개면 덕은리에 이사하여 악양정을 짓고 강학하였다. 남명도 30세에 지리산 동쪽 삼가현에서 바다가 가까운 낙동강 강 언덕, 김해시 대동면 주동리에 산해정을 짓고 강학하였다. 모방한 것인가, 우연의 일치인가.

남명은 여행에도 철학이 있었다. 그것이 사간四看사상이다. 간산간수, 산과 물을 보는 것이고, 간인간세, 사람과 세상을 보는 것이다.

頭流十破黃牛脇 (두류십파황우협)

남명은 지리산을 유람하면서 황소 가죽으로 만든 가죽 등산화가 열 번이나 뚫어질 정도로 지리산 답사를 많이 다녔다. 그렇게 유람하면서 산수를 즐기기도 했지만 역사적 인물과 세상 동태도 살펴본 것이다. 그 역사적 인물에

두류삼군자를 손꼽았다. 고려말의 은사 한유한과 일두 정여창, 지족당 조지서이다.

한유한은 덕산 사륜동에 은거했는데 고려 조정에서 알고 대비원 녹사로 부르는 조서가 내리니 도망하여 하동군 악양면 평사리에 은거했다. 그가 낚시하던 곳이 섬진강 가 삽암鍤巖이다. 후인들이 모한대慕韓臺라고 새겼다.

조지서는 일두보다 4세 아래지만 같은 연산군의 스승, 세자시강원 관원이었다. 성종 24년(1493)에 일두는 정7품 세자시강원 설서이었고 조지서는 종3품 세자시강원의 책임자 보덕이었다. 조지서는 연산군의 세자 시절 엄격하게 교육하여 세자에게 만고소인이라고 욕도 먹었다. 가망이 없음을 알고 창원부사로 나갔다가 은퇴하였다. 미움 산 후과로 갑자사화에 희생되었다.

그 부인은 포은 정몽주의 현손녀로서 조지서가 희생된 후 정절을 지키고 하동군 옥종면 대곡리에 있는 조지서 묘소에서 부군 곁을 수호하였다. 그 아랫마을에 정려가 있다. 그 정려는 원래 남명이 〈유두류록〉에서 서술한 대로 정수역 객사 앞에 있었다. 정수역은 함양 사근도 찰방 관할 역이었다.

남명이 서술한 조지서묘비中訓大夫侍講院輔德贈通政大夫承政院都承旨趙公墓銘와 그 부인 정려각烏川鄭氏旌閭閣은 하동군 옥종면 대곡리에 있는데 경상남도 문화유산자료로 지정되어 있다.

하동에 은거한 두류삼군자는 모두 은자의 삶을 산 역사적 인물들로서 남명의 가치관과 맞는 사람들이다. 그들의 삶을 높이 평가하고 닮고자 하여 같은 삶을 산 것이다.

남명은 63세 때 남계서원을 방문하여 하룻밤 자고 다음날 알묘하고 문인에게 동국의 여러 현인 중에 이 선생만이 거의 흠이 없다고 고평하였을 정도로 일두를 흠모하였다.

4. 남명 조식의 신어산과 산해정

남명은 덕산에 살면서도 부인이 있는 김해 산해정을 별장처럼 사용하여 가끔 방문하기도 했다. 66세 가을에 산해정에 있을 때 수제자 내암來庵 정인홍(鄭仁弘, 1535~1623)이 31세 시절 찾아와 반달을 머물렀다. 북으로 돌아가려고 하자 남명이 〈대학팔조가〉를 짓고, 또 한시 칠언절구 1수를 짓고 손수 써주며 보냈다.

丙寅秋°先生在山海亭°仁弘往侍°留半箇月°仁弘北還°先生手書格致誠正歌° 又書此一絶於其後以與之°

一生憂樂兩煩寃(일생우락양번원) 한 평생 근심과 즐거움에 번민스럽지
賴有前賢爲豎幡(뇌유전현위수번) 예전 현인 있음에 힘입어 깃발 세우네
慙却著書無學術(참각저서무학술) 책을 지음에 학술이 없는 게 부끄우니
强將襟抱寓長言(강장흉포우장언) 억지로 회포를 풀어 시조에 부치네.
— 「在山海亭°書大學八條歌後°贈鄭君仁弘°」
산해정에서 〈대학팔조가〉 뒤에 써서 정군 인홍에게 주다」

영남학파의 양대종사 퇴계는 〈도산십이곡〉의 연시조를 창작하고, 한국 성리학의 양대산맥 율곡 이이는 〈고산구곡가〉의 연시조를 창작하였다. 퇴계와 쌍벽인 남명 조식도 〈대학팔조가〉(약칭 격치성정가)의 연시조를 창작하였다. 내암이 잘 간수하여 남명집 편찬할 때 수록하였으면 국문학사상 빛나는 고전이 되었을 터인데 안타깝다.

성재 허전의 제자 김해 학자 만취 노수용(1833~1902)은 성균관박사 조영환 등과 함께 고종 27년(1890) 신산서원 터에 산해정을 중수한 뒤 월초마다 강학하며 학생들에게 남명의 〈대학팔조가〉를 암송하게 해 흥기시켰으니 그 무렵까진 김해 지역에 전승된 것이다.

〈대학팔조가〉 일명 〈격치성정가〉는 사서의 하나인 대학의 삼강령, 팔조목에서 팔조목을 시조로 읊은 것이다. 8수가 될 것이고 서시가 관행처럼 덧붙는 전통으로 보건대 9수로 이루어졌을 것이다. 서시, 격물가, 치지가, 성의가, 정심가, 수신가, 제가가, 치국가, 평천하가의 9수이다.

남명의 시조 창작 전통은 세계문화유산 남계서원의 창건주 개암介菴 강익(姜翼,1523-1567)의 〈단가삼결短歌三関〉과 옥계玉溪 노진(盧禛,1518~1578)의 〈만수산가萬壽山歌〉, 〈모부인수연가母夫人壽宴歌〉 및 대소헌大笑軒 조종도(趙宗道,1537~1597)의 〈사모부인수연가師母夫人壽宴歌〉가 그 맥을 이었다.

남명은 산해정에서 〈대학팔조가〉 9수의 연시조를 지어 수제자 내암에게 써주었다. 신어산 산해정은 남명을 향사하는 신산서원의 유적만 중요한 것이 아니라 퇴계, 율곡과 나란히 시조로 백성을 교화하는 선비정신의 문학창작 산실로서 기념할 만한 곳이다. 〈대학팔조가〉 시조문학 명작의 고향이다.

사근산성과 언양김씨

I. 서론

사근산성은 함양에 있는 국가 사적으로 고려시대 전쟁유적이다. 패전의 아픔이 깃든 민족의 추모 성지이다. 추모비를 쓴 허영자 시인의 뜻처럼 전병력이 굴복하지 않고 전원 옥사한 전투이니 패전이 패전이 아니고 정신적 승전을 거둔 자랑스러운 결사항전의 의지 전승의 성지이다.

이 전투에 참여한 많은 장병들과 씨족이 있는데 그중 언양김씨 집안도 포함되어 있으므로 사근산성 전투 및 함양왜란에 참여한 언양김씨 집안의 관련 역사를 고찰하여 그 공헌도를 살펴 역사의 평가를 제대로 받게 하고자 한다.

II. 경신왜란 사근내역 전투

『국역 고려사』 세가에 보면 우왕 6년(1380) 경신년 8월에

"○ 왜적이 함양咸陽을 도륙하였다."

짤막한 한마디만 기술하였다. 이러면 역사에서 무엇을 보고 느낄 것인가.
『고려사절요』에 보면,

『高麗史節要』卷31 〉 辛禑二 〉 禑王 六年(1380년) 〉 8월.

배극렴 등이 사근내역에서 왜구와 싸워 대패하다

○倭駐沙斤乃驛, 元帥裵克廉金用輝池湧奇吳彦鄭地朴修敬裵彦都興河乙沚擊之, 敗績, 修敬裵彦死之, 士卒死者, 五百餘人. 倭遂屠咸陽.

우왕 6년(1380)에 왜구가 사근내역(함양군 수동면 사근산성 아래 조선시대 사근역)에 주둔하자 고려원수
　배극렴(裵克廉, 1325년(충숙왕 12)~1392년(태조 1), 성주배씨, 위화도회군공신, 조선일등개국공신)
　김용휘(金用輝, ?~1388(우왕 14), 본관미상)
　지용기(池湧奇, ?~1392(공양왕 4), 충주지씨, 위화도회군공신,)
　오언(吳彦, ?~?, 본관미상)
　정지(鄭地, 1347년(충목왕 3)~1391년(공양왕 3), 나주정씨, 위화도회군공신,)
　박수경(朴修敬, ?~1380(우왕 6), 사근내역전투전사, 본관미상)
　배언(裵彦, ?~1380(우왕 6), 사근내역전투전사, 달성배씨)
　도흥(都興, ?~?, 본관미상, 1392년정몽주피살시일당으로유배됨)
　하을지(河乙沚, ?~?, 진주하씨)
※괄호 안의 부기는 한국민족문화대백과사전에 있는 기록이다.

9원수가 고려군을 이끌고 싸웠으나 500여명과 박수경, 배언 2원수가 전사하였다. 왜구들은 승리의 여세를 몰아 함양성을 도륙하고 인월로 가서 이성계와 변안렬 군대에게 대패하여 1만여 명의 병력이 겨우 70여 명만이 살아남아 지리산으로 쫓겨들어갔다. "初賊十倍於我, 唯七十餘人奔智異山."〈고려사 열전 변안렬〉

III. 경신왜란 사근산성 전투

▷『신증동국여지승람』제31권 / 경상도慶尙道 / 함양군咸陽郡 /【성곽】

"읍성 : 고을 관아가 옛날에는 군 동쪽 2리 지점에 있었다. 홍무 경신년(1380)에 청사廳舍가 왜구에게 소실되었다. 그리하여 관아를 문필봉 밑으로 옮기고 흙을 쌓아서 성을 만들었다. 둘레는 7백 35척이고 나각羅閣이 2백 43칸이다. 문이 셋인데, 동쪽은 제운齊雲, 남쪽은 망악望岳, 서쪽은 청상淸商이다.

사근산성沙斤山城 : 군 동쪽 17리 지점, 사근역 북쪽에 있다. 석축이며 둘레는 2천 7백 96척이고, 높이는 9척이다. 성안에 못이 셋이다. 경신년에 감무監務 장군철張群哲이 성을 지키지 못하여 왜구에게 함락 당한 뒤에 폐해 버리고, 수리하지 않았다가, 성종조에 다시 수축하였다."

위 국가 편찬의 지방지 기사에서 함양감무 장군철이 전사한 것을 기록했는데 고려사에는 기록이 없다. 고려사는 중앙정부 군대의 전투상황만 기록하고 지방감무의 전사 사실은 누락하였다. 장군철은 함양감무로서 함양읍성을 버리고 사근산성으로 들어가 지켰을 것이다. 주력부대 정규군의 전투에는 참여하지 않고 함양군민과 산성을 지키고 있었을 것이다. 읍성은 전투에 약하고 산성은 적이 공격하기 어려우니 산성입주전략을 폈을 것이다.

그러나 국가의 주력부대 정규군이 전멸하고 패전하니 산성은 함락되기 쉬웠을 것이고 함락되어 전멸하고 함양읍성의 관청까지 왜구의 분탕질로 소실되었을 것이다. 그렇다면 고려군대 2원수와 500여 명의 장병들이 전사한 것만 기록되었는데 미진하다. 함양 군민軍民들이 읍성을 버리고 사근산성에 입주했다가 함양감무 장군철과 같이 전사한 수자도 수백여 명은 될 것이니 합치면 전사자는 천여 명이라고 계산해야 맞다. 오백의총만 생각할 게 아니라 일천의총이라고 해야 한다.

향토사를 읊은 문인들도 두 가지 사항으로 보고 따로 시를 지었다. 고려말 조선초 이첨은 사근내역전투를 읊고 조선초 유호인은 사근산성전투와 함양감무 장군철의 전사를 읊었다. 조선초 김종직은 시 한수에 둘 다 읊었다.

이첨李詹은 이런 시를 지었다.

운봉산 아래 가을 바람 일찍 불어 / 雲峯山下秋風早
밝은 햇볕 찬 기후에 나뭇잎 말라질 제 / 日澹天寒木葉槁
섬 오랑캐 우리 군사 패배시켜 / 是時島夷敗我軍
함양 들판 푸른 풀에 붉은 피를 뿌렸네 / 血濺咸陽原上草
양부의 원수 진전에서 전사하니 / 兩府元帥陣前亡
사졸들 미천한 몸 보전하기 어려워라 / 士卒微軀難自保
슬픈 호드기 두어 소리에 장부 눈물 흘리니 / 悲笳數聲丈夫淚
맹세코 나라 수치 늙기 전에 씻으리 / 誓雪國恥及未老

남쪽으로 가는 제장들아 군사 없는 이 그 누구뇨 / 征南諸將誰無軍
깃발 느릿느릿 정도를 되돌아오네 / 旌旗緩緩回征道
〈靑莊館全書卷之六十八 / 寒竹堂涉筆[上] / 彌陀山〉

유호인俞好仁은 이런 시를 지었다.

사근성 경계에 음산한 구름 일어나니 / 沙斤城畔起陰雲
땅 귀신 밤마다 울고 비는 어지럽게 내리네 / 坤靈夜泣雨紛紛
경신년에 죽은 넋들 흐느껴 우는 소리 / 庚申萬鬼啾啾哭
당시의 장 사군을 한하는 듯하네 / 似恨悍當時張使君
〈靑莊館全書卷之六十八 / 寒竹堂涉筆[上] / 彌陀山〉

김종직金宗直의 시는 이러하다

궁한 도적과 당년에 칼싸움을 벌이어 / 窮寇當年接短兵
장군의 비린 피가 말의 가슴을 적시었네 / 將軍腥血漬鞶纓
역리들은 전조의 일을 서로 다퉈 말하면서 / 郵人爭說前朝事
푸른 산 속의 한 조각 성을 가리키누나 / 指點靑山一片城
〈佔畢齋集卷之八 / 詩 / 允了又作咸陽郡地圖題其上°九絶〉

IV. 지용기(池湧奇, ?~1392(공양왕 4), 충주지씨)와 함양 유적

1984년 단기 4317년 갑자10월에 함양 서부에 사는 충주지씨 문중에서 의재毅齋 지용기의 공덕을 추모하여 마천면 가흥리 창암산 아래에 비각인 충의각忠義閣을 세웠다. 중앙종친회의 후손 지상훈이 기문을 지었다. 현재는 마천면 강청리 799번지에 있고 단청이 잘 되어 있는데 충의각 현판은 어디 가고 없다.

비각 안에는 지상훈이 지은 〈충원부원군실기〉 현판이 걸려있고 비석 2기가 서있다.

'려조상원수 충원부원군 의재선생 충주지공 용기 사적비'
'유명조선 단묘충신 충청절제사 충주지공 정 사실비'

지정(池淨, ?~1453(단종 1))은 우의정 정분鄭苯의 생질이다. 1453년(단종 1) 충청도병마절도사에 제수되어 부임을 기다리던 중 계유정난이 일어나면서 수양대군 일파에 의하여 "안평대군과 반역을 도모하였다."고 논죄되어 전라도 영암에 위리안치되었다가, 그해 조수량趙遂良 · 안완경安完慶 · 이양李穰 · 민신閔伸 등과 함께 교살되었다. 단종조의 충신이니 시호도 있을 법한데 없다.

V. 김용휘(金用輝, ?~1388(우왕 14), 본관미상)의 고려시대기록

1. 『高麗史』卷四十三 〉 世家 卷第四十三 〉 恭愍王 21年 〉 1372년 5월 6일(음) 임자壬子, 1372년 6월 7일(양) 김용휘만 사면하다

壬子 金興慶請赦王曰, "太后誕日, 可赦, 子之誕日, 不可赦." 唯赦金用輝.

2. 『高麗史』卷一百二十四 〉 列傳 卷第三十七 〉 嬖幸 〉 김흥경 〉 상호군 김용휘가 김흥경(?~1374(우왕 0), 언양김씨)에게 아부하다

金興慶, 侍中就礪之曾孫, 聰慧便佞, 恭愍朝選補于達赤, 王見而悅之, 以爲內速古赤. 有龍陽之寵, 常侍內寢, 未嘗一夕許休沐. 數月開超遷, 至三司左尹,轉左右衛上護軍, 寵愛日深. 嘗入直據胡床, 王見之怒, 使上護軍盧璡, 拳毆幾斃. 後王又以事笞興慶, 興慶怒, 毆內侍宋良哲, 復矯命杖之. 拜代言, 有上護軍金用輝, 諂附興慶, 嘗奸高家奴妻當坐, 興慶因誕辰, 請王赦, 遂得免.

3. 『高麗史』卷四十四 〉 世家 卷第四十四 〉 恭愍王 22年(1373) 〉 9월 〉 이걸생을 죽이다

壬午 以李傑生輕決河乙沚等罪, 殺之.

4. 『高麗史』卷一百二十四 〉 列傳 卷第三十七 〉 嬖幸 〉 김흥경 〉 김흥경이 공민왕에게 요청하여 이걸생을 죽이게 하고 어머니를 진한국대부인으로 삼게 하다

興慶請以母積善翁主柳氏, 爲交州·江陵·楊廣三道祈恩使, 傳騎至十餘匹, 按部守令競行苞苴. 柳尋封辰韓國大夫人. 柳受俸廣興倉, 米布麤惡, 興慶怒, 杖倉官于闕外. 王以體覆使李傑生輕決河乙沚等罪, 殺之. 傑生臨刑, 談笑自若. 人謂, "傑生剛直敢言, 嘗忤興慶故." 及興慶愛倡妓小斤莊, 恐人竊之, 日使其黨崔仁哲伺之. 見李成林宿其家以告, 明日興慶戲之曰, "宰相宿倡家, 可乎?" 成林變色曰, "無之." 由是交惡. 白王, 出成林爲楊廣道都巡問使. 適禦倭軍敗, 都巡察使崔瑩, 希興慶意, 欲殺之. 成林異父弟廉興邦, 亦有寵於王, 力救免死, 杖配烽卒, 斬其都鎭撫池深. 興慶當直, 使判典校林樸代之, 又與安師琦等, 張樂宴禁中, 其無忌憚類此. 每出入, 騶從之盛, 與辛旽無異.

5. 『高麗史』卷一百二十四 〉 列傳 卷第三十七 〉 嬖幸 〉 김흥경 〉 김용휘의 뒷배 김흥경이 우왕 즉위(1374) 후 탄핵을 받고 처형되다

及王被弑, 辛禑立, 右司議安宗源, 門下舍人金濤, 補闕林孝先, 正言盧嵩·閔由誼等上言, "古人云, '大姦似忠, 大詐似信.' 金興慶不更事無知, 惟以年少憸利, 荷先王寵眷, 超擢高官, 得任喉舌. 朝夕昵侍. 怙權陵僭, 蒙蔽聰明, 專擅威福, 縱肆貪婪. 王旨擅傳而不奏, 御膳先己而後進. 刑政自任, 賄賂盛行, 用公府之財爲己物, 取內廏之馬爲己畜, 奪人之妻, 陽令離異, 受人之奴, 陰許扶援. 慢罵宰相, 縛辱郎吏. 以普通佛舍, 作其馬坊. 役七站人馬, 輸其私米. 誘扇群小, 恣行不法. 虧君德, 斂人怨, 遠近莫不痛憤, 畏威莫敢指斥. 使上恩不得下究, 下情不得上達, 馴致堅冰之勢, 釀成前日之禍. 盖起禍者萬生也, 而媒禍者興慶也. 昔趙高專於秦, 而卒成望夷之禍, 朱异專於梁, 而俄有臺城之變. 今在惟新之朝, 宜先正興慶誤國陷君之罪, 以快一國臣民之憤, 迄至今日, 略無譴訶. 興慶曾不自悔, 所在群聚, 謀自安之術, 驚駭視聽, 沸騰物議. 且興慶之縱惡至此者, 亦由王伯·安沼·鄭龍壽, 爲其腹心, 相濟爲之耳. 請令憲司, 明正其罪, 以誡後來." 禑留中不下, 臺省, 請至再三, 禑乃流興慶于彦陽, 除名籍其家, 餘皆免官.

初吳獻聞洪倫等謀, 以告興慶, 興慶以倫等有寵於王, 恐王不信反爲所害, 猶豫未發. 及亂作, 獻具告崔瑩, 瑩遣獻于興慶貶所對辨, 興慶謂獻曰, "汝向乳臭, 吾薦汝先王, 汝反欲噬我耶?" 獻曰, "吾以倫等逆謀告公, 乃所以報公德也." 興慶無以對, 遂誅之.

6. 『高麗史』卷一百三十三 〉 列傳 卷第四十六 〉 禑王 2年(1376) 〉 8월 〉 김용휘를 이성원수에 임명하다

以金縝爲慶尙道元帥兼都體察使, 金用輝爲泥城元帥.

7. 『高麗史節要』卷31 〉 辛禑二 〉 禑王 五年(1379) 〉 4월 〉 밀직상의 김용휘 등을 조전원수로 삼아 왜구를 추포하도록 하다

○夏四月. 以評理商議韓邦彦密直商議金用輝同知密直慶儀爲楊廣全羅慶尙道助戰元帥, 使贊成事楊伯淵督戰, 以知密直洪仁桂副之. 又遣萬戶鄭龍尹松, 以戰艦二十艘追捕倭賊. 民間聞伯淵等來, 語曰, "寧逢倭寇, 勿逢元帥."

8. 『高麗史節要』卷31 〉 辛禑二 〉 禑王 五年(1379) 〉 5월 〉 김용휘 등이 진주 반성현을 노략질하던 왜구를 격퇴하다

○五月. 倭賊騎七百步二千餘寇晉州. 楊伯淵與禹仁烈裵克廉韓邦彦金用輝慶儀洪仁桂戰于班城縣, 斬十三級. 賜物有差.

9. 『高麗史節要』卷31 〉 辛禑二 〉 禑王 五年(1379) 〉 7월 〉 양백연과 그 당여가 모반죄로 처형되다

○秋七月. 流贊成事楊伯淵于陝州. 伯淵還自慶尙道, 恃戰功, 頗自驕矜. 李仁任林堅味等惡之, 嗾憲府劾, 伯淵潛通妻弟, 又奸前判事李仁壽卒密直成大庸妾, 遂削職, 流之. 其夕, 宦者林甫韓蓒等矯旨, 召還伯淵, 使者爲巡綽官所捕. 崔瑩白禑曰, "上護軍全天吉嘗語臣曰, '楊伯淵謀害兩侍中, 欲自爲首相.' 請按治其黨." 乃囚天吉甫蓒及前提學金濤于巡軍獄, 命瑩等鞫之. 天吉甫蓒皆服曰, "伯淵欲自爲左侍中, 以瑩守侍中, 成石璘兼大司憲, 林甫爲班主." 唯濤不服, 被榜掠, 絕復蘇者三, 至更栲問, 乃服. 又下伯淵弟三司左尹仲淵上護軍季淵密直副使子淵及其親舊知門下事尹承順同知密直成石璘柳曼殊密直副使任毅辛廉典法判書安得禧判事金南貴曹淑卿李貴前直門下洪琳前少府尹趙希甫于獄, 鞫之, 辭連洪仲宣. 遂遣版圖判書表德麟典法判書柳蕃, 殺伯淵仲宣于流所, 籍其家, 國人冤之. 仲宣聞德麟等至, 知不免, 仰天誓曰, "子審無罪. 若有罪伏刑, 天不變色, 若無罪枉死, 天必動威." 及死, 天果大雷電以風, 邑人異之. 又殺濤甫蓒季淵南貴淑卿琳, 梟首于市, 幷籍濤蓒家, 杖石璘承順曼殊毅貴希甫, 配戍卒, 子淵仲淵得禧廉, 放歸田里. 天吉亦斃獄中. 濤門生進士十餘人隨至門外, 護屍, 有李悰者, 抱屍入川, 洗其血, 解衣, 衣之, 裹以篝網其頭而懸之, 再拜而去, 時人義之.

10. 『高麗史』卷一百十四 〉 列傳 卷第二十七 〉 諸臣 〉 양백연(楊伯淵, ?~1379(우왕5). 김용휘 등을 하옥하다

楊伯淵, 性便捷, 喜容飾, 貪財好色. 恭愍朝, 累轉判閣門事, 奸判密直辛貴妻
康氏, 康氏贊成允成女也. 憲司劾之, 罷職禁錮.

尋進贊成事, 提調政房. 時倭寇充斥, 以韓邦彦·金用輝·慶儀, 爲楊廣·全
羅·慶尙道助戰元帥, 使伯淵督戰, 知密直洪仁桂副之. 民聞聞伯淵等來, 語曰,
"寧逢倭寇, 勿逢元帥."

倭賊騎七百·步二千寇晉州, 伯淵與慶尙道上元帥禹仁烈, 都巡問使裵克廉·邦
彦·用輝·儀·仁桂等戰于班城縣, 大破之, 斬十三級, 餘黨悉竄山谷.

伯淵恃功頗驕矜, 李仁任·林堅味等惡之, 嗾憲司劾, "伯淵潛通妻弟, 又奪前
判事李仁壽妾, 又夜遣數十騎圍故密直成大庸母家, 强奸大庸側室爲尼守節
者." 遂削職流陝州.

禑命瑩·朴普老·李元紘·張夏·梁伯益·都興等, 與臺省·典法, 會巡軍雜治.
乃囚天吉·軫·甫·前提學金濤等于獄, 訊之, 天吉·軫·甫, 皆服曰, "伯淵欲
自爲左侍中, 以瑩守侍中, 成石璘兼大司憲, 甫爲班主." 唯濤不服, 被捞掠, 絶
復蘇者三, 至更栲問, 乃曰, "辭與天吉等同." 復鞫天吉, 辭連石璘及知門下尹
承順·判密直金用輝·同知密直柳曼殊等, 即下四人獄. 禑謂瑩曰, "毋以竪人
妄語, 枉害諸相." 囚伯淵弟三司左尹仲淵·上護軍季淵·密直副使子淵,

遣版圖判書表德麟·典法判書柳藩殺伯淵·仲宣于流所. 又殺濤·季淵·軫·南
貴·琳·甫·淑卿, 梟首于市. 并籍伯淵·仲宣·濤·軫家, 沒子女爲奴婢. 杖石
璘·承順·曼殊·毅·貴·希甫, 有差配戌卒. 子淵·仲淵·廉·得禧, 放歸田里,
天吉斃獄中. 用輝, 伯淵之妻兄也, 嘗與伯淵, 爭田民有隙, 瑩等以爲必不與謀,
釋不問. 瑩之斷此獄, 刑戮過重, 時人冤之.

11. 『高麗史』卷一百三十四 〉列傳 卷第四十七 〉禑王 6年(1380) 〉 3月 〉
원수 김용휘, 정지, 오언, 도흥 등에게 광주 등지를 침략한 왜적을 막게 하다

倭寇光州及綾城·和順二縣, 遣元帥崔公哲·金用輝·李元桂·金斯革·鄭地·

吳彦·閔伯萱·王承寶·都興, 禦倭于全羅道.

12. 『高麗史節要』卷31 〉 辛禑二 〉 禑王 六年(1380년) 〉 8월. 김용휘 등이 사근내역에서 왜구와 싸워 대패하다

　　○倭駐沙斤乃驛, 元帥裴克廉金用輝池湧奇吳彦鄭地朴修敬裴彦都興河乙沚擊之, 敗績, 修敬裴彦死之, 士卒死者, 五百餘人. 倭遂屠咸陽.

13. 『高麗史』卷一百三十四 〉 列傳 卷第四十七 〉 禑王 8年(1382) 〉 2월 〉 정요위의 침략에 대비해 전 지문하사 상의 김용휘를 도안무사 겸 부원수로 삼다

　　二月 以門下評理韓邦彦爲西北面都體察使兼安州道上元帥, 前知門下事商議金用輝爲都安撫使兼副元帥, 以備定遼衛兵.

14. 『高麗史』卷一百三十五 〉 列傳 卷第四十八 〉 禑王 9年(1383) 〉 8월 〉 문하찬성사 김용휘를 서북면도순찰사에 임명하다

　　以門下贊成事趙仁璧爲東北面都體察使, 判開城府事韓邦彦爲上元帥, 門下贊成事金用輝爲西北面都巡察使, 前版圖判書安思祖爲江界萬戶. 時大明責事大不誠, 屢侵邊境故, 備之.

15. 『高麗史』卷一百三十五 〉 列傳 卷第四十八 〉 禑王 10年(1384) 〉 8월 〉 김용휘가 매를 바치다

　　西北面都巡問使金用輝進鷹, 時禑好田獵, 諸道元帥, 爭進鷹犬, 以取悅.

16. 김용휘의 최후

『高麗史節要』卷33 〉 辛禑四 〉 禑王 十四年(1388) 〉 1월 8일 〉 최영과 이성계가 임견미 일파를 숙청하고 김용휘를 참수하다

○癸未. 禑命崔瑩及我
太祖陳兵宿衛, 下領三司事林堅味贊成事都吉敷于獄. 使者至堅味第, 堅味拒命, 厲聲謂使者曰, "七日頒祿古制也. 今, 無故而廢之, 豈爲君之道乎. 自古, 人主之非, 臣下有正之者." 遂欲爲亂, 使人奔告其黨, 甲騎已遮路, 不得出, 歸告堅味. 堅味家在男山北, 旣而, 仰見男山, 騎已成列. 堅味膽落就擒, 嘆曰, "廣平君誤我矣." 先是, 堅味興邦忌瑩淸直且握重兵, 常欲加害, 李仁任固止之, 故云. 巡軍不窮治興邦等罪, 禑大怒, 以前評理王安德爲都萬戶, 知門下李居仁爲上萬戶, 我
恭靖王爲副萬戶, 命更鞫之. 密直副使林樧, 勒歸私家, 贊成事王福海, 賜姓爲子, 故不以爲疑, 使領兵, 與崔瑩等宿衛. 是夜, 福海有異志, 以突騎數十詐稱徹巡宮城, 馳入瑩軍, 瑩方被甲踞胡床, 指揮偏裨, 目不交睫, 福海不得爲害. 乙酉. 下右侍中李成林大司憲廉廷秀知密直金永珍及福海樧于巡軍. 丙戌. 興邦堅味吉敷成林廷秀福海永珍樧伏誅.

又斬其族黨贊成事金用輝三司右使李存性判開城林齊味密直洪徵任獻朴仁貴潘德海李希蕃開城尹鄭愨典法判書李竦右侍中潘益淳司議辛權大護軍辛鳳生執義李美生佐郞洪尙淵判內府寺事金萬興等, 遂籍堅味等家. 於是, 分遣諸道察訪, 推刷所奪田民, 還其主. 存性仁任從孫, 初, 效仁任所爲, 後, 頗悔悟, 其尹西京, 治爲第一, 民追慕之. 籍家無擔石之儲, 獄官欲免之, 瑩以獻藉興邦勢爲大司憲未嘗發一直言, 遂斬之, 時人悲之. 萬興堅味家臣, 貪暴姦黠, 專摠田民之簿. 初, 仁任謀竊國柄, 援立辛禑, 一國威福在其掌握, 支黨根據, 而堅味爲其腹心. 疾惡文臣, 放黜甚衆, 興邦亦在其中. 後, 堅味以興邦世家大族, 請與爲婚. 興邦亦懲前日流貶, 謀欲全身, 惟仁任堅味之言是從. 於是, 以興邦同母兄李成林爲侍中, 權姦親黨布列兩府, 中外要職無非私人, 秉權自恣, 賣官鬻爵, 奪人土田, 籠山絡野, 奪人奴婢, 千百爲群, 州縣津驛陵寢宮庫之田, 皆被攘取. 背主之隷逃賦之民歸之如市, 廉使守令莫敢徵發, 民散寇熾, 公私匱竭, 瑩及我
太祖憤其所爲, 同心協力, 導禑除之, 國人大悅, 道路歌舞.

17. 김용휘의 최후

『高麗史』卷 一百二十六, 列傳 三十九, 姦臣 二 林堅味(?~1388(우왕 14), 평택임씨) 임견미 일파를 숙청하고 김용휘를 참수하다

※임견미의 사위가 왕복해이고 왕복해의 양부가 김용휘이다

遂誅堅味·成林·福海·興邦·吉敷·廷秀·永珍·, 又斬福海養父門下贊成事金用輝, 成林壻存性, 成林友壻前原州牧使徐信, 堅味弟判開城齊味, 興邦妹壻密直洪徵·任獻, 典法判書李竦, 獻子公緯·公約·公縝, 福海兄德海, 妹壻開城尹鄭懃, 朴仁貴·李希蕃等. 福海被繫, 用輝有異謀, 帶劍入闕故, 先斬之. 仁貴·希蕃, 托附堅味者.

Ⅵ. 진주목사, 진주절제사 김상(金賞, ?~1389(공양왕 1), 본관미상)의 기사왜란 전사 기록

1. 『高麗史節要』卷34 〉 恭讓王一 〉 恭讓王 元年(1389, 기사년) 〉 7월 〉 왜적이 함양을 침략하자 진주절제사 김상이 구원하다 전사하다

○倭寇咸陽. 晉州節制使金賞往救之, 敗績而死.

2. 『高麗史』卷一百三十七 〉 列傳 卷第五十 〉 昌王 元年(1389) 〉 7월 〉 전투에서 김상을 구하지 않은 관리들을 참형에 처하다

倭寇咸陽. 晉州節制使金賞往救之, 與戰敗北. 官軍不救, 賞棄馬走, 腸爛而死. 遺體覆別監李雍鞫之, 以副鎭撫河致東, 陪吏波豆等, 嘗不救李贇之死, 今又不救, 斬之. 都鎭撫河就東等十三人, 各杖一百.

왜구가 함양咸陽을 노략질하니 진주晉州절제사節制使 김상金賞이 구원하러 가서 싸웠으나 패배하였다. 관군이 구원하지 않아서 김상이 말을 버리고 달리다가 창자가 문드러져 죽었다. 체복별감體覆別監 이옹李雍을 보내어 국문하니, 부진무副鎭撫 하치동河致東, 배리陪吏 파두波豆 등이 일찍이 이빈李贇이 죽었을 때에도 구원하지 않았고 이제 또 구원하지 않았으므로, 그들을 참수하였다. 도진무都鎭撫 하취동河就東 등 13인은 각각 장 100대씩을 쳤다.

3. 『高麗史』卷一百三十六 〉 列傳 卷第四十九 〉 禑王 13年(1387) 〉 11월 〉 김상을 전라도 조전원수로 삼다

十一月 以密直副使金賞爲全羅道助戰元帥.

4. 『高麗史』卷一百三十七 〉 列傳 卷第五十 〉 禑王 14年(1388) 〉 4월 〉 최영을 팔도도통사로, 안주도도원수 정지, 상원수 지용기, 조전원수 배극렴, 김상을 우군도통사 이성계에 소속시키는 등 정벌군의 지휘부를 편성하다

加崔瑩八道都統使, 以昌城府院君曹敏修爲左軍都統使, 以西京都元帥沈德符, 副元帥李茂, 楊廣道都元帥王安德, 副元帥李承源, 慶尙道上元帥朴葳, 全羅道副元帥崔雲海, 雞林元帥慶儀, 安東元帥崔鄲, 助戰元帥崔公哲, 八道都統使助戰元帥趙希古·安慶·王賓, 屬焉. 以我太祖爲右軍都統使, 以安州道元帥鄭地, 上元帥池湧奇, 副元帥皇甫琳, 東北面副元帥李彬, 江原道副元帥具成老, 助戰元帥尹虎·裴克廉·朴永忠·李和·李豆蘭·金賞·尹師德·慶補, 八道都統使助戰元帥李元桂·李乙珍·金天莊, 屬焉. 左右軍, 共三萬八千八百三十人, 傔一萬一千六百三十四人, 馬二萬一千六百八十二匹.

5. 『東文選』卷之十 / 五言律詩

난리를 피해 성으로 들어와 목백(진주목사) 김상에게[避寇入城上牧伯金賞]

권흥權興

세상일은 종내 알 수가 없는 것 / 世故終難料
사람의 마음도 각각 다 같지 않데 / 人心各不同
조심스러이 엷은 얼음을 밟듯이 하였고 / 兢兢常履薄
한탄하며 한갓 허공에다 글자를 썼네 / 咄咄但書空
새를 보니 오히려 벗을 부르고 / 相鳥猶求友
개구리 소리를 들으니 공사를 위하는 것 같도다 / 聞蛙似爲公
하늘을 우러러 한 번 크게 웃어 보노니 / 仰天時大笑
우리의 도가 어찌 길이 궁하랴 / 吾道豈長窮

6. 『태조실록』 4권, 태조 2년 7월 22일 을축 3번째기사 1393년 명 홍무洪武 26년 회군 공신 진주목사 김상 등을 3등례에 책록토록 교지를 내리다

"청성백靑城伯 심덕부沈德符·의안백義安伯 이화李和·판개성부사判開城府事 유만수柳蔓殊·문하시랑찬성사門下侍郎贊成事 최영지崔永沚·참찬문하부사參贊門下府事 이지란李之蘭 등 13인은 1등 공신이 될 만하고, 전 판자혜부사判慈惠府事 경보慶補·참찬문하부사 경의慶儀·삼사우복야三司右僕射 윤사덕尹思德·상의문하부사商議門下府事 정요鄭曜·동지중추원사同知中樞院事 박영충朴永忠 등 15인도 또한 대의大義를 알고 참모參謀하여 의논에 참여하였으니, 이등 공신이 될 만하며, 전 판자혜부사判慈惠府事 최단崔鄲·전 계림부윤鷄林府尹 왕빈王賓·전 밀직부사密直副使 김천장金天莊·전 개성윤開城尹 남성리南成理·전 한양윤漢陽尹 이지李至·공조전서工曹典書 장자충張子忠·첨절제사僉節制使 최윤수崔允壽·전 진주목사晉州牧使 황순상黃順常 등 10인도 또한 이해利害를 알아서 순리順理에 따르고 도리에 어김이 없었으니, 삼등 공신이 될 만하며, 중추원학사中樞院學士 남재南在·병조전서兵曹典書 윤소종尹紹宗 등은 비록 행군行軍하는 데는 참여하지 않았지마는, 서울에 돌아와서 사직社禝의 대계大計를 헤아려 의논할 즈음에는 예전 일을 인용하여 계책을 도왔으니, 삼등 공신 최단崔鄲의 예例가 될 만

하며, 죽은 시중侍中 조민수曹敏修·배극렴裵克廉, 판삼사사判三司事 윤호尹虎 등은 일등 공신 심덕부沈德符의 예例가 될 만하며, 죽은 검교 시중檢校侍中 변안열邊安烈과 판삼사사判三司事 왕안덕王安德·지용기池湧奇, 삼사 좌사三司左使 조인벽趙仁璧·완산군完山君 이원계李元桂·문하 평리門下評理 정지鄭地·충주 절제사忠州節制使 최공철崔公哲 등 9인은 이등 공신 경보慶補의 예例가 될 만하며, 죽은 판자혜부사判慈惠府事 안경安慶·진주목사晉州牧使 김상金賞·개성윤開城尹 이백李伯 등은 삼등 공신 최단崔鄲의 예例가 될 만하니, 포상褒賞하는 은전恩典을 유사有司는 거행하라."

Ⅶ. 『언양김씨족보』의 김용휘와 김상 기록

언양김씨 중시조인 고려 명장 문하시중 위열공 김취려(金就礪, 1172(명종 2)~1234(고종 21))는 묘지명엔 김취려金就呂라고 하였는데 『언양김씨족보』에도 일명 취려就呂라고 하였다.

김취려의 아들이 전佺이고 손자가 양감良鑑이고 증손이 광계光啓이고 현손이 혁奕이고 6세손이 용휘이고 7세손이 상賞이다. 김용휘와 김상은 부자지간이다.

김용휘金湧輝는 『언양김씨족보』에 "용휘湧輝는 처음의 휘는 용휘用輝이다. 봉익대부 예의판서 언양군이다. 여러번 큰 군대를 거느려 공이 있었다."고 하였는데, 김용휘金湧輝로 고친 이름으로는 『고려사』에 등장하지 않는다. 『고려사』에는 그의 최후가 서술되어 있어 졸년(1388, 우왕 14년)을 알 수 있는데 족보에 반영되지 않았다.

김상金賞은 『언양김씨족보』에 "순성익대공신 강주도원수 밀직 원종공신 진주목사 대종백(예조판서) 좌찬성 언양군"이라고 하였는데 진주목사로서 순국하였고 위화도 회군공신이 되었으니 예조판서나 좌찬성은 추증되었을 것이다. 역사기록과 부합한다고 하겠다. 『고려사』에는 그의 최후가 또한 서술되어 있어 졸년(1389, 창왕 1년)을 알 수 있는데도 족보에 반영되지 않았다. 김상의 묘소는 전남 곡성군 고달면 대사리에 있고 해마다 11월 셋째 일요일에 찬성공파 후손들이 모여 시제를 지낸다. 묘비도 세워져 있다.

김용휘의 뒷배가 된 김흥경金興慶은 시중侍中 취려就礪의 증손이라고 하였는데 김흥경은 실상은 취려의 증손이 아니고 6세손으로 김용휘와 동고조 형제이다. 곧 취려의 둘째 손자 중보仲甫-〉용수用綏-〉윤덕允德-〉흥경으로 내려간다.

김흥경의 부친 윤덕의 부인 곧 김흥경의 모친은 『高麗史』김흥경전에 적선옹주積善翁主 류씨柳氏로 진한국대부인辰韓國大夫人에 봉해졌다 하였는데 『언양김씨족보』의 윤덕조에 "부인은 문화류씨文化柳氏로 문천군文川君의 후예다"라고 했으니, 김흥경은 시중 취려의 증손이 아니고 6세손임이 분명하다. 다만 『언양김씨족보』에는 진한국대부인 사실은 언급이 없다.

김흥경이 총신으로 별로 자랑거리가 못되어서인지 벼슬, 행적은 물론 우왕 즉위년(1374)에 처형된 사실 등 아무런 기록도 『언양김씨족보』에는 실려 있지 않다.

참고로 하나 더 언급한다. 『신증동국여지승람』 제31권 / 경상도慶尙道 / 함양군咸陽郡 /【명환】에 "본조 송희경宋希璟·이차약李次若 숭인崇仁의 아들이다. 채륜蔡倫·최덕지崔德之·조상치曺尙治·정종소鄭從韶 모두 지군知郡이었다."고 하였다.

목은牧隱 이색李穡, 1328(충숙왕 15)~1396(태조 5), 포은圃隱 정몽주鄭夢周, 1337(충숙왕 복위 6)~1392(공양왕 4), 도은陶隱 이숭인李崇仁, 1347(충목왕 3)~1392(태조 1) 이셋을 여말삼은, 순국삼은이라 한다. 지함양군사 이차약은 이숭인의 아들이다.

이숭인의 어머니는 언양김씨로 김경덕金敬德의 딸이다. 『언양김씨족보』에는 김경덕에 대하여 아무런 기재도 없다. 이숭인이 지은 〈先大夫人行狀〉에는 김경덕이 판소부시사判少府寺事로 표기되어 있고 졸년을 알 수 있고 김경덕 여식 곧 이숭인 모친의 생졸이 명기되어 있다.

Ⅷ. 결론

우왕 6년(1380년) 8월에 고려 9원수元帥의 일인으로 김용휘 장군이 경신왜란에 사근내역 전투에서 왜구와 싸워 패전하긴 했으나 역전하여 왜구의 기세를 꺾어 이성계의 황산대첩에 기여하였다.

경신왜란 9년 뒤 창왕 1년(1389) 7월에 진주목사, 진주절제사 김상 장군이 기사왜란에 함양전투에서 구원병을 끌고와서 전사, 순국하였다.

김용휘, 김상 두 부자 장군은 언양김씨이다. 언양김씨가 함양을 지키다 한 분은 고전하고 한분은 전사, 순국하였다. 함양이 그들의 항일정신을 잊거나 소홀히 할 수 있겠는가. 필자는 언양김씨대종회 부회장으로서 대종회에 건의하여 두 부자장군의 사적비를 건립하려고 노력한다.

사근산성 순국장병들을 모신 연화사에는 순국장병지위와 9원수 및 함양감무 장군철의 위패가 모셔져 있다. 필자는 사근산성추모제에 해마다 참여하는데 사근산성 순국장병들의 위패에 경신왜란 9년뒤 기사왜란 함양전투에서 순국한 김상 장군의 위패도 추모제향의 성격에 부합하므로 김용휘 부친장군에 배향하여 부자지간의 항일순국 정신을 숭모하기를 기원한다.

선한 얼굴

孟子曰 形色 天性也 惟聖人然後 可以踐形

맹자의 말씀을 내 나름대로 해석한다면 생긴 꼴은 천성이니 오직 성인만이 생긴 꼴값하며 살 수 있다고 하겠다. 생긴 꼴값하며 산다는 말을 쓰니 예전 20대 시절 국역연수원에서 동초 이진영 교수에게 이 글을 강의 듣던 기억이 난다. 우리말 꼴값한다는 말이 이 뜻이니 나쁜 의미로 변질되어 그렇지 원래의 의미는 꼴값하는 것이 옳다는 것이었다. 자기 꼴대로 값하며 사는 것이 올바른 사람이라고 하시었다. 나는 꼴값 제대로 하며 사는지 되돌아보게 된다.

그러나 꼴값, 얼굴값, 낯간지럽다 등 부정적 의미로 많이 쓰이는데 이 현상은 계집이나 사내 등 우리말의 천대, 경시, 부정적 의미화 과정에서 생겨난 부작용일 것이다. 여자가 얼굴값하면 나쁜 것이고 못난 놈이 꼴값하면 뭐가 되며 낯 부끄런 짓을 어찌 하겠는가. 그러나 그 반대로 하면 다 좋은 의미가 아니겠는가.

생긴 꼴대로 살라. 옛날이야 맞지만 지금은 누가 생긴 꼴대로 사는가, 예쁜 배우 사진 가지고 가서 그대로 고쳐달라고 하여 성형수술로 환골탈태하여 추녀가 미녀 되는 세상이니, 생긴 꼴대로 살지는 않게 된 것이다.

나의 꼴, 나의 얼굴, 나의 낯은 무엇인가. 어찌 생겼는가. 잘 생겼으면 잘 생긴 대로, 못 생겼으면 못 생긴 대로 살면 되지 않겠는가. 누가 못 생겼으면 못 생긴 대로 살겠는가, 나의 경우 그렇다는 것이다. 나의 얼굴이 잘 생겼는지 못 생겼는지, 내 얼굴 나르시시스트가 아닌 한 내가 볼 것이 아니고 남이 볼 것이니, 스스로 판단하기는 무의미하고 남들이 어떻게 볼지는 그 사람의 눈이 아닌 마음에 달린 것이다. 못 생긴 사람도 자주 보고 친해지고 우호적으로 보면 잘 생겨 보이기도 하니 제눈에 안경도 결국 자기 마음이라 천편일률로 재단할 일이 아니다.

나도 어릴 때는 잘 생겼다는 말을 들었지만 커서는 균형이 잘 안 잡혀 거울을 볼 때 잘 생긴 것 같기도 하고 못 생긴 것 같기도 하니 내 얼굴 나도 모를 일이다. 천상의 목소리를 가진 오페라의 유령도 사람 구실 못하고 유령 노릇밖에 못하니 음치의 목소리를 가져도 웬만한 얼굴을 가진 것이 얼마나 다행인가.

얼굴이 우선이다. 그러나 흔히 하는 말로 관상은 불여심상이니, 얼굴 잘 생긴 것이 마음 잘 생긴 것만 못하다는 의미로 백범 김구 선생이 〈마의상서〉란 관상책을 보고 마음에 깊이 깨달아 얼굴은 포기하고 마음을 올바로 먹어 애국애족하여 한국 독립의 아버지 지위에까지 오르신 것이 아니겠는가.

어디 가나 나를 좋아하는 사람도 있고 싫어하는 사람도 있는데 안티나 우호세력은 어떻게 형성되는지 알지 못한다. 첨 보는 사람이 패가 갈리는 것을 보면 대개 얼굴 본 뒤 결판난 것이 아닌지 의심이 드니 내 얼굴 내가 어찌하겠는가. 생긴 꼴대로 살지 수술할 마음은 없으니 변화가능한 마음이나 올바로 먹어 선한 마음을 가져야지 생각한다.

배용준, 장동건, 송승헌 또는 김태희, 하지원, 송윤아 등 잘 생긴 얼굴, 어여쁜 얼굴은 국민에게 행복감을 주는 아름다운 얼굴이긴 하나 가장 아름다운 얼굴은 선한 마음에서 우러나는 선한 얼굴이라고 생각한다.

선한 마음에서 우러난 얼굴이 선한 얼굴이니 동초 선생이 표현한 대로 수면앙배睟面盎背가 그런 상태로 잘 생긴 얼굴보다 값지다고 생각하기 때문이다. 선한 마음의 선한 얼굴로 살아가고 그런 과정에서 만난 선한 사람들과 선한 관계를 맺으며 선한 세계를 살고 싶은 것이다.

나의 신념은 선한 마음으로 만난 사람들은 다 선한 사람들로 선한 관계를 유지할 것이라고 믿는데 살다보면 꼭 그렇지도 않아 곤혹스러울 때가 있다. 내 선한 마음이 완벽하지 못해서 그런가 반성하게도 된다. 그러나 정 안 되는 것은 어찌할 도리가 없다. 그냥 선한 마음을 갖고 거기에서 우러나는 선한 얼굴 그대로 살아갈 밖에. 그 마음을 읊은 졸 시조 한 수 소개하며 마친다.

* * *

마음

김윤숭

마음이 착한 사람 착한 사람 어울리고
마음이 모진 사람 모진 사람 어울린다
내 마음 모짊도 있는가 착한 사람 다 아니니

〉
내 어울린 사람들 착한 마음 가졌는데
가끔가다 어떤 사람 모진 마음 있으니
내 마음 모진 기운이 섞여 있어 그런가

착함과 모짊이 마음에 공존하니
둘 다 없는 경지와 착함만 있는 경지
무엇이 우리 마음을 마음답게 하는가

한글날과 나랏말씀날

 나의 중학교 입학식, 그날의 광경을 잊을 수 없다. 기독교학교라서 축하 내빈으로 온 일본인 선교사가 연단에 올라 일장 연설을 한다. 그 한마디 말을 평생 잊을 수 없다. 어제, 오늘, 내일, 한국말에는 내일이란 말이 없다. 하느님을 믿어 내일이 있게 해야 한다고 역설하였다. 내일이 없는 민족은 신앙으로 내일이 있게 해야 하는구나 여겼다. 그러나 나는 신앙에 관심이 없었고 오로지 우리말에 내일이 없다는 말에 충격을 받았다. 어찌 어제, 오늘은 있는데 내일은 왜 없는가. 우리 겨레가 내일이란 말도 아니 만들었는가. 내일이 없다니 열등민족이란 생각까지 들었다. 그러나 한편 우리 겨레가 내일이란 단어도 없이 살았겠는가, 분명히 있었을 것이라는 믿음이 생겼다. 우리 조상들이 한자어가 들어오기 전에 내일이란 단어 없이 어찌 이야기를 주고 받았겠는가, 그런 무지막지한 겨레가 어디 있겠는가.
 그때 학교에서 신입생에게 이희승 편 민중서림본 『포켓국어사전』 한 권씩 나눠주었다. 그래서 날마다 국어사전을 뒤적이며 내일이란 우리말을 찾기 시작하였다. 그러면서 사어화된 순우리말이 좋은 게 참 많다, 왜 살려 쓰지 않을까, 순우리말연구소를 차려 죄다 모으고 사전을 편찬하고 거국적으로 쓰는 국민운동을 해야 하지 않을까 생각했었다. 찾는 일이 몇 년 지속되었다. 집에서 가학으로 사서삼경을 공부할 때도 머릿속에서 떠나지 않고 가끔 관련 서적을 검색하며 쉬지 않았으나 20세 때까지 찾지는 못하였다.

  내일을 찾고자 하는 열망은 청년이 되어서도 한문학도, 고전번역학도가 되어서도 변하지 않았다. 임 향한 일편단심이야 가실 줄이 있으랴였다. 당시 국역연수원이란 고전번역교육기관에 다닐 때인데 국립도서관에서 옛말 문헌을 뒤지다가 진태하 저 『계림유사연구』란 책을 접하고 혹시 하는 마음으로 읽어나갔는데 드디어 할재轄載 -ㄹ 탈락으로 하재가 우리말의 내일이란 단어임을 밝혀낸 것을 보고 10여 년의 숙제를 통쾌하게 풀었다. 너무 기뻤다. 그럼 그렇지 우리 겨레에게 내일이 없을 리 있나, 내일이 있는 민족인 것이다. 그 선교사를 만나 우리말에도 내일이 있다. 우리 민족에게 내일이 있다고 얘기해주고 싶었다.

  그러나 또 한 끝 이렇지요. 내일이 현재 없기는 하다. 할재든 하재든 이미 죽은 말이다. 죽었으니 없다고 해도 무방하지 않나. 다시 살려야 한다. 죽은 목숨이야 다시 살릴 수 없지만 죽은말은 다시 쓰기 시작하면 살릴 수 있으니 얼마나 기쁜 일인가.

  내일, 할재란 우리말은 죽었고 우리말은 계속 죽어가고 있다. 환경, 생태계만 파괴되고 멸종되는 것이 아니다. 우리말도 그런 신세를 면치 못하고 있다. 왜 그런가, 강자의 문화가 휩쓸기 때문이다. 옛날에는 중국어, 중국 고문, 문언이 지배하고 일제 강점기엔 일본어가, 해방 후 광복 후에는 영어가 지배하고 있기 때문이다. 청나라로부터의 독립, 일제로부터의 독립, 제국주의로부터의 독립, 식민지배의 청산은 외치면서 왜 우리말의 독립, 중국어, 중국 고문, 문언, 고상하게 국어의 하나라고 우기는 한자어와 왜식 한자어,

영어로부터의 독립, 언어의 식민지 독립, 식민지배 청산은 주장하지 않는가.

왜 한자가 섞여야 문화국가가 될 수 있다고 하는가. 한자 하나 섞이지 않은 알파벳만 쓰는 영국, 미국, 프랑스, 독일, 러시아는 세계 강국으로 세계의 문명과 문화를 창조하고 이끌어가고 있다. 한자를 섞어 쓰는 일본이 유일하게 강국이지만 그 한 나라일 뿐이다. 불완전 문자인 가나를 쓰는 일본을 완전 문자인 한글을 쓰는 한국이 굳이 따라가야 하는가. 요새는 어처구니없게도 한자어의 지배가 관습헌법이라나, 그러면 일제식민지배가 몇 백 년 가면 그것도 관습헌법이라서 독립하거나 청산해선 안 된다고 주장할 터인가. 한자어도 언어의 식민지배 현상일 뿐이다.

나는 젊었을 때 무척 한글학회에 가입하고 싶었다. 그런데 조건이 한글에 관한 논문 1편 제출이었다. 그 조건을 채우기 위해 무엇을 쓸까 고민하고, 꾸물대다가 거리가 멀어졌고 지금은 비판적 태도로 바뀌었다. 그때 외솔 선생의 『우리말본』을 탐독하고 『우리말본』 문법 체계가 국가 정책에 채택되지 못한 것에 안타까움을 느꼈다. 적나라한 표현인지는 모르지만 서울대의 일석 문법 체계가 연세대의 외솔 말본 체계에 승리한 것인데 그 출신이 뒤바뀌었다면 지금 이름씨, 움직씨, 느낌씨, 토씨 하는 말본 체계 우리말이 발달하지 않았을까, 아쉬움을 금할 길 없다.

훈민정음 한글은 세종대왕이 음성학적 과학 원리로 창조한 세계유일의 가장 위대한 문자이다. 가짜 위서 『환단고기』에 어설프게 거짓으로 만들어 놓은 가림토 문자의 위조 패악 행위 따위가 세종대왕의 위대한 창조의 공을 가로채거나 모욕할 수는 없는 것이다. 세종대왕 한 사람을 모욕하는 패악 행위일 뿐 아니라 우리말을 표기할 수단이 없어 한자를 차용하여 이두를 창안하고 향찰을 만들어 향가를 지은 조상들을 능멸하는 것이다. 5천 년 전 조상은 위대했는데 2천 년 전 조상은 멍청했다고 주장하려는 것이다. 거짓

책을 지어 거짓 문자를 엮어 넣은 패악한 자의 사기극에 놀아나는 게 우습지 않은가.

한자혼용이나 한자교육의 필요성 주장의 근거는 국어의 70%가 한자어라는 것이다. 지배층의 고상한 언어로 중국어, 중국 고문, 문언을 많이 쓰니 우리말이 사라지고 줄어든 것이고 지금은 다시 영어를 많이 쓰니 그나마 있던 우리말이 더 많이 사라지게 되는 것이다. 지배층 언어의 강조 현상은 앞으로 국어의 70%가 한자어 대신 영어로 바뀔 수도 있는 것이다. 그럼 그때도 영어는 전통문화니까 섞어 써야 한다고 주장할 터인가.

신라시대는 왕이나 왕족도 다 우리말 이름을 가지고 있었다. 땅이름도 다 우리말이었다. 신라 경덕왕이 우리말 지명을 음역하거나 의역하여 한자 지명으로 고치었다. 다시 한국의 반경덕왕이 나와 한자지명의 우리말 땅이름으로의 바꾸기 명령을 내려야 한다. 그때는 중국이 세계 최강이라서 중국식으로 고치는 게 대세였지만 지금은 자주국가 시대가 아닌가. 우리말을 으뜸으로 쳐야 한다.

약관에 월탄 박종화의 소설『삼국풍류』를 읽은 적이 있는데 거기서 궁예의 어릴 적 이름 선종善宗을 우리말로 직역하여 '착한마루'라고 하는 것을 보고 쾌재를 불렀다. 이상한 말 같지만 이런 훌륭한 대가도 우리말을 제대로 모르는구나 내가 나은 면도 있구나 기분이 좋았다. 무엇이 나은가.

거칠부는 황종荒宗이고 이사부는 태종苔宗이고 노종은 세종世宗이다. 부夫는 우(위)라는 말의 원형이다. 거칠다, 이끼(잇), 누리(노)의 우리말이 신라시대부터 내려온 것이다. 그러면 선종善宗은 착한마루가 아니라 선의 우리말에 부가 덧붙어야 하는 것이다. 어릴 적 내 한글이름은 거서간, 마립간의 뜻을 따서 거룩한으로 지었다. 성씨도 우리말로 바꿔야 한다고 생각했다. 지금은 과도기라 상정하고 한자와 한글을 섞어 김윤숨으로 개명할 생각이다.

우리말을 존중하여 사랑하고 전방위적으로 우리말을 살리고 되찾아 써야 하는 것이다. 사내와 계집 등 우리말은 비속어로 전락하였다. 비속어도 되살려 쓸 건 되살려 써야 한다. 사투리, 옛말, 북한말, 방가방가 줄임말 등 뭉뚱그려 우리말의 100%화를 위하여 노력해야 한다. 우리말을 되살려 써야 할 뿐 아니라 한글 세계화 운동에 걸맞게 순경음(입술가벼운소리)을 만드신 세종대왕의 뜻을 받들어 V, F 등을 표기할 수 있는 ㅸ,ㆄ 등의 글자를 되살려 써야 하고, 창제원리의 으뜸인 천지인 삼재의 조화를 위하여 아래아자를 되살려야 한다.

아래아자는 하늘을 상징하는 것이니 하늘이 없는 겨레가 어디 있는가. 한글학회가 아래아자를 폐지하여 우리 민족을 하늘 없는 민족이 되게 하고 다른 겨레의 하늘을 끌어오게 하여 자주성을 상실케 한 큰 잘못을 저질렀다. 아래아자를 되살려 우리 겨레에게 하늘을 회복시켜 하늘, 땅, 사람의 조화를 이루게 해야 한다. 이 점이 한글학회와 의견이 다른 것이다. 현행 맞춤법은 한글의 세계화를 가로막는 것이다. 베트남이나, 터어키, 우즈벡 등 자국어를 알파벳으로 차용하는 나라에 한글을 쓰게 하면 그 아니 좋은가.

현행 10월 9일 한글날은 세종대왕의 훈민정음 반포일을 기념하여 제정한 것이다. 북한의 한글날은 창제일을 기준으로 제정한 것이다. 북한에서는 훈민정음 창제일(세종 25년 음력 12월 상한)인 1월 15일을 '훈민정음 창제 기념일'로 삼고 있다. 〈세종실록〉 102권, 25년(1443 계해/명정통正統 8년) 12월 30일(경술) 2번째기사

"이달에 임금이 친히 언문諺文 28자字를 지었는데, 그 글자가 옛 전자篆字를 모방하고, 초성初聲·중성中聲·종성終聲으로 나누어 합한 연후에야 글자를 이루었다. 무릇 문자文字에 관한 것과 이어俚語에 관한 것을 모두 쓸 수 있고,

글자는 비록 간단하고 요약하지마는 전환轉換하는 것이 무궁하니, 이것을 훈민정음訓民正音이라고 일렀다."

세종대왕이 훈민정음을 만드신 뜻은 나랏말씀이 중국과 다르기에 한자로 쓰는 것이 불편하여 우리말을 편리하게 쓰도록 새로 만드신 것이다. 문자를 국민과 함께 쓰도록 반포한 날도 중요하고 새로 만든 날짜도 중요하니 다 기념해야 한다. 그래서 제안한다. 반포한 날은 한글날로 하고 만드신 날, 훈민정음 창제 기념일은 나랏말씀날로 제정하여 한글과 같이 우리말을 사랑하고 되살려 쓰는 날로 지정하여 기념하라는 것이다. 한글이 한국문자를 나타내는 고유명사이듯 나랏말씀이 한국어를 나타내는 고유명사가 되도록 국가정책이 결정되어야 한다. 국어사전은 나랏말씀말모이라고 써야 하고, 한국어학당은 나랏말씀배움터라고 써야 한다.

한글만 쓰기, 한글 문자의 오로지 쓰기, 한글전용도 중요하지만 우리말의 존중과 되살려 쓰기, 나랏말씀으로의 존대와 경애가 우선이다. 한글날에 이어 나랏말씀날을 제정하여 국경일로서 다 공휴일로 지정하여 국민의 뇌리에 박히게 하고 세계인의 가슴에 새겨지게 해야 할 것이다. 한글날에는 하루만이라도 한자어나 영어 표기 한 자 적지 않고 한글만 쓰고, 나랏말씀날에는 한자어나 영어 한 마디 말하지 않고 나랏말씀만 말하며 사는 날이 되어야 할 것이다. 그날 단 하루만이라도 한글을 위하여, 나랏말씀을 위하여 살아보자.

"스승이 말씀하시다:
배우고 때때로 익히면 또한 기쁘지 아니한가?
벗이 먼 데서 오면 또한 즐겁지 아니한가?
남이 알아주지 않아도 성내지 않는다면 또한 점잖은이답지 아니한가?"

부록1

문학관 일일시조

[부록1]
1지자체 1문학관 건립운동
오늘의 문학관 일일시조

고을에 들어서니 문학관이 없다고
고을을 대표할 만한 존경받는 문인 없다고
거칠고 삭막한 동네라 바삐 지나쳐 갈 밖에

이런 동네 있을 리야 훌륭한 문학인이
문학관 하나 없는 고을 가며 드는 생각
혹시나 있지 않을까 역시나의 씁쓸함

국민의 대표 뽑아 대통령 시키듯이
대표 문인 기념하여 문학관을 세우네
다수를 위한다는 명분 나눠먹기 잡스럽다

- 김윤숭의 「문학관」

    2018년 1월 1일(월) 설날 진안의 구름재 박병순 생가를 방문하고 〈구름재 문학관〉을 시조로 읊어 페이스북에 등재하고부터 5월 23일(수) 〈박경리문학공원〉까지 밤낮 가리지 않고 지어 1지자체 1문학관 건립운동을 제창하며 오늘의 문학관 일일시조로 페북에 연재하였다. 오로지 전국에 365개 이상의 문학관이 세워지길 염원하면서 백팔배의 심정으로 1년 동안 계속할 생각이었다. 그런데 뜻밖에도 비방이 쏟아져 의욕상실, 중단하였다.

문학관이 너무 많다, 시기상조다, 쓸데없는 글 왜 쓰냐, 어중이떠중이가 자기 이름 걸고 문학관 세우면 꼴불견이다 등등. 도대체 뭐가 많다는 것인가. 위대한 문학인을 기리는 문학관이 많으면 많을수록 좋은 거지 왜 많으면 안 된다는 것인가. 희소가치가 떨어지나. 남만 잘되면 꼴 보기 싫은가. 평범한 시민이 문학의 가치를 알아 자기 돈 들여 문학관 세우고 문학인연하면 좋은 현상이지 꼴불견일 건 또 뭔가. 선한 영역으로 선도하는 것이다. 별볼일 없으면 돈 주고 가라고 해도 안간다. 뭐가 걱정인가.

1월부터 5월까지 연재한 시조가 모두 138수이다. 138수는 138개 문학관을 읊은 것이다. 89개 관은 이미 건립된 문학관이고 49개 관은 건립을 바라는 문학관이다. 당초 목표치 365수에 한참 못 미치나 그 열정만큼은 사장시키고 싶지 않기에 여기에 수록한다. 연재순은 별다른 의미가 없기에 가나다순으로 편집하여 소개한다.

2024년 12월 부산디카시인협회 송년회 참석차 사상구를 지나며 지은 시조 한 수 첨부한다.

사상엔 누각일랑 세울 생각 말아요
무너지지 않을 누각 사상구에 지어요
천년 갈 사상누각에 디카시를 들여요

— 김윤숭의 「한국디카시문학관」

* * *

■ 감성마을 이외수문학관
고향에 더 세우면 조정래와 숫자 같다
부친과 부인 더한 가족은 같지 않다
모르지 감성마을이 명작 이름 겸하다

■ 강남문학관.미건.서울
부자나라 강남에 글집도 하나 없고
문학의 불모지에 겉만 반짝 불빛들
봄비가 내리는 선릉숲 빌딩숲과 키잴 뿐

■ 객주문학관
뉘 토지 상관 있나 객주가 잘 서 있다
태백산맥 종주 길에 땀 흘리고 하산하다
아리랑 노랫가락에 술 한잔이 시원하다

■ 경남문학관
경남을 대표할 경남이 숭앙할
한사람 꼽으라면 그 문인 누구일까
터잡은 수많은 문인들 옹기종기 잘 있네

■ 고은문학관.미건.군산
윤택한 사내는 법률까지 만든다네
미투리에 고꾸라진 문인은 넘쳐나네
경각심 일깨우기 위해 굴비 엮듯 한자리에

■ 고하문학관

시조단의 초신성 수필계의 노거수
황하의 옛 물줄기 전북문단의 터줏대감
아담한 문학관에서 단아하게 글쓰다

■ 공주풀꽃문학관

토지니 혼불이니 객주니 아리랑이니
태백산맥이니 소설작품 글집이다
풀꽃만 시작품이다 사랑스런 곳이다

■ 광복문학관.미건

삼일절은 저항이요 광복절은 통일이라
항일전승절이 없는 나라 흠이라
북녘이 해방되는 날 일식 끝난 광복이라

■ 구름재문학관.미건.진안

가람의 제자 되어 시조의 길 착실 걷고
협회의 수장 되어 시조 뿌리 북돋우고
번듯한 문학관 세워 시조의 꽃 늘 피리

■ 권일송문학관.미건.순창

빼어난 소나무 어둠에 묻혔구나
푸르른 소나무 숨겨 갇혀 뉘 아나
순창에 내린 어둠이 어느 적에 걷히려나

■ 기형도문학관

이케아 가는 길은 양쪽 차량 수백 대

시민은 시인보다 가구를 좋아하네

빈집에 갇힌 시인은 아니 되리 누군데

* 광명. 2017.11.10.개관

■ 김달진문학관

봉은사 역경원에 스승을 뵈러 갔지

저녁식사 술자리에 시인이 동참했지

그 이름 여기 와보고 월하인 줄 알았지

■ 김동명문학관

마음에 호수 파고 배 띄워 노 저어갈까

호수 가에 파초 심고 가련한 꿈 꾸어볼까

정열의 애인 손 잡고 호반 눈길 걸을까

■ 김삿갓문학관

김삿갓도 한반도도 여기에는 면이 서네

무엇을 기념하기 잘하는 고을이네

세계의 문화유산 남긴 단종 면은 안 세우나

* 청령포는 영월군 남면에 있는 단종 유적이니 유적이 있는 남면을 단종면이나 청령포면으로 개칭함이 어떠하리. 영등포구, 마포구, 감포읍, 목포시도 있네. 이 문학관에서 시행하는 김삿갓문학상은 상금도 되지만 수상자 시비를 필수 건립하는 것이 특징이다. 최치원문학상도 시비를 필수 건립하면 볼거리로 기념될 것이다.

■ 김수영문학관
꽃의 시인 김춘수 풀의 시인 김수영
풀은 민중이라 민중이 주인 되는
풀꽃은 사랑스럽다 들풀 임자 거룩하다

■ 김영랑문학관.미건
강진 하면 김영랑 영랑 하면 모란꽃
모란은 공원으로 영랑은 시문학파로
빼앗긴 문학관에도 슬픔의 봄 찬란하네

■ 김용택문학관
쉼없는 섬진강이 천년을 흐르듯이
시인의 시 명성도 강물처럼 유장하리
더 이상 섬진강 시인 아닌 시인의 강이 되리

■ 김유정문학촌
백석이나 유정이나 기생을 사모하고
기생은 문학 여신 명작의 자궁 되고
실레골 생강나무는 동백꽃으로 영생하고

■ 김현승문학관.미건.광주
광주여 그 큰 도시에 그리 오래 살았건만
가을의 기도 시인 문학의 넋 추도할
한두 칸 기념공간을 내어주기 아까운가

■ 김환태문학관
아직은 유일하지 평론가의 문학관
당당한 독립건물 아닌 것이 아쉽지
규모를 좀 더 키워서 답게 할 수 없을까

■ 남명기념관
천왕봉 가까이로 환갑에 옮겨 살다
서방정토 바라듯 우러르며 살다 가다
동상은 등지고 서 있다 넋이라도 서운타

■ 남해유배문학관
유배 와서 적막히 파도 소리 듣던 섬
눈 귀한데 눈길에서 황금알을 낳은 섬
서포도 윤씨부인도 애틋한 정 서린 섬

■ 노산문학관.미건.창원
노산은 빼앗겨도 노하지 않을 것을
나라 위한 한평생 원 없이 문학한 걸
빼앗긴 문학관에도 다시 봄은 오는가

경북은 백수 있고 경남은 노산 없다
이병기는 호남 있고 이은상은 영남 없다
말이야 인걸은 지령 지렁이처럼 짓밟다

달마다 하는 강연 한글회관 찾았지
노회장 옆에 앉아 같이 듣는 얼말글

살아서 문화 대통령 죽어 무슨 회한 있나

시조인 유일하게 현충원 애국지사묘
시조단체 수장 되면 참배하여 고하지
시조의 독립운동가 그 정신 본받고자

■ 노작홍사용문학관
노작이 왕이라고 나도 같은 왕일까
천상천하 유아독존 중생 모두 부처이고
설움을 쓸어 안는 왕 백성에겐 기쁨 주고

■ 논개문학관.미건.함양
나라를 위하는 일에 남녀가 따로 있나요
나라의 보훈에는 여자 공신 하나 없지요
논개여 여류 충신 존칭 사사로이 바쳐요

■ 농민문학기념관
그림자 없는 북창 흙도 밟지 않은 학자
흙의 작가 이무영 그림자 없는 인생
농민의 농민을 위한 농익은 글 펼치다

■ 단종문학관.미건
피맺힌 울음소리 두견 읊은 자규사
숨이 멎는 순간까지 읊조리는 절의가
꿈 빌려 사무친 원한 토출하는 소설가

■ 대구문학관

광역시명 문학관은 대전과 대구뿐
큰 대자 이름 고을 과연 남과 다르네
달구벌 문학의 터전 천년 글꽃 피우다

■ 대전문학관

문학관 집합하여 전국대회 첨 열고
최우수의 문학관에 선정도 되었지
내세울 독보적 문인 딱히 없다 아쉽고

■ 독도문학관.미건

울릉 독도 한데 묶어 독도특별시 설치하고
노벨상 다음으로 문학상을 베풀고
건축은 문화유산급에 시화전은 감동 주고

독도 바다 백두산이 마르고 닳도록
애국가 가사 바꿔 국가로 법정하지
나라땅 지키는 마음 푸른 물결 영원히

■ 동리목월문학관

문인에 난형난제 대표하기 그렇고
소설가는 동리요 시인은 목월이라
부득이 공동대표라 모범 보인 경주라

■ 마산문학관

문학관은 문학박사 맡아 하면 잘한다
그 말이 의심되나 강진 마산 보면 안다
마산의 문학은 물론 창원 전역 아우르다

■ 만해기념관

남한산성 님은 꿇고 일제시대 님은 갔고
왜정에 님의 침묵 독립에 님의 웅변
통일을 외치는 사자후 언제 한번 들어보나

■ 만해문학체험관

체험자 떼어내도 얼마든지 체험하고
문학관이 족하니 법적 사업 가능하고
생가에 시비림 더해 민족문학 북돋고

■ 매월당기념관

세종의 총애받은 오세 동자 아까운 천재
마음은 선비이나 자취는 스님이네
발자취 없는 곳 없네 기리는 곳 별로 없네

■ 멸공문학관.미건

이승만과 박정희 독재타도 외치더니
김일성 삼대세습 독재타도 금기라네
더 나쁜 독재의 나라 그 독재는 좋다네

〉
여행의 자유조차 바이없는 겨울나라
삼대세습 독재타도 읊으면 폐삭하네
왕돼지 한마리 위해 칠천만이 박수부대

■ 명은문학관.미건.장수
명나라에 충성할까 문명을 숭상하다
건문보다 단종 많다 조선 충의 자부하고
청사에 이름 남기지 바윗돌에 안 새기다

■ 목포문학관
남다른 순천 목포 복합의 문학공간
한 지붕 두넷 가족 문인들 오순도순
어릴 때 한번 본 백화* 성을 쌓고 지키는

* 백화 : 박화성 문학전집 1

■ 문경문학관
문경만 있지 않지 퇴경당도 있다네
스승의 스승님께 재전 제자 참배하네
사적비 제막식 때 오고 개관식 때 또 왔네

■ 문경아리랑시조문학관
현대시조 쌍벽에 아리랑 박사라네
여름에 시인학교 시조나래 펼치네

새재 뜬 달 빛 비치는 하늘재에 참하네

* 시조단의 중진 아리랑 문화콘텐츠학박사 권갑하 시인이 고향 시월산방에 문학관을 개관할 예정이라는 말을 듣고 기뻐 짓다. 2·25

시대조류 역류하니 시조의 샘 차고 달고
시조 새 나래 펼쳐 아리랑 고개 날고
베바위 병풍 치고서 시인의 꿈 감싸네

* 2018년 4월 22일 개관식 개최

■ 문덕수문학관

젊을 때 열심 읽은 문학개론 쓰시고
청마문학 오롯이 시정신 널리 펴고
고향만 못할지라도 창신대가 병주*다

* 병주幷州 : 제2의 고향

■ 문학의집서울 산림문학관

문학인을 기념하여 문학관을 세우네
이 곳은 뉘 위하여 무엇을 기념하나
텅빈 방 행사와 교육 문인들이 채우네

■ 문효치문학관.미건.군산

시인의 고향집에 고향송 시비 서다
미투의 흠이 없는 순수한 시결이다
문단의 수장도 잘해 시문학도 빛나다

■ 미당시문학관
패망한 일본에게 전쟁특수 안겨줘
대국으로 부흥시킨 최대의 친일파
미당이 피라미라면 김일성은 고래다

팔할은 바람처럼 이할은 부끄럽게
서정시의 주역이고 역사성도 가멸찬데
심성이 여린 걸 어째 질마재를 짓밟네

■ 박경리기념관
여기에는 기념관 저기에는 문학관
어디엔 문화관에 공원도 있지요
여기서 나고 자라고 종내 묻히고 기리고

■ 박경리문학공원
노구를 이끌고서 장편소설 마치었네
토지를 쓰던 집이 공원으로 가꿔졌네
토지는 갖지 않아도 소설 영토 넓디넓네

■ 박경리문학관
평사리는 어디 있나 악양면에 있지요
박경리는 어디 있나 여기저기 있지요
두 리를 통합한 촌장은 최영욱 시인이죠

■ 박완서문학관.미건.구리
구리에 탑 세우면 구리탑이 될까요
황금동에 탑 세우면 황금탑이 될까요
우뚝한 문학의 탑 고을 작가 탑을 세워요

■ 박용철문학관.미건.광산구
비내리는 밤 기차에 누구를 보냈나
떠나가는 배 타고 어디를 가려 했나
시문학 창간의 주역 시문학파 껴 있네

용아여 안타깝다 옆 고을 태어나지
잘난 문인 많은 고을 뉘 과연 총대 맬까
번듯한 용아문학관 꿈결에나 들릴까

■ 박인환문학관
이름을 불러주면 꽃이 된다 했는데
그 사람 이름 잊고 입술만을 기억해
숙녀는 시인과 함께 목마 타고 와 놀며

■ 박재삼문학관
박시인은 복되도다 진주에 나지 않아
이형기 시인처럼 문학의 넋 떠돌 텐데
울음이 타는 가을강에 송가 넘쳐 흐르네

■ 백석문학관.미건.길상사
백석도 김소월도 그 나라에 없지요
벽초도 오장환도 이 나라에 있지요
문학을 존중 안 해도 그 나라가 좋데요

대자대비 부처 믿음 흰돌에 새기었네
머묾 없는 시주 공덕 의미 살릴 집 한 채
절 한 켠 문학관 세우면 중생 시심 이익되지

■ 백수문학관
김천의 대표 시인 국가 대표 시조시인
고향을 사랑하여 샘 천자 파자했네
백수가 되든지 말든지 문학 한길 걸었네

■ 백호문학관
중원을 차지한 사이팔만 축에 끼나
잔 잡아 권할 이가 있은들 섧지 않나
님이여 하늘 찌르는 중원 덮는 기개여

■ 불교문학관.미건
부처님의 가피로 사부대중 숨쉬네
자식 소원 들어주듯 중생 원 이뤄주네
동남아 가난한 나라들 머지않아 가멸게

〉
동남아 부처나라 모두가 가난하네
복음의 보혈이 안 뿌려져 그렇다네
아니지 착하게 살기에 잘살기도 더하리

■ 산림문학관.미건
사막이나 동토에만 골프장 짓게 하라
넓고 푸른 골프장 산림으로 복구하라
산과 숲 예찬 글 모아 멋진 글집 세우라

■ 산사현대시100년관
산의 역사 쓰신 분이 시의 역사 쓰시다
현대시 100년에 시인다운 시인 꼽다
백석에 자리잡아서 믿음 역사 이웃하다

■ 삼성출판박물관
출판계의 선구자 유일무이 박물관
형제의 우애 깊고 국보문헌 간직하고
박물관 만나자는 약속 카페인 줄 모르고

■ 상화고월문학관.미건.대구
경북의 하늘에 달이 두 개 떠있네
나무에 걸린 달은 옛 달인가 아닌가
동리가 상화와 함께 달빛 아래 잔 드네

■ 샛별문학관

샛별이 줄기차게 30년을 반짝반짝

그리 오래 월간지를 시골에서 펴내다니

샛별은 아동문학의 별 온누리에 빛나리

■ 생각하는정원문학관.미건.제주

정원이 생각한다고 아무렴 생각하지

세계의 문화유산 어찌하면 가꿀까

오가는 모든 손에게 생각의 힘 길러줄까

■ 서강문학관.미건

서강대교 건너서 서강대에 가본다

이태백은 공시생 졸업은 뒷전이고

문학은 사치품인가 만석군이 시를 쓰나

■ 석전수필문학관.미건

이병주 이름 좋나 두 대가 헷갈리네

소설가 나림 있고 수필가 석전 있네

석전은 첫 발표자다 수필집을 주시다

* 나림 이병주는 하동 출신 소설가, 석전 이병주는 경기 출신 수필가, 두시연구의 대가, 한국수필가협회 제1회 세미나 주제발표자. 한국수필가협회 제1회 한국수필세미나가 「한국수필의 어제와 오늘」이라는 주제로 1982년 6월 26·27일 양일간 속리산관광호텔에서 열렸다. 고대 김진만교수가 「영국의 에세이」, 동국대 리병주교수는 「고전문학상의 수필문학」, 경희대 서정범교수는 「무교와 수필문학」, 서울대 구인환교수는 「본격수필의 형성과 그 양상」을 발표했다. 석전은 필자의 은사로 1981년 수업 시간에 필자에게 갓 나온 〈세한도〉 수필집을 주시다. 1994년에 필자의 고향 함양에서 석전을 모시고 동악한문학회 개최하고 문학기행하였다. 2014년에

필자가 지리산문학관장, 필협 부이사장으로 한국수필가협회 초청 함양문화예술회관에서 세미나를 개최하였다. 이때 필자의 은사이며 석전 수제자인 소석 이종찬 교수(2012년 지리산문학관 지리산불교문학학술대회 기조강연, 제1회 지리산문학학술상 수상)가 주제발표하였다. 아울러 함양 덕남초교 교사 시절 수필의 길을 들어선 정목일 이사장이 제6회 인산문학상(상금 오백만원)을 수상하였다.

■ 석정문학관
석정은 가람 사위 명시조 같이 엮고
옹서가 지척 살며 문학관도 나란하네
첫시집 촛불 문학상 촛불혁명 태웠나

■ 설화문학관
충무공도 귀 쫑긋 시낭송이 한창이다
설화산에 시 꽃이 눈꽃처럼 내린다
설화란 맥주 마시며 주향 시향 취한다

■ 세종특별자치시 문학관.미건
세종에 근접하면 심장이 요동친다
분수처럼 용암처럼 그리움이 분출한다
심장이 산탄되더라도 그 님 한번 보고지고

■ 셋이서문학관
도적놈 셋이서 무슨 작당 하였지
시심을 훔쳐가서 시집 한 권 남겼지
하늘에 못 훔친 목숨 문학관에 영생하리

■ 송강문학관.미건
눈길 뚫고 찾아간 가사문학의 정거장
미인을 그리다가 미인이 되신 시인
명성에 걸맞지 않은 이 시대의 자화상

■ 송수권문학관.미건
송시인 가리킨 땅 다른 가족 터 잡았네
무성한 말들 베고 생가터 닦으려나
천국의 산문에 기대어 학수고대 하실까

■ 시문학파기념관
영랑의 확장인가 시문학파 갇혔나
9인의 대표시인 강진으로 집합했네
관장은 문학박사답게 전형으로 가꾸네

■ 신동엽문학관
껍데기 싫어하니 알맹이만 남았나
알맹이 모아논 곳 너나없이 가보다
쭉정이 따라서 갔다 알찬 글들 널렸다

■ 신라향가문학관.미건
만엽집 지켰으나 삼대목은 놓쳤네
가사 있고 시조 있고 향가만이 없구나
우적가 명작의 고향 함양군에 우람히

* 김윤수, 〈우적가와 육십령소고〉《경주문화》 2014

■ 심훈기념관

그렇게 부르짖던 그날이 오면 왔건만
나라는 둘로 쪼개 피흘리며 싸우고
다시금 부르짖는 신세 그날이 오면 오면

■ 어린왕자문학관

원본도 구해 놓고 만국본도 모아 놓고
어린왕자 꿈의 글집 세계에 유일하리
작가도 떼끼야 하며 이게 웬걸 놀라리

■ 역동시조문학관.미건

도끼 들고 날 쳐라 내 말이 그르다면
임금님도 안 무섭다 바른길에 귀천 없다
그래도 백발은 무섭다 막대 들고 치련다

■ 영인문학관

초대는 귀한 거라 문화부의 수장 지내
부부가 문인*이라 이름에서 떼어 붙여
수많은 문학사상가 여기 한데 살아있네

영인은 누리 처음 부부문인 문학관
영인은 부군 먼저 누군가는 뒷받침
원서골 또 하나 있지 탁은이라 어떠리

* 이어령·강인숙 / 오탁번·김은자

■ 오영수문학관
해주 오씨 집성촌 고향에 들어섰네
작품 본향 갯마을과 거리는 떨어져도
바닷가 어민들의 삶 진솔하게 읽히고

중시조 고려명장 산소에 시제 지내고
남쪽기슭 오씨 동네 작가 고향 찾아보네
갯마을 멸치떼 그림 바다 내음 들리는 듯

■ 오현시조문학관.미건.밀양
미르벌 부처 향기 두 용상 나투셨네
사명과 무산스님 의승장과 시조시불
시조의 날마다 뵈었네 이제 어데 뵈올까

■ 완판본문화관
전주의 방각본은 고소설의 보물창고
태인에서 건네받아 출판의 본산 되고
소설의 문학적 전개 펼쳐봄직 하여라

■ 외솔시조문학관.미건.울산
우리말본 살길이다 국어문법 식민지다
식민잔재 떨쳐내고 한글정신 드높이지
외솔의 시조정신이 온누리에 퍼지리

■ 우포시조문학관

우포는 대표 습지 우포선생은 시조 대표
남새밭에 비 내리듯 시조단의 단비네
우포늪 찰찰 넘치듯 우포시조 콸콸 솟네

■ 원서문학관

연꽃을 사랑하는 군자가 살던 곳
시사랑 노부부가 모교에 세운 곳
머언먼 하늬에 있는 아름다운 문학관

■ 월하이태극문학관

달빛 물든 가람에 태극기 휘날리다
알알이 부푼 정열 시조시인 줄잇다
우람한 가로월백*궁에 노산 궁만 허물다

* 가=가람문학관, 로=노산 이은상, 월=월하이태극문학관, 백=백수문학관

■ 유안진문학관.미건.안동

허물없는 벗이든지 막역한 친구든지
지초 난초 향기로운 교우가 있었으면
아담한 글집이라도 육사 고을 세웠으면

■ 윤동주문학관

개천에서 용 나나 용정에서 용 나지
이름대로 값하여 동양의 기둥 되고
간도는 한국땅이다 한국 시인 틀림없다

■ 윤동주정병욱문학관.미건

하늘을 우러러 부끄럼없는 사나이

교회의 첨탑보다 더 높이 선 사나이

참된 벗 흰그림자가 시의 목숨 지키고

* 광양시 술도가 백영 정병욱 교수 고가임. 그 부친이 남해에서 이사와서 술도가 운영함. 해방 전 윤동주초고친필본을 백영이 맡아 고향 집에 보관, 해방후 출간함. 김윤숭은 하늘과 바람과 별과 시문학관 주장, 유성호 교수는 윤동주정병욱문학관 주장함. 백영의 아들은 한국한문학회 회장을 지낸 정학성 교수임. 천창우 시인은 윤동주시낭송축제를 이끌며 문학관 건립을 추진함.

■ 이문구문학관.미건.보령

문학관이란 무엇인가 대표 문인 기념하지

보령의 장삼이사 그런 문인 관심없고

이문구 이만큼 큰 문명 존숭할 줄 모르지

■ 이병주문학관

작가나 작품이나 소설이 대세다

필생의 역작 쓰니 길이길이 기린다

지리산 민족의 신화 달빛 아래 물들다

■ 이상화문학관.미건.대구

육사는 고향에서 청포도 잘 따먹고

상화 새삼 탄식하네 내가 뭐가 모자라나

포도밭 일구지 않은 들판 홀로 걸어가네

■ 이승훈문학관.미건.춘천
소설가로 유명한 김유정이 서있네
모더니즘 저명한 시인도 태어났네
승복을 입고 사셨네 깨달음을 쓰셨네

■ 이외수문학관
중국의 함양에는 진시황제 당당하고
한국의 함양에는 트위터대왕 기차다
서울엔 셋이서문학관 고향 터엔 독존이다

■ 이원수문학관
이 원수 저 원수 일제가 젤 원수라
총칼 앞에 굽힌들 친일파라 욕하랴
이천만 모두 포로다 죽지 못해 산 것을

■ 이육사문학관
퇴계의 정신 이어 독립기치 높이 들고
광야에 뿌린 씨앗 재중동포 열매 따고
고향에 청포도 농장 시 정신이 영글고

■ 이주홍문학관
파괴를 향하여 향파란 호 이상하다
향기로운 물결이라 향파란 호 정겹거늘
파괴를 향해 가는 세상 가로막고픈 심정일까

■ 이주홍어린이문학관

잊지 않고 기념하는 아름다운 고향이여

행복한 문인이란 사후에 뚜렷하네

섬에서 온 아이들이랑 손에 손잡고 노닐까

■ 이형기문학관.미건.진주

가야 할 때를 알아 가는 이의 시문학이여

모셔야 할 때를 몰라 못 모시는 문학관이여

낙환들 꽃이 아니랴 그 낙화는 서 있건만

■ 이효석문학관

평창에서 평양까지 평평히 오고가고

문학에는 이효석 체육에는 올림픽

그렇게 모던한 신사 앞 세계 신사 모이고

■ 잔아문학박물관

잔아란 무엇이지 마지막 아이라네

그 뜻이 더 궁금해 그 소설 사서 읽네

주인공 이름의 문학관 여기 말고 또 없네

■ 전북문학관

도청에 문학관에 뛰어난 문인 많네

아홉 도에 두 도뿐 경남과 전북이네

전북에 뉘 으뜸일까 시조시인 가람이네

■ 정지용문학관

향수에 빠진 사람 향수 뿌려 달래나

실개천에 빠진 사람 빠진 김에 멱감나

지용은 문단의 큰별 인민군에 앗기다

■ 정훈문학관.미건.대전

머들이 뭐든 간에 정감 어린 머들령

한자로는 마달령 터널로만 오가고

시인이 살던 옛집 터 글 동산에 못 노네

■ 조병화문학관

연애할 때 연애시는 조병화 시집이지

청춘의 정이 깊어 연애 감정 절절하지

모친에 대한 효성이 눈물겨운 귀향 시

■ 조연현문학관.미건.함안

25세 해방 맞은 청년이 친일파라

건립 운동 일었다가 재처럼 사그라들고

평론가 제대로 대접해 여기 으뜸 세우고

* 괴산에 대한민국파괴자 북한부수상 홍명희 문학관도 세우라. 영암에 월북한 시조시인 조운 문학관도 세우라. 친일파든 빨갱이든 논하지 마라. 문학은 문학으로 평가하라. 친일파로 발목 잡지 말고 조연현문학관을 세우라.

■ 조정래아리랑문학관

아리랑를 부르며 남북국가 대신하지
아리랑은 겨레노래 임시국가 할 만하지
오시는 님을 맞는 소설 쓸 때 되지 않았나

■ 조종현조정래김초혜가족문학관

부자간 부부간 최초의 가족 글집
시조에 소설에 시인까지 두루두루
어릴 때 읽어본 시조집 여기 임자 계시네

■ 조태일시문학기념관

부처의 화신으로 시불이 되시었나
현장에 나툰 부처 국토에 흙 보태고
시혼은 고향에 돌아와 사리탑에 맺히다

■ 지훈문학관

오!일도는 무엇인가 하나뿐인 섬이다
섬나라 시인 왕국 지초가 훈훈하다
왕국에 소설가도 있다 문학계의 열사다

■ 짚신문학관.미건

괴나리 봇짐 끝에 흔들흔들 짚신 세 짝
오도재 넘어가는 갓쓴 선비 발밑 짚신
민족의 애환을 받치고 천년 세월 헌신했네

■ 채만식문학관
시문의 쌍벽이여 채공과 고공이라
무너진 고공이여 채공도 흠이 있고
탁류에 천하태평이 가능하긴 하려나

■ 천관문학관
문학의 고장이라 소설가 뛰어나다
하늘의 갓을 쓰고 문학관에 내려앉다
고깔 쓴 천관녀 이야기 명작으로 나투다

■ 천상병문학관.미건
카페에 가만 앉아 귀천을 읊조리다
천상병 시축제는 전국에서 앞 다투나
섭공이 용 좋아하듯 문학관은 무섭나

■ 청마기념관
바위보다 굳건한 의지의 시인이여
독재에 항거하고 안의에서 교장 했네
깃발과 문학의 넋은 둔덕골에 깃들었네

■ 청마문학관
내 친구 청마 석사 논문 교정 봐주고
착간도 손봐주며 순수사랑 읽어내고
아울러 청마문학회 문학관과 밀고 끌고

■ 청운문학도서관
청운의 꿈을 품고 여기 와서 문학하라
문학의 꿈을 펼쳐 부지런히 습작하라
습작이 쌓이다 보면 명작도 태어난다

■ 청주문학관.미건
문학관은 있는데 도청은 없는 고을
도청은 있는데 문학관은 없는 고을
두 가지 다 갖춘 고을 그게 그리 어렵나

■ 최명희문학관
전주에 요람 있고 남원에 혼불 있지
삭녕최씨 종부 이야기 대서사시 풀어내고
고향도 명작의 본향도 예스런 집 살게 하고

■ 최치원계원필경기념관.미건.함양
외로운 조각구름 고운이 아니더라
온 겨레 우러르는 겨레의 스승이라
이 땅에 배우러 찾는 필경당이 장엄하다

■ 충남문학관
문인의 인보 내니 박물학의 광채라
충남의 문학계를 대표하는 터전이라
문단의 이면사에도 조예 깊은 관장이라

■ 충주문학관

도청은 있는데 문학관은 없는 고을
문학관은 있는데 도청은 없는 고을
그래도 문학이 먼저다 생각할 줄 아는 고을

■ 태백산맥문학관

태백산맥 줄기에 들어선 것 아니네
한민족이 창조한 이념 싸움 아니네
도대체 무엇을 위하여 서로 죽고 죽였나

■ 한국가사문학관

가사는 시조 함께 고전문학 쌍벽이지
시조는 삼장이고 가사는 무한대고
드디어 시대를 넘어 창작의욕 북돋네

■ 한국가톨릭문학관.미건

스스로 전교하여 성령의 땅 개척하고
순교의 피 흘리어 성인 가장 많은 나라
삼백년 가톨릭문인 여기에서 만나지

조창환 이은봉 등 문학상도 갸륵하다
그들의 멋진 시들 어디 가서 감상하나
다산의 상제 문학이 맑은 물결 샘이다

■ 한국근대문학관
이름은 근대이나 현대문학 활발하지
손꼽히는 작가들 만나러 갈 만한 곳
미추홀 문학의 변신 성공적인 모범사례

■ 한국기독교문학관.미건
고대출신 많아서 고대도라 하는가
나라에 처음으로 복음이 전해진 섬
이백년 크리스찬문인 어디에서 만나나

■ 한국불교문학관.미건
산마다 절이 있고 전국에 보물 널려
수천 년 역사에다 수백만 신도 있네
그래도 문학관 없다 문학 결집 못하다

■ 한국수필문학관
조경희 수팔가는 강화도에 문학관
대구에 한국이라 수필 장르 독립하고
나라도 못한 큰 사업 천신만고 일구다

■ 한국시조문학관
진주에 한국 있고 시조에 문학 있고
법인의 시조 글집 나라에 하나 있다
시경루 추사의 글씨 시의 경지 시조다

■ 한국유교문학관.미건
도학과 문학 달라 확실히 획을 긋다
시경은 문학 아닌가 오경 중의 으뜸이다
선비는 글도 잘 쓴다 인격까지 갖추고

■ 한국현대문학관
현대란 이름대로 저명문인 기념하네
현대는 재벌이고 잡지도 문단 실세
명성에 걸맞는 문학관 현대적인 글터네

■ 한무숙문학관
작가의 작품 산실 보존하여 꾸미다
문학관은 이런 것 온몸으로 보여주다
펄벅이 와서 느끼고 한국미를 감탄하다

■ 함석헌기념관
운보와 문신과의 국제 우정 아는가
씨알의 소리에서 첫째 친구 맞는가
사방을 둘러보았네 글 속 친구 있는가

■ 허균허난설헌기념관
청도에 시조 오뉘 강릉에 한시 오뉘
눈물겨운 오누이 정 백중세의 문학성
이승에 못다 쓴 글솜씨 하늘님 앞 쓰시나

■ 허영자문학관.미건.함양
은발의 무게만큼 고개를 숙이는
언제나 겸손하며 온화한 대표 시인
생가터 흰눈이 덮은 을씨년한 겨울 풍경

■ 혜초문학관.미건
기행의 수필이라 최초의 수필이지
기록유산 되게 하고 목판으로 새로 나고
그 옛날 세계여행가 모셔가 모실 주체는?

■ 혼불문학관
혼불이 빠져나와 그리운 곳 머무네
최작가와 종부 만나 이야기꽃 피우나
영월군 이름 바꾸듯 혼불면이 어떠리

■ 화순문학관.미건
화순을 달리는데 산천 경개 아늑하다
화평하고 순조롭다 허울 이름 아니다
화순의 기운을 받은 대표 문인 누굴까

■ 환경문학관.미건
사람은 사람끼리 짐승은 짐승끼리
사람은 잩에 살고 짐승은 숲에 살고
잩 사이 우거진 숲에 날아서만 다니고

■ 황순원문학촌

문학촌에 가보라 소나기도 맞아보라
징검돌도 건너고 움막에 비도 피하고
문학을 체험하는 곳 독서 재미 느끼다

* * *

휘황찬란 시조전도
- 한국시조문학관 개관 10주년(2023.4.7) 축시

10년간 칼을 갈아
칼날이 시퍼렇다

시조의 칼 번득이니
문단에 번개 친다

시조로 노벨상 탄다
뉘 감히 비웃으랴

부록2

문학관 기행한시

[부록2]
문학관기행한시 52개관 70수
— 44관(기존) 8관(건립희망)

　　智異山文學館, 慶南文學館, 金達鎭文學館, 文德守文學館, 南冥紀念館, 李炳注文學館, 平沙里文學館, 南海流配文學館, 朴在森文學館, 靑馬文學館, 推理文學館, 李周洪文學館, 樂山文學館, 東里木月文學館, 具常文學館, 白水文學館, 李陸史文學館, 芝薰文學館, 韓國歌辭文學館, 趙泰一詩文學記念館, 魂火文學館, 蔡萬植文學館, 我裏郎文學館, 崔明姬文學館, 未堂詩文學館, 太白山脈文學館, 永郎文學館, 大田文學館, 禮山文學館, 農民文學記念館, 鄭芝溶文學館, 吳章煥文學館, 遠西文學館, 金裕貞文學村, 李孝石文學館, 蘭皐金笠文學館, 月河李太極文學館, 文學之家首爾, 韓國現代文學館, 寧仁文學館, 韓戊淑文學館, 萬海記念館, 趙炳華文學館, 黃順元文學村

　　崔致遠韓國漢文學館(未建), 燕巖實學村(未建), 梅泉文學館(未建), 明隱文學館(未建), 鷺山文學館(未建), 雨田飜譯詩文學館(未建), 許英子文學館(未建), 愼達子文學館(未建)

■ 智異山文學館 지리산문학관

南岳邦家第一山 남악방가제일산

天王十郡共崇攀 천왕십군공숭반

詩文雜誌文樓萃 시문잡지문루췌

藝士研究將入關 예사연구장입관

남악은 대한민국 제일 산이고

천왕봉은 14시군 같이 높이고 등반하네

시문 잡지를 문학관에 모으니

학예사가 연구하여 장차 관문에 들리라

* 2009년 12월 22일 경상대학교 한문학과 최석기 교수를 만나 추천받은 박사과정 수료생 공광석을 학예사로 채용하다.
* 2009년 4월 20일(음력 3월 25일 인산탄신일)에 10인의 발표자와 토론자, 2인의 사회, 좌장 모두 22인의 대학 교수를 초청하여 함양군청 대회의실에서 인산 김일훈 선생 탄신 100주년 기념 '인산학함양학술대회'를 사단법인 인산학연구원이 개최하였다. 인산초당이 있는 살구징이 골짜기 초입의 구 월평분교를 활용하여 지리산 14개시군(거창, 함양, 산청, 진주, 사천, 하동, 광양, 순천, 구례, 곡성, 남원, 장수, 임실, 순창)의 문학자료와 한시문학자료를 수집, 보존, 전시, 연구하기 위한 문학시설로 사단법인 인산학연구원 부설 지리산문학관을 2009년 6월 8일 개관하다.

■ 智異山文學館 지리산문학관

五嶽名山南嶽靑 오악명산남악청

嶺湖多士仰如星 영호다사앙여성

頭流設館遊文論 두류설관유문론

姑老天王攜手聽 고로천왕휴수청

오악의 이름난 산 남악은 푸르고

영호남의 선비들 별처럼 우러르네

문학관 건립하고 유람록을 논하니

노고단과 천왕봉이 손잡고 듣는다

* 2010년 3월 12일 함양군청 대회의실에서 지리산문학관 개관 기념 지리산유람록 학술대회를 경상대학교 남명학연구소와 공동으로 개최하였다.
1) 함양 유현들의 지리산유람록에 나타난 정신세계-최석기 교수(경상대, 한문학과)
2) 점필재 김종직의 지리산유람록-이성혜 교수(부산대)
3) 탁영 김일손의 지리산유람록-강정화 교수(경상대)
4) 감수재 박여량의 지리산유람록-전병철 교수(경상대)
5) 발표 및 지리산 기행문학에 관한 총평-강동욱 교수(진주교대, 경남일보)

■ **崔致遠韓國漢文學館(未建) 최치원한국한문학관**

孤雲林內小公園 고운림내소공원

碑刻文昌七絕言 비각문창칠절언

學士贈呈希朗頌 학사증정희랑송

千秋觀感佇詩源 천추관감저시원

함양 상림 고운림 속의 작은 공원에

문창후의 칠언절구 7개 시비를 세우네

학사는 희랑대사에게 시 읊어 보냈고

천추에 보고 느끼며 시의 근원에 서있네

* 희랑(希朗, 889~967?)은 화엄종의 고승으로 해인사 주지로 있을 때 고운孤雲 최치원(崔致遠, 857 ~ ?)과 교유하였다. 고려 태조에게 귀의하여 그 지원으로 해인사를 크게 중창하였다. 최치원은 진성여왕 8년(894) 2월에 시무時務 10여조를 올리니 왕이 가납하고 아찬(阿飡~알粲17관등 중 제6관등)에 임명하였다.〈삼국사기〉. 최치원은 894~898년 신라 진성여왕 8~효공왕 2년 사이에 천령군 태수로 재임. 대관림 조성, 학사루 건립, 상련대 창건. 최치원이 해인사 승려 희랑希朗에게 보낸 시 아래에 "방로태감防虜太監 천령군 태수天嶺郡太守 알찬(閼粲17관등 중

제6관등) 최치원崔致遠"이라고 썼다.〈신증동국여지승람〉. 함양의 고호가 천령이므로 지방축제로 천령문화제를 개최하다가 2003년에 연암 박지원의 물레방아 전설에 따라 물레방아축제로 개칭하였다. 고운 최치원 선생이 천령군 태수일 때 거창 출신 해인사 고승 희랑화상에게 〈贈希郞和尙〉 시 10수를 지어 보냈는데 현재 6수만이 전한다. 이 시를 小序와 함께 비석 7개에 새겨 고운시비를 상림에 설치한다면 시창작의 현장으로서 상림의 문화적 자산가치가 크게 증대될 것이다. "希郞大德君 夏日於伽倻山海印寺 講華嚴經 僕以捍虜所拘 莫能就聽 一吟一詠 五尺五平 十絶成章 歌頌其事 防虜大監 天嶺郡太守 遏粲 崔致遠"『伽倻山海印寺古蹟』. 한국한문학의 비조인 고운 최치원 선생을 기리어 상림에 최치원 사당을 조성하는 김에 최치원 문학 자료와 함께 한국한문학 자료를 집대성하고, 종합화, 체계화하여 전시, 연구하는 최치원한국한문학관을 건립한다면 함양이 최치원문학과 한국한문학의 전당으로서 위상이 확립되고 관광자원이 풍부해지고 상림의 인문학적 문화자산이 확충될 것이다.

* 대한제국 광무光武 10년(1906)에 문창후文昌侯 고운孤雲 최치원崔致遠 선생을 추모하기 위하여 도의 유림과 박창규, 김득창이 건립하고 모현정慕賢亭이라 부르다가 고운 선생을 추모한다는 뜻에서 사운정思雲亭이라 고쳐불렀다. 위고渭皐 노근수(盧近壽, 1845~1912)는 정미년(1907)에 서울에서 교유하던 이종원李鍾元이 군수로 부임하자 상봉을 기념하여 대관림의 사운정에서 청서(淸暑: 피서)하면서 시사를 맺고 시를 지으며 낙을 삼았다고 가장에 기록하고 있다. 인산 김일훈은 1970년대에 위성음사의 시회에서 사운정 율시를 지었다.

■ 燕巖實學村(未建) 연암실학촌

北學熱河日記成 북학파의 고전 열하일기 완성에

革新思想刮人睛 혁신사상이 사람들 안목을 새롭게 했네

荷風竹露諸堂甃 하풍죽로당 등 네 칸의 벽돌 건축

利用厚生安義名 이용후생의 실학 안의현이 유명하였네

* 연암이 안의현감에 부임하여 청나라에서 배운 벽돌 기술로 百尺梧桐閣, 烟湘閣, 荷風竹露堂, 孔雀舘 등의 건물을 지어 사용하였는데 1백여 년이 지나도록 찬연히 보존되다가 허물어졌고 1914년에 안의군이 폐지되면서 안의초등학교가 들어서 거기에 있던 관아 건물이 모두 사라졌다. 연암의 실학 정신을 기리고 실학적 건축물을 복원하여 연암연구 기지 겸 문화관광 자료로 활용하기 위하여 안의초교를 이건하고 옛 터전에 연암실학촌을 건설할 필요가 있다.

■ 燕巖實學村(未建) 연암실학촌

先生故址數松靑 선생고지수송청

雲集遊人欽似星 운집유인흠사성

歲歲論壇三學討 세세논단삼학토
鄕村父老靜傾聽 향촌부로정경청

선생의 옛터에 소나무들 푸르고
운집한 여행객 별처럼 흠모하네
해마다 논단 열어 삼학을 논하니
향촌의 유지들 조용히 경청하네

* 연암실학을 문학, 사학, 철학의 관점에서 매년 논한다. 필자가 2005년 연암 서거200주기 기념 함양학술회의를 기획, 주관하였다. 당시 연암 박지원과 초정 박제가의 서거 200주기를 맞아 대구 대동한문학회와 서울 한국한문학회에서 기념 학술회의가 열린다는 소식을 듣고 필자는 연암이 함양의 안의현감을 5년 동안 지낸 함양군에서 기념 학술회의가 없는 것은 실책이라고 여겨 사비 3백만원을 지원하고 군비를 보조받아 고려대학교 이동환 교수에게 기조강연을, 고대 이헌창, 인하대 김영, 서울대 이종묵 교수에게 논문발표를 의뢰하고 계명대 김남형 교수에게 좌장을, 계대 김윤조, 경상대 윤호진 및 이상필 교수에게 논평을 부탁하였다. 마침내 2005년 10월 15일 함양군청 대회의실에서 함양문화원 연암학술회의를 성대하게 잘 치르었다. 이를 계기로 해마다 함양명현학술회의를 정례적으로 개최하게 되었다.

2008년부터는 함양연암문화제의 학술위원장을 맡아 연암실학학술대회를 기획, 집행하였다.
2008년 8월 5일 제1회 연암실학학술대회: 사회 김영진(계대 한문교육과 교수), 토론사회 이의강(원광대 한문교육과 교수)
1. 연암의 실학정신과 『열하일기』; 발표: 김명호(성균관대 한문학과 교수) 논평: 이강옥(영남대 국어교육과 교수)
2. 『과정록』을 통해 본 안의현감 박지원; 발표: 김윤조(계명대 한문교육과 교수) 논평: 김영진(계명대 한문교육과 교수)
3. 〈열녀함양박씨전〉 유불의 의식차; 발표: 김윤수(인산학연구원 원장) 논평: 서인석(영남대 국문학과 교수)

2009년 8월 6일 제2회 연암실학학술대회: 사회 윤호진(경상대학교 한문학과 교수)
기조강연: 연암 박지원과 안의-임형택(성균관대 명예교수, 한국고전번역원 이사장, 한국실학학회 회장)
1. 열하일기에 대하여-김혈조(영남대 한문교육과 교수)
2. 연암 박지원의 자편고 - 연상각집과 그 계열본에 대하여 -김영진(계명대 한문교육과 교수)

2010년 7월 31일 제3회 연암실학학술대회:
기조강연: 자서에 나타난 연암의 문학관-이종찬(동국대 명예교수)
1. 18세기 중국 사회와 『열하일기』-최진규(조선대 사학과 교수)
2. 연암 박지원의 실심 실학-한예원(조선대 한문학과 교수)
3. 주제발표에 대한 총평-이종찬(동국대 명예교수)

■ 南海流配文學館 남해유배문학관

大人君子沒辜流 대인군자몰고류
遠在天涯不怨尤 원재천애불원우
忍辱作文精氣結 인욕작문정기결
浦翁小說卓然優 포옹소설탁연우

대인 군자가 허물없이 유배되어
멀리 하늘가에 있어도 원망하지 않네
욕됨을 참고 글을 지어 정기 맺히니
서포의 소설이 탁연히 우수하네

* 2007년 11월 10일 남해역사연구회(회장 정의연) 주최 〈남해유배문학관 건립 의의와 비전〉 학술세미나 참석하고 건립 예정지 참관하다. 2009년 4월 26일 남해역사연구회(회장 정의연) 주최 서포문학학술대회 참가하고 배타고 노도에 가 서포 김만중유배지를 참관하다. 귀로에 삼천포 노산공원魯山公園에 있는 박재삼문학관을 관람하다. 5월 5일 처자식을 데리고 서포유적지를 재방문하였다. 남해군에서 서포를 중심으로 유배문학을 종합하는 유배문학관을 세워 2010년도에 개관한다는 소식을 듣고 짓다.

■ 靑馬文學館 청마문학관

兩館兩都文德深 양관양도문덕심
愛情愛國化詩琛 애정애국화시침
統營海岸生家立 통영해안생가립
靑馬郵亭寄戀心 청마우정기연심

두 문학관 두 도시에 글의 덕이 깊고
애정과 애국심 보배로운 시가 되었다

통영 해안의 망일봉에 생가가 서 있고

청마우체국에서 그리운 마음을 부친다

* 2008년 6월 19일에 안의중학교장 출신 유치환의 문학을 찾아 두 도시의 두 문학관을 탐방하였다. 거제는 6시에 도착하여 억지로 1층만 보고 나왔다. 예술도시 통영시에는 청마문학관이, 조선도시 거제시에는 청마기념관이 건립되어 있다. 청마 유치환의 연시 〈행복〉은 우체국을 소재로 삼은 시 가운데 으뜸이다. 청마는 생전에 여덟 살 연하의 시단 후배 이영도를 애달프도록 사랑했다. 만년까지 이영도에게 5000여 통의 러브레터를 보냈다. 유고집 '사랑했으므로 행복하였네라'는 바로 이 러브레터 선집選集이다. 그가 고향 통영에서 이영도에게 사랑편지를 부치기 위해 발이 닳도록 드나들었던 우체국은 지금의 통영중앙동우체국이다. 통영에서는 그 우체국 이름을 시인의 호를 따 '청마우체국'으로 개명하려고 노력중이다. 명사의 사랑얘기가 깃든 이곳을 통영의 문화명소로 가꾸고, 문화고장으로서의 지역 브랜드를 높이는 아름다운 사업이다. 그러나 있지도 않은 청마의 친일시비를 걸고 넘어져 방해하니 안타깝다.

■ **靑馬文學館** 청마문학관

幸福詩碑郵局區 행복시비우국구

戀心寄去戀身留 연심기거연신류

旌旗祝祭年年設 정기축제연연설

竝建純靑匹馬秋 병건순청필마추

행복의 시비 있는 우체국 구역

그리운 마음 부치고 그리워하는 몸 남았네

깃발축제를 해마다 개최하니

청색 말 동상을 함께 세울 때이리

* 2008년 10월 2일 오후 4시 통영중앙동우체국 앞 청마흉상 제막식, 깃발축제 참관, 저녁 문화회관 축제 개회식 참가.

■ 大田文學館 대전문학관

憶昔少年登小庠 억석소년등소상
今師大學講文章 금사대학강문장
高樓正與新都壯 고루정여신도장
筆客詩人因此彰 필객시인인차창

예전 소년 시절에 초등학교 다녔고
지금은 대학에서 문장을 강의하네
문학관이 행정도시와 함께 웅장하니
작가와 시인들 이로 인해 드러나네

* 대전광역시 동구는 2010년 2월 22일 용전동 근린공원에서 동구청장을 비롯한 대전광역시장과 시·구의원 및 지역문인, 주민 등 300여명이 모인 가운데 동구 고운매합창단의 축하공연과 이희관 자치행정국장의 경과보고로 대전문학관 건립공사 기공식을 가졌다. 이날 착공한 대전문학관은 지하1층, 지상2층 규모로 오는 10월에 완공될 예정이며, 내부시설로는 대전 대표 문인들의 작품및 자료가 전시되는 상설 전시실을 비롯해 각종 문화행사가 열리는 기획전시실, 다목적 강당, 문인들이 상시 활용 가능한 사랑방, 자료실, 수장고 등을 갖추게 된다.

■ 月河文學館 월하문학관

北甘藷域養文冠 북감저역양문관
小說漢詩時調官 소설한시시조관
白水月河初二建 백수월하초이건
國風風靡八方歡 국풍풍미팔방환

감자의 고장에서 문인들이 배출되니
소설과 한시와 시조의 문학관이네

백수와 월하가 처음 다음 세워지니
민족시 풍미하여 팔방이 기뻐하네

* 이태극(李泰極,1913~2003) 시조시인·국문학자·문학박사. 호는 월하月河, 동망東望. 1913년 7월 16일 강원도 화천 출생. 서울대 국어국문학과 졸업, 이화여대 문학박사, 이화여대 교수, 국어국문학회 대표이사, 한국시조시인협회 회장, 계간 《시조문학》 창간, 발행인. 백수 정완영 시조시인 기념 백수문학관. 2010년 7월 17일 오후 2시 월하 이태극문학관 개관식.

■ 黃順元文學村 황순원문학촌
驟雨村行驟雨迎 취우촌행취우영
感懷背負少年情 감회배부소년정
眼前小說諸場面 안전소설제장면
具現山中遊覽爭 구현산중유람쟁

소나기마을 가는데 소나기 내리고
업고 건넌 소년의 정을 느끼겠네
눈앞에 소설의 여러 장면들이
산중에 구현되니 다투어 유람하네

■ 黃順元文學村 황순원문학촌
父子文人兩大宗 부자문인양대종
朴黃姓異作名同 박황성이작명동
詩和小說家聲續 시화소설가성속
官立莊園表厥功 관립장원표궐공

부자 문인으로 양대 문중이 있으니
박씨 황씨 성은 다르나 이름은 같네
시와 소설로 문인 집안 명성 이으니
관청에서 문학촌 세워 공을 드러내네

* 박목월 시인의 아들이 박동규 서울대 명예교수(문학평론가)이고 황순원 소설가의 아들이 황동규 서울대 명예교수(시인)이다. 박목월 시인과 황순원 소설가가 절친하여 각자 아들을 낳으면 동쪽의 규성(문운을 관장한 별)이라는 뜻으로 이름 짓자고 하여 같은 이름으로 작명한 것이라고 한다. 이름에 거는 기대대로 된 두 사람은 다 시인과 문학평론가로 저명하다. 2009년 9월 12일(토) 황순원문학촌과 만해기념관 방문.

문학관 3대문화시설
ⓒ김윤숭, 2025

발 행 일   2025년 2월 28일
지 은 이   김윤숭
발 행 인   이영옥
편 집 인   송은주
펴 낸 곳   도서출판 이든북
출판등록   제2001-000003호
주   소   대전광역시 동구 중앙로 193번길 73
전화번호   (042)222-2536
팩시밀리   (042)222-2530
전자우편   eden-book@daum.net
공 급 처   한국출판협동조합
주문전화   (02)716-5616
팩시밀리   (031)944-8234~6

ISBN 979-11-6701-328-6 (03810)
값 20,000원

* 잘못된 책은 바꾸어 드립니다.
* 이 책 내용의 일부 또는 전부를 재사용하려면 반드시 저자와 이든북 양측의 동의를 받아야 합니다.